●収録内容一覧

■2025年度中学受験用

八雲学園中学校

3年間スーパー過去問

入試問題と解説・解答の収録内容

2024年度　１回	算数・社会・理科・国語
2024年度　２回	算数・社会・理科・国語
2023年度　１回	算数・社会・理科・国語
2023年度　２回	算数・社会・理科・国語
2022年度　１回	算数・社会・理科・国語
2022年度　２回	算数・社会・理科・国語

～本書ご利用上の注意～　以下の点について，あらかじめご了承ください。

★**別冊解答用紙は巻末にございます。本書に収録している試験の実物解答用紙は，弊社サイトの各校商品情報ページより，一部または全部をダウンロードできます。**
★編集の都合上，学校実施のすべての試験を掲載していない場合がございます。
★当問題集のバックナンバーは，弊社には在庫がございません（ネット書店などに一部在庫あり）。

合格を勝ち取るための
『スーパー過去問』の使い方

本書に掲載されている過去問をご覧になって，「難しそう」と感じたかもしれません。でも，多くの受験生が同じように感じているはずです。なぜなら，中学入試で出題される問題は，小学校で習う内容よりも高度なものが多く，たくさんの知識や解き方のコツを身につけることも必要だからです。ですから，初めて本書に取り組むさいには，点数を気にしすぎないようにしましょう。本番でしっかり点数を取れることが大事なのです。

過去問で重要なのは「まちがえること」です。自分の弱点を知るために，過去問に取り組むのです。当然，まちがえた問題をそのままにしておいては意味がありません。

本書には，長年にわたって中学入試にたずさわっているスタッフによるていねいな解説がついています。まちがえた問題はしっかりと解説を読み，できるようになるまで何度も解き直しをしてください。理解できていないと感じた分野については，参考書や資料集などを活用し，改めて整理しておきましょう。

このページも参考にしてみましょう！

◆どの年度から解こうかな　「入試問題と解説・解答の収録内容一覧」

本書のはじめには収録内容が掲載されていますので，収録年度や収録されている入試回などを確認できます。

※著作権上の都合によって掲載できない問題が収録されている場合は，最新年度の問題の前に，ピンク色の紙を差しこんでご案内しています。

◆学校の情報を知ろう‼「学校紹介ページ」

このページのあとに，各学校の基本情報などを掲載しています。問題を解くのに疲れたら息ぬきに読んで，志望校合格への気持ちを新たにし，再び過去問に挑戦してみるのもよいでしょう。なお，最新の情報につきましては，学校のホームページなどでご確認ください。

◆入試に向けてどんな対策をしよう？「出題傾向＆対策」

「学校紹介ページ」に続いて，「出題傾向＆対策」ページがあります。過去にどのような分野の問題が出題され，どのように対策すればよいかをアドバイスしていますので，参考にしてください。

◇別冊「入試問題解答用紙編」

本書の巻末には，ぬき取って使える別冊の解答用紙が収録してあります。解答用紙が非公表の場合などを除き，（注）が記載されたページの指定倍率にしたがって拡大コピーをとれば，実際の入試問題とほぼ同じ解答欄の大きさで，何度でも過去問に取り組むことができます。このように，入試本番に近い条件で練習できるのも，本書の強みです。また，データが公表されている学校は別冊の１ページ目に過去の「入試結果表」を掲載しています。合格に必要な得点の目安として活用してください。

本書がみなさんの志望校合格の助けとなることを，心より願っています。

株式会社　声の教育社　編集部

八雲学園中学校

所在地	〒152-0023 東京都目黒区八雲2-14-1
電　話	03-3717-1196
ホームページ	https://www.yakumo.ac.jp
交通案内	東急東横線「都立大学駅」より徒歩７分，三軒茶屋～田園調布間バス「八雲高校」下車１分，目黒駅～等々力間バス「中根町」下車３分

くわしい情報は
ホームページへ

トピックス

★2018年４月より中学校，2021年４月より高校が男女共学となりました。
★2025年度入試より，第1回～第3回では英語資格加点（英検3級以上）があります。

創立年
昭和13年

男女共学

高校募集
あり

応募状況

年度	募集数			応募数	受験数	合格数	倍率
2024	①	80名	男	41名	25名	20名	1.3倍
			女	46名	29名	25名	1.2倍
	②		男	71名	63名	56名	1.1倍
			女	85名	72名	67名	1.1倍
	③	20名	男	91名	26名	22名	1.2倍
			女	93名	31名	26名	1.2倍
	④	20名	男	146名	56名	55名	1.0倍
			女	116名	23名	15名	1.5倍
	未来	24名	男	85名	22名	20名	1.1倍
			女	82名	17名	14名	1.2倍

2025年度入試情報

・入試日程：
第１回　2025年２月１日午前
第２回　2025年２月１日午後
第３回　2025年２月２日午後
第４回　2025年２月３日午後
未来発見　2025年２月５日午前

・試験教科：
第１回～第３回…２科（国算）／４科（国算社理）
第４回…得意２教科（国算／国･社理／算･社理）
未来発見…国算英より１教科選択，自己表現文
※得意２教科の社理は，合わせて60分各50点で得点の高い教科を２倍し，100点換算。

本校の特色

創立以来80年以上にわたる伝統と教育の理念を継承しながら，以下の４つの特色を中心にした指導を展開することで，グローバルなシーンで活躍できる人材（グローバルリーダー）の育成を目指します。

・グローバル教育：
週に８～９時間の英語の授業や英語関連行事，海外研修などを通して，高度な英語力を身につけます。

・進路指導：
学習進度や希望進路に合わせて，きめ細かく指導します。また，社会人講話や進路講話などを実施し，自分の将来を考える機会を設けています。

・文化体験：
毎月１回さまざまな分野の優れた芸術の鑑賞を通して，豊かな感性を養います。

・チューター（学習アドバイザー）：
担任教諭のほかに，相談相手となる先生が生徒一人ひとりに個別に対応し，学習面や生活面のアドバイスにあたります。

2024年春の主な大学合格実績

＜私立大学＞
慶應義塾大，早稲田大，東京理科大，明治大，青山学院大，立教大，中央大，法政大，学習院大，成蹊大，成城大，明治学院大，津田塾大，東京女子大，日本大，東洋大，駒澤大，専修大

編集部注一本書の内容は2024年5月現在のものであり，変更されている場合があります。正確な情報は，学校のホームページ等で必ずご確認ください。

算数　出題傾向＆対策

◆基本データ（2024年度１回）

試験時間／満点	50分／100点
問　題　構　成	・大問数…５題 計算１題（５問）／応用小問１題（９問）／応用問題３題 ・小問数…20問
解　答　形　式	解答のみを記入する形式になっている。必要な単位などはあらかじめ印刷されている。
実際の問題用紙	Ｂ５サイズ，小冊子形式
実際の解答用紙	Ｂ５サイズ

◆出題傾向と内容

▶過去３年の出題率トップ３
１位：四則計算・逆算22％　２位：角度・面積・長さ15％　３位：計算のくふうなど６％
▶今年の出題率トップ３
１位：四則計算・逆算20％　２位：角度・面積・長さ10％　３位：数列など５％

計算問題は，分数と小数の計算が中心に出題されているほか，分配法則など計算のくふうを使って解かせる問題や逆算がふくまれていることもあります。比較的やさしい問題ですから，落ち着いて解けば必ず正解が得られるはずです。

応用小問や応用問題は，数の性質，規則性，割合と比，速さ，図形，特殊算，場合の数などの単元から出題されており，図形や特殊算からの出題が比較的多いです。ただし，いくつもの単元がからみあった問題はあまりなく，各単元ごとの解法がきちんと習得できているかどうかが問われています。

◆対策～合格点を取るには？～

本校では，基礎力がしっかり身についているかどうかが合否のポイントになるので，はやめに計画を立てて，一つひとつの単元の基本をしっかり習得していくようにしましょう。

まずは算数の基本となる計算力です。計算問題集を用意して，毎日５問でも10問でもよいので，欠かさずに練習しましょう。

特殊算については，解き方の基本となる考え方を理解し，その解き方がきちんと使えるかどうかを練習問題で確かめましょう。

図形問題については，まず基本的な解き方を確認しておきましょう。公式や解き方をノートにまとめ，問題集で類題にあたると効果的です。

分野	年度	2024 1回	2024 2回	2023 1回	2023 2回	2022 1回	2022 2回
計算	四則計算・逆算	●	●	●	●	●	●
	計算のくふう	○	○	○	○	○	○
	単位の計算						
和と差	和差算・分配算		○	◎	○		
	消去算						○
	つるかめ算					○	
	平均とのべ	○					
	過不足算・差集め算				○	○	
	集まり						○
	年齢算		○				
割合と比	割合と比						○
	正比例と反比例						
	還元算・相当算	○					
	比の性質				○		
	倍数算						
	売買損益	○		○			
	濃度		○	○			○
	仕事算					○	
	ニュートン算		○				
速さ	速さ	○					
	旅人算			○	○		◎
	通過算				○	○	
	流水算		○	○			
	時計算		○				
	速さと比		○			○	
図形	角度・面積・長さ	●	○	●	●	◎	●
	辺の比と面積の比・相似						
	体積・表面積	○	○				
	水の深さと体積		○	○			○
	展開図					○	
	構成・分割	○			○		
	図形・点の移動	○		○			
表とグラフ			○	○	◎		
数の性質	約数と倍数						○
	Ｎ進法			○			
	約束記号・文字式	○					○
	整数・小数・分数の性質	○	○		○		
規則性	植木算					○	
	周期算		○		○	○	
	数列	◎					
	方陣算		○				
	図形と規則					○	
場合の数		○		◎			
調べ・推理・条件の整理		○	○			◎	
その他							

※　○印はその分野の問題が１題，◎印は２題，●印は３題以上出題されたことをしめします。

社会 出題傾向＆対策

◆基本データ（2024年度１回）

試験時間／満点	理科と合わせて60分／50点
問題構成	・大問数…３題 ・小問数…27問
解答形式	記号選択が大半をしめているが，適語や短文を記入する問題もある。
実際の問題用紙	Ｂ５サイズ，小冊子形式
実際の解答用紙	Ｂ４サイズ

分野＼年度		2024		2023		2022	
		1回	2回	1回	2回	1回	2回
日本の地理	地図の見方	○	○	○	○	○	
	国土・自然・気候	○	○	○	○	○	○
	資源		○	○	○		
	農林水産業	○	○	○	○	○	○
	工業				○	○	○
	交通・通信・貿易	○	○	○			
	人口・生活・文化		○		○	○	○
	各地方の特色	○					○
	地理総合	★		★	★		★
世界の地理		○					
日本の歴史 時代	原始～古代	○	○	○	○	○	○
	中世～近世	○	○	○	○	○	○
	近代～現代	○	○	○	○	○	○
日本の歴史 テーマ	政治・法律史						
	産業・経済史						
	文化・宗教史						
	外交・戦争史						
	歴史総合	★		★	★	★	★
世界の歴史		○					
政治	憲法		○	○		★	○
	国会・内閣・裁判所		★	★	○		★
	地方自治	★	○				
	経済	○					○
	生活と福祉					○	
	国際関係・国際政治		○		★		
	政治総合						
環境問題		○				○	
時事問題		○		○	○		
世界遺産		○	○	○		○	
複数分野総合			★			★	

※　原始～古代…平安時代以前，中世～近世…鎌倉時代～江戸時代，近代～現代…明治時代以降
※　★印は大問の中心となる分野をしめします。

◆出題傾向と内容

●地理…国土や自然・気候，資源，世界遺産，農業・水産業，工業，地図の見方，交通，人口・文化，各地方の特色についての出題をはじめとして，世界の地理などについてもはば広く問われています。

●歴史…原始時代から近現代までの政治・文化などについてまんべんなく出題されています。地図を使うもの，人物に焦点をあてて関連するできごとを問うもの，できごとを起きた順に並べ替えるものなど，形式も多様です。写真や図を使った問題もよく見られます。出題の範囲は広いですが，大半は選択式か基本的な用語の記入となっています。

●政治…日本国憲法の基本原則や基本的人権，国会・内閣・裁判所のしくみ，地方自治，国際関係・国際政治などについての出題がめだっています。また，経済や生活と福祉なども取り上げられており，はば広い知識が求められています。なお，現在の政治の動向など，時事的な内容も見られます。

◆対策～合格点を取るには？～

本校の社会は，教科書レベルを大きくこえない基本的な内容が中心ですから，まず基礎を固めることを心がけてください。また，設問事項が広範囲にわたっているので，不得意分野をつくらないことも大切です。

地理分野では，地図とグラフを参照しながら，白地図作業帳を利用して地形と気候，産業のようすなどをまとめてください。世界地理は小学校で取り上げられることが少ないため，日本とかかわりの深い国については，自分で参考書などを使ってまとめておきましょう。

歴史分野では，教科書や参考書を読むだけでなく，自分で年表をつくって覚えると学習効果が上がります。また，資料集などで，史料や歴史地図にも親しんでおくとよいでしょう。

政治分野では，日本国憲法の基本的な内容，特に政治のしくみが憲法でどのように定められているかを中心に勉強してください。さらに，時事問題にも対応できるよう，最近話題になったできごとにも注意を向ける必要があります。テレビ番組や新聞などでニュースを確認し，今年の重大ニュースをまとめた時事問題集を活用すると効果的です。

理科 出題傾向＆対策

◆基本データ（2024年度１回）

試験時間／満点	社会と合わせて60分／50点
問題構成	・大問数…５題 ・小問数…25問
解答形式	記号選択と用語の記入が中心だが，記述問題や計算問題も出題されている。
実際の問題用紙	Ｂ５サイズ，小冊子形式
実際の解答用紙	Ｂ５サイズ

分野＼年度		2024		2023		2022	
		1回	2回	1回	2回	1回	2回
生命	植物	★		○		○	★
	動物				○	★	○
	人体	○	★	★			
	生物と環境						
	季節と生物		○				
	生命総合						
物質	物質のすがた					○	
	気体の性質			○	○		★
	水溶液の性質	○			★	★	
	ものの溶け方		○	★			○
	金属の性質	○					
	ものの燃え方	★					
	物質総合						
エネルギー	てこ・滑車・輪軸		★	★			
	ばねののび方					○	
	ふりこ・物体の運動				○		
	浮力と密度・圧力				★		○
	光の進み方	★					
	ものの温まり方		★	○			
	音の伝わり方						★
	電気回路	○				★	
	磁石・電磁石						
	エネルギー総合						
地球	地球・月・太陽系	○		★			
	星と星座		★		○		○
	風・雲と天候	★			★	○	
	気温・地温・湿度						
	流水のはたらき・地層と岩石		○			★	
	火山・地震			○			★
	地球総合						
実験器具				○			
観察							
環境問題					★		
時事問題		○	○			○	○
複数分野総合		★	★	★	★	★	★

※　★印は大問の中心となる分野をしめします。

◆出題傾向と内容

本校の理科は，基本的なことがらをはば広く問う内容で，いわゆる難問は見られませんが，正確な知識と思考力が必要な問題が多く出題されています。基本レベルの問題だけでなく，実験・観察・観測をもとにした考えさせる問題もあり，「物質」「エネルギー」ではグラフを読み取る力や計算力が必要とされています。

●生命…植物のつくりとはたらき，人体，動物の分類，昆虫，動物の共生などが出題され，観察力や，あたえられた条件文をしっかり読み取る力が必要とされています。

●物質…金属と酸素の反応，ものの溶け方，中和，水溶液の性質や濃度，気体の性質・発生方法，状態変化などが見られます。

●エネルギー…とつレンズ，滑車と輪軸，音，浮力，電流，ばね，てこ，電気回路などが取り上げられています。

●地球…雲や天気，火山，月の見え方，流水のはたらき，岩石，気温・地温の変化，地震，星座の動きなどが出題されています。

◆対策～合格点を取るには？～

各分野からまんべんなく出題されていますから，すべての内容について基礎的な知識をはやいうちに身につけ，そのうえで問題集で演習をくり返しながら実力アップをめざしましょう。

「生命」は，身につけなければならない基本知識の多い分野ですが，楽しみながら確実に学習する心がけが大切です。

「物質」では，気体や水溶液，金属などの性質に重点をおいて学習してください。そのさい，中和反応や濃度など，表やグラフをもとに計算する問題にも積極的に取り組んでください。

「エネルギー」は，かん電池のつなぎ方，滑車・輪軸や浮力の計算問題などの出題が予想される単元ですから，学習計画から外すことのないようにしましょう。

「地球」では，太陽・月・地球の動き，季節と星座の動き，天気と気温・湿度の変化，地層のでき方などが重要なポイントです。

なお，環境問題や身近な自然現象に日ごろから注意をはらうことや，テレビの科学番組，新聞・雑誌の科学に関する記事，読書などを通じて科学にふれることも大切です。

国語　出題傾向＆対策

◆基本データ（2024年度１回）

試験時間／満点	50分／100点
問題構成	・大問数…３題 文章読解題２題／知識問題１題 ・小問数…18問
解答形式	記号選択と書きぬきが多いが，字数指定のない記述問題も複数出題されている。
実際の問題用紙	Ｂ５サイズ，小冊子形式
実際の解答用紙	Ｂ４サイズ

◆出題傾向と内容

▶近年の出典情報（著者名）
説明文：西田亮介　根本正之　竹田青嗣
小　説：望月麻衣　眞島めいり　工藤純子

●読解問題…説明文・論説文と小説・物語文が１題ずつとなっており，題材は素直で標準的なものが多いといえます。設問は文脈をとらえることに重点がおかれ，接続語，指示語，理由をたずねるものなどが多く出題されます。いずれにしても，基本的な読解力を持っていれば十分に対処できるでしょう。

●知識問題…ことばのきまり（品詞の意味・用法，文節や文の成分），ことわざ，慣用句，漢字の読みや書き取り，熟語づくりや熟語の組み立てなどが出題されています。なお，ことばのきまりの問題では，細かい部分の知識までためされることがあるので，注意が必要です。

◆対策～合格点を取るには？～

試験問題で正しい答えを出せるようにするためには，なるべく多くの読解問題にあたり，出題内容や形式に慣れることが大切です。問題集に取り組むさいは，指示語の内容や接続詞に注意しながら，文章がどのように展開しているかを読み取ること。答え合わせをした後は，漢字やことばの意味を辞書で調べるのはもちろん，正解した設問でも解説をしっかり読んで解答の道筋を明らかにし，本番でも自信を持って答えられるようにしておきましょう。

知識問題については，慣用句やことわざ，ことばのきまりなどを分野ごとに，短期間に集中して覚えるのが効果的です。ただし，漢字については，毎日少しずつ練習することが大切です。

分野＼年度			2024		2023		2022	
			1回	2回	1回	2回	1回	2回
読解	文章の種類	説明文・論説文	★	★	★	★	★	★
		小説・物語・伝記	★	★	★	★	★	★
		随筆・紀行・日記						
		会話・戯曲						
		詩						
		短歌・俳句						
	内容の分類	主題・要旨	○	○	○	○	○	○
		内容理解	○	○	○	○	○	○
		文脈・段落構成	○	○		○	○	
		指示語・接続語	○		○	○	○	○
		その他	○	○	○	○	○	○
知識	漢字	漢字の読み	○	○	○	○	○	○
		漢字の書き取り	○	○	○	○	○	○
		部首・画数・筆順						
	語句	語句の意味	○				○	
		かなづかい						
		熟語		○	○		○	○
		慣用句・ことわざ			○			
	文法	文の組み立て				○		○
		品詞・用法	○					
		敬語						
	形式・技法					○		
	文学作品の知識							
	その他							
	知識総合							
表現	作文							
	短文記述							
	その他							
放送問題								

※　★印は大問の中心となる分野をしめします。

カコを追いかけ
ミライをつかめ
「今の説明、もう一回」を何度でも
web過去問
ストリーミング配信による入試問題の解説動画
もっと古いカコモンないの?
カコ過去問
「さらにカコの」過去問をHPに掲載（DL）
声の教育社
詳しくはこちらから

2024年度

八雲学園中学校

【算　数】〈第１回試験〉（50分）〈満点：100点〉

1　次の □ に当てはまる数を求めなさい。

(1)　$48 \div 3 + (8 \times 6 - 8) \div 5 = \square$

(2)　$21 \times \dfrac{1}{3} + \left(\dfrac{1}{11} - \dfrac{1}{22}\right) \div \dfrac{1}{66} = \square$

(3)　$\left\{\left(2\dfrac{1}{2} - 1.75\right) \times 0.32 - \dfrac{1}{25}\right\} \div \left(\dfrac{3}{10} - \dfrac{1}{5}\right) = \square$

(4)　$6.28 \times 37 - 1.57 \times 12 - 3.14 \times 18 = \square$

(5)　$\{(2 \times \square - 4) \div 3 + 6\} \div 0.1 = 100$

2 次の各問いに答えなさい。

(1) 夢の超《ちょう》特急ヤクモエクスプレスは，毎時576km で走る電車です。この電車が80km 進むのにかかる時間は，何分何秒ですか。

(2) ある品物を150個仕入れて，原価の3割の利益を見《み》込《こ》んで定価をつけました。150個すべてを定価で売ったところ，9000円の利益がありました。この品物の1個の原価は何円ですか。

(3) とものりさんが国語，算数，社会，理科のテストを受けました。次の表はとものりさんの予想した得点と実際の得点をまとめたものです。実際の得点の平均点が，予想した得点の平均点よりも2点高かったとき，とものりさんの理科の実際の得点は何点ですか。

	国語	算数	社会	理科
予想	54点	70点	68点	64点
実際	50点	74点	65点	

(4) 記号★は，次の例のように計算をするものとします。

例　3★4＝11，5★6＝29，7★7＝48

(3★□)★5＝99 となるとき，□ に当てはまる数は何ですか。

(5) ある立方体Aの上に別の立方体Bを右の図のようにのせたところ，組み合わせた立体の表面積は，立方体Aの表面積より196cm^2増えました。のせた立方体Bの体積は何cm^3ですか。

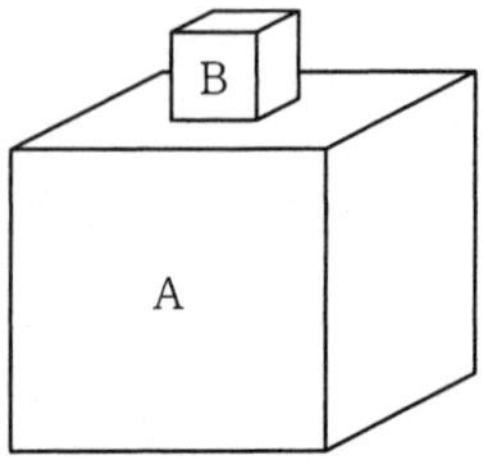

(6)　3，6，9，12，15，……のような連続する３の倍数を考えるとき，６つの連続する３の倍数の和が207でした。この６つの連続する３の倍数のうち，一番小さい数はいくつですか。

(7)　右の図のように正三角形と正六角形が重なっています。正三角形と正六角形の面積の差は６ cm^2 です。かげをつけた部分の面積は何 cm^2 ですか。

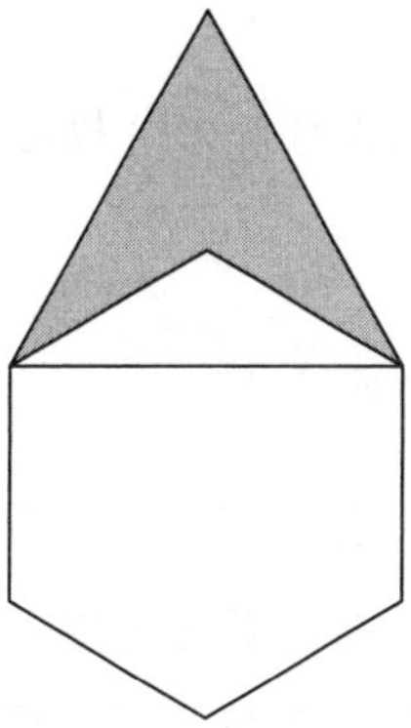

(8)　右の図において，BD＝BE＝CE＝CF であるとき，㋐の角の大きさは何度ですか。

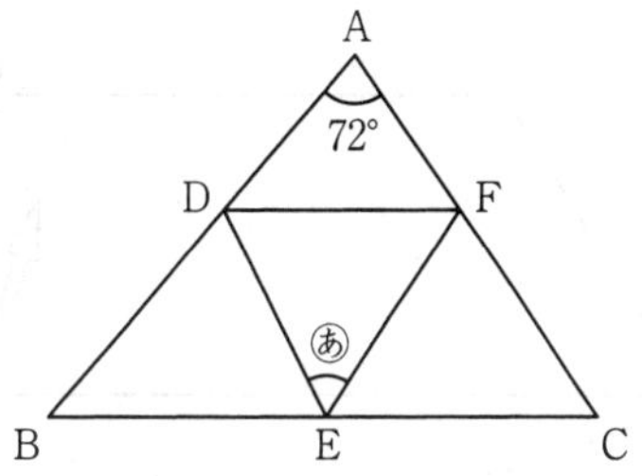

(9)　ある規則にしたがって２つの数の積が並んでいます。

①	②	③	④	⑤	⑥	⑦	⑧	⑨	
2×1，	4×2，	6×3，	8×1，	10×2，	12×3，	14×1，	16×2，	18×3，	…

①から㊿までの和はいくつですか。

3　はるさん，なつさん，あきさんの３人が１～13の整数が書かれた13枚のカードから３枚ずつ引きました。３枚のカードに書かれた数の積は，はるさんが550，なつさんが378，あきさんが24でした。このとき，次の問いに答えなさい。

(1)　はるさんの３枚のカードの数はいくつですか。

(2)　あきさんの３枚のカードの数として考えられる組み合わせは何通りありますか。

4　次の図１のような台形 ABCD があります。この台形の辺の上をＢから，Ｃ，Ｄを通ってＡまで，一定の速さで動く点Ｐがあります。図２は点ＰがＢを出発してからの時間と三角形 ABP の面積の関係を表したグラフです。このとき，下の問いに答えなさい。

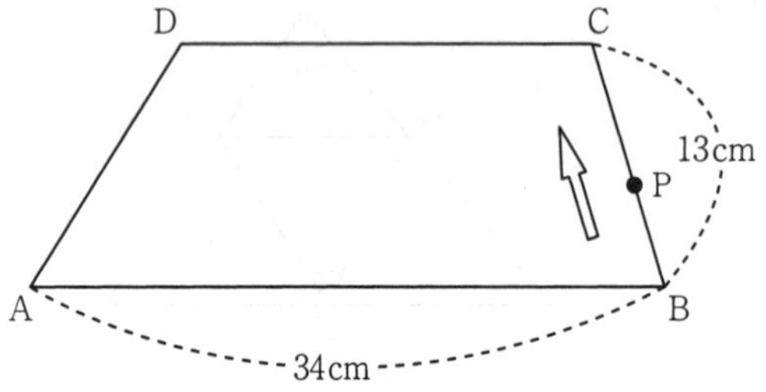

図１

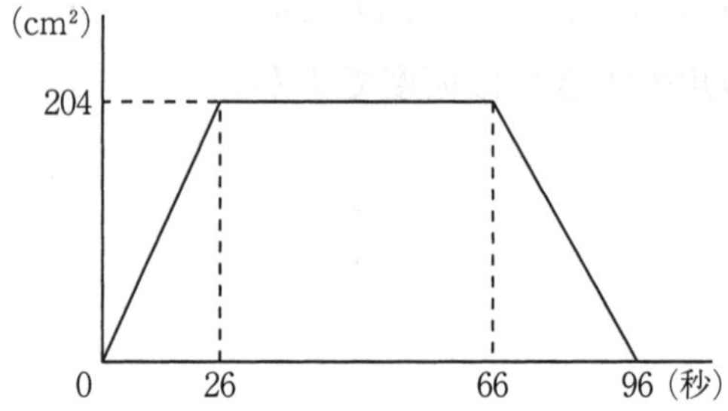

図２

(1)　辺 DA の長さは何 cm ですか。

(2)　台形 ABCD の面積は何 cm^2 ですか。

5　「ヤクモン」は，直進するおもちゃです。「ヤクモン」はかべに当たると，90度向きを変えて，再び直進をします。右の図のような長方形の部屋があり，４つの角Ａ，Ｂ，Ｃ，Ｄは，「ヤクモン」が出入りできるようになっています。「ヤクモン」は部屋に入るとき，かべに対して45度で進むものとします。このとき，下の問いに答えなさい。

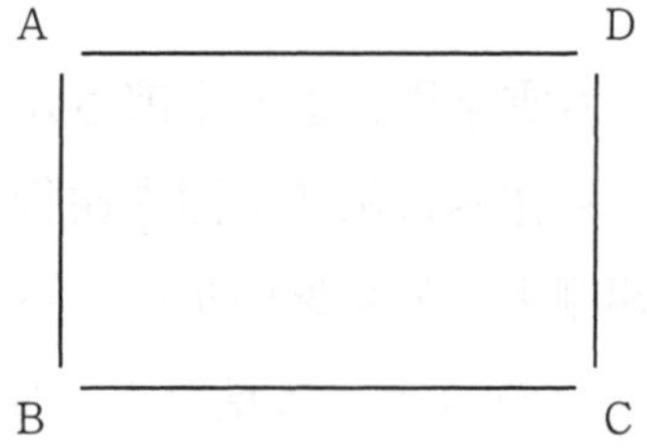

(1)　部屋のたての長さが120cm，横の長さが200cmであるとき，「ヤクモン」が出入口Ｂから，図のように移動を始めました。このまま移動を続けると，「ヤクモン」は出発してから全部で[ア]回かべに当たったあと，出入口[イ]から外に出ます。[ア]，[イ]に当てはまるものは何ですか。

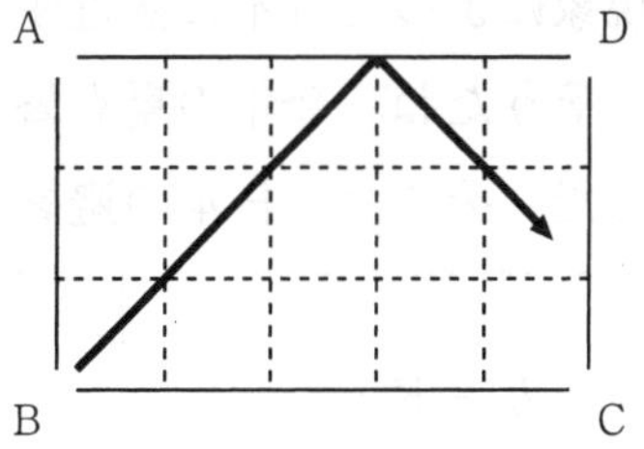

(2)　部屋のたての長さが120cm，横の長さが140cmであるとき，「ヤクモン」が出入口Ａから，図のように移動を始めました。このまま移動を続けると，「ヤクモン」は出発してから全部で[ウ]回かべに当たったあと，出入口[エ]から外に出ます。[ウ]，[エ]に当てはまるものは何ですか。

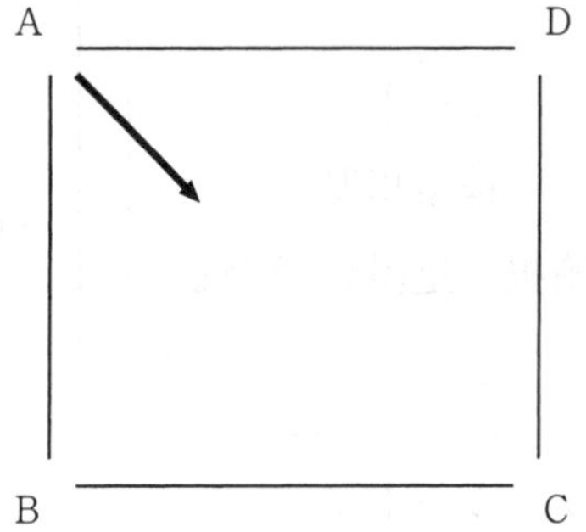

【社　会】〈第１回試験〉（理科と合わせて60分）〈満点：50点〉

1　八雲学園に通う太郎さんと花子さんの会話を読んで，あとの問いに答えなさい。

太郎：夏休みに家族で国内旅行に行こうと思うんだけど，ニュースを見たら2023年は観測史上最も暑い年になったと言っていたよ。

花子：そのニュース見た！　原因は ACO_2排出《はいしゅつ》量の増加と気候変動らしいね。さらに太平洋赤道域の日付変更《へんこう》線付近から南米沿岸にかけての海面水温が平年より高くなる（　B　）現象によって異常気象も発生しやすくなっていたみたいだよ。この現象によって日本に接近する C台風もあったね。

太郎：そうだね。今年の夏も暑くなりそうだから，避暑《ひしょ》地に旅行しようと思っているんだ。そこで，日本の避暑地を調べたカードをつくってみたよ。

カード１
北海道
▷釧路でカヌー

カード２
青森県
▷十和田湖の遊覧船

カード３
栃木県
▷那須高原でロープウエーに乗る

カード４
神奈川県
▷箱根で足湯に浸《つ》かる

カード５
長野県
▷野辺山原でハイキング
▷軽井沢の自然満喫《まんきつ》

カード６
鳥取県
▷大山でキャンプ

カード７
熊本県
▷阿蘇山エリアでドライブ

花子：素敵《すてき》な場所が多いね。夏休み明けにどこへ行ったのか教えてね！

問１　下線部Aについて，これが示す気体として正しいものを次の中から１つ選び，記号で答えなさい。

ア　メタン　　**イ**　窒素《ちっそ》　　**ウ**　フロン　　**エ**　二酸化炭素

問２　空欄《らん》（Ｂ）にあてはまる語句として正しいものを次の中から１つ選び，記号で答えなさい。

ア　光化学スモッグ　　**イ**　エルニーニョ　　**ウ**　ヒートアイランド

問３　下線部Ｃについて，台風に関する説明として適当でないものを次の中から１つ選び，記号で答えなさい。

ア　大西洋上に発生した，高気圧が発達して大きくなったものを台風という。

イ　台風の影響《えいきょう》を多く受ける沖縄県では，鉄筋コンクリート造の家屋が多く建てられている。

ウ　台風による被害《ひがい》として，風による建物の倒壊《とうかい》や，大雨による河川の氾濫《はんらん》がある。

エ　日本列島は，８月終わりごろから９月にかけて台風の進路にあたることが多い。

問４　カード１について

①　北海道が生産量日本一の野菜として適当でないものを次の中から１つ選び，記号で答えなさい。

ア　はくさい　　**イ**　じゃがいも　　**ウ**　てんさい　　**エ**　たまねぎ

②　釧路の説明として適当でないものを次の中から１つ選び，記号で答えなさい。

ア　ラムサール条約に登録された湿原《しつげん》がある。

イ　かつて漁獲《ぎょかく》高が日本一だった港がある。

ウ　1970年代まで栄えた炭田があった。

エ　日本一深い湖がある。

問５　カード２について

①　青森県の形として正しいものを次の中から１つ選び，記号で答えなさい。（ただし縮尺はそれぞれ異なります。）

ア　　**イ**　　**ウ**　　**エ**

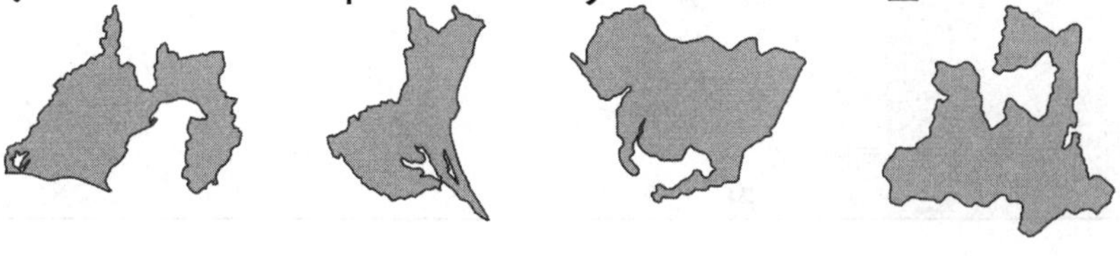

②　青森県と秋田県の境にあり，ブナの原生林で知られ，世界自然遺産にも登録されている山地として正しいものを次の中から１つ選び，記号で答えなさい。

ア　白神山地　　**イ**　石狩山地　　**ウ**　天塩山地　　**エ**　筑紫山地

③　十和田湖と同じように，火山活動の影響によって生じたくぼ地に雨水などがたまってできた湖として正しいものを次の中から１つ選び，記号で答えなさい。

ア　琵琶湖　　**イ**　芦ノ湖　　**ウ**　猪苗代湖　　**エ**　霞ケ浦

問６　カード３について，次の表の**ア〜エ**は神奈川県，茨城県，埼玉県，栃木県をあらわしています。この中から那須高原がある栃木県を選び，記号で答えなさい。

	人口(千人)	面積(km^2)	農業産出額(億円)	海面漁業漁獲量(千ｔ)
ア	2,840	6,098	4,263	300
イ	1,909	6,408	2,693	0
ウ	7,337	3,798	1,528	0
エ	9,232	2,416	660	25

（日本国勢図会 2023/24より作成）

問７　カード４について

①　神奈川県は海上の橋と海底トンネルによって，海をへだてた対岸の県と結ばれています。この対岸にある県名を解答欄に合わせて漢字で答えなさい。

②　次の神奈川県箱根町の地図中にないものを下の中から１つ選び，記号で答えなさい。

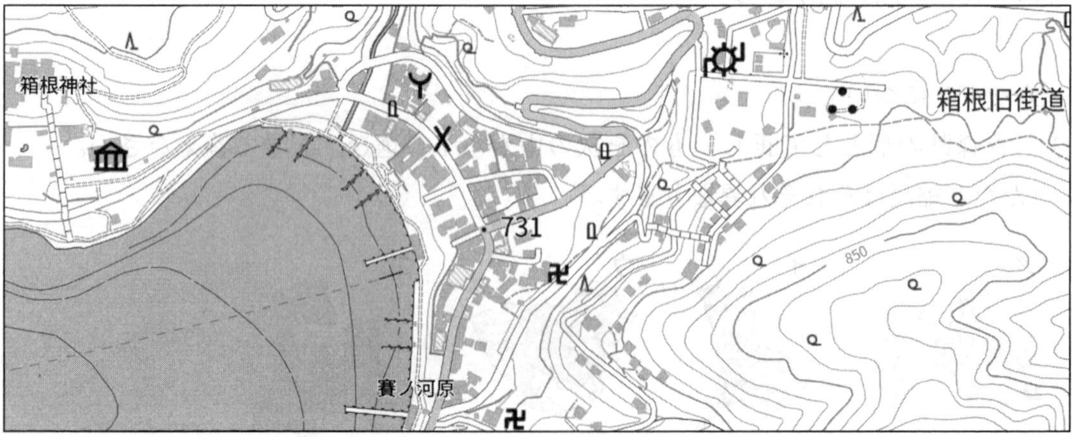

ア　灯台　　**イ**　交番　　**ウ**　消防署　　**エ**　博物館

問8　カード5について

①　長野県の野辺山原ではレタスなどの高原野菜の栽培《さいばい》がさかんですが，通常の収穫《しゅうかく》・出荷時期よりも遅《おく》らせる栽培方法をとっています。この栽培方法を何といいますか。

②　次の図は，北陸新幹線の路線図です。軽井沢駅がふくまれる区間として正しいものを路線図中**ア**～**エ**から1つ選び，記号で答えなさい。

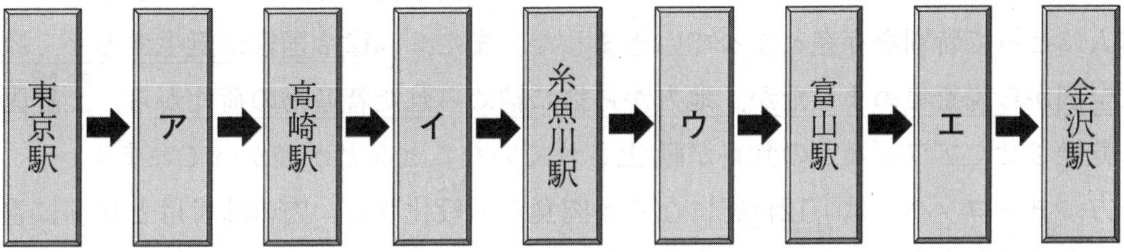

問9　カード6について，大山のある鳥取県の農業についての説明として正しいものを次の中から1つ選び，記号で答えなさい。

ア　ナシやラッキョウの栽培がさかんである。

イ　染料としての藍《あい》の栽培がさかんである。

ウ　山の斜面《しゃめん》を利用したミカンの栽培がさかんである。

問10　カード7について，熊本県の阿蘇の草原には希少な動植物が多く生息していることから，貴重な自然環境《かんきょう》を保護する運動がおこなわれています。地域の住民から募金を集めたり寄贈《きぞう》を受けたりすることで，管理・保全していくこのような運動を何といいますか。解答欄に合わせてカタカナで答えなさい。

問11　太郎さんが調べた避暑地がある道県のうち，政令指定都市がある道県のカードをすべて選び，番号で答えなさい。

2　次の文章を読んで，あとの問いに答えなさい。

冷蔵庫がなかった時代，人々にとって食料を保存することはとても重要な問題だったでしょう。冷蔵技術のない時代は食料を乾燥《かんそう》させたり，塩を使って水分を抜《ぬ》いたりすることで，長期間にわたり常温で置いておいても食べることができる保存食をつくっていました。A縄文時代には，乾燥させた動物や魚介《ぎょかい》類の保存食をつくっていたことがわかっています。その後，B弥生時代に稲作《いなさく》が本格的に始まると，長期保存が可能な米は，主食としてのみならず，まつりごとや経済活動とも深く結びつきながら，日本人にとって特別な存在となっていきました。また，C律令国家が誕生すると，政府は全国から税を集めましたが，地方から都に納められた特産物の荷札から，上総国《かずさのくに》から乾燥させたアワビなどの食料が献上《けんじょう》されていたことなどがわかっています。

一方，ヨーロッパではD12世紀になると肉食が一般《いっぱん》化され，肉の味付けと保存に香《こう》辛《しん》料である胡椒《こしょう》を用いるようになりました。これによりヨーロッパではアジア産の香辛料の需要《じゅよう》が高まりましたが，イスラム商人が仲介していたことから香辛料は高価であったため，直接取引をしようと考え，Eスペインやポルトガルがアジアなどに進出した大航海時代の幕開けの一因《いちいん》となりました。

幕末になり，来日した宣教師から食料の保存に氷が有益であることを教示されたF中川嘉兵衛《かへえ》が氷の製造と販売《はんばい》に力をつくしました。その後，人工的に氷がつくられるようになると，庶民《しょみん》にも氷が手に入るようになり，氷を使って食品を冷蔵保存する「冷蔵箱」が日本でも広がりました。

また，食品の包装や容器の発展も，保存期間を伸《の》ばした大きな要因の１つです。特に，瓶詰《びんづめ》，そしてイギリスで1810年にG缶詰《かんづめ》が発明されると，それまでの乾燥などによって加工された保存食などとは異なり，食材の風味や，うまみをそのままの状態で長期的に保つことができるようになりました。

その後，1930年に国産第１号の家庭用電気冷蔵庫が誕生し，H1960年代の高度経済成長期には家庭用電気冷蔵庫が急速に普及《ふきゅう》しました。このように時代とともに技術が向上し，現在ではフリーズドライの保存食や，バリエーション豊富な冷凍《れいとう》食品など，さまざまな保存食が存在しています。

ところが近年，日本ではIまだ食べられるのに廃棄《はいき》されてしまう食品が大量に発生しています。その量は世界中で飢餓《きが》に苦しむ人々に向けた世界の食料支援《しえん》量の約1.2倍に相当します。いわゆる「飽食《ほうしょく》の時代」を迎《むか》え，新たな食料問題に直面しています。

問１　下線部Ａについて，このことは貝塚から発掘《はっくつ》された土器の付着物などを分析《ぶんせき》してわかりましたが，東京都の大森貝塚を発見した人物として正しいものを次の中から１人選び，記号で答えなさい。

ア　ナウマン　　**イ**　モース　　**ウ**　クラーク

問２　下線部Ｂについて，弥生時代の説明として適当でないものを次の中から１つ選び，記号で答えなさい。

ア　文字は使用されておらず，当時の様子は中国の歴史書からうかがえる。

イ　ねずみ返しを備えた高床《たかゆか》倉庫につみとった稲を蓄《たくわ》えた。

ウ　縄文土器より丈夫《じょうぶ》な弥生土器が使用された。

エ　食料生産が安定したことで争いがなくなった。

問３　下線部Ｃについて

①　農民の負担についての説明として適当でないものを次の中から１つ選び，記号で答えなさい。

ア　布を納める庸は，農民の手で都に運ばれ，朝廷の財源となった。

イ　収穫量のおよそ３％を納める租は，地方の国々の財源となった。

ウ　各地の特産物を納める調は，都での労役に置きかえることができた。

エ　国司のもとで１年に60日以内の労働をすることを雑徭《ぞうよう》といった。

②　右の写真のような，主に奈良時代に使われていた文字が書かれた木札を何といいますか。

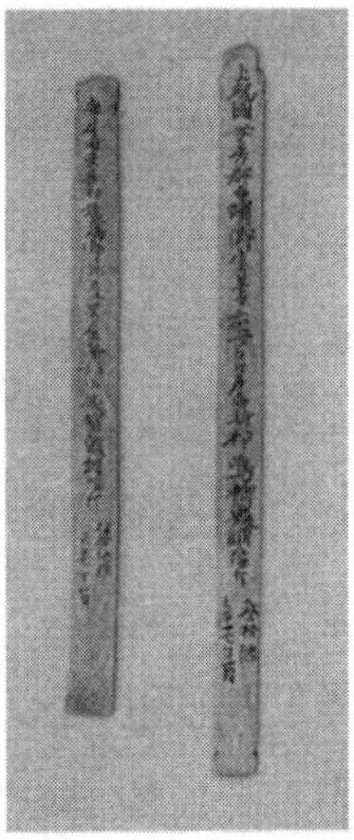

③　②の木札には，「氷室《ひむろ》」と書かれたものが見つかっています。氷室とは天然の雪氷を夏まで貯蔵しておくためにつくられた場所です。金沢では江戸時代，徳川家に氷を献上しており，飛脚がわずか４日で氷を金沢から江戸まで運びました。徳川将軍に関する説明として適当でないものを次の中から１つ選び，記号で答えなさい。

ア　３代将軍徳川家光は，参勤交代の制度を武家諸法度に付け加えた。

イ　５代将軍徳川綱吉は，生類あわれみの令を出して生き物を保護した。

ウ　８代将軍徳川吉宗は，大名に対し上米の制を設けるなど，天保の改革を実《じっ》施《し》した。

エ　15代将軍徳川慶喜は，政権を朝廷に返すことを申し出て，大政奉還をおこなった。

問４　下線部Ｄについて

①　12世紀に起きた出来事として正しいものを次の中から１つ選び，記号で答えなさい。

ア　白河天皇が院政を始めた。

イ　藤原道長が摂政となり，政治の実権を握《にぎ》った。

ウ　後白河天皇と崇徳上皇が争った保元の乱が起こった。

エ　北条義時が承久の乱で後鳥羽上皇を破った。

②　12世紀には平氏が滅亡《めつぼう》しましたが，その最後の戦いが起こった場所として正しいものを右の地図中から１つ選び，記号で答えなさい。

問５　下線部Ｅについて

①　大航海時代にコロンブスがインドだと考えて到達《とうたつ》した大陸として正しいものを次の中から１つ選び，記号で答えなさい。

ア　アフリカ　　**イ**　北アメリカ　　**ウ**　オーストラリア　　**エ**　南極

② このころ来日した宣教師のルイス・フロイスは『日本史』という本を著《あらわ》しました。次の文章はその中の安土城に関する記述の一部を日本語訳したものです。これを読んで，下の問いに答えなさい。

> (城の)真中には，彼《かれ》らが天守と呼ぶ一種の塔《とう》があり，我ら(ヨーロッパ)の塔よりもはるかに気品があり壮大《そうだい》な別種の建築である。この塔は七層から成り，内部，外部ともに驚《おどろ》くほど見事な建築技術によって造営された。事実，内部にあっては，四方の壁《かべ》に鮮《あざ》やかに描《えが》かれた金(色，その他)色とりどりの肖像《しょうぞう》が，そのすべてを埋《う》めつくしている。

i　この城を建築した人物がおこなったこととして正しいものを次の中から１つ選び，記号で答えなさい。

ア　大量の鉄砲《てっぽう》を用意し，足軽鉄砲隊を活用して今川義元を桶狭間の戦いで破った。

イ　農民の一揆《いっき》を防ぐため，武器などを没収《ぼっしゅう》する刀狩令を出した。

ウ　太閤検地とよばれる全国的な検地を実施した。

エ　商工業をさかんにするため，楽市・楽座の命令を出した。

ii　文中の波線部について，城などの建物の内部には鮮やかな色で障壁《しょうへき》画が描かれましたが，この時代に活躍《かつやく》した狩野永徳の作品として正しいものを次の中から１つ選び，記号で答えなさい。

ア

イ

ウ

エ

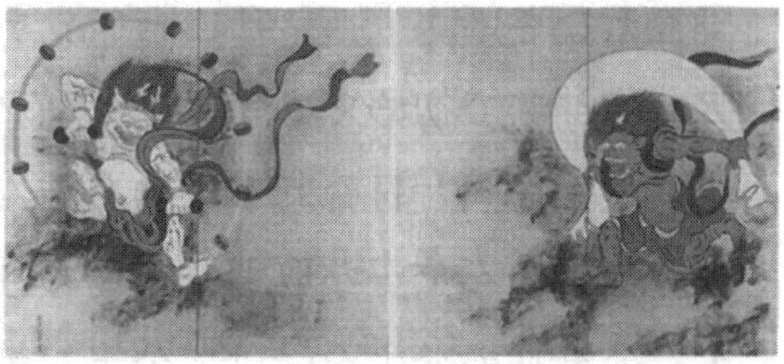

問６　下線部Ｆについて，中川嘉兵衛は北海道五稜郭の天然氷を売り出しましたが，日米和親条約で開かれた港があり，五稜郭がある都市はどこですか。

問７　下線部Ｇについて，次の文章を読み，下の問いに答えなさい。

> 缶詰の日本での本格的な生産は，Ｘ明治時代初期の1877年に北海道石狩市で始まったとされています。その後，1923年の関東大震災以降アメリカからの支援物資に缶詰が用いられたことにより一般に普及しました。そして，（　Ｙ　）前後に軍用・輸出用として大量に生産されました。

①　文中の波線部Ｘについて，明治時代初期の出来事に関する説明として正しいものを次の中から１つ選び，記号で答えなさい。

ア　版籍奉還を実施し，全国の藩を廃止して府・県を置き，府知事・県令を地方に派遣した。

イ　大村益次郎・山県有朋らを中心に準備をすすめ，近代的軍隊創設のために徴兵令を出した。

ウ　地租改正を実施し，実際に土地を耕作している人が米で税を納めることになった。

エ　板垣退助が中心となり，鹿児島の不平士族らと西南戦争を起こした。

②　文中の空欄（Ｙ）にあてはまる，南満州鉄道爆破事件を口実として日本軍が軍事行動を始めた出来事を次の中から１つ選び，記号で答えなさい。

ア　日中戦争　　　**イ**　シベリア出兵　　　**ウ**　満州事変

問８　下線部Ｈについて

①　この時期に電気冷蔵庫とともに普及し，「三種の神器」とよばれたものを１つ答えなさい。

②　高度経済成長期の出来事として適当でないものを次の中から１つ選び，記号で答えなさい。

ア　アジアで初めてのオリンピック大会が東京で開催《かいさい》された。

イ　大韓民国と日韓基本条約を結んで国交を回復した。

ウ　企業の不公正な取引や市場の独占を禁止した独占禁止法を定めた。

エ　公害病の発生を受けて公害対策基本法を定めた。

問９　下線部Ⅰについて，このことを何といいますか。解答欄に合わせてカタカナで答えなさい。

3　次の文章を読んで，あとの問いに答えなさい。

2023年８月，A東京都知事は都民に対して「節水」への協力を呼びかけました。これは，利根川上流にあるダムの貯水率の低下による水不足を防ぐためのものでした。このように，B地方公共団体には，住民の安定した暮らしを守る役割があり，警察や消防，福祉事業などのCさまざまな仕事をおこなっています。その最高責任者であるD首長と地方議会議員はどちらも住民による選挙により選出されます。一方，住民はE直接請求権をもっており，F身近な問題から政治に参加する経験を重ねることができる地方自治は「民主主義の（　G　）」といわれています。

問１　下線部Aについて，あなたが実践《じっせん》できる「節水」の具体例を１つ答えなさい。

問２　下線部Bについて，地方公共団体の歳入《さいにゅう》には，税金や国からの補助金などがあります。

①　地方税として適当でないものを次の中から１つ選び，記号で答えなさい。

ア　固定資産税　　**イ**　住民税　　**ウ**　所得税　　**エ**　自動車税

②　国庫支出金の説明として正しいものを次の中から１つ選び，記号で答えなさい。

ア　国から地方公共団体に交付する資金であり，地方公共団体が使い道を決めることができる。

イ　国から地方公共団体に交付する資金であり，国が使い道を指定する。

ウ　債券を発行して，金融《きんゆう》機構や民間団体から借り入れた資金である。

エ　国民が自分の意思で応援したい自治体を選ぶことができる制度で納税された資金である。

問３　下線部Cについて，地方公共団体の仕事として適当でないものを次の中から１つ選び，記号で答えなさい。

ア　道路の整備　　**イ**　郵便局の運営

ウ　ごみの収集　　**エ**　公立学校の設立

問４　下線部Ｄについて，首長と地方議会に関する説明として正しいものを次の中から１つ選び，記号で答えなさい。

ア　地方議会は，法律や条例の制定をおこない，首長に提出する。

イ　地方議会は協議した予算案を首長に提出し，首長が議決する。

ウ　地方議会は首長に対して不信任決議を出すことができる。

エ　首長は地方議会の解散をすることはできるが，議決を拒否《きょひ》することはできない。

問５　下線部Ｅについて，首長や議員に対する解職請求のことを何といいますか。正しいものを次の中から１つ選び，記号で答えなさい。

ア　クーリングオフ　　**イ**　リコール

ウ　レファレンダム　　**エ**　ストライキ

問６　下線部Ｆについて，2023年４月の道路交通法の改正により，すべての自転車利用者に努力義務となったことを次の中から１つ選び，記号で答えなさい。

ア　運転免許証の取得　　**イ**　ヘルメットの着用

ウ　夜間のライト点灯　　**エ**　ナンバープレートの装着

問７　空欄（Ｇ）にあてはまる語句を答えなさい。

【理　科】〈第１回試験〉（社会と合わせて60分）〈満点：50点〉

1　次の問いに答えなさい。答えは**ア～エ**からそれぞれ最も適当なものを１つ選び，記号で答えなさい。

(1)　次の回路図のうち，ショート回路となっているものはどれですか。

ア

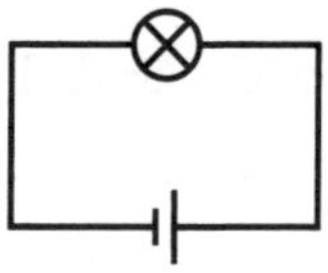

イ

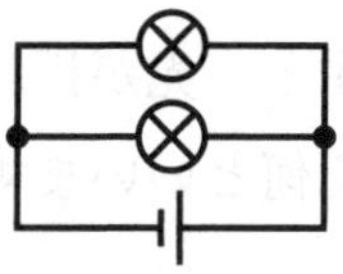

ウ

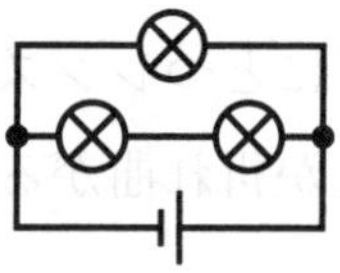

エ

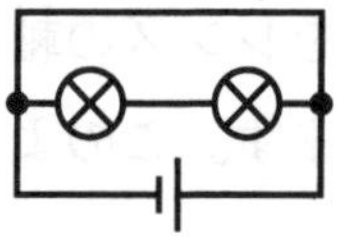

(2)　次のうち，アルカリ性の水溶液《すいようえき》はどれですか。

ア　食塩水　　　**イ**　さく酸水溶液

ウ　石灰水　　　**エ**　アルコール水溶液

(3)　右の図はヒトの血液の成分の模式図です。細胞《さいぼう》に酸素を運ぶ役割をもつものはどれですか。

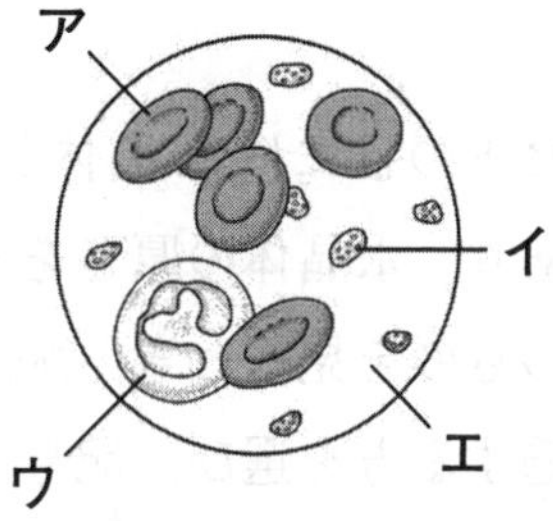

(4)　次のうち，日本で太陽の南中高度が最も高くなるのはどの時期ですか。

ア　春分　　**イ**　夏至　　**ウ**　秋分　　**エ**　冬至

(5)　次のうち，2023年８月末より，日本人宇宙飛行士の古川聡《さとし》さんが滞在《たいざい》している宇宙施設はどれですか。

ア　ESS　　**イ**　ISS　　**ウ**　HSS　　**エ**　CSS

2　とつレンズについて，次の問いに答えなさい。

(1)　とつレンズが利用されていないものを，次の**ア**～**エ**から１つ選び，記号で答えなさい。

ア　虫メガネ　　**イ**　光学顕微鏡《けんびきょう》　　**ウ**　遠視用メガネ　　**エ**　プリズム

(2)　太陽の光をレンズの軸《じく》と平行にとつレンズに通すと，光が折れ曲がって，ある１点に集まります。このように光が折れ曲がることを何といいますか。

(3)　**(2)**のように，光が集まる点のことを何といいますか。

(4)　とつレンズの厚さがより厚くなったとき，レンズの中心から**(3)**の点までの長さはどうなりますか。最も適当なものを次の**ア**～**ウ**から１つ選び，記号で答えなさい。

ア　変わらない　　**イ**　長くなる　　**ウ**　短くなる

(5)　ヒトの目には水晶《すいしょう》体という，とつレンズと同じようなはたらきをしている部分があり，水晶体の厚さを変えることでものがはっきりと見えるようになります。近くのものを見るとき，水晶体の厚さはどうなると考えられますか。次の**ア**，**イ**のうち適する方を選び，記号で答えなさい。なお，下の図はヒトの目の模式図で，水晶体を通った光が目の奥《おく》にある網膜《もうまく》という部分に集まると，ものがはっきりと見えます。

ア　厚くなる　　**イ**　うすくなる

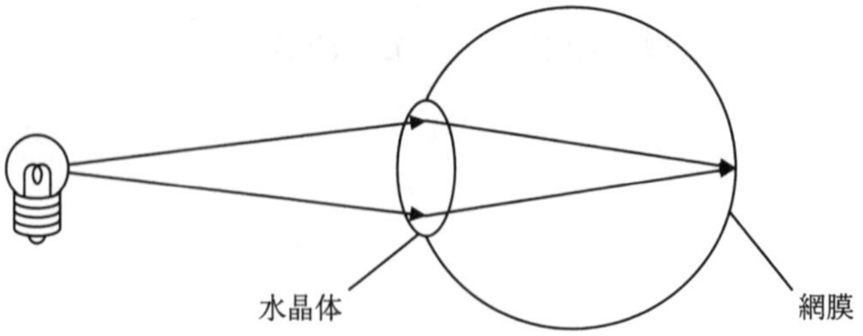

3　右のグラフは，銅，鉄，マグネシウム，アルミニウムをそれぞれ空気中で十分に加熱したときの，加熱前と加熱後の重さを示したものです。次の問いに答えなさい。

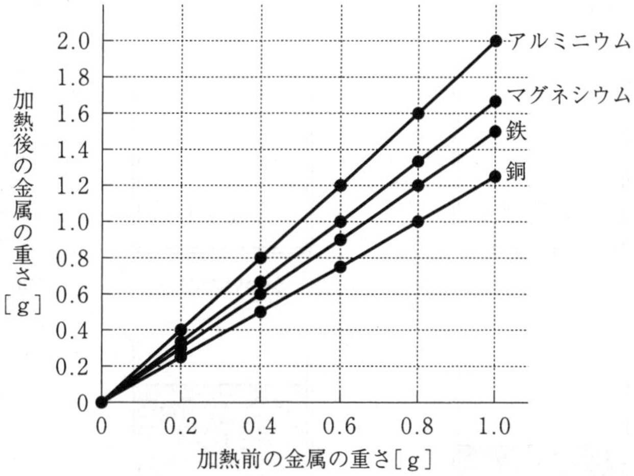

(1)　金属を空気中で加熱すると重さが増加するのはなぜですか。

(2)　加熱前の銅の重さと加熱後の銅の重さの比はどうなりますか。

(3)　2.4ｇの鉄を加熱して完全に反応させると，加熱後の重さは何ｇになりますか。

(4)　ある金属2.7ｇを加熱して完全に反応させると，加熱後の重さは4.5ｇになりました。この金属として最も適当なものを次の**ア**～**エ**から１つ選び，記号で答えなさい。

ア　銅　　**イ**　鉄　　**ウ**　マグネシウム　　**エ**　アルミニウム

(5)　３ｇのマグネシウムを加熱すると，加熱後の重さは４ｇになりました。このとき，まだ反応していないマグネシウムは何ｇ残っていますか。

4　種子の発芽に必要な条件を調べるために仮説Ａ～Ｄを立て，それらを確認するためにエンドウの種子を用いて実験①～⑧を行いました。あとの問いに答えなさい。なお，実験は明るい場所で行いました。

【仮説】

Ａ　発芽には水が必要である。

Ｂ　発芽には養分が必要である。

Ｃ　発芽には空気が必要である。

Ｄ　発芽には光が必要である。

【実験】

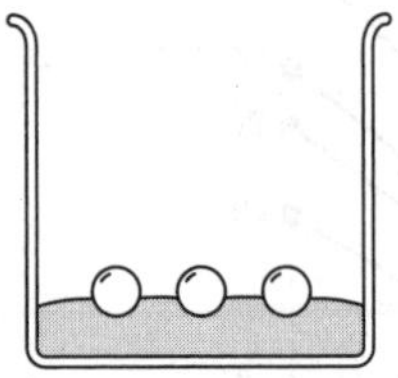

① しめらせただっし綿

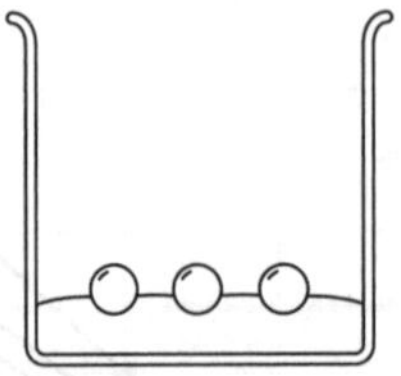

② かわいただっし綿

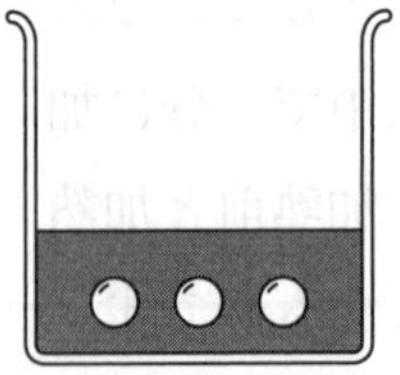

③ 養分をふくむしめらせた土

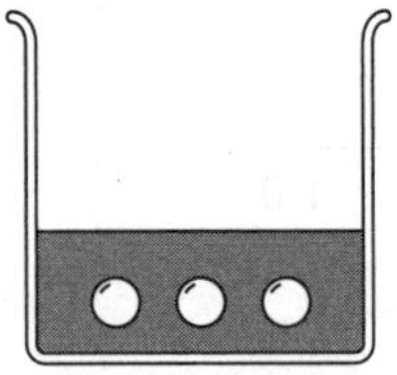

④ 養分をふくまない
しめらせた土

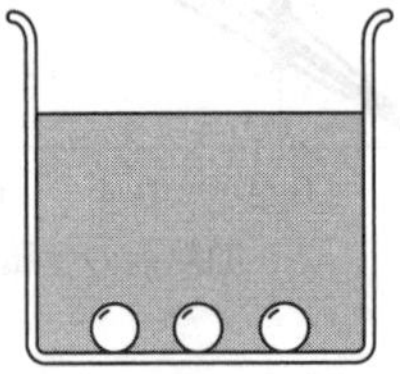

⑤ 水中に種子を沈《しず》めた

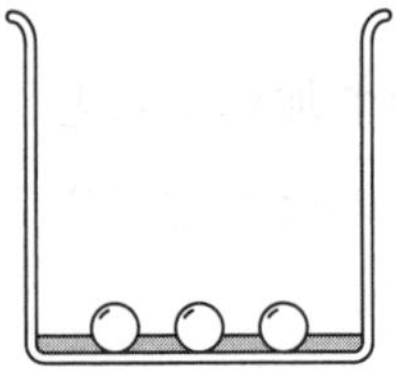

⑥ 種子の半分まで水を入れた

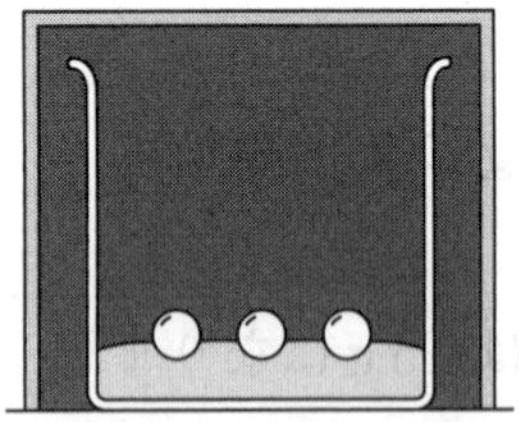

⑦ しめらせただっし綿の
外側を木の箱でおおった

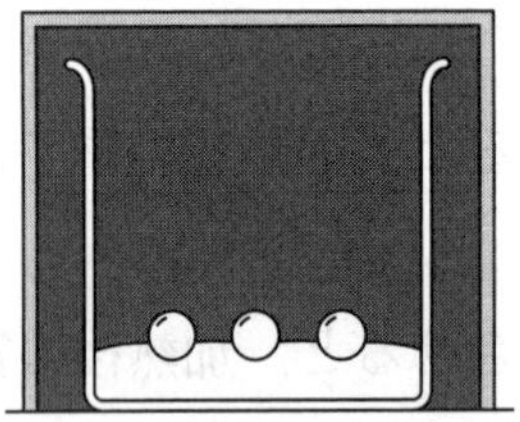

⑧ かわいただっし綿の
外側を木の箱でおおった

(1) 次の**ア**～**エ**の写真のうち，エンドウの花はどれですか。最も適当なものを１つ選び，記号で答えなさい。

ア

イ

ウ

エ

(2) 右の図はエンドウの種子の断面です。子葉はどの部分ですか。最も適当なものを図の**ア**～**エ**から１つ選び，記号で答えなさい。

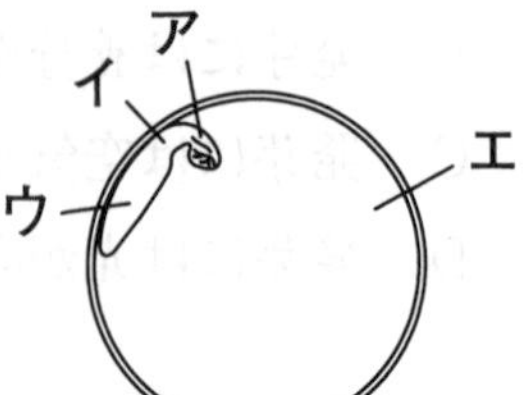

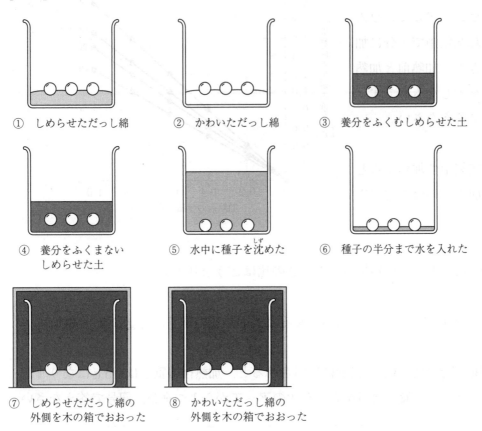

(3) 仮説Ｄが正しいか判断するためにはどの実験の結果を比較《ひかく》すればよいですか。正しい組み合わせを次の**ア**～**カ**から１つ選び，記号で答えなさい。

ア　①と②　　**イ**　③と④　　**ウ**　⑤と⑥

エ　⑦と⑧　　**オ**　①と⑦　　**カ**　②と⑧

(4) 実験①～⑧のうち，種子が発芽するものをすべて選び，番号で答えなさい。

(5) エンドウの種子の発芽について，正しい仮説をＡ～Ｄからすべて選び，記号で答えなさい。

5　天気について，次の問いに答えなさい。

(1) 空全体を10としたときの(　　)のしめる割合で晴れやくもりの天気が決められています。(　　)にあてはまる言葉を答えなさい。

(2) 空全体を10としたときの**(1)**の割合が７であるとき，天気は晴れとくもりのどちらですか。

(3) 右の写真は強い上昇《じょうしょう》気流によって上向きに高く発達した雲です。この雲の名前を答えなさい。

(4) 右の写真の雲の特徴《とくちょう》として最も適当なものを次の**ア**～**エ**から１つ選び，記号で答えなさい。

ア　この雲が増えてくると２，３日後に雨が降ることが多い。

イ　底面が地上に届くと，きりやきりさめになる。

ウ　広い範囲《はんい》におだやかな雨や雪を降らせる。

エ　せまい範囲に激しい雨を降らせる。時には雷《かみなり》やひょうをともなうことがある。

(5) 天気予報をするための，自動的に気象観測をする地域気象観測システムを何といいますか。カタカナ４文字で答えなさい。

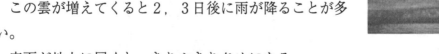

問六 ――⑤「試金石」のここでの意味として適切なものを次から一つ選び、記号で答えなさい。

ア その人にとって非常に価値が高いもの。
イ 将来成功の鍵《かぎ》となるような失敗の積み重ね。
ウ ある物事の価値を見極めるための材料。
エ 誰にとっても貴重で競争率の高いもの。

問七 ――⑥「価値観まで大きく変わりました」とありますが、どう変わりましたか。それを説明した次の文の[1]～[3]にあてはまる言葉を、文章中からそれぞれ指定の字数でぬき出して答えなさい。

・[1（四字）]を生きる上で、もともと筆者には[2（十九字）]な価値観が染みついていたが、あるときから[3（一字）]に恵まれるなどのその他の要因も生きることに関わっているかもしれないと筆者は考えるようになった。

問八 ――⑦「本当に替えがきかないもの」とありますが、それは何ですか。適切なものを次から一つ選び、記号で答えなさい。

ア 子どもにとっての自分を保護してくれる家族。
イ 指導能力・教育能力を持った教員。
ウ 大学院の中で実績をあげている研究者。
エ 多額の売り上げをもたらしてくれる人。

問九 この文章には次の文がぬけています。この文が入る位置として適切なものを文章中の【ア】～【エ】から一つ選び、記号で答えなさい。

・大学入学までに考えていたキャリアやビジョンをずっと持ち続けているとすれば、それはそれでいまのぼくなら心配になります。

問一 ――①「胡散臭さ」の品詞として適切なものを次から一つ選び、記号で答えなさい。

ア 名詞　**イ** 動詞　**ウ** 形容詞　**エ** 形容動詞

問二 ――②「こうした変化」とありますが、これはどういうことですか。「ネットやＳＮＳの普及前は、」に続くように説明しなさい。

問三 Ａ・Ｂにあてはまる言葉の組み合わせとして適切なものを次から一つ選び、記号で答えなさい。

ア Ａ　たとえば　Ｂ　つまり　**イ** Ａ　たとえば　Ｂ　ただし

ウ Ａ　しかし　Ｂ　ただし　**エ** Ａ　しかし　Ｂ　しかも

問四 ――③「『何を学ぶか』を選択することの意味はかつてよりも重みを増している」とありますが、なぜですか。適切なものを次から一つ選び、記号で答えなさい。

ア 昔とは違《ちが》い一度決めてしまった学習分野をそう簡単に変更《へんこう》できないから。

イ 人気のある分野においてはかつてよりも求められる水準が高まっているから。

ウ 安易に他人と同じ道を選んでも自分の意志でその道に進んだ人に勝てないから。

エ 自分の決めた道を誰《だれ》かのせいにしてはいけない時代になってしまったから。

問五 ――④「試行錯誤に開かれてみてほしい」とありますが、これはどういうことですか。適切なものを次から一つ選び、記号で答えなさい。

ア 大学で出会った同級生に提案されたことは、どんなことでもやってみるということ。

イ 他の人とは異なった明確な将来像やビジョンを持つように意識するということ。

ウ 一つの学部だけを受験するのではなく、様々な分野をとにかく幅広《はばひろ》く受験すること。

エ 新しいことを学ぶ姿勢を大切にし、その学んだことを通じて価値観を変化させること。

進み、10年近い期間を過ごしたので、ある種の自己責任的、競争至上主義的、優勝劣敗《れっぱい》的価値観が染《し》み付いていました。

あるとき、子どもを眺《なが》めていて、ふと思いました。「ぼくは運に恵《めぐ》まれ、比較的うまく競争社会も乗り切れているが、この子がそうでなかったら、ぼくと同様に運に恵まれなければどうなるだろうか」と。ぼくの仕事にも大きく関係するそれまでの自明に思えた社会観の転換《てんかん》でした。

仕事歴が長くなり、仕事の全体像が見えるようになってくると、⑦本当に替《か》えがきかないものについての相場観のようなものも身についてきます。幸か不幸か、仕事と労働者の大半は入れ替え可能なものです。そもそも職場が求めているのは、「あなたと同様の売上をもたらしてくれる人」「一定の指導能力、研究能力、教育能力を持った教員」であって、必ずしもあなたやぼくである必要はないのです。その一方で、子どもは親を選べません。彼《かれ》ら、彼女《かのじょ》らは一定の年齢《ねんれい》に達するまで、明らかに保護してくれる存在を必要とし、替え難《がた》いのはそちらではないでしょうか。そう考えると、仕事で貢献《こうけん》するべきなのか、家族に重きをおくべきなのか、必ずしも優先順位は自明ではありません。

そういうことを考えるようになって以来、ぼくは相当程度、政治的、社会的な発言や立場を変えてきました。もちろんある種の環境変化への適応だったのでしょう。だけれども、これはひとつの試行錯誤でもあり、時間によって、ライフステージによって、価値観すら変わりうるということを実感した契機《けいき》でした。

(西田亮介《にしだりょうすけ》「試行錯誤の学び」(上田紀行《うえだのりゆき》『新・大学でなにを学ぶか』)による)

＊アーカイブ…コンピューターで、関連のある複数のファイルを一つにまとめたもの。
＊ＶＲ…バーチャルリアリティーの略。コンピューターによって創り出された仮想的な空間などを現実であるかのように疑似《ぎじ》体験できる仕組み。
＊ビジョン…未来像、将来展望。
＊ラインナップ…参加し、名を連ねている人々。
＊グレーゾーン…どちらとも判別できない領域。
＊ワーカホリック…いつも働いていないと落ち着かず、仕事以外のことができない人。

ことです。他者からの評価と、自分による評価は別物です。自分が好きなことややりたいこと、得意なことと、他者から評価され、強みになる、ときには仕事になるような点が異なっているということは多々あります。

自分の意志と、他者からの評価のどちらを優先すべきでしょうか。もちろんいじめや暴力、ブラックな職場などは別です。そんなものを我慢《がまん》する必要はなく、さっさと逃《に》げる、やめるべきですが、判断に困るのは＊グレーゾーンの領域です。

【イ】

このときぼくは必ずしも自分の意志を優先すべきとは思いません。判断を留保して、よく考える、周囲を見渡《みわた》してみるのも重要です。好きなことでもやはり向き不向きはあります。環境から評価されないことや理解されないことも少なくありませんし、そもそもどうにもならないことが存在することにそのうち気づくはずです。

初志貫徹《かんてつ》というと聞こえはよいかもしれませんが、独りよがりだったり、単にツライだけということもありえます。煮《に》詰《つ》まったときには、評価の尺度を変えてみてもいいのではないでしょうか。決まった学習目的や目標がある中等教育までのあいだは、こうしたことを教わらない気がします。

【ウ】

関連して、時間が評価基準や価値観を変えるということもありえます。例えば、ぼくは昔は子どもが嫌《きら》いでした。泣くとうるさいし、自分の仕事ができなくなりそうで怖《こわ》かったからです。確かにいっときは研究者廃業《はいぎょう》か、と思えて絶望した時期もあります。子どもがうまれたのが20代後半と最近では比較《ひかく》的早く、「研究者の免許《めんきょ》証」といわれる博士号を取る直前だったからです。

【エ】

＊ワーカホリックで、一日中研究や執筆《しっぴつ》をしていましたが、まったくそれができなくなってしまい、当時は子どもの泣き声で集中力は端的《たんてき》に削《そ》がれました。

でも面白《おもしろ》いもので、そのうち慣れていきました。子どもが泣いていても、それなりに仕事はできるし、バランスのとり方が見えてきました(むろんできなかったら、今頃《いまごろ》、家庭は成立していなかったかもしれません……)。

それどころかしばらくして、⑥価値観まで大きく変わりました。ぼくはもともとＩＴや起業で有名な大学から大学院に求水準はあがるばかりですよね。東アジアでの日本語学習者が増え、高校、大学、大学院と日本にやってくる留学生は相当数増加しています。

　安易に、ひと昔前と同じように、他人と同じ道を選ぶと思いもかけず大変な競争に巻き込《こ》まれてしまうかもしれません。つまるところ「どうやって学ぶか」もさることながら、③「何を学ぶか」を選択《せんたく》することの意味はかつてよりも重みを増しているともいえます。

　それにしても何を学べばいいかもわからない一方で、何を学ぶかということの重要性も増しているとすれば、選択者にとっての選択の負荷《ふか》はこれまでよりも大きくなっているということを意味します。

　なんだか重たい話になってきました。どうすればよいのでしょうか。２本ほど補助線を引いてみることにしたいと思います。ひとつは④試行錯誤《さくご》に開かれてみてほしいということです。新しい友人をつくって、新しい環境《かんきょう》に身を置き、それまで興味がなかったこと、知らなかったことを学んでほしいのです。そしてそれを通じて、どんどん考えを変えていってほしい。

　良くも悪くも日本社会においては、大学入学時点で明確に他人と異なった将来像や＊ビジョンを持っているという人は少ないでしょう。あるいは持っていたとしても、何かしらどこかで聞き覚えがあるものであったりすることが少なくありません。

　これは別に皆さんに限った問題というわけではなく、前述のような理由で、長くそうだったのではないかとも思います。18歳《さい》までの教育や経験、知覚した情報は限定されているともいえますから、それだけで将来の進む道を安易に規定してしまうのはもったいないと言い換えてもいいでしょう。社会情勢や技術も変わるし、大学で出会った同級生や、ときには教員に触発《しょくはつ》されることもあるはずです。学問や新しい経験もそうかもしれません。それまでと考えが変わることもあれば、信念が揺《ゆ》らぐこともあるでしょう。ぼくも入試に失敗していなければ、研究者にもならず、本書の＊ラインナップにも参加していなかったはずです。やや上から目線ですが、試行錯誤の全てが成長の⑤試金石です。

【ア】

　もうひとつの補助線は人生の多様な評価軸《じく》と関連する時間の問題です。思っているより、評価のされ方は多様だという

三　次の文章を読んで、あとの問いに答えなさい。字数制限のある解答については、特別の指示がないかぎり、句読点や符号も一字として数えます。

それでは、どのようにして、「正しい」「大学での学び」を選びとっていけばよいのでしょうか。本書を手に取る、そして少なくないはずの若い読者の皆《みな》さんはそういった関心をお持ちのことだと思います。

巷《ちまた》に出回っている、自己啓発《けいはつ》や安っぽいネットの記事のなかにはいくらでも「人生で大切なことを選ぶための5つの方法」といった記事を見つけることができるでしょう。本書を手に取るより先にそういった記事を目にしているかもしれません。そこでは根拠《こんきょ》はたいていよくわかりませんが、さも現実的な正しい方法があるかのように語られています。そういったものにいささかの①胡散臭《うさんくさ》さを感じたか、それともハナから「正しくない」答えのほうが気になって本書を手に取ってみたのではないでしょうか。

ネットやSNSの普及《ふきゅう》によって、いろいろなところで「なにかを学ぶ」ための現実的で、正しい方法は広く普及し、学習コストは大きく低減しました。ネット以前には、学ぶための教材の数は限られ、教える人も東京や都市部に集中しがちでした。ネットやSNS、動画配信サイトの普及はこうした問題を劇的な水準で解決しつつあります。

受験勉強も塾《じゅく》や予備校だけではなく、自宅でも学ぶことができる動画＊アーカイブと演習問題を組み合わせたスタイルに移行しつつあります。②こうした変化は何も勉強だけではなく、[A]プログラミングや楽器の演奏、語学についても同様です。少し検索《けんさく》してみれば、優《すぐ》れた教材をいくらでも見つけることができ、それらのコストがひと昔前より格段に下落しています。少し前なら、移動等も含《ふく》めた学習コストの高さは学びにとって厳しい制約条件になっていたはずですが、今ではそれらは方法次第《しだい》で克服《こくふく》できるものになろうとしています。5Gや＊VRといった情報通信技術のますますの発展は、そのような方向にますます拍車《はくしゃ》をかけることでしょう。

[B]学習コストの低減は何もよいことばかりというわけでもありません。なにかを学ぶコストが変化したことで、とくに人気が集中しがちな分野においては求められる水準がより高いものになること、言い換《か》えるといっそう競争が激しいものになるであろうことは容易に想像できるはずです。今までと同じ領域だけで、同じように競争するのであれば、要

(2)「水槽の中でいかに自由に泳ぐようにするか」とありますが、朽木はどのように仕事をしようと考えましたか。適切なものを次から一つ選び、記号で答えなさい。

ア 今の営業の仕事をやめて、フリーな立場として電話やメールでの対応や書店の細々したサポートなど、自分の得意な仕事を自由に選んでするようになった。

イ 今の営業の仕事をやめて、他の出版社に転職して「本を売る」ことを学べるだけ学んでおこうと、できることも苦手なことも分けずに仕事するようになった。

ウ 今の営業の仕事を続けながら、挨拶回りや接待などの苦痛なことであっても「本を売る」ことを学ぶために必要だと前向きにとらえて挑戦《ちょうせん》するようになった。

エ 今の営業の仕事を続けながら、その仕事の中で電話やメールでの対応や書店の細々したサポートなど、自分にできることを選んでそれに徹するようになった。

問六 ――⑤「少し晴れやかな顔つき」とありますが、朽木が晴れやかな表情をしているのはどうしてですか。「自分に合った働き方」と「自信」という言葉を使って説明しなさい。

問七 この文章の内容に合っているものを次から一つ選び、記号で答えなさい。

ア 朽木は、星読みに自分のことを教えてもらいたかったのに、最後は自分で考えるように言われて反感を持ったが、マスターになだめられて前向きな気持ちになれた。

イ 朽木は、星読みに言われた「自分で考えること」を実行したことで、本当の自分に気づき、占いの結果とは全く違う新しい生き方をする決意をすることになった。

ウ 高屋は、朽木が占いによって前向きな気持ちになったことを聞いて素直に喜び、もともと否定的だった占いに対する自分の考えにも変化が生じ始めている。

エ 高屋は、朽木が星読みにみちびかれて仕事が順調に運ぶようになったことを喜び、占いを信じて行動することの大切さをますます強く感じるようになっている。

問二 ——①「え……、と眉間に皺を寄せる」とありますが、朽木がこのように反応したのはどうしてですか。それを説明した次の文の [1] ～ [3] にあてはまる言葉を、文章中からそれぞれ指定の字数でぬき出して答えなさい。

・星読みに言われた、[1（六字）] にいることで良い仕事ができるという見方と、[2（五字）] で仕事をすることで能力を発揮するという見方は [3（二字）] すると思ったから。

問三 ——②「取扱説明書を読んだうえで、自ら対策を取れば良いんです」とありますが、これはどのようなことを言ったものですか。具体的に書かれた部分を「～こと。」に続くように文章中から三十字で探し、最初と最後の五字をぬき出して答えなさい。

問四 ——③「そんな感じに考えてみろ」とありますが、ここではどのように考えることを言っていますか。適切なものを次から一つ選び、記号で答えなさい。

ア 両立できそうにない二つの条件のうち、どちらを選んでどちらをあきらめるかを考えること。

イ 両立できそうにない二つの条件を、どちらも満たすためにはどうしたらよいかを考えること。

ウ 両立できそうにない二つの条件について考えるのはやめて、新しい方法について考えること。

エ 両立できそうにない二つの条件を、両立できるように少しずつ変えてしまおうと考えること。

問五 ——④「安全な水槽の中にいた方が～その工夫をすればいいんだって」について、次の⑴・⑵の問いに答えなさい。

⑴ 「安全な水槽の中にい」ることとは朽木の場合、具体的にどういうことですか。文章中から探し、九字でぬき出して答えなさい。

そういえば、マスターも第六ハウスに天王星が入っていると言っていた。

自分の第六ハウスはどうなっているのだろう？

「………」

ふと、そんな考えが頭を過《よぎ》り、それを振り払《はら》うように高屋は首を振る。

今の話に感心しただけで、占いを見直したわけではない。断じてだ。

高屋は、ふん、と鼻息を荒《あら》くしながら、オフィス内を歩く。勢い余って手を机にぶつけ、「痛っ」と、手を押《お》さえた。

（望月麻衣《もちづきまい》『京都船岡山アストロロジー』による）

＊ハウス・出生図…自分が生まれたときの星の配置図を「出生図」という。出生図は十二の部屋に分かれており、その一つ一つを「ハウス」と呼ぶ。

＊柿崎…朽木の仕事仲間。

問一　――Ａ・Ｂの意味として適切なものをあとからそれぞれ一つずつ選び、記号で答えなさい。

Ａ「相槌をうつ」

ア　相手をじっと見つめる　**イ**　相手の顔色をうかがう

ウ　相手の話にうなずく　**エ**　相手の話を否定する

Ｂ「しっくりきた」

ア　温かい気持ちになった　**イ**　すがすがしさに満ちた

ウ　楽しみで興奮した　**エ**　おさまりがよかった

それは＊柿崎《かきざき》に同行して、高屋も実感したことだった。

「だけど、やっぱり自由でいたい。やりたくないことはやりたくない。だから自分のできることと、どうしても苦手なことを振《ふ》り分けてみた。柿崎は、挨拶《あいさつ》回りや接待が得意で好きみたいだけど、俺にとっては苦痛。ゴルフ会や接待、付き合いの飲み会とか苦手なんだ。でも、マンツーマンで喋《しゃべ》るのは、実は嫌《きら》いじゃないんだよね」

それはなんとなく分かる気がした。今もこうして話しているくらいだ。

彼《かれ》は、決して人嫌いではないのだろう。

「だから、電話で話したりは大丈夫《だいじょうぶ》だし、メールで対応や販促物《はんそくぶつ》を作ったり、書店の細々としたサポートはできる。営業としての花形を柿崎に請《う》け負ってもらって、俺は柿崎が仕事しやすいようにサポートしつつ、デスクワークに徹《てっ》することにしたんだ」

なるほど、と高屋は思わず前のめりになった。

「そしたら、この仕事も楽しくなってきてさ。表には出ていないけど、自分が仕掛《しか》けた本が売れるのはやっぱり嬉しいしね。営業の現場を知るのは、編集者になってからも役立つんだよ。そうしているうちに、色んな知識とノウハウがついてきて、いつかフリーにもなれる気がしてきた。安定っていうのは、何も場所の話だけじゃなく、自信があるかどうかってことでもあるって気付いたんだ。まぁ、まだなるつもりはないけど、選択肢の一つにまた加わったって感じで」

朽木は、⑤少し晴れやかな顔つきでそう言う。

「そういうわけでしたか」

高屋は大きく納得《なっとく》して、首を縦《たて》に振る。

誰《だれ》しも、それぞれに合った働き方というのがあるのだろう。

「そういうこと。高屋君もさ、がんばって」

高屋は、ありがとうございます、とぎこちなく会釈をして、その場を離《はな》れた。

どこにいても、良い経験を積めるのだ。

心を整えて、良いパフォーマンスをし、自分に合った働き方を選べばいい。

そうね、とカーテンの向こうで星読みが少し嬉《うれ》しそうに言う。
あらためて、じっくり考えてみよう。
日当たりがよく、でも風に当たらない、そんな方法が自分にもあるのだ。

「――で、俺は礼を言って帰ってきたわけなんだけど」
朽木は、船岡山珈琲店での出来事をかいつまんで話し、それでさ、と続けた。
「俺もその後、考えたわけなんだよね」
朽木は頭の後ろで手を組み、椅子《いす》に寄りかかる。
「マスターは、観葉植物に譬《たと》えていたけど、俺の場合、植物というより、魚に置き換《か》えた方がBしっくりきたんだ」
「魚、ですか？」
「そう、ペットショップで売ってるようなやつ。だから、海や川に放流されるとすぐきっと死ぬ。④安全な水槽《すいそう》の中にいた方がいいんだって。それなら、水槽の中でいかに自由に泳ぐようにするか、その工夫《くふう》をすればいいんだって」
それを踏《ふ》まえたうえでさ、と朽木は腕を組む。
「あらためて、自分の願望と向き合ったんだ。しっかり自問自答した結果、やっぱり編集者になりたいと思った。それには、三つの道があるんだよね」
と、朽木は、三本指を立てる。
「一つ目は、このままここで希望を出し続けて異動を待つ。二つ目は、他の出版社に転職する。三つ目は、フリーになる。でも、俺は『水槽の魚』だからさ、会社を辞《や》めてフリーってのはやっぱり向いてないと思った。選択肢《せんたくし》から外したよ。じゃあ、異動か転職か。どちらにしろ、すぐに移れるわけではないしさ」
高屋は黙《だま》って相槌をうつ。
「それなら、営業でいるうちに、『本を売る』ということを学べるだけ学んでおこう、って前向きな気持ちになったんだ。どんなに良い本を作っても読者に届かなかったら意味がない。書店に直接本を届けるのは、営業の仕事だし」

緊張《きんちょう》していたのか、気が付くと手許《てもと》のコップの水は、ほぼ空だった。

『あ、はい。すみません』と会釈《えしゃく》して、コップを差し出す。

失礼します、とマスターはグラスに水を注いでから、窓際《まどぎわ》の観葉植物を指差した。

『お客様、あの植物を見てください』

マスターと共に観葉植物の方に目を向ける。

『あの観葉植物を購入《こうにゅう》した際、説明書にはこう書いてありました。「この植物は、日光に当てるとよく育ちます。ですが、風に当てると弱ってしまいます」と……』

一見、矛盾しているようにも思える。

『あなただったら、その植物をどうしますか？』

え……と戸惑《とまど》った。一瞬《いっしゅん》の間の後に俺は口を開く。

『風には当たらない……日当たりの良い窓際に置きます』

そうですよね、とマスター。

言いたいことは伝わってきた。

自分のことも、③そんな感じに考えてみろと言っているのだろう。

マスターは、ふふっと笑った。

『占い師の中では、「あなたはこうすべきです」と答えをくれる方もいるかもしれません。ですが、うちはそうではなく、あなたの「取扱説明書」を翻訳《ほんやく》して伝えるだけ。そこから先は星読みに聞くのではなく、あなたが、自問自答しなければなりません。自らが思う「安定した環境で、自由に働く」とはなんなのか……』

マスターの優《やさ》しい問いかけに、はい、と頷《うなず》いた。

『少し分かりました。占星術《せんせいじゅつ》って「自分がどういう性質の人間なのか知ったうえで、どう動くか決める」ということなんですね』

取り扱《あつか》いをちゃんと知っていれば、対応できるのだ。

『天王星は、改革と自由の象徴《しょうちょう》なんですよ。ですので自由な環境で仕事をすることで、あなたは能力を発揮するんです』
そう続けられて、俺《おれ》は、①え……、と眉間《みけん》に皺《しわ》を寄せる。
『それじゃあ、矛盾《むじゅん》してるじゃないですか』
そうですね、と星読みはあっさり答える。
『そもそも矛盾しているのも人間の一面です。そんな矛盾を抱《かか》えているから、迷ったり苦しんだりするんです』
なるほどね、と腕《うで》を組んだ。
安定した状態でいたい心と、自由を求める気持ち、俺は両方を欲《ほっ》して、自分の内側が綱引《つなひ》き状態だったのだ。
『それで、俺はどうしたら良いんですかね？』
きっと星読みは、目からウロコのアドバイスをくれるに違《ちが》いない。そう期待したのだが、返ってきた言葉は思いもしないものだった。
『そこからは、あなたが考えることです』
はい？　と思わず俺の口から頓狂《とんきょう》な声が出た。
『私は、出生図を自分自身の「取扱《とりあつかい》説明書」だと思っています。あなたはその②取扱説明書を読んだうえで、自ら対策を取れば良いんです』
はあ、とピンと来ないままA相槌《あいづち》をうつ。
『つまり、俺の取扱説明書には、会社勤めをすることで心が安定して良い仕事ができる。けど、自由でいることで能力を発揮できるって……』
よく分からないな、と頭を掻《か》いていると、彼女がぴしゃりと言う。
『考えることから逃《に》げては駄目《だめ》ですよ。自分のことは自分が一番分かっているのですから』
『いや、分からないから、こういうところに来るんじゃないかな……』
そう言って苦笑した時、マスターがピッチャーを手に現れた。
『お水、いかがですか？』

二　次の文章を読んで、あとの問いに答えなさい。字数制限のある解答については、特別の指示がないかぎり、句読点や符号も一字として数えます。

出版社に勤める朽木《くちき》は、今の営業の仕事（出版社の本を書店などに置いてもらうために売り込《こ》む仕事）が自分に向いていないのではないかと思い、星占《ほしうらな》いを受ける。次の場面は、そのときの様子を後日、会社の後輩《こうはい》・高屋《たかや》に伝えているところである。星占いは、「船岡山珈琲《ふなおかやまコーヒー》店」という喫茶店《きっさてん》の中の一角で行われ、占い師（星読み）は、カーテンの奥《おく》に姿をかくして占っている。

『あなたの第六＊ハウスには、星が入っていますね？』
見ると、＊出生図の第六ハウスには月とアンテナのような星が入っている。
『星というか、月が入っていますね』
そう言うと、月も星ですよ、と星読みは受け流す。
『「月」はあなたの素《す》の状態、感情や心などを暗示しています。そんな星が第六ハウスに入っている。ざっくり見るとメンタルと仕事が密接だと分かります。それは、「仕事をしていれば、気持ちが安定している」とも読めるし、「安定した環《かん》境《きょう》にいることで、良い仕事ができる」とも読めます』
この辺りは、他の星や星座との兼《か》ね合いで読み方は変わるのですが、と、星読みは付け加える。本当はさらに視《み》るところがあり、読み解いていくのだろう。彼女《かのじょ》は自分のために簡潔に纏《まと》めているようだ。
『やっぱり自分はフリーは向いてないんだろうなぁ』
独り言のように洩《も》らすと、星読みは、ですが、と続けた。
『話は途中《とちゅう》だったんです。あなたの場合、ここに天王星も入っていますね』
このアンテナのようなマークは、天王星だったようだ。

2024年度

八雲学園中学校

【国　語】〈第一回試験〉（五〇分）〈満点：一〇〇点〉

一　次の各問いに答えなさい。

問一　次の――線の漢字の読みをひらがなで答えなさい。

① 先生の指示に従う。
② 我先にと手をあげる。
③ その船は蒸気で動く。
④ 案件を閣議にかける。
⑤ その社員は古株だ。

問二　次の――線のカタカナを漢字に直しなさい。

① 包丁でねぎをキザむ。
② ほめられてウチョウテンになる。
③ サトウをまぶしたドーナツ。
④ 毎朝ギュウニュウを飲む。
⑤ テれかくしに笑う。

2024年度

八雲学園中学校

▶解説と解答

算　数　＜第１回試験＞（50分）＜満点：100点＞

解　答

1　(1)　24　(2)　10　(3)　2　(4)　157　(5)　8　2　(1)　8分20秒　(2)　200円　(3)　75点　(4)　7　(5)　$343cm^3$　(6)　27　(7)　$4\,cm^2$　(8)　54度　(9)　5066　3　(1)　5，10，11　(2)　3通り　4　(1)　15cm　(2)　$324cm^2$　5　(1)　ア…6，イ…D　(2)　ウ…11，エ…B

解　説

1　四則計算，計算のくふう，逆算

(1)　$48\div3+(8\times6-8)\div5=16+(48-8)\div5=16+40\div5=16+8=24$

(2)　$21\times\frac{1}{3}+\left(\frac{1}{11}-\frac{1}{22}\right)\div\frac{1}{66}=7+\left(\frac{2}{22}-\frac{1}{22}\right)\div\frac{1}{66}=7+\frac{1}{22}\times\frac{66}{1}=7+3=10$

(3)　$\left\{\left(2\frac{1}{2}-1.75\right)\times0.32-\frac{1}{25}\right\}\div\left(\frac{3}{10}-\frac{1}{5}\right)=\left\{\left(\frac{5}{2}-\frac{7}{4}\right)\times\frac{8}{25}-\frac{1}{25}\right\}\div\left(\frac{3}{10}-\frac{2}{10}\right)=\left\{\left(\frac{10}{4}-\frac{7}{4}\right)\times\frac{8}{25}-\frac{1}{25}\right\}\div\frac{1}{10}=\left(\frac{3}{4}\times\frac{8}{25}-\frac{1}{25}\right)\div\frac{1}{10}=\left(\frac{6}{25}-\frac{1}{25}\right)\div\frac{1}{10}=\frac{5}{25}\times\frac{10}{1}=2$

(4)　$A\times B+A\times C=A\times(B+C)$であることを利用すると，$6.28\times37-1.57\times12-3.14\times18=3.14\times2\times37-3.14\times\frac{1}{2}\times12-3.14\times18=3.14\times74-3.14\times6-3.14\times18=3.14\times(74-6-18)=3.14\times50=157$

(5)　$\{(2\times\square-4)\div3+6\}\div0.1=100$より，$(2\times\square-4)\div3+6=100\times0.1=10$，$(2\times\square-4)\div3=10-6=4$，$2\times\square-4=4\times3=12$，$2\times\square=12+4=16$　よって，$\square=16\div2=8$

2　速さ，売買損益，相当算，平均とのべ，約束記号，表面積，数列，構成，面積，角度

(1)　(時間)＝(道のり)÷(速さ)より，$80\div576=\frac{80}{576}=\frac{5}{36}$(時間)とわかる。これは，$60\times\frac{5}{36}=8\frac{1}{3}$(分)，$60\times\frac{1}{3}=20$(秒)より，8分20秒である。

(2)　1個あたりの利益は，$9000\div150=60$(円)である。これが原価の3割にあたるから，(原価)$\times0.3=60$(円)より，原価は，$60\div0.3=200$(円)と求められる。

(3)　予想した得点の合計は，$54+70+68+64=256$(点)なので，予想した得点の平均点は，$256\div4=64$(点)とわかる。したがって，実際の得点の平均点は，$64+2=66$(点)だから，実際の得点の合計は，$66\times4=264$(点)と求められる。よって，理科の実際の得点は，$264-(50+74+65)=75$(点)である。なお，平均点の差が2点のとき，合計点の差は，$2\times4=8$(点)になることを利用すると，実際の得点の合計は，$256+8=264$(点)と求めることもできる。

(4)　記号★は，$A★B=A\times B-1$という計算をするものと考えられる。はじめに，$3★\square=X$とすると，与《あた》えられた式は，$X★5=99$となるので，$X\times5-1=99$より，$X=(99+1)\div5=20$とわかる。よって，$3★\square=20$より，$3\times\square-1=20$となるから，$\square=(20+1)\div3=7$と求められる。

(5)　真上から見ると立方体Aの面と同じ大きさの正方形が見えるので，立方体Bの側面積の分だけ表面積が増える。つまり，立方体Bの面4個分の面積が196cm^2だから，立方体Bの面1個の面積は，$196\div 4=49$(cm^2)とわかる。さらに，$49=7\times 7$より，立方体Bの1辺の長さは7cmとわかるので，立方体Bの体積は，$7\times 7\times 7=343$(cm^3)である。

(6)　連続する3の倍数は3ずつ大きくなるから，一番小さい数を□とすると，6つの連続する3の倍数の和は，$\square+(\square+3)+(\square+6)+(\square+9)+(\square+12)+(\square+15)=\square\times 6+45$と表すことができる。これが207なので，$\square\times 6+45=207$より，$\square=(207-45)\div 6=27$と求められる。

(7)　正三角形と正六角形は，右の図1のように合同な二等辺三角形に分けることができる。この二等辺三角形が，正三角形の中には3個，正六角形の中には6個あるから，この二等辺三角形，$6-3=3$(個分)の面積が6cm^2とわかる。よって，1個の面積は，$6\div 3=2$(cm^2)なので，かげをつけた部分の面積は，$2\times 2=4$(cm^2)と求められる。

図1

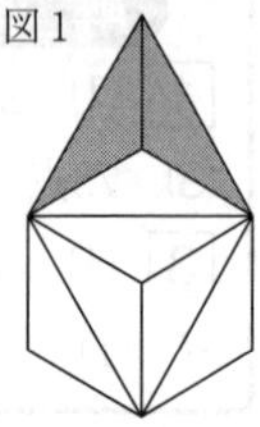

(8)　右の図2で，三角形BEDと三角形CFEはどちらも二等辺三角形だから，●印と○印をつけた角の大きさはそれぞれ等しくなる。また，三角形BEDの内角の和と三角形CFEの内角の和を合わせると，$180\times 2=360$(度)になり，そのうち角aと角bの大きさの和は，$180-72=108$(度)なので，●2個と○2個の大きさの和は，$360-108=252$(度)とわかる。よって，●1個と○1個の大きさの和は，$252\div 2=126$(度)だから，㋐の角の大きさは，$180-126=54$(度)と求められる。

図2

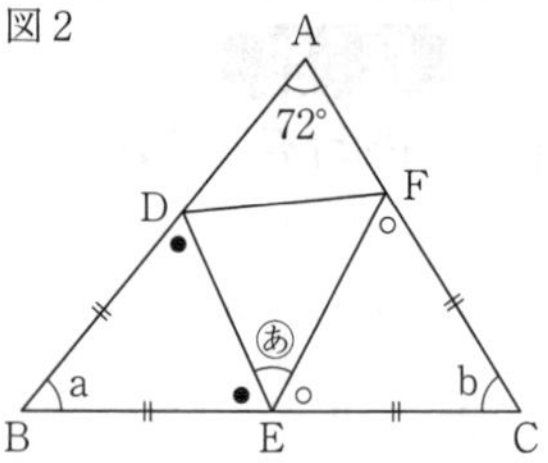

(9)　かけられる数は○の番号の2倍になっている。また，かける数は1，2，3がくり返されるので，右の図3のように3つの組に分けて求める。$50\div 3=16$余り2より，Ⅰ組とⅡ組には，$16+1=17$(個)，Ⅲ組には16個の数があるから，Ⅰ組の和は，$2+8+\cdots+98=(2+98)\times 17\div 2=850$，Ⅱ組の和は，$8+20+\cdots+200=(8+200)\times 17\div 2=1768$，Ⅲ組の和は，$18+36+\cdots+288=(18+288)\times 16\div 2=2448$と求められる。よって，①から㊿までの和は，$850+1768+2448=5066$である。

図3

	(Ⅰ組)		(Ⅱ組)		(Ⅲ組)
①	$2\times 1=2$	②	$4\times 2=8$	③	$6\times 3=18$
④	$8\times 1=8$	⑤	$10\times 2=20$	⑥	$12\times 3=36$
⑦	$14\times 1=14$	⑧	$16\times 2=32$	⑨	$18\times 3=54$
	⋮		⋮		⋮
㊻	$92\times 1=92$	㊼	$94\times 2=188$	㊽	$96\times 3=288$
㊾	$98\times 1=98$	㊿	$100\times 2=200$		

3　素数の性質，場合の数

(1)　それぞれの整数を素数の積で表すと右のようになるから，$550=2\times 5\times 5\times 11=5\times(2\times 5)\times 11=5\times 10\times 11$となることがわかる。よって，はるさんの3枚のカードは5，10，11である。

(はる)	(なつ)	(あき)
2) 550	2) 378	2) 24
5) 275	3) 189	2) 12
5) 55	3) 63	2) 6
11	3) 21	3
	7	

(2)　$2\times 3\times 3\times 3\times 7=(2\times 3)\times 7\times(3\times 3)=6\times 7\times 9$より，なつさんの3枚のカードは6，7，9と決まるから，残りのカードは1，2，3，4，8，12，13である。このうち積が24になる3枚の組み合わせは，{1，2，12}，{1，3，8}，{2，3，4}の3通りある。

4　グラフ—図形上の点の移動，面積

(1)　問題文中のグラフより，BからCまで動くのに26秒かかることがわかるから，点Pが動く速さ

は毎秒，13÷26＝0.5(cm)である。また，ＤからＡまで動くのにかかる時間は，96－66＝30(秒)なので，辺DAの長さは，0.5×30＝15(cm)と求められる。

⑵　ＣからＤまで動くのにかかる時間は，66－26＝40(秒)だから，辺CDの長さは，0.5×40＝20(cm)である。また，右の図のように点Ｐが辺CD上を動くときの三角形ABPの面積が204cm^{2}なので，台形ABCDの高さを□cmとすると，34×□÷２＝204(cm^2)と表すことができる。よって，□＝204×２÷34＝12(cm)だから，台形ABCDの面積は，(20＋34)×12÷２＝324(cm^2)と求められる。

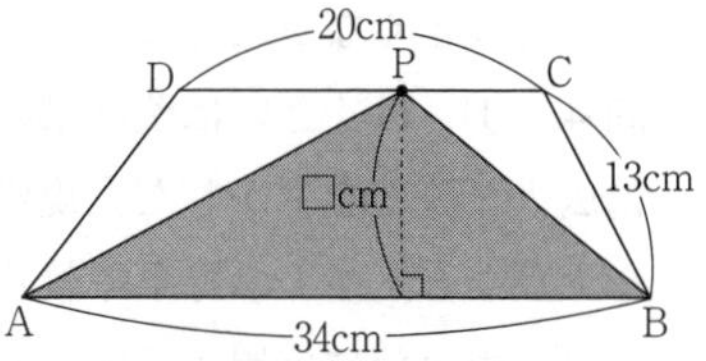

5　条件の整理

⑴　右の図１のように進むから，全部で６回(…ア)かべに当たったあと，出入口Ｄ(…イ)から外に出る。

⑵　方眼の１目もりを20cmとして図に表すと，右の図２のようになる。よって，全部で11回(…ウ)かべに当たったあと，出入口Ｂ(…エ)から外に出る。

図１

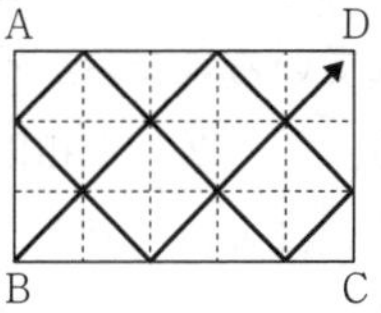

図２

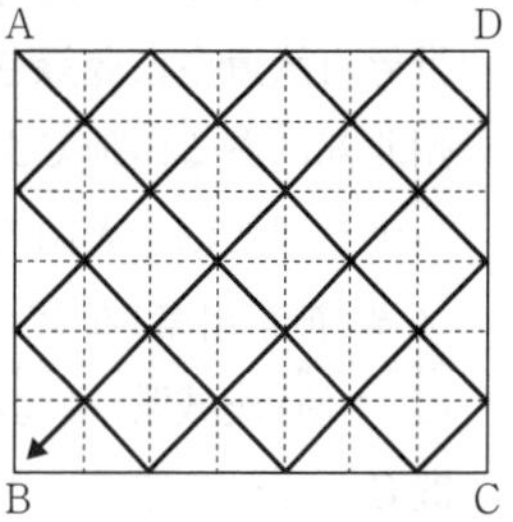

社　会　＜第１回試験＞（理科と合わせて60分）＜満点：50点＞

解　答

1　**問１**　エ　**問２**　イ　**問３**　ア　**問４**　①　ア　②　エ　**問５**　①　エ　②　ア　③　イ　**問６**　イ　**問７**　①　千葉　②　ア　**問８**　①　抑制栽培　②　イ　**問９**　ア　**問10**　ナショナルトラスト　**問11**　１，４，７　**2**　**問１**　イ　**問２**　エ　**問３**　①　ウ　②　木簡　③　ウ　**問４**　①　ウ　②　エ　**問５**　①　イ　②　i　エ　ii　ア　**問６**　函館(市)　**問７**　①　イ　②　ウ　**問８**　①　電気洗濯機(白黒テレビ)　②　ウ　**問９**　ロス　**3**　**問１**　(例)　シャワーの水をこまめに止める。　**問２**　①　ウ　②　イ　**問３**　イ　**問４**　ウ　**問５**　イ　**問６**　イ　**問７**　学校

解　説

1　日本の気候や地形，産業など地理についての問題

問１　CO_2とはエの二酸化炭素を示す化学式である。アのメタンやウのフロンに比べると温室効果は小さいが，排出《はいしゅつ》量が多いため，地球温暖化の最大の原因とされる。なお，イの窒素《ちっそ》は空気中の約78％を占《し》める気体である。

問２　エルニーニョ現象は，南米のペルー沖から太平洋東側の赤道付近の海面水温が平年より高くなる現象で，世界的な異常気象の原因となる(イ…○)。逆に海面水温が平年より低くなることはラニーニャ現象という。なお，光化学スモッグは工場の排煙《はいえん》や自動車の排気ガスなどが原因で起こる大気汚染《おせん》の１つ(ア…×)，ヒートアイランド現象は都市部の気温が周辺部より高くなる現象(ウ…×)である。

問３　台風は，太平洋の北西部や南シナ海で発生した，一定以上の風速の熱帯低気圧のことである(ア…×)。なお，北大西洋上やカリブ海，メキシコ湾および北東太平洋で発生した熱帯低気圧が発達して大きくなったものは，ハリケーンと呼ばれる。

問４　①　はくさいは茨城県の生産量が日本一多い(ア…×)。なお，北海道は十勝平野などを中心に広大な農地を生かした大規模な畑作がさかんで，じゃがいも，たまねぎ，てんさいのほか，小麦や大豆など，多くの野菜や穀物類の生産量が日本一である(2022年)。　②　日本一深い湖は，秋田県の中東部に位置する田沢湖である(エ…×)。

問５　①　青森県は北西部に津軽半島，北東部に下北半島が突《つ》き出し，その間には陸奥《むつ》湾がある(エ…○)。なお，アは静岡県，イは茨城県，ウは愛知県の形を表している。　②　青森県と秋田県の境にあるアの白神山地は，ブナの原生林が分布しており，ユネスコ(国連教育科学文化機関)の世界自然遺産に登録されている。なお，イの石狩《いしかり》山地とウの天塩《てしお》山地は北海道，エの筑紫《つくし》山地は九州北部にある山地である。　③　十和田湖は，青森県と秋田県にまたがるカルデラ湖である。カルデラ湖とは，火山の噴火《ふんか》によってできたくぼみに水がたまってつくられた湖で，ほかにはイの芦《あし》ノ《の》湖(神奈川県)などがある。なお，アの琵琶《びわ》湖(滋賀県)とウの猪苗代《いなわしろ》湖(福島県)は断層湖，エの霞《かすみ》ケ《が》浦《うら》(茨城県)は潟湖《せきこ》である。

問６　４つの県のうち，内陸県のため海面漁業漁獲《ぎょかく》量がゼロのイかウが，栃木県または埼玉県とわかる。栃木県は埼玉県より人口が少ない一方で面積が広く農業がさかんである(イ…○)。なお，アは農業産出額が大きい茨城県，ウは２つの内陸県のうち人口が多い埼玉県，エは人口が最も多く面積が最も小さい神奈川県を表している。

問７　①　神奈川県は，東京湾アクアラインで対岸の千葉県と結ばれている。なお，東京湾アクアラインは1997年に開通し，神奈川県の川崎市と千葉県の木更津《きさらづ》市を結んでいる。　②　地図中には，アの灯台(☼)は見られない。なお，イの交番は(X)，ウの消防署は(Y)，エの博物館は(⌂)の地図記号で表される。

問８　①　抑制栽培《よくせいさいばい》は，通常よりも収穫《しゅうかく》や出荷の時期を遅《おく》らせる栽培方法である。長野県の野辺山原や群馬県の嬬恋《つまごい》村でさかんに行われている。　②　軽井沢駅は長野県にあり，路線図では群馬県の高崎駅と新潟県の糸魚川《いといがわ》駅の間のイの区間にふくまれる。なお，北陸新幹線は東京駅から出発すると，東京都・埼玉県・群馬県・長野県・新潟県・富山県・石川県の順に通り，2024年３月には福井県の敦賀《つるが》駅まで延伸《えんしん》された。

問９　鳥取県は日本ナシやラッキョウの栽培がさかんで，生産量は全国でも上位である(ア…○)。なお，染料である藍《あい》の栽培は徳島県(イ…×)，山の斜面《しゃめん》を利用したミカンの栽培は愛媛県(ウ…×)などでさかんである。

問10　ナショナルトラスト運動は，貴重な自然環境《かんきょう》や歴史的な遺跡《いせき》を，寄付を集めて買い取ったり寄贈《きぞう》を受けたりすることで管理・保全をしていく運動である。日本では，北海道の知床《しれとこ》や東京都と埼玉県の境にある狭山丘陵《さやまきゅうりょう》，神奈川県の鎌倉や和歌山県の天神崎などで行われている。

問11　2024年２月現在，日本には20の政令指定都市がある。カードのうち，政令指定都市があるのは１の北海道(札幌市)，４の神奈川県(横浜市・川崎市・相模原《さがみはら》市)，７の熊本県(熊本市)の３枚である。なお，神奈川県は県内に政令指定都市が３つある唯一《ゆいいつ》の県である。

2　食料保存をテーマにした原始～現代の歴史についての問題

問１　縄文時代の遺跡である大森貝塚を発見したのは，イのモースである。アメリカ人の動物学者であったモースは，明治時代にお雇《やと》い外国人として来日した。なお，アのナウマンはドイツ人の地質学者でフォッサマグナを命名した人物，ウのクラークはアメリカ人で，札幌農学校で教育を行った人物である。

問２　弥生時代になると大陸から伝わった金属器や稲作が各地に広がり，身分や貧富の差が生じるようになったことから，より稲作に適した土地や水をめぐる争いが起こるようになった(エ…×)。

問３　①　都での労役に置きかえることができたのは，都に布を納める庸である(ウ…×)。なお，租は口分田が与《あた》えられた６歳《さい》以上の男女に課せられたが，その他の税や労役・兵役は成人男性にのみ課された。　②　木簡は，当時高価だった紙の代わりに使われていた木の札で，文字を記録するほか荷札などとして主に奈良時代に使われていた。　③　江戸幕府の第８代将軍徳川吉宗は，享保の改革を行った(ウ…×)。享保の改革では，参勤交代の期間を短縮する代わりに大名から米を提出させる上米《あげまい》の制を設けたほか，目安箱の設置や裁判の基準となる公事方御定書《くじかたおさだめがき》の制定などが実施《じっし》された。なお，天保の改革は老中の水野忠邦《ただくに》が行った改革である。

問４　①　12世紀は，西暦1101年から1200年までの100年間である。ウの保元の乱は1156年に起こった。なお，アは1086年(院政の開始)，イは1016年(藤原道長の摂政《せっしょう》就任)でともに11世紀，エは1221年(承久の乱)で13世紀の出来事である。　②　1185年，平氏はエの壇ノ浦(現在の山口県下関)で源氏に敗れて滅亡《めつぼう》した。なお，アは1180年の富士川の戦い，イは1183年の倶利伽羅峠《くりからとうげ》の戦い，ウは1185年の屋島の戦いが起こった場所を示している。

問５　①　コロンブスは，ヨーロッパから大西洋を西に向けて出発し，サン・サルバドル島(現在のバハマ)やキューバなどに到達《とうたつ》したあと，今日の北アメリカ大陸に上陸した(イ…○)。　②　ⅰ　織田信長は，琵琶湖のほとりに安土城を築き，全国統一の拠点《きょてん》とした。また，安土城下で商工業をさかんにするため，楽市・楽座の命令を出した(エ…○)。なお，織田信長は大量の鉄砲を活用し，1575年の長篠の戦いで武田勝頼軍に勝利した(ア…×)。刀狩令と太閤《たいこう》検地は，兵農分離《ぶんり》を進めるために豊臣秀吉が実施した(イ，ウ…×)。　ⅱ　狩野《かのう》永徳は安土桃山時代に活躍《かつやく》した画家で，その代表作がアの「唐獅子図屏風《からじしずびょうぶ》」である。なお，イの「南蛮《なんばん》屏風」は狩野内膳《ないぜん》の作品とされている。ウは尾形光琳《おがたこうりん》の「燕子花《かきつばた》図屏風」，エは俵屋宗達《そうたつ》の「風神雷神《らいじん》図屏風」で，どちらも江戸時代に描《えが》かれた。

問６　1854年に結ばれた日米和親条約では，下田(静岡県)と函館《はこだて》(北海道)の２つの港が開かれた。五稜郭《ごりょうかく》は現在の北海道函館市につくられた城郭で，戊辰《ぼしん》戦争(1868～69年)の最後の戦場として知られる。

問７　①　明治時代初期の1873年，近代的な軍隊を創設するために徴兵《ちょうへい》令が出された(イ…○)。なお，全国の藩を廃止して府や県を置いたのは，1869年の版籍奉還でなく1871年の廃藩置県である(ア…×)。1873年に実施された地租改正では，土地の所有者が地価の３％を現金で納めることとされた(ウ…×)。1877年に西南戦争を起こしたのは，板垣退助でなく西郷隆盛である(エ…×)。
②　南満州鉄道爆破事件(柳条湖《りゅうじょうこ》事件)を口実として日本軍は中国に侵攻《しんこう》し，満州を占領《せんりょう》して満州国を建国した。この一連の出来事を満州事変という(ウ…○)。なお，日中戦争は1937年に盧溝《ろこう》橋《きょう》事件をきっかけに起きた戦争である(ア…×)。シベリア出兵はロシア革命の拡大をおさえるため，1918年に始まった(イ…×)。

問８　①　高度経済成長期に普及《ふきゅう》した電気冷蔵庫・電気洗濯《せんたく》機・白黒テレビを，あわせて三種の神器という。　②　高度経済成長期とは，日本経済が急速に拡大した1950年代半ばから1973年の石油危機が起こるまでの期間をいう。戦後の日本では，GHQ（連合国軍最高司令官総司令部）による民主化政策が実施され，財閥《ざいばつ》の解体が進められるとともに1947年には独占禁止法が制定された（ウ…×）。なお，アは1964年（アジア初のオリンピック開催《かいさい》），イは1965年（日韓基本条約の締結《ていけつ》），エは1967年（公害対策基本法の制定）の出来事である。

問９　日本では，まだ食べられるのに廃棄《はいき》される食品である食品ロスが大量に発生している。「ロス」とは，損失や喪失《そうしつ》を表す英語である。

３　地方自治をテーマにした政治についての問題

問１　個人にできる節水としては，シャワーの水をこまめに止めることがある。ほかに，風呂の残り湯を洗濯や掃除《そうじ》に使うこと，水を出しっぱなしにせずに水をためて食器を洗うことなどもあげられる。

問２　①　所得税は，個人の収入にかかる直接国税である（ウ…×）。所得税には，収入が多くなるほど税率を高くすることで所得の再分配を行う累進《るいしん》課税制度が採用されている。　②　国庫支出金は，国が地方公共団体に使い道を指定して交付する資金である（イ…○）。なお，国から交付される資金のうち，地方公共団体が使い道を自由に決められる資金を地方交付税交付金（ア…×），地方公共団体が債券《さいけん》を発行して借り入れる資金を地方債（ウ…×）という。国民が自分で応援したい自治体を選んで納税する制度はふるさと納税制度である（エ…×）。

問３　郵便局の運営は，2007年に郵政民営化が行われた結果，現在は総務省の管理下で日本郵便株式会社が行っている。民営化前の郵便事業は総務省が行っており，いずれにしても地方公共団体の仕事ではない（イ…×）。

問４　地方議会は首長に対して不信任決議を出すことができる。不信任決議が出されると，首長は議会を解散させない限りは失職する（ウ…○）。なお，地方議会は独自の決まりである条例を制定することはできるが，法律を制定することはできない。法律を制定できるのは，国会だけである（ア…×）。予算案は首長が地方議会に提出し，地方議会が議決する（イ…×）。首長は地方議会を解散させることができるうえ，議決を拒否《きょひ》することもできる（エ…×）。

問５　住民が持つ直接請求権のうち，首長や議員に対する解職請求をリコールという（イ…○）。なお，クーリングオフとは，訪問販売《はんばい》などの一定の取引について，一定期間内であれば消費者が一方的に契約《けいやく》を取り消せる制度（ア…×），レファレンダムとは，憲法改正時の国民投票や地方自治での住民投票など，直接投票して意思を表示する制度（ウ…×）のことである。また，ストライキは労働争議の１つで，労働者が団結して働くことを拒否することをいう（エ…×）。

問６　2023年４月に改正された道路交通法では，全ての自転車運転者の努力義務として，ヘルメットを着用することが定められた。なお，努力義務とは，法令上定められたことを守るよう努力しなければならないが，強制力がなく違反しても罰則《ばっそく》がないもののことを指す。

問７　地方自治は，人々にとって最も身近な政治参加の機会である。地方自治を通じて民主主義を経験したり学んだりすることができることから，地方自治は「民主主義の学校」といわれている。

理　科　＜第１回試験＞（社会と合わせて60分）＜満点：50点＞

解　答

[1] (1)　エ　(2)　ウ　(3)　ア　(4)　イ　(5)　イ　[2] (1)　エ　(2)　屈折　(3)　焦点　(4)　ウ　(5)　ア　[3] (1)　(例)　金属が酸素と結びつくから。　(2)　4：5　(3)　3.6g　(4)　ウ　(5)　1.5g　[4] (1)　ウ　(2)　エ　(3)　オ　(4)　①，③，④，⑥，⑦　(5)　A，C　[5] (1)　雲　(2)　晴れ　(3)　積乱雲（入道雲）　(4)　エ　(5)　アメダス

解　説

[1] 小問集合

(1)　エのように，かん電池の＋極と－極が導線で直接つながった回路をショート回路という。ショート回路は大きな電流が流れるため，危険である。

(2)　石灰水はアルカリ性で，二酸化炭素を通すと白くにごる性質がある。なお，食塩水とアルコール水溶《よう》液は中性，さく酸水溶液は酸性の水溶液である。

(3)　アは赤血球で，ヘモグロビンという赤色の色素をふくんでいる。このヘモグロビンが，酸素の多いところでは酸素と結びつき，酸素の少ないところでは酸素を放すことで，全身の細胞《ぼう》に酸素が運ばれていく。なお，イは血小板，ウは白血球，エは血しょうである。

(4)　日本では，夏至の日（６月21日ごろ）に太陽の南中高度が１年で最も高くなり，昼の長さが１年で最も長くなる。

(5)　古川聡《ふるかわさとし》さんは，2011年６月から11月までの約５か月半の間および，2023年８月から2024年３月までの約６か月半の間，国際宇宙ステーション（ISS）に滞《たい》在し，日本実験棟《とう》「きぼう」でさまざまな実験を行うなどした。

[2] とつレンズについての問題

(1)　とつレンズは中央部分がふちより厚くなっていて，虫メガネや光学顕微《けんび》鏡，遠視用メガネなどに用いられる。プリズムは，三角柱などの形をしていて，ふくらんだ面をもたない。

(2)，(3)　光が異なる物質の間をななめに進むとき，その境目で折れ曲がることを，光の屈折《くっせつ》という。とつレンズの軸《じく》に平行に進む光は，凸レンズを通過すると，屈折して１点に集まる。この点のことを焦《しょう》点という。

(4)　とつレンズの厚さが厚くなると，光が大きく屈折するため，とつレンズの中心から焦点までの距離《きょり》（焦点距離）は短くなる。

(5)　水晶《しょう》体から網膜《もうまく》までの距離は変化しないので，ヒトの目は水晶体の厚さを変えることで，網膜に光を集める。近くのものを見るときには遠くのものを見るときと比べて，網膜に光を集めるために，レンズに入る光をより大きく屈折させる必要がある。そのため，水晶体の厚さは厚くなる。

[3] 金属の燃焼についての問題

(1)　銅や鉄，マグネシウム，アルミニウムといった金属を空気中で加熱すると，酸素と結びついて重さが増加する。

(2)　グラフから，加熱前の金属の重さと加熱後の金属の重さの比は金属ごとに決まっていることが

わかる。0.8ｇの銅を加熱すると1.0ｇになるので，加熱前の重さと加熱後の重さの比は，0.8：1.0＝４：５となる。

⑶　0.8ｇの鉄を加熱すると1.2ｇになるので，2.4ｇの鉄の加熱後の重さは，$1.2\times\frac{2.4}{0.8}=3.6$（ｇ）と求められる。

⑷　加熱前の重さと加熱後の重さの比は，銅は⑵より４：５，鉄は，0.8：1.2＝２：３，マグネシウムは，0.6：1.0＝３：５，アルミニウムは，1.0：2.0＝１：２である。ある金属2.7ｇを加熱すると，加熱後の重さが4.5ｇになったので，加熱前の重さと加熱後の重さの比は，2.7：4.5＝３：５となる。よって，ある金属はマグネシウムとわかる。

⑸　0.6ｇのマグネシウムを加熱すると，加熱後の重さは1.0ｇになるので，0.6ｇのマグネシウムと結びつく酸素の重さは，1.0－0.6＝0.4（ｇ）である。３ｇのマグネシウムを加熱して４ｇになったことから，このときマグネシウムと結びついた酸素の重さは，４－３＝１（ｇ）とわかる。１ｇの酸素と結びつくマグネシウムの重さは，$0.6\times\frac{1}{0.4}=1.5$（ｇ）なので，まだ酸素と反応していないマグネシウムの重さは，３－1.5＝1.5（ｇ）と求められる。

4　エンドウの発芽についての問題

⑴　アはアブラナ，イはアサガオ，ウはエンドウ，エはサクラの花である。エンドウのようなマメ科の植物の花は，正面から見ると一番後ろに大きな花びらが１枚あり，その手前に中くらいの花びらが２枚，小さい花びらが２枚ある。

⑵　アは幼芽，イははいじく，ウは幼根，エは子葉である。エンドウの種子は，発芽に必要な養分を，子葉にたくわえている。

⑶　エンドウの種子の発芽に光が必要かどうかを調べるには，光の有無以外はすべて同じ条件である①と⑦を比べる。なお，②と⑧を比べても，どちらも水がないため発芽せず，光が必要かどうかを確かめられない。

⑷，⑸　エンドウの種子が発芽するには，水，空気，適当な温度が必要であり，養分や光は必要ではない。よって，①～⑧のうち，①，③，④，⑥，⑦が発芽すると考えられる。②と⑧は水がなく，⑤は空気がないため，発芽しない。また，仮説については，ＡとＣが正しい。

5　天気についての問題

⑴，⑵　雨や雪などが降っていないときの天気は，空全体を10としたときの雲のしめる割合（雲量）によって決められ，雲の割合が０～１のときは快晴，２～８のときは晴れ，９～10のときはくもりである。

⑶，⑷　写真の雲は，積乱雲（入道雲）である。積乱雲は夏の午後や，寒冷前線，発達した低気圧の中心付近のように強い上昇《しょう》気流のあるところで発達しやすく，比較《かく》的せまい範《はん》囲に激しい雨を降らせる。このとき，雷《かみなり》をともなったり，ひょうやあられが降ったり，竜《たつ》巻などの突風《とっぷう》がふいたりすることもある。

⑸　全国の約1300地点で気温，降水量，風向，風力などを自動的に計測し，データを気象庁に送る地域気象観測システムのことをアメダスという。

国　語　＜第１回試験＞（50分）＜満点：100点＞

解　答

一　**問１**　①　したが(う)　②　われさき　③　じょうき　④　かくぎ　⑤　ふるかぶ　**問２**　下記を参照のこと。　二　**問１**　**A**　ウ　**B**　エ　**問２**　**１**　安定した環境(安定した状態)　**２**　自由な環境　**３**　矛盾　**問３**　自分がどう～くか決める(こと。)　**問４**　イ　**問５**　(1)　会社勤めをすること　(2)　エ　**問６**　(例)　自分に合った働き方をしたことで，仕事が楽しくなったほか，色々な知識とノウハウも身についてきて自信がわき，いつかフリーにもなれるという気がしてきたから。　**問７**　ウ　三　**問１**　ア　**問２**　(例)　(ネットやSNSの普及前は，)学ぶための教材の数は限られ，教える人も都市部に集中しており，学習コストが高かったが，ネットやSNSの普及後は「なにかを学ぶ」ための現実的で正しい方法が広く伝わり，学習コストも低減したということ。　**問３**　イ　**問４**　イ　**問５**　エ　**問６**　ウ　**問７**　**１**　競争社会　**２**　自己責任的，競争至上主義的，優勝劣敗的　**３**　運　**問８**　ア　**問９**　ア

●漢字の書き取り

一　**問２**　①　刻(む)　②　有頂天　③　砂糖　④　牛乳　⑤　照(れ)

解　説

一　漢字の読みと書き取り

問１　①　音読みは「ジュウ」で，「従属」などの熟語がある。　②　他人よりも自分が先になろうとするさま。　③　液体や固体が蒸発してできた気体。　④　大臣が集まって行う，国政に関する会議。　⑤　その社会や集団に古くからいる人。

問２　①　音読みは「コク」で，「刻印」などの熟語がある。　②　すっかり喜んでいるさま。　③　サトウキビやテンサイから採ったあまい成分。　④　牛の乳。ミルク。　⑤　音読みは「ショウ」で，「対照」などの熟語がある。

二　出典：望月麻衣《もちづきまい》『京都船岡山《ふなおかやま》アストロロジー』。自分の仕事内容に悩《なや》み，星占《ほしうらな》いをしてもらったことで気が晴れたという朽木《くちき》の話を聞いて，高屋《たかや》の気持ちも変化していく。

問１　**A**　「相槌《あいづち》をうつ」は“相手の話に調子を合わせて受け答えをする”という意味なので，ウがよい。　**B**　「しっくり」とはものごとがぴったりと安定しているさま。よって，エがあてはまる。

問２　**１～３**　星占いの結果，「第六ハウス」に「月」と「天王星」が入っていることを朽木が聞いている場面である。星読みによると，「月」は「安定した環境《かんきょう》にいることで，良い仕事ができる」こと，「天王星」は「自由な環境で仕事をすることで」「能力を発揮する」ことという，一見相反するような内容を表している。そのため朽木も，ぼう線①の直後で「それじゃあ，矛盾《むじゅん》してる」という反応をしたのである。

問３　自分の心が「矛盾を抱《かか》えている」ことがわかった朽木は，星読みにアドバイスを求めたが，「そこからは，あなたが考えること」だと返されてしまう。そして，占いの結果は「自分自身の『取扱《とりあつかい》説明書』だ」との説明を受けている。この話に「ピンと来ない」と感じていた朽木だが，

喫茶店《きっさてん》のマスターの「観葉植物」の「説明書」についての話を通して，占星術《せんせいじゅつ》は「自分がどういう性質の人間なのか知ったうえで，どう動くか決める」ためのものなのだと気がついたのである。この部分がぼう線②の内容にあたる。

問４　「そんな」とあるので，前の部分に注目する。マスターが，観葉植物の説明書に書いてあった「日光に当てる」「風に当てる」という二つの条件を満たすためにはどうすればいいか，朽木に聞いている場面である。朽木はそれに対して，両方を満たすように植物を置く，と答えているのだから，イがよい。

問５　⑴　朽木が占いの結果考えたことを，高屋に話す場面である。自分を「魚に置き換《か》え」るとしっくりくると言い，魚と水槽《すいそう》のたとえを使って，自分が今後進む道の候補を三つあげている。そのなかで，自分は「水槽の魚」だから会社を辞《や》めるのは向いていないと言っていることから，「水槽」とは会社のたとえであるとわかる。つまり，「安全な水槽の中にい」るとは「会社勤めをすること」だといえる。　⑵　今の会社で営業の仕事を続けることにした朽木だが，やはり「自由でいたい」と考え，「苦手なこと」ではなく「できること」を前向きに続けていくことにしたと話している。「できること」とは「柿崎《かきざき》が仕事しやすいようにサポートしつつ，デスクワークに徹《てっ》すること」だから，エがあてはまる。

問６　「自分に合った働き方」を見つけた朽木は，「仕事も楽しくなって」きたと言っている。そして，このまま仕事を続けていけば「色んな知識とノウハウがついてきて，いつかフリーにもなれる気がしてきた」と言い，占いで出た「安定」は自分の「自信」の問題でもあることに気づいたのだと「晴れやかな顔つき」で話している。これらをふまえてまとめる。

問７　朽木の話を聞いた高屋は，話には感心したが，「占いを見直したわけではない」と考えている。一方で，高屋は「自分の第六ハウスはどうなっているのだろう」と占いを気にする考えが頭を過《よぎ》るようにもなっている。これは朽木に影響《えいきょう》を受け，高屋の考えが変わってきたからだといえるので，ウが合っている。

三　**出典：西田亮介《にしだりょうすけ》「試行錯誤《しこうさくご》の学び」（上田紀行《うえだのりゆき》編『新・大学でなにを学ぶか』所収）**。ネットの普及《ふきゅう》によって学びのコストが変化し，何を学ぶかを選ぶことの重要性が増したことを説明したうえで，正しい学びについて，試行錯誤し変化しながら選び取っていけばよいということが述べられている。

問１　「さ」は，形容詞を名詞化する場合に使われ，ものごとの程度を意味する。“どことなくあやしい”という意味の，「胡散臭《うさんくさ》い」を名詞化しているから，アが選べる。

問２　「こうした」とあるので，前の部分に注目する。また，「変化」の説明なので，何がどのように変わったのかという点にも注目する。ぼう線②の前の段落では「ネット以前」と「ネットやSNSの普及」以後が比べられ，以前は「学ぶための教材の数は限られ」ていたし，「教える人も東京や都市部に集中しがち」だったが，以後は「『なにかを学ぶ』ための現実的で，正しい方法は広く普及し」たため「学習コストは大きく低減」したと述べられている。

問３　Ａ　前では，ネット普及前後の「変化」が述べられている。後の「プログラミングや楽器の演奏，語学」は「変化」の具体例だといえるから，具体的な例をあげるときに用いる「たとえば」があてはまる。　Ｂ　「学習コストの低減」には学ぶための制約を乗り越《こ》えられるというよい面もあるが，「よいことばかり」ではないと，条件や例外をつけ加えているので，「ただし」が合う。

問４　学習コストの低減によって，「求められる水準がより高」くなり，「いっそう競争が激し」くなるので，筆者は「何を学ぶか」を選択することの意味がかつてよりも重みを増していると述べている。よって，イがあてはまる。

問５　筆者は「何を学ぶかということの重要性」が増すことで，選択《せんたく》者の負荷《ふか》も大きくなっていることを述べた後，「補助線」としてその解決策を二つあげている。そのひとつが，ぼう線④である。その内容は直後で，新しい友人や環境を通じて知らなかったことを学び，「どんどん考えを変えていってほしい」ということだと述べられているので，「考え」を「価値観」と言いかえている，エが正しい。

問６　「試金石」は，物の価値や人の力量などを計る基準となるものごと。本文では，試行錯誤しながら学んでいくことが成長のための「試金石」となると述べられているので，ウが合う。

問７　**１～３**　「何を学ぶか」を選択するさいの「もうひとつの補助線」として，筆者は「人生の多様な評価軸《じく》と関連する時間」を認識《にんしき》することをあげ，その具体例として，筆者自身の子育ての経験を述べている。筆者にはもともと，「ある種の自己責任的，競争至上主義的，優勝劣敗《れっぱい》的価値観」が染《し》みついていた。しかし，子育てをするなかで，自分は「運に恵《めぐ》まれ」「競争社会も乗り切れ」たものの，子どもはそうではないかもしれないと思い，「社会観の転換《てんかん》」が起きたという。この「転換」がぼう線⑥の言いかえであるから，空らんにはそれぞれ，「競争社会」「自己責任的，競争至上主義的，優勝劣敗的」そして「運」を入れればよい。

問８　ぼう線⑦の後で，筆者は「仕事と労働者の大半は入れ替《か》え可能なもの」だと述べ，その一方で，子どもにとって「保護してくれる存在」は「替え難《がた》い」ものだと説明している。よって，アがふさわしい。

問９　もどす文で筆者は，「大学入学までに考えていたキャリアやビジョンをずっと持ち続けている」ことに対して「心配」だと述べ，よくないことだと考えている。したがって，「大学入学時点」から「試行錯誤」して変化し「成長」していくべきだとする内容とつながる，【ア】が選べる。

Dr.福井の

入試に勝つ！脳とからだのウルトラ科学

復習のタイミングに秘密あり！

算数の公式や漢字，歴史の年号や星座の名前……。勉強は覚えることだらけだが，脳は一発ですべてを記憶することができないので，一度がんばって覚えても，しばらく放っておくとすっかり忘れてしまう。したがって，覚えたことをしっかり頭の中に焼きつけるには，ときどき復習をしなければならない。

ここで問題なのは，復習をするタイミング。これは早すぎても遅すぎてもダメだ。たとえば，ほとんど忘れてしまってから復習しても，最初に勉強したときと同じくらい時間がかかってしまう。これはとっても時間のムダだ。かといって，よく覚えている時期に復習しても何の意味もない。

そもそも復習とは，忘れそうになっていることを見直し，記憶の定着をはかる作業であるから，忘れかかったころに復習するのがベストだ。そうすれば，復習にかかる時間が一番少なくてすむし，記憶の続く時間も最長になる。

では，どのタイミングがよいか？　さまざまな研究・発表を総合して考えると，１回目の復習は最初に覚えてから１週間後，２回目の復習は１か月後，３回目の復習は３か月後――これが医学的に正しい復習時期だ。復習をくり返すたびに知識が海馬《かいば》(脳の，知識をためる倉庫みたいな部分)にだんだん強くくっついていくので，復習する間かくものびていく。

この計画どおりに勉強するには，テキストに初めて勉強した日付と，その１週間後・１か月後・３か月後の日付を書いておくとよい。あるいは，復習用のスケジュール帳をつくってもよいだろう。もちろん，計画を立てたら，それをきちんと実行することが大切だ。

ちなみに，記憶量と時間の関係を初めて発表したのがドイツのエビングハウスという学者で，「エビングハウスの忘《ぼう》却《きゃく》曲線」として知られている。

Dr.福井(福《ふく》井《い》一成《かずしげ》)…医学博士。開成中・高から東大・文Ⅱに入学後，再受験して翌年東大・理Ⅲに合格。同大医学部卒。さまざまな勉強法や脳科学に関する著書多数。

2024年度 八雲学園中学校

【算　数】〈第2回試験〉(50分)〈満点：100点〉

1　次の □ に当てはまる数を求めなさい。

(1)　$12-\{6-(40-12)\div 7\}\times 3=\square$

(2)　$8\times\left(\frac{1}{2}+3\times 0.75\right)\div 1.1=\square$

(3)　$(314-15)\div(92+6-5\times 3\times 5)+89+7-9=\square$

(4)　$29\times 13+21.6\times 13+37\times 27+13.6\times 27=\square$

(5)　$(54\div\square\times 3-12)\times 1\frac{1}{3}=8$

2　次の各問いに答えなさい。

(1)　８％の食塩水が600ｇあります。この食塩水の水を蒸発させて12％の食塩水を作ります。何ｇの水を蒸発させればよいですか。

(2)　現在の母の年れいは38才で，３人の子どもの年れいが12才，７才，５才です。母の年れいが３人の子どもの年れいの和と同じになるのは，今から何年後ですか。

(3)　一郎さん，二郎さん，三郎さんの３人で100個のあめを分けました。分けたあとの個数を数えたところ，二郎さんは一郎さんより５個少なく，三郎さんは二郎さんの２倍より１個少ない数だけあめを持っていました。このとき，一郎さんが持っているあめの数は何個ですか。

(4)　右の図は，１辺が１cmの正方形を６個組み合わせたものです。直線 ℓ を軸《じく》として１回転させたときにできる立体の表面積は何 cm^2 ですか。ただし，円周率は3.14とします。

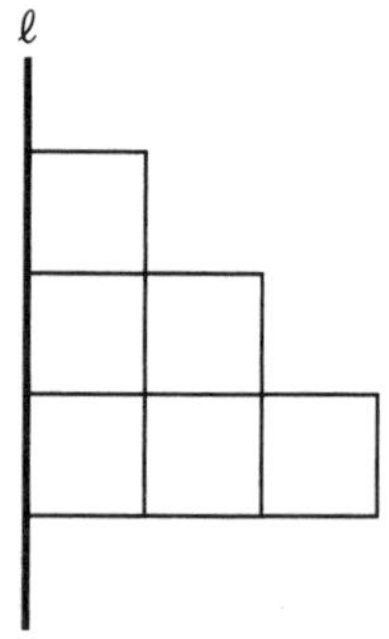

(5)　右の図は，時計の短針と長針が一直線になった状態です。この時計が表す時刻は何時何分ですか。

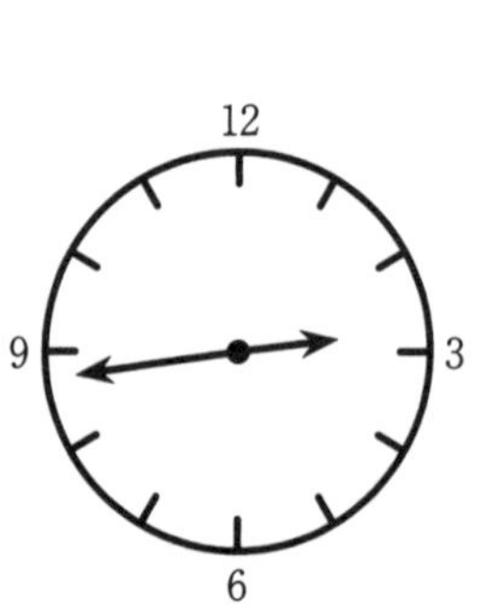

(6)　右の図のように，ご石を正方形の形にすき間なく並べたところ26個余りました。そこで，たてと横をもう１列ずつ増やして並べようとしたら，21個足りませんでした。ご石は全部で何個ありますか。

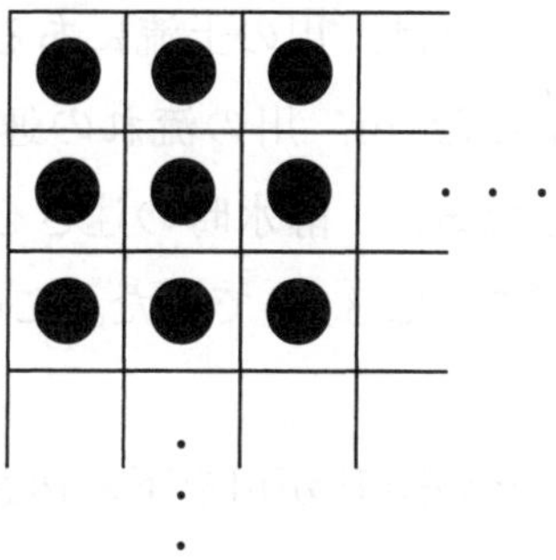

(7)　A，B，C３つの電球があり，それぞれ次のような周期でついたり消えたりをくりかえします。

A：２秒間ついて，１秒間消える

B：４秒間ついて，２秒間消える

C：５秒間ついて，３秒間消える

３つの電球を同時につけてから５分間で，すべての電球がついている時間は全部で何秒間ですか。

(8)　右の図は，半径12cm の半円です。円周上の点は，弧《こ》を６等分するものとし，同じ印がついたところは，同じ長さであるとします。かげのついた部分の面積は何cm^{2}ですか。ただし，円周率は3.14とします。

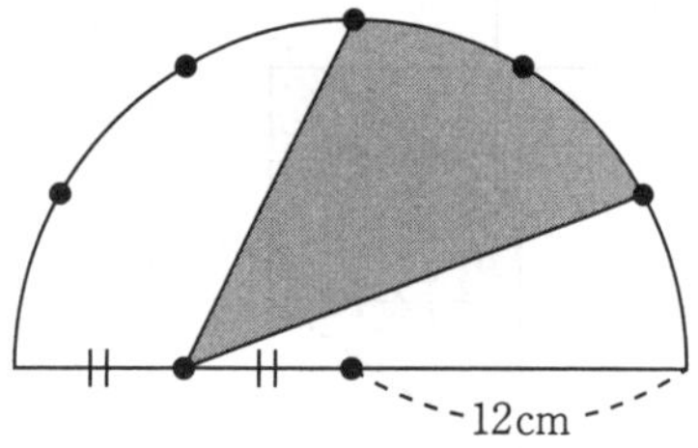

(9)　ヤクモドームでライブを行います。開場前にたくさんの人が並んでおり，開場後も一定の割合で並ぶ人が増えていきます。開場後にゲートを10個開くと60分で行列がなくなり，25個開くと20分で行列がなくなります。ゲートを40個開くと，行列がなくなるまでにかかる時間は何分ですか。

3　船Ｐは，川の上流にあるＡ町と下流にあるＢ町を往復しました。Ａ町とＢ町の距離《きょり》は72km，川の流れの速さは毎時２kmです。船ＰはＡ町を出発し，Ｂ町に到《とう》着《ちゃく》したあと，静水時の速さを２倍にしてＡ町に戻《もど》りました。行きと帰りにかかった時間の比は３：２でした。このとき，次の問いに答えなさい。

(1)　行きの船Ｐが川を下る速さは毎時何kmですか。

(2)　往復にかかった時間は何時間ですか。

4　次の図のような直方体の水そうに水を注ぎます。水そうの中に側面と平行な仕切りがあり，Ａの部分から水を注いだところ，注ぎ始めてからの時間とＡの部分の水の高さの関係は，グラフのようになりました。このとき，下の問いに答えなさい。

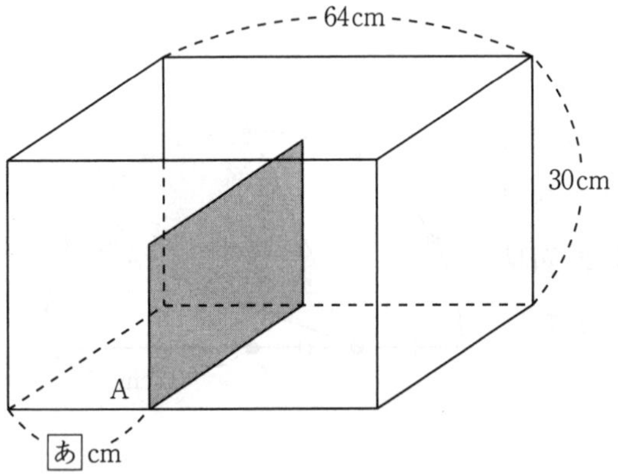

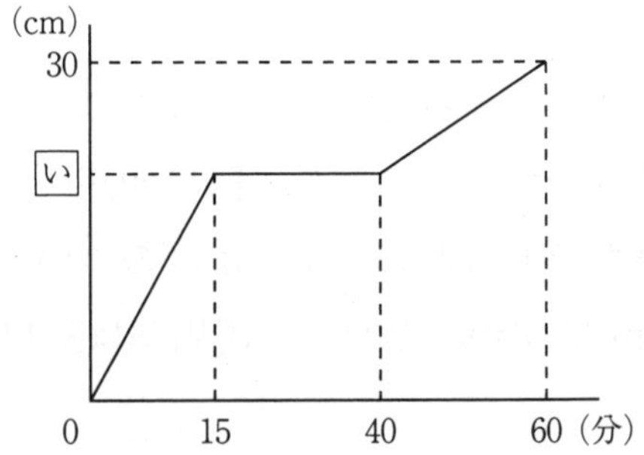

(1)　あ に当てはまる数は何ですか。

(2)　い に当てはまる数は何ですか。

5　一郎さん，二郎さん，三郎さん，さくらさん，ももさんの５人兄妹《きょうだい》の家には会話のできる人工知能「ヤークモ」がいます。５人とヤークモは数当てゲームをしました。まず，５人は１から50までの整数から１つずつを選び，それを５人で伝え合いました。次の会話を読んで，下の問いに答えなさい。

ヤークモ「みなさん，こんにちは。選んだ数のヒントをお伝え下さい。」
もも「私の選んだ数は，１桁《けた》で約数が４個あります。」
ヤークモ「ももさんの数として考えられるものは２つあります。」
三郎「僕《ぼく》の選んだ数は23の倍数です。」
ヤークモ「三郎さんの数として考えられるものは２つあります。」
一郎「５人の数をすべてかけると66240になります。」
ヤークモ「それだけでは，わかりません。」
二郎「僕の選んだ数の約数は５個です。」
ヤークモ「えっ？　それはすごいヒントですね。二郎さんの選んだ数は，[ア]ですね。そして，ももさんの数もわかりました。[イ]ですね。」
二郎・もも「合ってます！　さすがヤークモ！」
一郎「僕の数は，自分の誕生日の月と日を足したものです。」
さくら「私もです。気が合うね。」
ヤークモ「みなさんの誕生日のデータは入っていないのでわかりません。」
そこで，さくらさんはヤークモに自分の誕生日を教えてあげました。
ヤークモ「ありがとうございます。これで残りの３人の数もわかりました。そして，一郎さんの誕生日もわかりました！」

(1)　[ア]，[イ]に当てはまる数は何ですか。

(2)　一郎さんの誕生日は何月何日ですか。

【社　会】〈第２回試験〉（理科と合わせて60分）〈満点：50点〉

１　次の文章を読んで，あとの問いに答えなさい。

土・日・祝日には，A元町・中華街駅から西武秩父駅までの直通電車が走っています。西武秩父駅がある秩父地方は埼玉県の西部に位置し，B４都県に接していて，水と森林に恵《めぐ》まれた自然豊かな地域です。また，多くの寺社があることでも知られています。

観音菩薩《かんのんぼさつ》を本尊とする寺院三十四ヶ所は，C鎌倉時代中期に創建され，室町時代後期にはこれらをめぐる「秩父観音巡礼」が定着し，D江戸時代には多くの庶民《しょみん》が訪《おとず》れるようになりました。この「秩父札所三十四ヶ所」は，坂東三十三観音，西国三十三所とともに日本百番観音に数えられています。

秩父神社・宝登山《ほどさん》神社・三峯《みつみね》神社の３つの神社は「秩父三社」とよばれ，パワースポットとして知られています。秩父神社は「秩父」の由来となっている「知知夫《ちちぶ》」の国の初代国造《くにのみやつこ》が祖先をまつったことから始まったといわれています。本殿《ほんでん》は（　E　）が寄進したもので，日光東照宮と同じ建築様式となっています。毎年12月にはF「秩父夜祭」が開催《かいさい》され，京都の祇園《ぎおん》祭，飛騨の高山祭とともに日本三大曳山《ひきやま》祭の１つに数えられるとともに，国連教育科学文化機関の無形文化遺産に登録されています。宝登山神社は，火災盗難《とうなん》よけとして知られており，G昭和天皇の結婚《けっこん》を祝って1924年に植えられた「相生《あいおい》の松」があります。三峯神社は標高約1100mに位置し，H天空のパワースポットといわれています。日本武尊《やまとたけるのみこと》が創建したとされ，I樹齢《じゅれい》800年といわれる神木があり，狛犬《こまいぬ》の代わりに狼《おおかみ》の像が置かれています。また，J1800年に建立された拝殿には有栖川宮熾仁《ありすがわのみやたるひと》親王が書いた額がかけられています。

以上のような寺社だけでなく，K古墳時代後期の飯塚《いいづか》・招木《まねき》古墳群や，708年に銅が発見されたことから元号が改められ，「（　L　）」がつくられるきっかけとなった遺跡，M1884年に農民たちが起こした秩父事件の舞台《ぶたい》となった場所など，多くの歴史的な見どころがあります。ぜひ一度訪れてみてはいかがでしょうか。

問１　下線部Ａについて

①　次の路線図はこの電車のものですが，路線図の空欄《らん》（Ｘ）・（Ｙ）にあてはまる路線の組み合わせとして正しいものを下の中から１つ選び，記号で答えなさい。

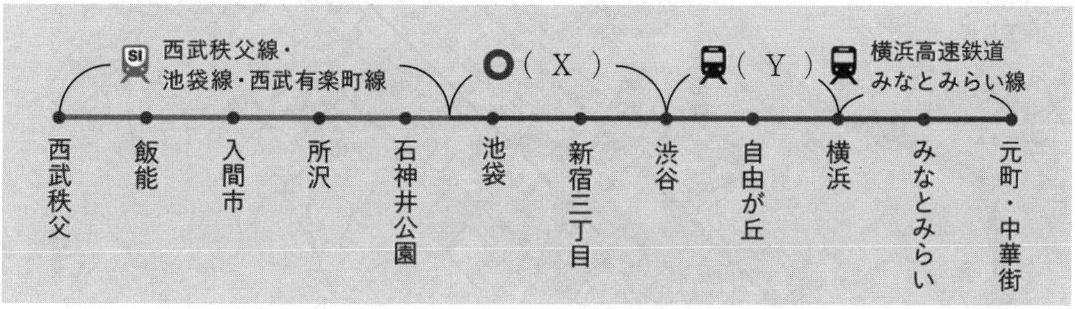

（西武鉄道HPより作成）

ア　Ｘ－東京メトロ半蔵門線　　Ｙ－東急東横線
イ　Ｘ－東京メトロ副都心線　　Ｙ－東急田園都市線
ウ　Ｘ－東京メトロ副都心線　　Ｙ－東急東横線
エ　Ｘ－東京メトロ半蔵門線　　Ｙ－東急田園都市線

②　多くの路線が乗り入れることによって，利用者にとって便利になる一方，どのような課題があると考えられますか。説明しなさい。

問２　下線部Ｂについて

①　秩父市が接している県として適当でないものを次の中から１つ選び，記号で答えなさい。

ア　山梨県　　**イ**　群馬県　　**ウ**　栃木県　　**エ**　長野県

②　秩父を源流として，埼玉県と東京都の境を流れ，東京湾《わん》に注ぐ河川を次の中から１つ選び，記号で答えなさい。

ア　荒川　　**イ**　多摩川　　**ウ**　利根川　　**エ**　江戸川

③　次の地図は，秩父市の一部です。

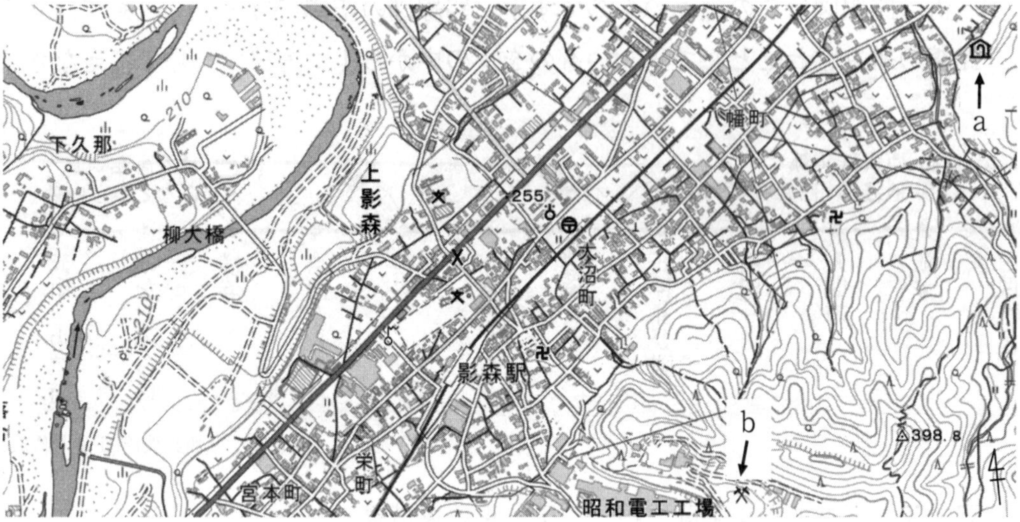

i　地図中ａで示した地図記号は何をあらわしたものですか。

ii　地図中ｂの採鉱地で採掘《さいくつ》している，セメントの原料で最も割合が多い鉱石は何ですか。

iii　iiの鉱石の説明として正しいものを次の中から１つ選び，記号で答えなさい。

ア　日本ではあまり産出されないため，ほとんどを中東からの輸入に頼《たよ》っている。

イ　エネルギーの主役だったが，1960年代のエネルギー革命で産出量が大幅《おおはば》に減少した。

ウ　産地としては，大分県の津久見や，山口県の秋吉台周辺などが有名である。

iv　地図中「影森駅」の東側にある建物を次の中から１つ選び，記号で答えなさい。

ア　交番　　**イ**　電波塔《とう》　　**ウ**　小・中学校　　**エ**　寺院

問３　下線部Ｃについて，このころ鎌倉幕府はひたすら念仏を唱えるという専修念仏を禁止しました。専修念仏の教えを説いた人物を次の中から１人選び，記号で答えなさい。

ア　法然　　**イ**　日蓮　　**ウ**　道元　　**エ**　栄西

問４　下線部Ｄについて

①　江戸時代の農民に対して，年貢《ねんぐ》の納入や犯罪の防止などについて共同で責任を負わせるためにつくられたものを漢字で答えなさい。

②　江戸時代の交通について，適当でないものを次の中から１つ選び，記号で答えなさい。

ア　五街道が整備され，いずれも江戸の日本橋を起点とした。

イ　街道には関所が設けられ，江戸に入る際には関銭という税を徴収《ちょうしゅう》した。

ウ　防衛の意味からも，大きな川にはあえて橋がかけられなかった。

エ　江戸と大坂間には，菱垣廻船《ひがきかいせん》や樽《たる》廻船が定期的に往復した。

問５　空欄（Ｅ）にあてはまる日光東照宮にまつられている人物名を漢字で答えなさい。

問６　下線部Ｆについて

①　祇園祭を描いた絵を次の中から１つ選び，記号で答えなさい。

ア

イ

ウ

エ

② 祇園祭は平安時代に始まりましたが，1467年に将軍のあとつぎ争いなどから起きた戦乱によって中断しました。その戦乱を次の中から１つ選び，記号で答えなさい。

ア 壬申の乱　**イ** 応仁の乱　**ウ** 承久の乱

③ 飛騨高山について，正しいものを次の中から１つ選び，記号で答えなさい。

ア 飛騨山脈・木曽山脈・越後山脈は「日本アルプス」とよばれている。

イ 白川郷の合掌造り集落は世界遺産に登録されている。

ウ 漆《うるし》塗《ぬ》りの「輪島塗」が伝統的工芸品として有名である。

エ 木曽三川とよばれる木曽川・長良川・安倍川が浜名湖に注いでいる。

④ 国連教育科学文化機関の略称《りゃくしょう》として正しいものを次の中から１つ選び，記号で答えなさい。

ア ユネップ　**イ** ユニセフ　**ウ** ユネスコ

⑤ 無形文化遺産に登録されているものを次の中から１つ選び，記号で答えなさい。

ア 富岡製糸場　**イ** 三内丸山遺跡　**ウ** 風流踊　**エ** 法隆寺

問７ 下線部Ｇについて

① 昭和天皇の結婚式にあたる「結婚の儀《ぎ》」は1923年９月１日に起きた災害により，1924年に延期となりました。その災害とは何ですか。

② 昭和天皇に関わる次の出来事を年代の古い順に並べ替《か》え，記号で答えなさい。

ア ポツダム宣言受諾《じゅだく》を決定し，終戦の詔書《しょうしょ》を録音した。

イ 第一次世界大戦が終わって間もないヨーロッパ各国を訪問した。

ウ 冬季オリンピック札幌大会で名誉総裁として開会を宣言した。

問８ 下線部Ｈについて

① 三峯神社には，ゆかりのある全国23社の神々をまつった小さな神社(摂末社《せつまつしゃ》)があります。次にあげる神社の場所を東から西に並べ替え，記号で答えなさい。

ア 館山市にある安房神社

イ 平清盛が保護した厳島神社

ウ 天照大御神《あまてらすおおみかみ》をまつる伊勢神宮

② 天空のパワースポットとよばれているところは全国各地にありますが，標高3000m以上にある神社として適当でないものを次の中から１つ選び，記号で答えなさい。

ア 富士山の山頂にある久《く》須《す》志《し》神社

イ 長野県の奥穂《おくほ》高岳《たかだけ》山頂にある穂高神社

ウ 香川県の稲積山山頂にある高屋《たかや》神社

③ 熊本県天草諸島上島《かみしま》の倉岳《くらたけ》山頂にある倉岳神社からは，水俣病が発生したことで知られる海が一望できます。その海を次の中から１つ選び，記号で答えなさい。

ア 八代海　**イ** 別府湾　**ウ** 玄界灘《げんかいなだ》

問９ 下線部Ｉについて，この神木は杉の木ですが，天然の日本三大美林の１つにも数えられ，杉の木の産地として知られる地域がある県名を解答欄に合わせて漢字で答えなさい。

問10 下線部Ｊについて

① 1800年，実測による日本地図の作成を目指した人物が，蝦夷地の測量を始めましたが，この人物を次の中から１人選び，記号で答えなさい。

ア 間宮林蔵　**イ** 伊能忠敬　**ウ** 二宮尊徳　**エ** 本居宣長

② 有栖川宮熾仁親王は，戊辰戦争で東征大総督《とうせいだいそうとく》になりましたが，戊辰戦争の説明として適当でないものを次の中から１つ選び，記号で答えなさい。

ア 新政府が徳川氏に対して領地などをひきわたすよう要求したことに，旧幕府が抵抗《ていこう》して起こった。

イ 旧幕府が京都に攻《せ》め込《こ》んだ鳥羽・伏見の戦いから始まった。

ウ 西郷隆盛を中心とした士族たちを鹿児島で鎮圧《ちんあつ》して戦争が終わった。

問11 下線部Ｋについて，飯塚・招木古墳群のような古墳時代後期の古墳の説明として正しいものを次の中から１つ選び，記号で答えなさい。

ア 土器でつくられた棺《ひつぎ》に葬《ほうむ》られ，周囲を濠《ほり》や柵《さく》で囲まれている。

イ 群集墳とよばれ，小さな円墳が１ヶ所に多くつくられている。

ウ 人目につかないように，古墳の表面に草や木が植えられている。

問12　空欄(Ｌ)にあてはまる貨幣《かへい》の写真を次の中から１つ選び，記号で答えなさい。

ア

イ

ウ

問13　下線部Ｍについて，次のグラフは1870年代後半から1880年代前半のＸとＹの価格の推移をあらわしたものです。

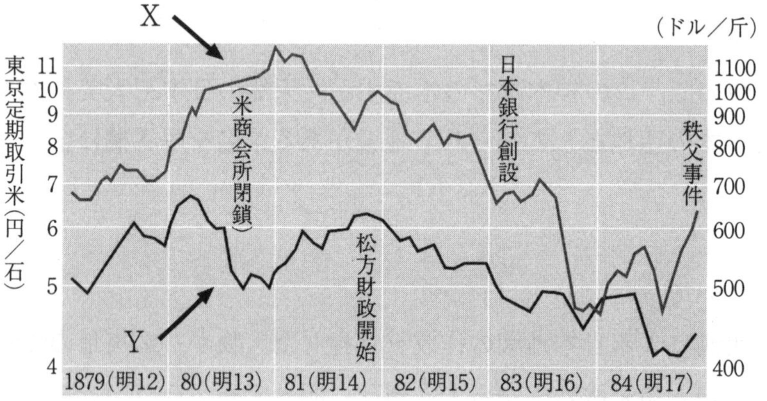

(「新聞集成明治編年史」による)

①　Ｘの折れ線は米の価格の推移をあらわしていますが，その説明として適当でないものを次の中から１つ選び，記号で答えなさい。

ア　1879年から80年にかけて，価格が上昇《じょうしょう》している。

イ　1881年から84年にかけて，価格は上昇することなく下落を続けている。

ウ　1883年には，グラフ中の最も価格が高いときに比べて半額以下に下落している。

②　秩父地方の農民は桑の栽培《さいばい》で生計を立てていましたが，Ｙの価格が下落したことで生活が苦しくなりました。幕末から明治時代にかけて最も重要な輸出品であったＹは何ですか。

③　秩父事件のころの社会状況《じょうきょう》として正しいものを次の中から１つ選び，記号で答えなさい。

ア　日清戦争に勝利したが，三国干渉により遼東半島を清に返還《へんかん》した。

イ　ポーツマス条約を結んだが，賠償《ばいしょう》金がとれなかったことから暴動が起こった。

ウ　国会開設の時期が決まり，自由党や立憲改進党が結成された。

エ　普通《ふつう》選挙法が制定されたが，ほぼ同時に治安維持《いじ》法も定められた。

2　八雲学園に通う太郎さんと花子さんの会話を読んで，あとの問いに答えなさい。

太郎：$_{\mathrm{A}}$2023年の４月に統一地方選挙がおこなわれたけど，花子さんは投票に行ったの？

花子：私はまだ12歳《さい》だから投票できないよ！　はやく$_{\mathrm{B}}$参政権がほしいな。ちなみに選挙には，「(　　C　　)」という原則もあるみたいだよ。

太郎：そうなんだ。そういえば都立大学駅の前で，政治家が$_{\mathrm{D}}$有権者に対して政策などの内容を示してその実行を約束するような発言をしているね。$_{\mathrm{E}}$政党によってやりたい政治が違《ちが》うからアピールしているのかな。

花子：そうだね。現在の$_{\mathrm{F}}$日本の選挙制度は，国民が主権を行使できる重要な機会だから，私たちもはやく選挙に参加したいね。

太郎：僕もそう思うよ。でも，最近の選挙には$_{\mathrm{G}}$課題があるみたいだね…。家に帰ったら調べてみるよ！

問１　下線部Aについて，この選挙で選出されたものとして適当でないものを次の中から１つ選び，記号で答えなさい。

ア　県知事　　**イ**　区長　　**ウ**　市議会議員　　**エ**　国務大臣

問２　下線部Bについて，参政権に関する説明として適当でないものを次の中から１つ選び，記号で答えなさい。

ア　18歳以上の国民には，選挙で投票する権利が認められている。

イ　22歳の大学生は，衆議院議員に立候補することはできない。

ウ　参議院議員と都道府県知事に立候補できる年齢は，25歳以上である。

問３　空欄(Ｃ)にあてはまる文として適当でないものを次の中から１つ選び，記号で答えなさい。

ア　誰に投票したかわからないようにする。

イ　１人の有権者が同一の選挙で複数票投票できる。

ウ　候補者に対して有権者が直接投票する。

問４　下線部Ｄについて，これを何といいますか。漢字２文字で答えなさい。

問５　下線部Ｅについて，政党に関する説明として適当でないものを次の中から１つ選び，記号で答えなさい。

ア　政治のあり方について，同様の意見や考え方をもつ人々によって組織された集団を政党という。

イ　複数の政党が大臣を出すことで組織される政権を，連立政権という。

ウ　政権を担当する政党を野党といい，政権についていない政党を与党《よとう》という。

エ　多くの場合，議会で多数を占《し》めた政党の党首が内閣総理大臣になる。

問６　下線部Ｆについて

①　国会議員や地方公共団体の首長，地方議会議員などの選挙の方法や定数などを定めた法律を次の中から１つ選び，記号で答えなさい。

ア　国民投票法　　**イ**　公職選挙法

ウ　政治資金規正法　　**エ**　地方公務員法

②　次の表は，架空《かくう》の衆議院議員選挙の比例代表制の投票結果を各党の得票数であらわしたものです。比例代表制では，得票数を１，２，３…で割っていき，商の大きいものから順に当選者を定員まで決めていく方式がとられています。この選挙区の定員が6である場合のＹ党の獲得《かくとく》議席数を解答欄に合わせて数字で答えなさい。

政党	Ｘ党	Ｙ党	Ｚ党
総得票数	15000	9000	4000
÷１	15000	9000	4000
÷２	7500	4500	2000
÷３	5000	3000	1333
÷４	3750	2250	1000

問７　下線部Ｇについて，次のグラフから読み取れることとして適当でないものを下の中から１つ選び，記号で答えなさい。

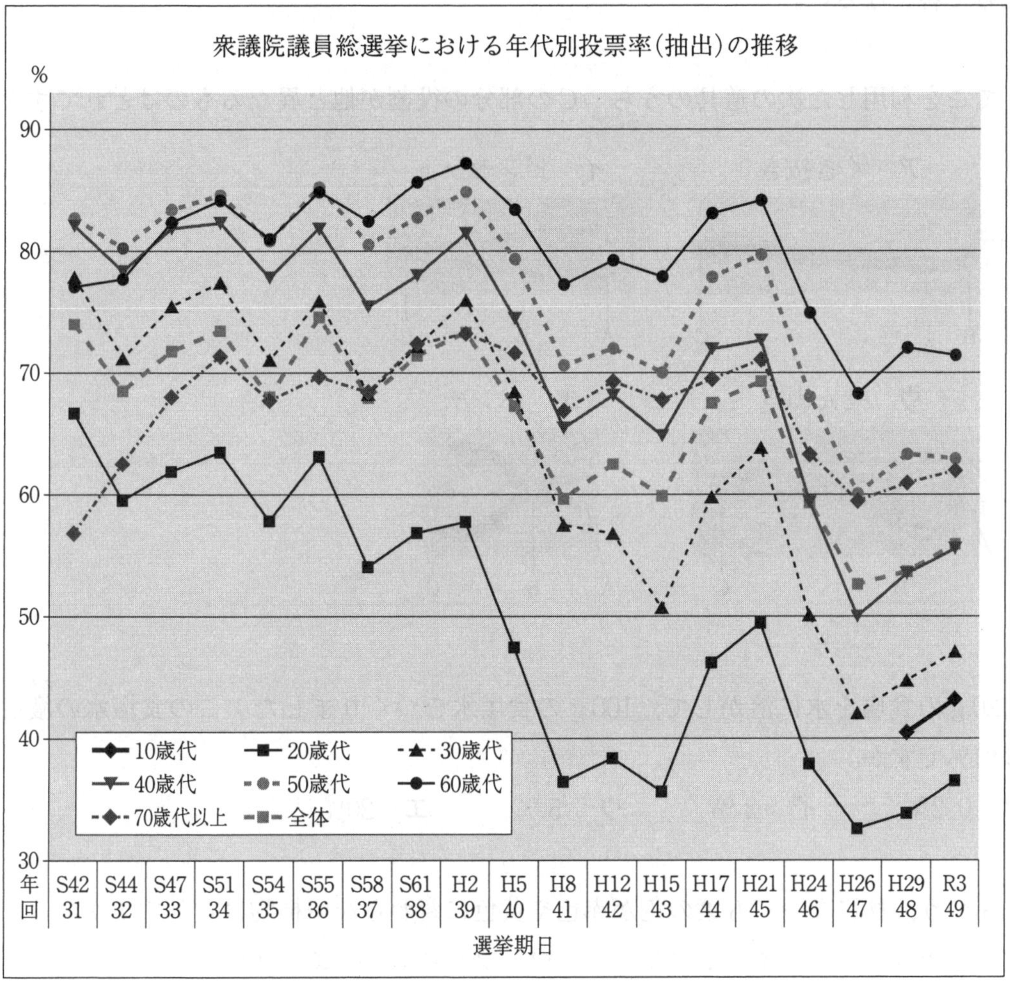

衆議院議員総選挙における年代別投票率(抽出)の推移

ア　Ｈ５年からＨ29年の間におこなわれた選挙で最も投票率が高かった年代は，60歳代である。

イ　Ｈ29年からＲ３年の間で投票率が下がったのは，50歳代と60歳代である。

ウ　20歳代の投票率で，60％を超《こ》えていた選挙は一度もない。

エ　Ｈ26年の投票率は，どの年代もＨ24年の投票率を下回っている。

【理　科】〈第２回試験〉（社会と合わせて60分）〈満点：50点〉

1　次の問いに答えなさい。答えは**ア**～**エ**からそれぞれ最も適当なものを１つ選び，記号で答えなさい。

(1)　てこを利用した次の道具のうち，Ｃの部分の役割が他と異なるものはどれですか。

ア　くぎ抜き

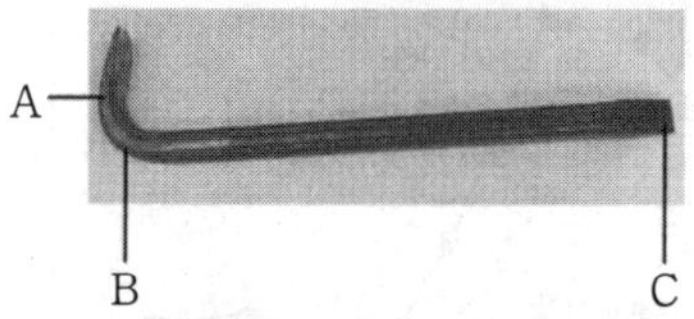

イ　ピンセット

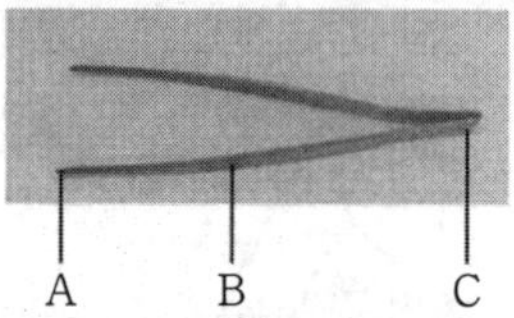

ウ　せんぬき

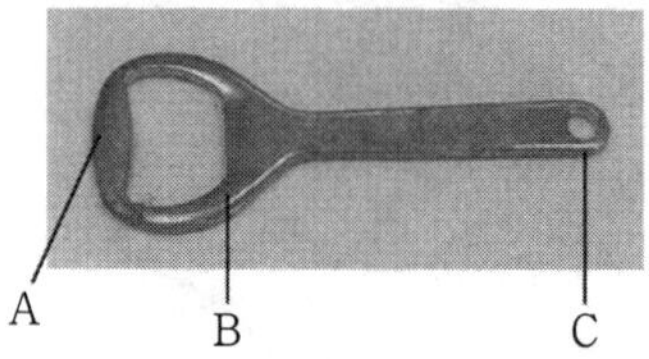

エ　ペンチ

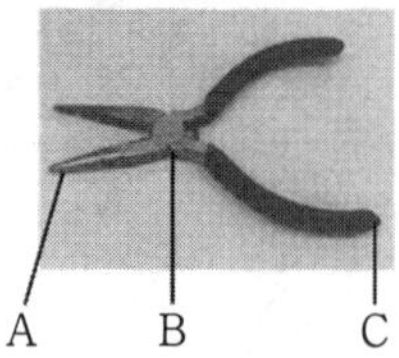

(2)　20ｇの食塩を水に溶《と》かして，100ｇの食塩水をつくりました。この食塩水の濃度《のうど》は何％ですか。

ア　0.2％　　**イ**　２％　　**ウ**　５％　　**エ**　20％

(3)　ふつう，秋になっても葉の色が赤色や黄色に変わらない植物はどれですか。

ア　イチョウ　　**イ**　ポプラ　　**ウ**　ツバキ　　**エ**　ケヤキ

(4)　次の化石のうち，地層がたい積した当時の環境《かんきょう》があたたかな浅い海であったことを示すものはどれですか。

ア　シジミ　　**イ**　アンモナイト　　**ウ**　三葉虫　　**エ**　サンゴ

(5)　近年，昆《こん》虫食が注目されています。特にどの栄養素の供給源として注目されていますか。

ア　タンパク質　　**イ**　炭水化物　　**ウ**　脂質《ししつ》　　**エ**　ビタミン

2　右の図１のように定滑車《かっしゃ》，動滑車，ひもを用いて200ｇの物体を持ち上げて静止させました。このとき，次の問いに答えなさい。ただし，滑車１つの重さは20ｇとし，ひもの重さは考えないものとします。

図１

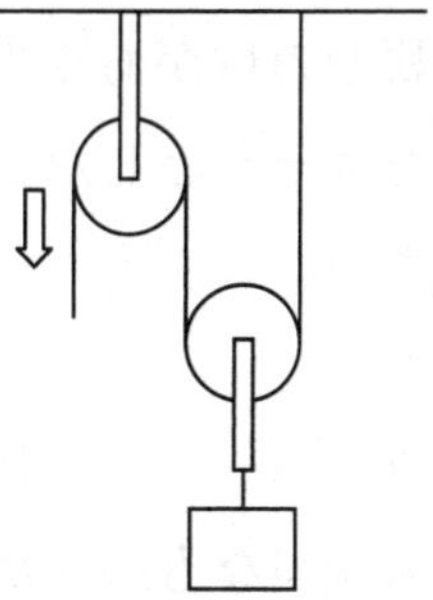

⑴　右の図１で，ひもを引く力は何ｇですか。

⑵　図１の物体を10cm 引き上げるためには，ひもを何cm 引けばよいですか。

図２

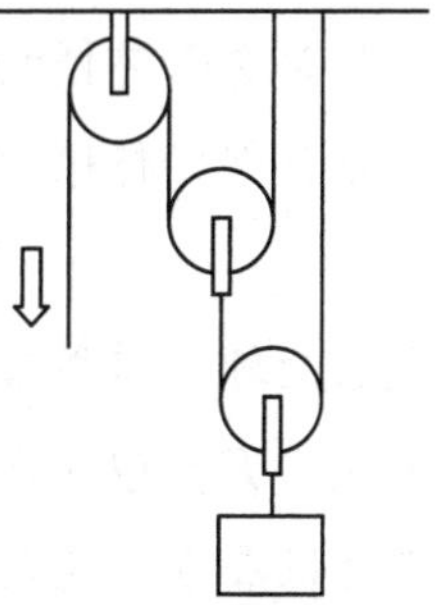

⑶　動滑車を１つ増やして右の図２のように静止させました。ひもを引く力は何ｇですか。

⑷　図２の物体を10cm 引き上げるためには，ひもを何cm 引けばよいですか。

図３

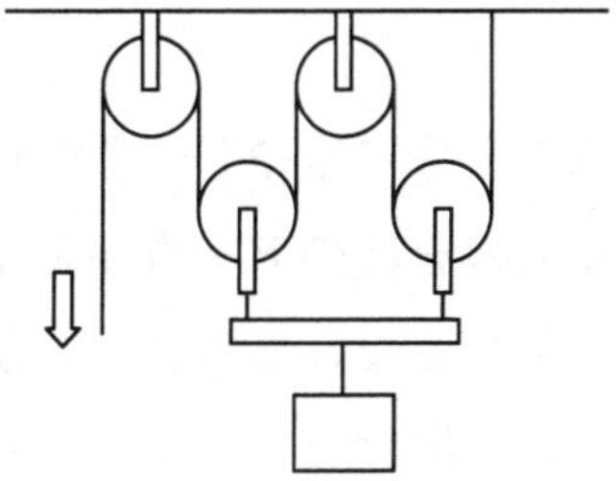

⑸　さらに滑車を増やし，動滑車の下に太さが一様な棒をつなげて，右の図３のように静止させたとき，ひもを引く力は何ｇですか。ただし，棒の重さは40ｇとし，物体は棒の中央につるされているものとします。

3 右の図のように金属製のリングとその穴をぎりぎり通り抜《ぬ》ける金属製の球があります。球をガスバーナーで熱したあとに再びリングを通そうとしたところ，通り抜けませんでした。次の問いに答えなさい。

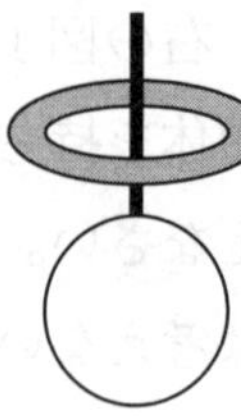

(1) ガスバーナーで熱したあとに，球がリングを通り抜けなかったのはなぜですか。最も適当なものを次の**ア**～**エ**から１つ選び，記号で答えなさい。

ア 球の体積が大きくなったから。

イ 球の体積が小さくなったから。

ウ リングの体積が大きくなったから。

エ リングの体積が小さくなったから。

(2) 熱した球の重さは，熱する前の球と比べてどのようになりますか。最も適当なものを次の**ア**～**ウ**から１つ選び，記号で答えなさい。ただし，このとき酸素と結びつくことはなかったとします。

ア 重くなる　**イ** 軽くなる　**ウ** 変わらない

(3) 球を十分に冷やし，その後リングに通したらどうなると考えられますか。最も適当なものを次の**ア**～**ウ**から１つ選び，記号で答えなさい。

ア 熱してないときと同じようにぎりぎりで通り抜ける。

イ 通り抜けない。

ウ 熱してないときよりも簡単に通り抜ける。

(4) 金属，空気，水のうち，熱することによる体積の変化の割合が最も大きいものはどれですか。最も適当なものを次の**ア**～**エ**から１つ選び，記号で答えなさい。

ア 金属　**イ** 空気　**ウ** 水　**エ** どれも変わらない

(5) 次のうち，1つだけ他とは性質の異なる現象があります。その現象はどれですか。最も適当なものを次の**ア**～**オ**から1つ選び，記号で答えなさい。

ア ガラスのコップに熱湯を入れたら，割れてしまった。

イ びんのふたが開けづらいとき，ふたを温めると開けやすくなる。

ウ 棒状温度計でお風呂のお湯の温度をはかると，赤い線がどんどん上昇《じょうしょう》し，43℃を示した。

エ 富士山の山頂で，リュックからお菓子を取り出したら袋《ふくろ》がふくらんでいた。

オ 夏に鉄道のレールとレールのすきまが小さくなっている。

4 デンプンを溶かした液体(デンプン液)を使って，だ液のはたらきを調べる実験を行いました。あとの問いに答えなさい。

＜実験＞

【手順1】 デンプン液を4本の試験管A～Dに3mLずつ入れた。

【手順2】 試験管A，Bにはだ液をそれぞれ1mLずつ加え，試験管C，Dには水をそれぞれ1mLずつ加えて，右の図1のように(①)℃の湯の中に10分間入れた。

図1

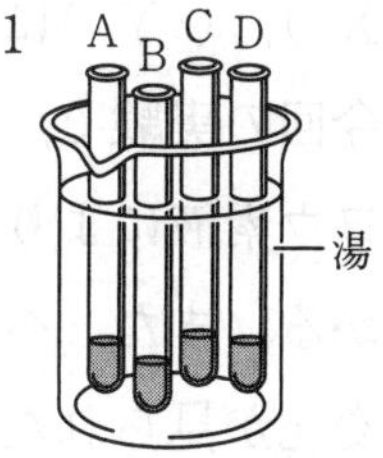

【手順3】 右の図2のように，試験管A，Cにヨウ素液を加え，よく混ぜた結果，試験管Cの液体のみ色が変化した。

【手順4】 右の図3のように，試験管B，Dにベネジクト液を加え，(②)した結果，試験管Bの液体のみで(③)のちんでんが見られた。

図2

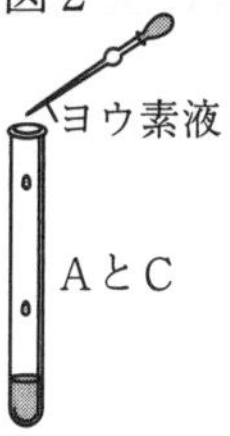

図3

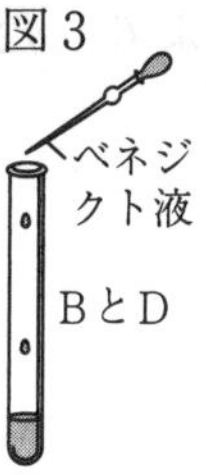

(1) 【手順2】の(①)にあてはまる数値として最も適当なものを次の**ア**～**エ**から1つ選び，記号で答えなさい。

ア 10　　**イ** 40　　**ウ** 70　　**エ** 100

(2)　【手順３】でヨウ素液を加えた試験管Ｃの液体は何色に変化しましたか。最も適当なものを次の**ア～オ**から１つ選び，記号で答えなさい。

ア　青色　　**イ**　黄色　　**ウ**　緑色　　**エ**　赤褐《かつ》色　　**オ**　青紫《むらさき》色

(3)　【手順４】の（ ② ）にあてはまる操作は何ですか。最も適当なものを次の**ア～ウ**から１つ選び，記号で答えなさい。

ア　加熱　　**イ**　冷却《れいきゃく》　　**ウ**　静置

(4)　【手順４】の（ ③ ）にあてはまる色は何ですか。最も適当なものを次の**ア～オ**から１つ選び，記号で答えなさい。

ア　青色　　**イ**　黄色　　**ウ**　緑色　　**エ**　赤褐《かつ》色　　**オ**　青紫《むらさき》色

(5)　次の文は，この実験の結果から，だ液のはたらきについて考察したものです。（ Ｘ ），（ Ｙ ）にあてはまる言葉をそれぞれ答えなさい。

今回の実験で，試験管Ａ，Ｃを比《ひ》較《かく》したとき，だ液を加えていない試験管Ｃのみでヨウ素液により色が変化したことから，（ Ｘ ）がだ液によって分解されたことがわかる。また，ベネジクト液を加えた試験管Ｂ，Ｄではだ液を加えた試験管Ｂのみで変化が見られたことから，だ液によって（ Ｙ ）がつくられたことがわかった。これより，だ液は（ Ｘ ）を（ Ｙ ）に変えるはたらきがあると考えられる。

5　右の図１は地球の動きと星座の位置関係を表した図です。次の問いに答えなさい。

図１

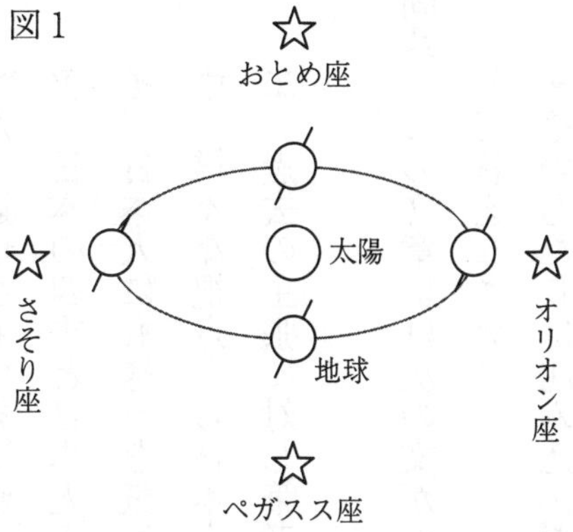

(1)　星座をつくる星を１等星から６等星にグループ分けしました。一番明るいのは何等星ですか。

(2)　星の色は表面温度に関係します。最も表面温度が高いのはどの色に見える星ですか。最も適当なものを次の**ア**～**エ**から１つ選び，記号で答えなさい。

ア　赤色　　**イ**　白色　　**ウ**　青色　　**エ**　黄色

(3)　東京で，真夜中に右の図２のような空となるのはどの季節ですか。最も適当なものを次の**ア**～**エ**から１つ選び，記号で答えなさい。

ア　春　　**イ**　夏
ウ　秋　　**エ**　冬

図２

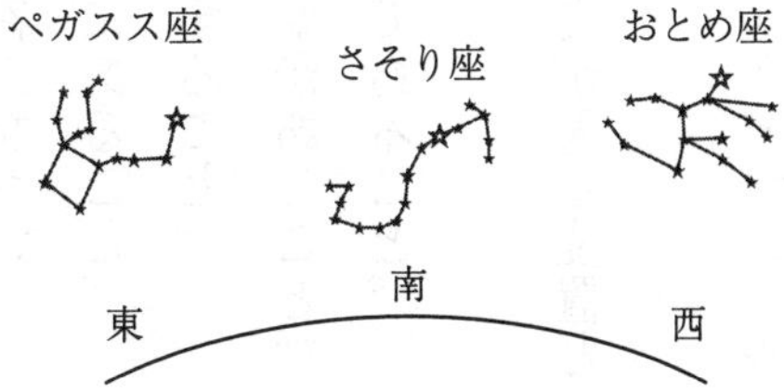

(4)　秋の真夜中に南中している星座はどれですか。最も適当なものを次の**ア**～**エ**から１つ選び，記号で答えなさい。

ア　ペガスス座　　**イ**　オリオン座　　**ウ**　おとめ座　　**エ**　さそり座

(5)　夏の夕方に東に見える星座はどれですか。最も適当なものを次の**ア**～**エ**から１つ選び，記号で答えなさい。

ア　ペガスス座　　**イ**　オリオン座　　**ウ**　おとめ座　　**エ**　さそり座

問五 ――⑤「日本人の性格(特性)を受容的・忍従的であるととらえました」とありますが、「日本人」の(1)「受容的」な性質と(2)「忍従的」な性質を表す言葉を、(1)は十七字、(2)は十三字で文章中から探し、それぞれぬき出して答えなさい。

問六 ――⑥「日本人特有の色彩感覚を育て上げてきました」とありますが、「日本人特有の色彩感覚」が育った理由として適切でないものを次から一つ選び、記号で答えなさい。

ア 日本人は、日本列島の多彩な植物と、四季の移り変わりに大きく影響され、独特の美意識を育んできたから。

イ 日本人には、植物の絵画的な美だけではなく、その背景にある四季の移ろいに対する感受性もあるから。

ウ 日本人は現代においても、雅やかさを愛でる心を大切にしており、西洋花にも魅力を感じているから。

エ 日本には、植物の緑と、雨などの自然現象による灰色の濃淡《のうたん》とがつくりだす微細な色調が存在するから。

問七 この文章では寺田寅彦や和辻哲郎らの言葉を引用することによって、どのようなことが示されていると考えられますか。適切なものを次から一つ選び、記号で答えなさい。

ア 日本の四季と日本人の気質が密接な関係にあること。

イ 日本人にも様々な気質を持つ人々が存在すること。

ウ 様々な視点から日本人について考える必要があること。

エ 過去の主張に対し筆者の考えの方が正確であること。

問八 この文章には次の文がぬけています。この文が入る位置として適切なものを文章中の**【ア】**～**【エ】**から一つ選び、記号で答えなさい。

・そのあたりは沈み込んだ海洋プレートがちょうどマントルの上部に接する付近で、熱せられた岩石が溶け出し火山のマグマがつくられると考えられています。

問一 ――①「非常に変化に富んだ春夏秋冬と、四季がはっきりしていること」とありますが、こうしたことが生じる原因について説明した次の文の［１］～［３］にあてはまる言葉を、文章中からそれぞれ指定の字数でぬき出して答えなさい。

・季節風（モンスーン）の向きが冬と夏では［１（五字）］となるので、夏になれば湿った風が吹いて蒸し暑くなり、冬は乾燥した風が吹いて［２（三字）］が少なくなるなど対照的な気候を生じさせて、天気が［３（六字）］する上に、年間を通して目立った乾季がなく、［２］が世界の年平均値の二倍近くあるから。

問二 ――②「日本列島は狭いながらも非常に起伏に富んだ地形になっています」とありますが、日本列島がこのような地形になった原因について「複雑」と「圧縮」という言葉を使って説明しなさい。

問三 ――③「プレート境界型地震」とありますが、これはどうして発生するのですか。そのことがわかる一続きの二文を文章中から探し、最初の五字をぬき出して答えなさい。

問四 ――④「生物多様性のホットスポットが形成された」のはどうしてですか。その説明として適切なものを次から一つ選び、記号で答えなさい。

ア 日本列島にある山地のほとんどが火山灰土壌でおおわれているので、植物が生育しやすいから。

イ 日本列島は雨が多い上に、多くの火山が分布しているので年間を通して熱せられて暖かいから。

ウ 日本列島は火山が多く植物が生育しにくいが、火山以外では植物が生育しやすい土壌にあるから。

エ 日本列島の特徴的な地形と気候によって生じた多様な環境が、多くの植物種を共存させたから。

の早い移り変わりを要求するものになったと考えたのです。

また、熱帯的・寒帯的という異なる気候の繰《く》り返しが、日本らしい忍従性、つまり変化を淡々《たんたん》と受け止める気質を生んだと考えました。すなわち熱帯的な非戦闘《せんとう》的なあきらめでもなければ、単に寒帯的な気の長い辛抱《しんぼう》強さでもない「自然を征服《せいふく》しようともせず、また自然に敵対しようともしなかったにもかかわらず、なお戦闘的・反抗《はんこう》的な気分において、持続的ならぬあきらめに達した」と和辻は言うのです。

地球温暖化、砂漠《さばく》化、生物多様性の減少など地球環境問題に歯止めのかからない今日、長らく忘れられていた「日本人には自然と人間を一体として把握《はあく》し、自然と調和・融合《ゆうごう》する特性がある」という和辻の自然観が見直されてきました。

寺田や和辻の考え方から、日本人が四季の移り変わりに大きく影響《えいきょう》されてきたこと、その影響を受けて独特の美意識が生まれてきたと言えそうです。「日本人の美意識は植物の形態や色彩《しきさい》などによる絵画的な美にとどまらず、その背景にある四季の移ろいに自身を重ね合わせ、華《はな》やかさや無常観を織り交ぜた感受性に特徴がある」（山本紀久《やまもとのりひさ》、二〇一二）と言われています。華やかさや爽《さわ》やかさを抑《おさ》え、渋《しぶ》くかすかに暗く含みのある色合いは「寂《さび》色」と言われ、多くの日本人は雅《みやび》やかさと言って愛《め》でています。日本には国土を覆う緑色をベースにした多彩な植物と、雨、霧《きり》、霞《かすみ》による灰色の濃淡とがつくりだす数多くの微細《びさい》な色調が存在しています。これらが⑥日本人特有の色彩感覚を育て上げてきました。

現代の日本人の中にも雅やかさを愛でる心は残っており、はなやかな色彩や形態を持つ西洋花にも魅力《みりょく》を感じるものの、それらとは違《ちが》った魅力を持つ花々に感性をくすぐられる人も増えてきました。ヤマユリを除けばあまり目立たない、くすんだ色の花の多い在来野草を用いて生物多様性のある緑を復元しようと考えている私にとっては大変心強いことです。

（根本正之《ねもとまさゆき》『在来植物の多様性がカギになる―日本らしい自然を守りたい』による）

＊ベース…土台。基礎《きそ》。
＊活断層…現在活動している断層。
＊南海トラフ…駿河湾《するがわん》の沖合付近から四国の南方の海底にかけて、ほぼ日本列島に平行に走る細長い溝《みぞ》。
＊ケイ酸…物質の名前。
＊ホットスポット…その場所だけ周囲に比べ特異的に何かが高まっている地点のこと。

層があるため、いつ、どこでプレート内地震が発生してもおかしくありません。プレート内地震を発生させる活断層は地表に現れて、もともとの地形に「縦ずれ」や「横ずれ」を生じさせることもしばしばです。【ア】

日本海溝《かいこう》や＊南海トラフといった海洋プレートの沈《しず》み込み境界から、二〇〇～三〇〇㎞ほどプレートの進行方向側に入ったところに沿って火山が分布しています。【イ】本州の中央を境に北東部と南西部に二つの火山帯が走り、富士山のほか、霧島山《きりしまやま》、阿蘇山《あそさん》、桜島、浅間山、御嶽山《おんたけさん》、蔵王山《ざおうざん》など一一一の活火山が並んでいます。日本全土の七五％は山地で、この山地の大部分は火山灰土壌《どじょう》で覆《おお》われています。【ウ】

日本は温暖多雨ですから、多くの活火山が噴出《ふんしゅつ》した火山灰に含《ふく》まれる＊ケイ酸は、土層の表層から下層へ、あるいは土層の外に移動して、アロフェンと呼ばれるアルミニウムの性質が強いものになります。【エ】アロフェンは有機物と結合する力が強く多量の腐植《ふしょく》を含んでいます。またリン酸と結合したリン酸アルミニウムは極めて水に溶《と》けにくく、植物はそのリン酸を利用できません。日本の在来植物には土壌が酸性で有効態リン酸の少ない環境《かんきょう》でも生育できる種が多いのです。

これまでお話しした日本の気候と地形の組み合わせは湿った場所から乾《かわ》いた場所、低地から高地まで驚《おどろ》くほど多様な立地環境を生み出しました。そして、それに対応して生育特性の異なる多くの植物種が共存するため、④生物多様性の＊ホットスポットが形成されたのです。

日本は多発する地震をはじめ、津波、火山の噴火、台風や集中豪雨《ごうう》による洪水《こうずい》、土砂崩《くず》れ等が起こる災害大国です。物理学者で随筆《ずいひつ》家でもあった寺田寅彦《てらだとらひこ》は『日本人の自然観』（青空文庫）の中で、人間の力で自然を克服《こくふく》していくという努力が西洋における科学の発達を促《うなが》したのに対し、日本では自然の十分な恩恵《おんけい》を甘受《かんじゅ》すると同時に自然に対する反逆を断念し、自然に順応するための経験的知識を集収（寄せ集めて編集すること）し蓄積することに務めてきた、と言っています。

日本の自然が日本人らしさを決めるという環境決定論の立場から、哲学《てつがく》者の和辻哲郎《わつじてつろう》は『風土――人間学的考察』（岩波文庫）の中で、モンスーン的風土で生活してきた⑤日本人の性格（特性）を受容的・忍従《にんじゅう》的であるととらえました。

インドや中国も日本と同じモンスーン的風土を持つ土地柄《がら》ですが、日本の場合、季節によって大きな変化があり台風による突発《とっぱつ》的な大雨もあれば、さらには大雪、気温は四季折々の変化が著《いちじる》しく、そのため日本人が内に持つ受容性は、調子

三　次の文章を読んで、あとの問いに答えなさい。字数制限のある解答については、特別の指示がないかぎり、句読点や符号も一字として数えます。

日本は冬と夏では卓越《たくえつ》する風の向きがほぼ正反対となり、対照的な気候を生ずる季節風（モンスーン）が気候を構成する一番大きな要素になっています。例えば東京は冬に乾燥《かんそう》した北西の風が、夏になれば湿《しめ》った南東の風が吹《ふ》きます。そのため冬は寒くて降水量が少ないですが、夏になれば急に蒸《む》し暑くなるのです。相対湿度《しつど》が七五％にも達するムシムシした夏は、日本の気候の特徴《とくちょう》の一つでもあるのです。春と秋は寒くも暑くもなく、天気は周期的に変化します。

日本の年降水量は約一七〇〇～一八〇〇㎜で、世界の年平均値（約一〇〇〇㎜）の二倍近いのです。降水量が多いのは周期的に通過する温帯低気圧、梅雨、台風、秋の長雨など日本には一年を通して目立った乾季がないためです。このように①非常に変化に富んだ春夏秋冬と、四季がはっきりしていることが日本の気候の＊ベースになっています。

では地形的にはどんな特徴があるのでしょうか。日本列島付近の地下部は二つの大陸プレート（北アメリカおよびユーラシアプレート）の下に二つの海洋プレート（フィリピンおよび太平洋プレート）がすべり込《こ》むというとても複雑な構造をしています。

そのために日本列島は横からの強い圧縮で生じた応力（物体に外から力が加わって変形するときに、かたちがもとに戻《もど》ろうとする力）場の上に置かれていることになります。その結果、地盤《じばん》が場所によって隆起《りゅうき》したり沈降《ちんこう》して、②日本列島は狭《せま》いながらも非常に起伏《きふく》に富んだ地形になっています。長期的に隆起が続けば山地となり、逆に沈降して低くなった沿岸部には河川が土砂《どしゃ》を流し込んで平野が形成されます。日本の山地は世界的に見ても隆起していく速度が大きいのです。

海洋プレートのすべり込みによって海洋プレートと大陸プレートの境界付近には歪《ゆが》みがゆっくりと蓄積《ちくせき》していきます。やがて蓄積が限界に達し、その歪みを解消するとき地震《じしん》が発生します。地震には広範囲《こうはんい》にわたる強い揺《ゆ》れと巨大《きょだい》津波《つなみ》によって甚大《じんだい》な被害《ひがい》をもたらす数十年から数百年に一度の周期で発生する③プレート境界型地震（二〇一一年三月一一日の東日本大震災など）の他、プレート境界よりさらに内部で蓄積した歪みを解消するために起きる断層運動によるプレート内地震があります。プレート内地震は数百年から数千年に一度しか発生しませんが日本列島には数えきれないほどの＊活断

問八　～～～X「職員室へ続く階段を上がっていく～いいくらいだった」、～～～Y「足を踏み出す～一段一段がしんどい」とありますが、～～～Xから～～～Yまでの「俺」の心情の移り変わりを説明したものとして適切なものを次から一つ選び、記号で答えなさい。

ア　はじめは、引き受けた難しい仕事に対し、苦労しながらもやり方が見いだせて安心していたが、藤町先生からあまり良い評価をもらえなかったことで必ずしも努力が報《むく》われない現実を知り、絶望している。

イ　はじめは、その場しのぎではあるものの引き受けた仕事に対する一応のやり方が見つかり喜んでいたが、藤町先生から厳しい評価を受けたことがショックで自信を失い、どうしたらよいかわからず深く落ち込《こ》んでいる。

ウ　はじめは、引き受けた仕事について、ようやくやり方を見いだせて舞《ま》い上がっていたが、藤町先生に認められずやり直しを命じられたことで、また一からやり直さねばならないと、憂《ゆう》うつになっている。

エ　はじめは、引き受けた仕事に対する理想的なやり方をすぐに見いだせた自分に酔《よ》いしれていたが、藤町先生にあっさりと否定されたことでプライドがひどく傷つき、先生に対し強いいきどおりを感じている。

問九　この文章の内容に合っているものを次から一つ選び、記号で答えなさい。

ア　「俺」は、いままで藤町先生の期待にこたえようと努力してきたが、今回は無理難題をつきつけられ、無力感にうちひしがれている。

イ　「俺」は、校内に知り合いが多くいるので、たとえ自分に向いていない仕事を藤町先生に依頼《いらい》されても、周囲の力を借りてこなせると楽観視している。

ウ　「俺」は、清瑛学園の生徒であることに誇《ほこ》りを持っているので、藤町先生に頼まれた仕事が学園のためになるのならつらくてもやりとげようと考えている。

エ　「俺」は、藤町先生や志鳥くんに調子をくるわされて引き受けた仕事に対して後ろ向きで、できれば早く終わらせたいと考えている。

問五 ――⑤「これからやるべきこと」とありますが、「俺」はどのようなことをしようと考えていますか。適切なものを次から一つ選び、記号で答えなさい。

ア 良くも悪くも目立っている部活動や生徒個人に直接インタビューするとともに写真のデータをもらい、記事にすること。

イ 藤町先生にも協力を仰《あお》ぎながら、目ざましい活躍をした部活動や生徒個人に取材しつつ写真のデータをもらい、記事にすること。

ウ 好成績を収めた部活動の生徒の中でも、特に卒業をひかえた三年生に話を聞き、写真撮影《さつえい》もさせてもらい、記事にすること。

エ 志鳥くんや藤町先生と一緒《いっしょ》に、大いに活躍した部活動や生徒個人に声をかけ、写真撮影もかねていろいろと質問し、記事にすること。

問六 ――⑥「ぎくりとした」とありますが、その理由として適切なものを次から一つ選び、記号で答えなさい。

ア 先生に先輩を紹介してもらえないことがわかったから。

イ ひとりで報告に来たことをとがめられると思ったから。

ウ ひとりで決めたことを見すかされていると感じたから。

エ めんどくさいと思っていることがばれてしまったから。

問七 ――⑦「オリジナルな視点」とありますが、藤町先生はどのような記事を期待していますか。それを説明した次の文の［１］・［２］にあてはまる言葉を、文章中からそれぞれ指定の字数でぬき出して答えなさい。

・入学案内のパンフレットなどで［１（十三字）］ている話題ではなくて、生徒の視点で［２（八字）］が紹介されている記事。

問三 ――③「方向性があまりに漠然としすぎていて、途方に暮れる」とありますが、このときの「俺」の気持ちとして適切なものを次から一つ選び、記号で答えなさい。

ア 探すべきとされているものがあまりにも多くて、学校中を歩き回っているだけでそれらをすべて見つけることができるのかどうかわからず、悩《なや》んでいる。

イ 目指すものがはっきりとはしているものの、学校内のどこにそれがあるのかの見当がまったくつかず、ただ歩き回っているだけの自分に不安を覚えている。

ウ 目的とされているものの理想があまりにも高いために、学校という限定された空間の中に果たしてそれがあるのかどうか、心底疑わしく思っている。

エ 何を探すべきかの指針があいまいなままでただ学校中を歩き回っていても、いいものは見つけられないだろうと思い、どうしてよいかわからず困っている。

問四 ――④「『ああそう』」とありますが、このときの「俺」の気持ちとして適切なものを次から一つ選び、記号で答えなさい。

ア 探索中にはぐれたと思って探していたのに、何事もなかったかのようにのんびりとしている志鳥くんに呆れる気持ち。

イ 探索中に勝手に離脱したのに、あやまりもせずに、自分のお気に入りの場所を見つけた志鳥くんにいらだつ気持ち。

ウ 探索中にはぐれたと思って探していた志鳥くんが、階段下のせまい空間で休けいしていたことがわかって安心する気持ち。

エ 探索中に離脱したと思っていた志鳥くんが、先回りして自分を待っていてくれたことがわかったが、勝手な行動を不満に思う気持ち。

ている気がした。この学園で心から推せるもの？　そんなのない。探したくもない。こんなの振り出しに戻されるよりもっと悪い。

これ以上話すことはなくて、「失礼しました」と言って職員室を出た。

教室に荷物を置きっぱなしだから、三階に上がらなきゃいけない。Ｙ足を踏《ふ》み出す。やけに身体《からだ》が重くて、一段一段がしんどい。

（眞島《ましま》めいり『バスを降りたら』による）

問一　――①「解放」と同じ組み立ての熟語を次から一つ選び、記号で答えなさい。

ア　予想　　**イ**　省略　　**ウ**　就職　　**エ**　損得

問二　――②「校内探索にくり出してみた」とありますが、何のためですか。文章中の言葉を使って三十五字以内で答えなさい。

志鳥くんはこの仕事をめんどくさがっていないようで、むしろ頼《たの》まれたのがうれしそうにさえ見えたけど、かといって具体的なアイディアを出してくれるわけじゃない。ふたりで校内をぐるぐる歩き回っていたって、残り時間が減っていくだけだ。だから俺ひとりで、最速でプランを決めたのに。

「これは、俺の勝手なリクエストなんだけどさ。もう少し⑦オリジナルな視点で考えてみてくれないか？」

藤町先生が頭の後ろをかきながら言った。

「オリジナル、ですか？」

「『優勝した』『受賞した』ってたしかにビッグニュースだよ。なにせ垂れ幕にして外のひとにアピールしてるくらいだから、うちの学園にとっての重要ポイントなのは間違いない」

藤町先生は、近くにあった予備の椅子《いす》をぐいっと引いて、その座面をぽんぽんたたいた。ここに座れ、って。

でも俺は座る気になれなかった。この話がどこに行き着くのか気になるのと、早く切りあげたいのとで、自分の表情がこわばっているのを感じる。

立ったままの俺を見つめながら先生は続ける。

「でもそういう大きな話題って、入学案内のパンフレットや学園のウェブサイトで、すでにたくさん採りあげられてるんだ。見たことないか？」

「あ……」

公立にするか清瑛にするかで迷っていたときに読んだ、あの冊子を思い出した。

俺は進学実績にだけ注目したけど、ほかのページには、こういう部活動がありますって紹介とか、出場した競技会の一覧なんかも載っていたかもしれない。しかも本人へのインタビューつきで。

「できれば、それと同じやり方をなぞるんじゃなくて、古橋と志鳥ならではの記事を書いてほしい。ふたりが心から推《お》せるものっていうかさ。誰《だれ》に、何を、どう伝えるのか。じっくり考えて」

藤町先生がにっと笑った。

俺はとても笑う気分じゃなかった。正解だと思って差し出したものに不正解の印をつけられて、足もとがぐらぐら揺《ゆ》れ

〈祝　県大会優勝　陸上競技部〉
〈祝　全国大会出場　吹奏楽《すいそうがく》部〉
夏休みの前後や秋の大会後に、ときどき内容が更新《こうしん》されていることには気づいていたけど、自分には関係ないからスルーしてきた。でもこれこそヒント、というか正解そのものだったんだ。大会やらコンクールやらでいい成績をおさめた部、または生徒個人にインタビューして、学校紹介《しょうかい》の記事にすればいい。

気づいちゃえば簡単で、⑤これからやるべきことがはっきりした。

垂れ幕が作られるような活躍《かつやく》をしているのは、部活も個人も、きっと三年生が中心だと思う。知らないひとに話を聞くのはおっくうだし、上級生が相手なんてもっと気が進まないけど、まあしょうがない。いくつか質問して写真のデータをもらって、記事にする。それで完了《かんりょう》だ。

「職員室行って、藤町先生に『決まりました』って報告しとくよ。ひとりで大丈夫《だいじょうぶ》、今日は解散ね」

志鳥くんを昇降口前に残して、X職員室へ続く階段を上がっていく俺の足は、うきうきしていると言ってもいいくらいだった。やるべきことに見当がつかない、よりどころのない状態って気持ち悪かったから、これでひと安心。あとはめんどくさいのだけ我慢《がまん》してしまえば……。

だけど、やっと見つけたこのルートには、あっけなくバツがついた。

垂れ幕に名前が載《の》ってるひとたちにインタビューして、それをプリントにまとめます。でも三年生には知り合いがいないから、先生から紹介してもらえませんか？

俺の説明を聞いた藤町先生は、「んー、そうだなあ……」と鈍《にぶ》い反応をした。

「古橋と志鳥が話し合って、そういうふうにしたいって決めたんなら、もちろん協力するけど」

先生がわざと、俺の周りをちらっと見た気がした。今日も古橋ひとりで来たのか、って確認《かくにん》されたのがわかった。この前、国語のワークを運んできたときとまったく同じだなって。

⑥ぎくりとした。先輩《せんぱい》たちにインタビューする件は、たしかに志鳥くんと相談して決めてはいない。でもこれがベストに違いないって自信はあった。これ以上志鳥くんのアクションを期待したってしょうがないとも思ったし。

うんだ。

はーあ。何度目かわからないため息がまた出る。

志鳥くんの秘密基地的なその三角空間を見下ろすのはやめて、視線を階段側に戻した。じっと見たままだと、まるで早く上がってきてほしくて、待っているみたいだって気づいたから。志鳥くんに合わせる気がないように、俺だって待ったりはしない。

てきとうに視線を投げた先は、階段の反対側の端っこ。そっちには半端《はんぱ》な空間はなくて、一号館の壁とぴったりくっついている。その壁にそってなんとなく視線を上げていったとき。

それを見つけた。

……なんだ。わざわざ探さなくてよかったんだ。最初から、ここにあったんじゃないか。

上履きのまま階段を下りていって、あらためて壁を見あげる。

後ろからとたとたって足音が近づいてきた。

「何見てるの？」

俺の姿が急に消えたので、気になって上がってきたらしい。俺は振り向いて、今発見したものを指差す。

「これでいいよね？」

聞くと、きょとんとした顔が返ってくる。

目で俺の人差し指の先をつーっと追っていった志鳥くんは、しばらく動きを止めた。それからほんの少し、首を傾《かし》げたようだった。

清瑛《せいえい》学園の前には交通量の多い道路が通っていて、バス停もその道路ぞいにある。敷地《しきち》をぐるりと囲むようにして木が植えられているので、外からはあまり見通しがきかない。ただし、正門寄りに突き出るようにして立つ一号館の壁だけは、木の枝に邪魔《じゃま》されずに道路からもはっきり見える。

なのでそこに、大きな垂《た》れ幕がかかっている。

と勉強している背中がいくつも見えた。

でも記事になりそうなニュースなんてどこにある？　③方向性があまりに漠然《ばくぜん》としすぎていて、途方《とほう》に暮れる。

ふと振《ふ》り返ると、志鳥くんの姿がなかった。

はぐれた？　どこでだろう。どこまでいたっけ？

俺が探さなきゃいけないのはプリントのための話題で、志鳥くんじゃないのにな。仕方なく、来た道を戻《もど》る。自習ルームは一号館一階、その前はグラウンドをぐるっと見回ってたから、昇降口《しょうこうぐち》で靴《くつ》から上履《うわば》きに履き替《か》えたんだけど……。

また外に出なきゃいけないのかと迷っていたとき、視界の端《はし》で、何かが動いた気がした。昇降口と外をつなぐ広い階段の隅《すみ》っこ、金属の柱に支えられた細い手すりの、その下だ。

今見えたの、茶色い頭？

駆《か》け寄って手すりの上からのぞきこんだ。階段の高さ分、地面が遠い。

階段と二号館の壁にはさまれた部分に、せまい三角形の空間ができていて、志鳥くんが当然のようにいた。つむじが見える。

どうやらそこは物置きとして使われているらしくて、大きなものを運搬《うんぱん》するためのリヤカーとか、巻かれた状態のホースとかでだいぶごちゃついている。背もたれのついた白いプラスチックチェアがなぜか一脚《いっきゃく》だけ置かれ、志鳥くんはそれに座《すわ》って両脚《りょうあし》をゆらゆらさせていた。

「あ、古橋《ふるはし》くん」

俺の視線に気づいて顔を上げ、手を振ってくる。まったく悪びれずに。

探索に飽《あ》きて、勝手に離脱《りだつ》していたみたいだ。当てにしていたわけじゃないけど、ここまで堂々とサボられると怒《おこ》る気にすらならない。ただ呆《あき》れるだけ。

「ここ、好きなんだ。昇降口にひとがたくさんいるときも、ここに降りると急に音が遠くなって、なんだか落ち着く」

④「ああそう」

最初からわかってたんだよ、俺と志鳥くんじゃうまくいくわけないって。会話も行動も、考え方も、ぜんぶテンポが違《ちが》

二　次の文章を読んで、あとの問いに答えなさい。字数制限のある解答については、特別の指示がないかぎり、句読点や符号も一字として数えます。

「……はあ」

ため息が声に出た。だいぶ前から出ていたのかもしれない。この仕事を押《お》しつけられてからずっと。

職員室や特別教室などがある一号館と、中等部の教室が並ぶ二号館をつなぐ、屋根のある渡《わた》り廊下《ろうか》。コンクリートの床《ゆか》の表面は、風で運ばれてくるほこりや砂で白っぽくなっている。チラシやポスターがべたべた貼《は》られた掲示板《けいじばん》の、横の壁《かべ》に手を突《つ》いたら、じゃりっという感触《かんしょく》がした。

藤町《ふじまち》先生にも志鳥《しどり》くんにも調子をくるわされて、引き受けた形になってしまった。それ自体がすでに予定外。しかもふたりとも、俺《おれ》がまったく乗り気じゃないのをわかってくれていない。

これ以上自分から何か言い出すのもめんどうで、もやもやした状態のまま週末に突入《とつにゅう》し、週が変わり、さらに数日経《た》った。そうやって宙ぶらりんで時間が過ぎていくことにだんだん不安になってきた。授業にだって集中できない。……で、思ったのは。

交渉《こうしょう》したり説得したりするより、引き受けたうえでさっさと終わらせたほうが、早いんじゃないか？

プリントを作ってこの学園をアピールすればいいわけでしょ。つまり明るい話題を探して記事にしろってこと。

なら、さくっと終わらせて①解放されよう。

そう決心した俺は、さっそく放課後に行動を開始した。教室を出るときに、志鳥くんと目が合ったので合図してみたら、あとをついてきてくれた。

そうやって②校内探索《たんさく》にくり出してみたものの、……ターゲットがあいまいな探索なんて、歩くほど疲《つか》れるだけだって、すぐに思い知った。

校舎、体育館、グラウンド。授業が終わったあとも、校内のあちこちに生徒はいる。がらんとした教室に居残ってたり、外周を走ってたり、試合形式の練習をしてたり。音楽室や美術室の中からも声が聞こえるし、自習ルームをのぞくと黙々《もくもく》

2024年度

八雲学園中学校

【国　語】〈第二回試験〉（五〇分）〈満点：一〇〇点〉

一　次の各問いに答えなさい。

問一　次の――線の漢字の読みをひらがなで答えなさい。

①　かるたの札を並べる。

②　電車が警笛を鳴らす。

③　国の存亡に関わる問題。

④　直ちに実行する。

⑤　手首で脈をはかる。

問二　次の――線のカタカナを漢字に直しなさい。

①　合唱曲のカシを覚える。

②　家族でチョウカンを読む。

③　親コウコウをする。

④　大根のメが出る。

⑤　うさぎのシイクをする。

2024年度

八雲学園中学校　▶解説と解答

算　数　＜第２回試験＞（50分）＜満点：100点＞

解　答

[1] (1)　6　(2)　20　(3)　100　(4)　2024　(5)　9　[2] (1)　200g　(2)　7年後　(3)　29個　(4)　94.2cm^2　(5)　2時$43\frac{7}{11}$分　(6)　555個　(7)　88秒間　(8)　93.36cm^2　(9)　12分　[3] (1)　毎時12km　(2)　10時間　[4] (1)　24　(2)　20　[5] (1)　ア…16，イ…6　(2)　1月1日

解　説

[1] 四則計算，計算のくふう，逆算

(1)　$12-\{6-(40-12)\div 7\}\times 3=12-(6-28\div 7)\times 3=12-(6-4)\times 3=12-2\times 3=12-6=6$

(2)　$8\times\left(\frac{1}{2}+3\times 0.75\right)\div 1.1=8\times(0.5+2.25)\div 1.1=8\times 2.75\div 1.1=22\div 1.1=20$

(3)　$(314-15)\div(92+6-5\times 3\times 5)+89+7-9=299\div(98-75)+87=299\div 23+87=13+87=100$

(4)　$A\times C+B\times C=(A+B)\times C$であることを利用すると，$29\times 13+21.6\times 13+37\times 27+13.6\times 27=(29+21.6)\times 13+(37+13.6)\times 27=50.6\times 13+50.6\times 27=50.6\times(13+27)=50.6\times 40=2024$

(5)　$(54\div\square\times 3-12)\times 1\frac{1}{3}=8$より，$54\div\square\times 3-12=8\div 1\frac{1}{3}=8\div\frac{4}{3}=8\times\frac{3}{4}=6$，$54\div\square\times 3=6+12=18$，$54\div\square=18\div 3=6$　よって，$\square=54\div 6=9$

[2] 濃度《のうど》，年れい算，分配算，表面積，時計算，方陣《ほうじん》算，周期算，面積，ニュートン算

(1)　(食塩の重さ)＝(食塩水の重さ)×(濃度)より，８％の食塩水600gに含《ふく》まれている食塩の重さは，600×0.08＝48(g)とわかる。ここで，食塩水から水を蒸発させても食塩の重さは変わらないから，水を蒸発させて濃度が12％になった食塩水にも48gの食塩が含まれている。したがって，水を蒸発させた後の食塩水の重さを□gとすると，□×0.12＝48(g)と表すことができるので，□＝48÷0.12＝400(g)と求められる。よって，蒸発させる水の重さは，600－400＝200(g)である。

(2)　現在の３人の子どもの年れいの和は，12＋７＋５＝24(才)である。また，母の年れいは１年で１才増え，３人の子どもの年れいの和は１年で３才増えるから，右の図１のように表すことができる。図１で，③－①＝②にあたる年れいは，38－24＝14(才)なので，①にあたる年れいは，14÷２＝７(才)と求められる。よって，このようになるのは今から７年後である。

図１

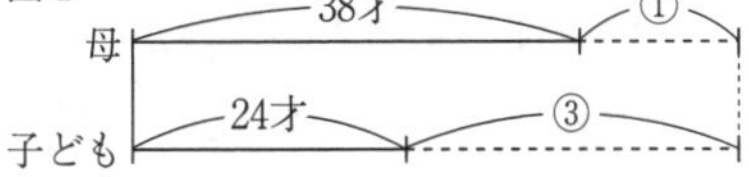

(3)　二郎さんの個数を①として図に表すと，右の図２のようになる。図２で，一郎さんの個数を５個減らし，三郎さんの個数を１個増やすと，３人の個数の合計は，100－５＋１＝96(個)になる。これが，①

図２

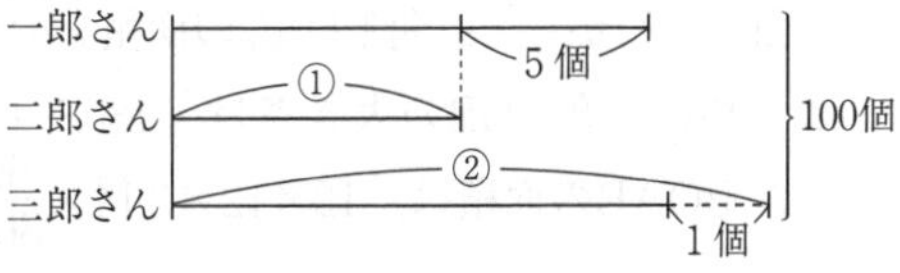

＋①＋②＝④にあたるから，①にあたる個数は，96÷４＝24(個)と求められる。よって，一郎さんの個数は，24＋５＝29(個)である。

⑷　右の図３のように，３個の円柱を組み合わせた形の立体ができる(底面の円の半径は上から順番に１cm，２cm，３cm)。真上と真下から見ると半径が３cmの円に見えるので，これらの部分の面積の合計は，３×３×3.14×２＝18×3.14(cm^2)となる。また，３つの円柱の側面積は，上の円柱から順番に，１×２×3.14×１＝２×3.14(cm^2)，２×２×3.14×１＝４×3.14(cm^2)，３×２×3.14×１＝６×3.14(cm^2)だから，この立体の表面積は，18×3.14＋２×3.14＋４×3.14＋６×3.14＝(18＋２＋４＋６)×3.14＝30×3.14＝94.2(cm^2)と求められる。

図３

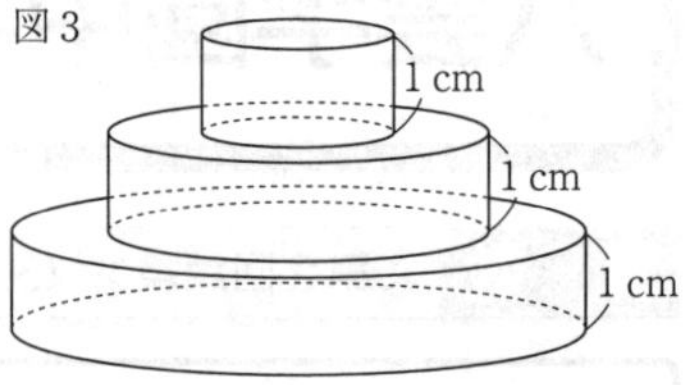

⑸　長針は１分間に，360÷60＝６(度)，短針は１分間に，360÷12÷60＝0.5(度)動くので，長針は短針よりも１分間に，６－0.5＝5.5(度)多く動く。また，右の図４のように，２時ちょうどに長針は短針よりも，360÷12×２＝60(度)後方にいて，右の図５のときに長針は短針よりも180度前方にいるから，図４から図５までの間に，長針は短針よりも，60＋180＝240(度)多く動いたことになる。よって，図４から図５までの時間は，240÷5.5＝$43\frac{7}{11}$(分)なので，図５の時刻は２時$43\frac{7}{11}$分である。

図４

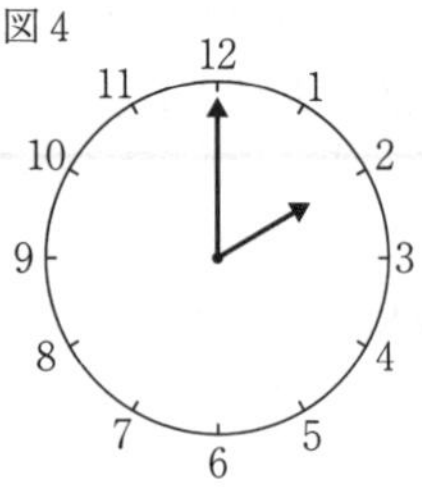

図５

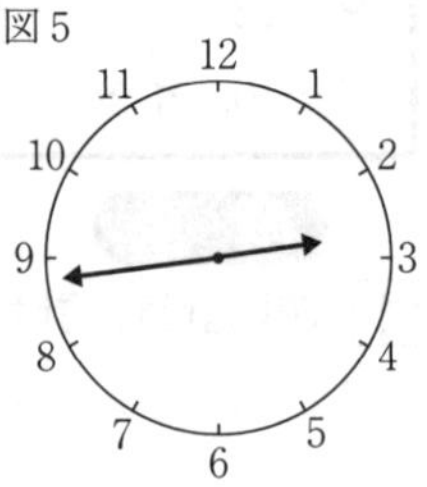

⑹　下の図６のように，はじめに並べたご石の１辺の個数を□個とする。図６で，斜線《しゃせん》部分に並べるのに必要なご石の数は，26＋21＝47(個)だから，□個の２列分が，47－１＝46(個)となり，□＝46÷２＝23(個)とわかる。よって，●の数は，23×23＝529(個)であり，このとき26個のご石が余っているので，ご石は全部で，529＋26＝555(個)ある。

図６

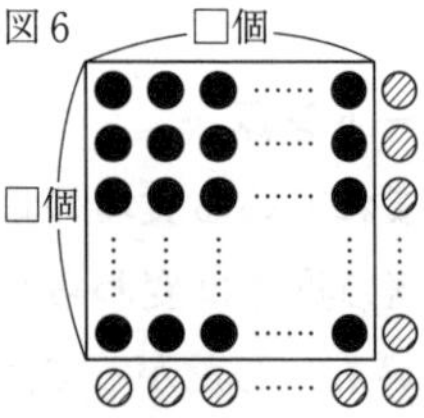

図７

A	○	○	×	○	○	×	○	○	×	○	○	×	○	○	×	○	○	×	○	○	×	○	○	×
B	○	○	○	○	×	×	○	○	○	○	×	×	○	○	○	○	×	×	○	○	○	○	×	×
C	○	○	○	○	○	×	×	×	○	○	○	○	○	×	×	×	○	○	○	○	○	×	×	×

⑺　Aは，２＋１＝３(秒)周期，Bは，４＋２＝６(秒)周期，Cは，５＋３＝８(秒)周期で点滅《てんめつ》する。３と６と８の最小公倍数は24だから，３つの電球は24秒ごとに同じ点滅をくり返す。最初の24秒間では，すべての電球がついている時間は，上の図７より７秒間ある。また，５分は，60×５＝300(秒)だから，300÷24＝12余り12より，５分間ではこれを12回くり返す。さらに，すべての電球がついている時間は，最後の12秒間にも４秒間あるので，全部で，７×12＋４＝88(秒間)と求められる。

⑻　右の図８のかげの部分の面積は，おうぎ形OABと三角形OBCの面積の和から，三角形OACの面積を引いて求めることができる。はじめに，角AOBの大きさは，180÷６×２＝60(度)だから，おうぎ形OABの面積は，12×12×3.14×$\frac{60}{360}$＝75.36(cm^2)とわかる。

図８

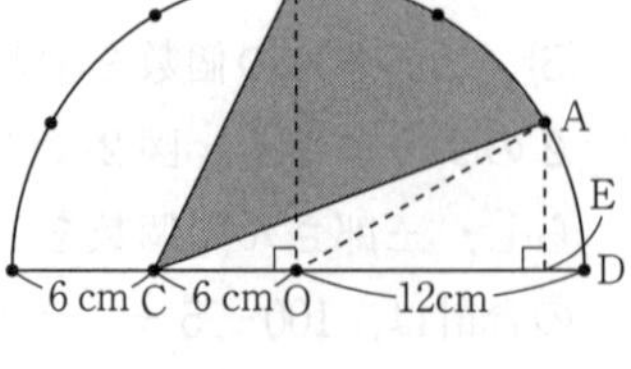

また，三角形OBCの面積は，６×12÷２＝36(cm^2)である。次に，角AODの大きさは，180÷６＝30(度)なので，ＡからODに垂直な線AEを引くと，三角形AOEは正三角形を半分にした形の三角形になる。したがって，AEの長さは，12÷２＝６(cm)だから，三角形OACの面積は，６×６÷２＝18(cm^2)と求められる。よって，かげの部分の面積は，75.36＋36－18＝93.36(cm^2)である。

⑼　１分間で新たに並ぶ人数を①人，１個のゲートから１分間に入場する人数を$\boxed{1}$人とする。ゲートを10個開くとき，60分で，①×60＝$\textcircled{60}$(人)が並び，その間に，$\boxed{1}$×10×60＝$\boxed{600}$(人)が入場して行列がなくなる。また，ゲートを25個開くとき，20分で，①×20＝⑳(人)が並び，その間に，$\boxed{1}$×25×20＝$\boxed{500}$(人)が入場して行列がなくなる。したがって，右上の図９のように表すことができる。図９で，$\textcircled{60}$－⑳＝$\boxed{600}$－$\boxed{500}$，㊵＝$\boxed{100}$，①＝$\boxed{100}$÷40＝$\boxed{2.5}$より，$\textcircled{60}$＝$\boxed{2.5}$×60＝$\boxed{150}$となるので，はじめの行列は，$\boxed{600}$－$\boxed{150}$＝$\boxed{450}$(人)とわかる。また，ゲートを40個開くと１分間に，$\boxed{40}$－①＝$\boxed{40}$－$\boxed{2.5}$＝$\boxed{37.5}$(人)の割合で行列が減るから，行列がなくなるまでの時間は，450÷37.5＝12(分)と求められる。

図９
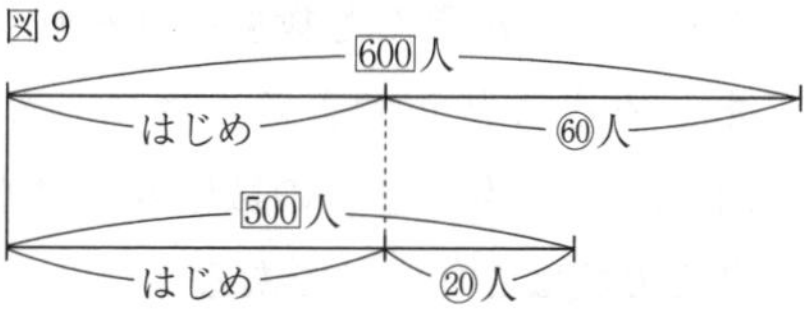

3　流水算，速さと比

⑴　行きと帰りの速さの比は，$\frac{1}{3}:\frac{1}{2}$＝２：３だから，行きの静水時の速さを①として図に表すと，右の図１のようになる。図１で，行きの速さと帰りの速さの和は，(①＋２)＋(②－２)＝③，または，$\boxed{2}$＋$\boxed{3}$＝$\boxed{5}$と表すことができるので，③＝$\boxed{5}$より，①：$\boxed{1}$＝$\frac{1}{3}:\frac{1}{5}$＝５：３とわかる。したがって，①＝５，$\boxed{1}$＝３として図１を書き直すと，右の図２のようになる。図２から，比の，６－５＝１にあたる速さが毎時２kmとわかるから，行きの速さは毎時，２×６＝12(km)と求められる。

図１
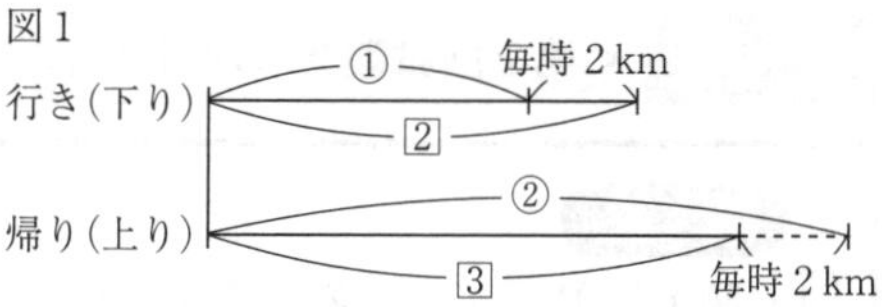

図２
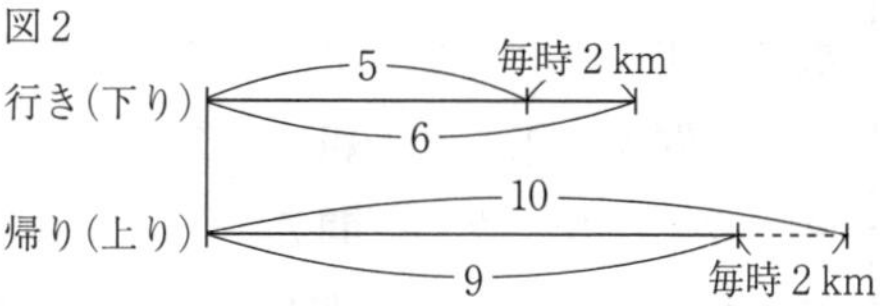

⑵　帰りの速さは毎時，２×９＝18(km)なので，往復にかかった時間は，72÷12＋72÷18＝10(時間)である。

4　グラフ―水の深さと体積

⑴　右の断面図の①→②→③の順番で水が入り，各部分に入れるのにかかった時間は図のようになる。したがって，①，②，③の部分に入れるのにかかった時間の比は，15：25：20＝３：５：４だから，①，②，③の部分の体積の比も３：５：４とわかる。よって，①と②の部分の横の長さの比は３：５であり，この比の和が64cmなので，$\boxed{あ}$に当てはまる数は，64×$\frac{3}{3+5}$＝24(cm)と求められる。

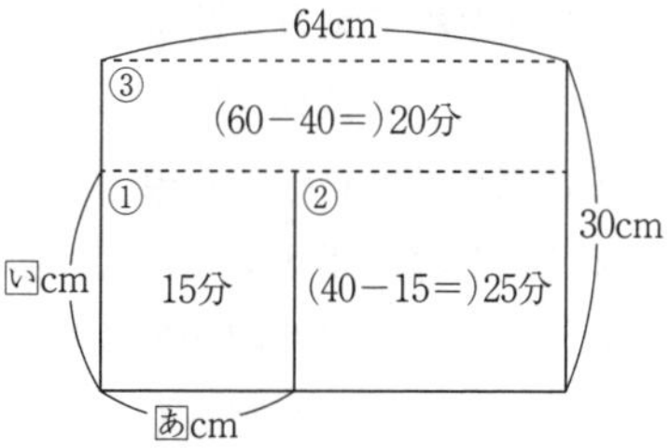

⑵　(①＋②)の部分と③の部分の体積の比は，(３＋５)：４＝２：１だから，これらの部分の高さの比も２：１となる。また，この比の和が30cmなので，$\boxed{い}$に当てはまる数は，30×$\frac{2}{2+1}$＝20(cm)とわかる。

5　素数の性質，条件の整理

⑴　約数が４個ある整数は，素数の積で表したときに，□×△，または，□×□×□と表すことが

できる整数だから，１桁《けた》では６(＝２×３)，８(＝２×２×２)の２個ある。また，50以下の23の倍数は23，46である。さらに，約数が５個ある整数は，素数の積で表したときに，□×□×□×□となる整数なので，50以下では，２×２×２×２＝16だけである。したがって，一郎さんとさくらさんが選んだ数をそれぞれX，Yとすると，右の図１のようにまとめることができる。次に，５人の数の積は66240になるが，66240÷16＝4140，4140÷８＝517.5より，ももさんの数は８ではないことがわかる。以上より，二郎さんの数は16(…ア)，ももさんの数は６(…イ)である。

図１

一郎さん	X
二郎さん	16
三郎さん	23または46
さくらさん	Y
ももさん	６または８

(2)　三郎さんの数が23だとすると，$X\times Y$＝66240÷16÷23÷６＝30となり，三郎さんの数が46だとすると，$X\times Y$＝66240÷16÷46÷６＝15となるから，ももさんの数(６)を除くと，考えられるXとYの組み合わせは上の図２のようになる。このうち誕生日が確定するのは２(→１月１日)だけなので，一郎さんの誕生日は１月１日である。

図２

X	1	2	3	10	15	30	1	3	5	15
Y	30	15	10	3	2	1	15	5	3	1

社　会　＜第２回試験＞（理科と合わせて60分）＜満点：50点＞

解　答

１　**問１**　①　ウ　②　(例)　１つの路線が遅れると，他の路線にも影響が出てしまうこと。
問２　①　ウ　②　ア　③　**i**　老人ホーム　**ii**　石灰石　**iii**　ウ　**iv**　エ　**問３**　ア　**問４**　①　五人組　②　イ　**問５**　徳川家康　**問６**　①　ア　②　イ　③　イ　④　ウ　⑤　ウ　**問７**　①　関東大震災　②　イ→ア→ウ　**問８**　①　ア→ウ→イ　②　ウ　③　ア　**問９**　秋田　**問10**　①　イ　②　ウ　**問11**　イ　**問12**　ウ　**問13**　①　イ　②　生糸　③　ウ　**２**　**問１**　エ　**問２**　ウ　**問３**　イ　**問４**　公約　**問５**　ウ　**問６**　①　イ　②　２　**問７**　ウ

解　説

１　埼玉県秩父《ちちぶ》地方を題材とした地理と歴史の総合問題

問１　①　西武秩父駅から元町・中華街駅までの直通電車のうち，小竹向原《こたけむかいはら》駅から渋谷《しぶや》駅までのXは東京メトロ副都心線，渋谷駅から横浜駅までのYは東急東横線の区間である(ウ…○)。　②　多くの路線が相互《そうご》に乗り入れることによって，利用者は乗りかえの手間が省けるので便利である。しかし，１つの路線が事故などによって遅《おく》れたり止まったりすると，他の路線にも影響《えいきょう》が出てしまうといった課題がある。

問２　①　栃木県は埼玉県の北東部と接しており，埼玉県の南西部に位置する秩父市とは接していない(ウ…×)。なお，秩父市は東京都・山梨県・長野県・群馬県の４都県と接している。　②　アの荒川は，秩父地方を源流としておおむね東へと流れ，埼玉県と東京都の境を通って東京湾に注ぐ。なお，イの多摩《たま》川は山梨県から神奈川県と東京都の境を通って東京湾に注ぐ河川，ウの利根《とね》川は千葉県と茨城県の境を通って太平洋に注ぐ河川，エの江戸川は千葉県と埼玉県・東京都の境を通って東京湾に注ぐ河川である。　③　**i**　(⌂)は，建物と杖《つえ》の形を記号にした，老人ホームの地図記号である。　ii　セメントは，原料の70～80％を石灰石が占《し》めている。なお，セメントは石灰石のほか，ねん土・けい石・酸化鉄原料・石こうなどからつくられており，軽工業(窯《よう》業)に分類される。　iii　石灰石の自給率は100％で，主な産地としては埼玉県の秩父のほかに，大分県の津久見《つくみ》やカルスト地形で知られる山口県の秋吉台周辺などが有名である(ウ…○)。なお，ほとんどを中東からの輸入に頼《たよ》っているのは原油(ア…×)，かつてエネルギーの主役であったが，1960年代のエネルギー革命で産出量が大幅《おおはば》に減少したのは石炭(イ…×)である。　iv　地図の右下に記されている方位記号を見ると，ほぼ上が北であることがわかる。影森《かげもり》駅の東側には，寺院を表す(卍)の地図記号が確認できる(エ…○)。なお，アの交番は(X)，イの電波塔《とう》は(♂)，ウの小・中学校は(文)の地図記号で表される。

問３　法然は，鎌倉時代に念仏(南無阿弥陀仏《なむあみだぶつ》)をひたすら唱《とな》える専修《せんじゅ》念仏を説き，浄土宗を開いた(ア…○)。なお，日蓮は法華《ほっけ》宗(日蓮宗)を開き，題目(南無妙法蓮華経《なむみょうほうれんげきょう》)をくり返し唱えることを修行《しゅぎょう》とした(イ…×)。道元は曹洞《そうとう》宗，栄西《えいさい》は臨済《りんざい》宗を開いた禅僧《ぜんそう》で，禅宗では座禅の修行を重んじた(ウ，エ…×)。

問４　①　五人組は，江戸時代の農民に対して年貢の納入や犯罪の防止などについて共同で責任を負わせるためにつくられた仕組みである。　②　通行税である関銭を徴収《ちょうしゅう》していたのは江戸時代より前の関所である。江戸時代の街道にも関所は設けられたが，関銭を徴収するためではなく，治安維持《いじ》や江戸の防備が目的であった(イ…×)。なお，通行税をとる関所は、織田信長と豊臣秀吉によって廃止された。

問５　江戸幕府の初代将軍徳川家康は，栃木県にある日光東照宮にまつられている。第２代将軍の徳川秀忠が日光東照宮に埋葬《まいそう》したさい，天皇から家康に東照大権現《だいごんげん》の神号が与えられた。なお，日光東照宮を改修し，現在の姿にしたのは，第３代将軍の徳川家光である。

問６　①　祇園《ぎおん》祭は，山鉾《やまぼこ》という大きな山車《だし》を引きながら行列で歩く山鉾巡行《じゅんこう》の行事で知られる京都の祭りである。アの「洛中《らくちゅう》洛外図屏風《びょうぶ》」には，鉾を引く祇園祭の様子が描《えが》かれている。なお，イは鎌倉時代の踊《おどり》念仏，ウは安土桃山時代のかぶき踊り，エは江戸時代の歌舞伎《かぶき》を描いたものである。　②　祇園祭は八坂神社の祭礼として平安時代に始まったが，1467年に京都で起こった応仁の乱によって中断された(イ…○)。なお，壬申の乱は672年(ア…×)，承久の乱は1221年(ウ…×)に起きた戦乱である。　③　岐阜県北部に位置する高山市は，飛騨《ひだ》地方の中心であることから飛騨高山とよばれる。岐阜県白川郷《ごう》の合掌《がっしょう》造り集落は，富山県五箇《ごか》山の合掌造り集落とともに，1995年にユネスコの世界文化遺産に登録された(イ…○)。なお，日本アルプスは飛騨山脈・木曽《きそ》山脈・赤石山脈の総称《そうしょう》(ア…×)，輪島塗《ぬり》は石川県の伝統的工芸品(ウ…×)である。木曽三川とは，木曽川・長良《ながら》川・揖斐《いび》川のことで，浜名湖ではなく伊勢湾に注ぐ(エ…×)。　④　国連教育科学文化機関は，ユネスコ(UNESCO)と略される(ウ…○)。なお，アのユネップ(UNEP)は国連環境計画，イのユニセフ(UNICEF)は国連児童基金の略称である。　⑤　無形文化遺産とは，芸能・工芸技術など，形のない伝統的文化について，ユネスコが認定したものである。室町時代に流行したウの風流《ふりゅう》踊のほか，人形浄瑠璃《じょうるり》文楽・歌舞伎・和食など，2024年２月現在，日本では22件の登録がある。なお，アの富岡製糸場，イの三内丸山遺跡《いせき》，エの法隆寺は無形文化遺産ではなく，有形の世界文化遺産に登録されている。

問７　①　1923年９月１日，相模湾西部(神奈川県西部)を震源《しんげん》とする大地震が発生し，火災や津波によって多くの被害が出た。この災害を関東大震災という。　② アは1945年(ポツダム宣言の受諾《じゅだく》)，イは1921年(ヨーロッパ訪問)，ウは1972年(冬季オリンピック札幌大会の開催《かいさい》)のことなので，年代の古い順に，イ→ア→ウとなる。

問８　① 東から西に並べかえると，ア(安房《あわ》は千葉県南部)→ウ(伊勢《いせ》は三重県)→イ(厳島神社は広島県)の順になる。　② 四国地方の最高峰《ほう》は，標高1982mの石鎚《いしづち》山である。四国地方には標高が3000mを超《こ》える山はない(ウ…×)。なお，富士山の標高は3776m(ア…○)，奥穂高岳《おくほたかだけ》の標高は3190m(イ…○)である。　③ 1950年代，有機水銀(メチル水銀)が工場廃水にまじって熊本県の八代《やつしろ》海沿岸に流出したことで水俣《みなまた》病が発生し，多数の被害者が出た(ア…○)。なお，別府湾は大分県にある湾(イ…×)，玄界灘《なだ》は福岡県・佐賀県・長崎県などに面した九州北西部の海域(ウ…×)である。

問９　天然の日本三大美林とは，青森(津軽)ひば・秋田すぎ・木曽ひのき(長野県)である。秋田すぎは，秋田県を流れる米代《よねしろ》川や雄物《おもの》川流域のほか，男鹿《おが》半島などに分布している。なお，天然の日本三大美林に対して，天竜すぎ(静岡県)・吉野すぎ(奈良県)，尾鷲《おわせ》ひのき(三重県)は人工の日本三大美林として知られる。

問10　① 伊能忠敬は，蝦夷《えぞ》地(現在の北海道)から始まり，日本全国を測量して回ることで，初めて実測による正確な日本地図を作成した(イ…○)。なお，江戸時代後期の探検家である間宮林蔵は，樺太(サハリン)を探査し，間宮海峡《かいきょう》を発見したことで知られる(ア…×)。二宮尊徳は，江戸時代後期に自然災害などで荒《あ》れた農村の復興に努めた人物(ウ…×)，本居宣長は『古事記伝』を著《あらわ》して国学を大成した人物(エ…×)である。　② 西郷隆盛を中心とした士族たちが鹿児島で起こした戦いは，西南戦争である(ウ…×)。戊辰《ぼしん》戦争は新政府軍と旧幕府軍との戦いで，京都の鳥羽《とば》・伏見《ふしみ》の戦いに始まり，函館《はこだて》の五稜郭《ごりょうかく》の戦いで終結した。

問11　７世紀後半から８世紀初めにかけてつくられたとされる飯塚《いいづか》・招木古墳群は，小さな円墳が１か所に集まった古墳群である。古墳時代前期には大規模な古墳がつくられたが，時代が進むにつれて古墳は小型化していった(イ…○)。なお，かめ棺《かん》やつぼ棺と呼ばれる土器でつくられた棺《ひつぎ》で埋葬《まいそう》されたのは，主に弥生時代である(ア…×)。古墳の表面や周りには，はにわと呼ばれる素焼きの土製品が置かれた(ウ…×)。

問12　708年，秩父地方から銅が献上《けんじょう》されたことから元号が和銅に改められ，ウの和同開珎《わどうかいちん》がつくられた。なお，アの富本銭は飛鳥時代につくられた日本最古の貨幣，イの永楽通宝は室町時代に明《みん》(中国)から大量に輸入された銅銭である。

問13　① 米の価格(X)は1881年から1884年にかけて下落傾向《けいこう》にあるが，1881年後半の松方財政開始時や，1884年後半の秩父事件発生時などには上昇《じょうしょう》している(イ…×)。　② 幕末から明治時代にかけて，日本の最も重要な輸出品であった生糸《きいと》は，蚕のまゆから取れる繊維《せんい》でつくられており，蚕の飼料が桑《くわ》である。したがって，生糸の価格(Y)が下落すると，桑を栽培《さいばい》して生計を立てていた農家の生活も苦しくなった。　③ 秩父事件は，1884年に秩父地方を中心とした農民が起こした自由民権運動の激化事件である。1881年に国会開設の勅諭《ちょくゆ》が出されると，板垣退助によって自由党が，翌82年には大隈重信によって立憲改進党が結成された(ウ…○)。なお，三国干渉により遼東《リャオトン》半島を清《しん》(中国)に返還《へんかん》したのは1895年(ア…×)，ポーツマス条約の締結《ていけつ》は1905年(イ…×)，普通選挙法と治安維持法の制定は1925年(エ…×)のことである。

2 地方選挙や国政選挙についての問題

問１　内閣を構成する国務大臣は，内閣総理大臣によって任命されるため，選挙で選ばれることはない(エ…×)。統一地方選挙とは，地方公共団体の首長選挙や地方議会議員選挙の日程を全国的に統一して実施《じっし》する選挙のことである。

問２　参議院議員と都道府県知事に立候補できる被選挙権年齢は，どちらも満30歳《さい》以上である(ウ…×)。なお，参議院議員と都道府県知事以外の衆議院議員・市(区)町村長・地方議会議員は，満25歳以上であれば立候補できる。

問３　一人１票の平等選挙が，選挙の原則である(イ…×)。選挙の原則は４つあり，平等選挙のほかには，身分や年齢にかかわらず一定の年齢に達した国民が参加できる普通選挙，無記名で投票して投票先がわからないようにする秘密選挙，有権者が自分で直接投票する直接選挙がある。

問４　候補者や政党が，当選後に実行することを約束した政策を，公約という。なお，政権公約はマニフェストともいわれる。

問５　政権を担当し，内閣を組織する政党を与党《よとう》，与党以外の政党を野党という(ウ…×)。なお，2024年２月現在，日本の与党は自由民主党(自民党)と公明党の２つの政党で，連立政権を組んでいる。

問６　①　国政選挙や地方選挙の方法，国会議員の定数などは，1950年に制定された公職選挙法で定められている(イ…○)。なお，国民投票法は日本国憲法を改正するさいに行う国民投票について定めた法律(ア…×)，政治資金規正法は政治家や政治団体が取り扱《あつか》う政治資金に関する法律(ウ…×)，地方公務員法は地方公務員の任用や給与などについて定めた法律(エ…×)である。　②　比例代表制は，各政党の総得票数を１，２，３…と割っていき，商の大きいものから順に当選者を決めていく方法である。定員が６の場合，１人目はＸ党(15000)→２人目はＹ党(9000)→３人目はＸ党(7500)→４人目はＸ党(5000)→５人目はＹ党(4500)→６人目はＺ党(4000)の順に当選し，Ｘ党が３議席，Ｙ党が２議席，Ｚ党が１議席をそれぞれ獲得《かくとく》する。

問７　20歳代の投票率(-■-)は，Ｓ42年からＳ55年の間には60％を超えていることがある(ウ…×)。なお，投票率はどの年代においても減少傾向にあり，国民の政治に対する関心が低くなっていることを問題視する意見もある。

理　科　＜第２回試験＞（社会と合わせて60分）＜満点：50点＞

解　答

1 (1) イ　(2) エ　(3) ウ　(4) エ　(5) ア　2 (1) 110ｇ　(2) 20cm　(3) 65ｇ　(4) 40cm　(5) 70ｇ　3 (1) ア　(2) ウ　(3) ウ　(4) イ　(5) エ　4 (1) イ　(2) オ　(3) ア　(4) エ　(5) Ｘ デンプン　Ｙ 糖　5 (1) １等星　(2) ウ　(3) イ　(4) ア　(5) エ

解　説

1 小問集合

(1)　くぎ抜《ぬ》きのＡは作用点，Ｂは支点，Ｃは力点，ピンセットのＡは作用点，Ｂは力点，Ｃは支点，一般《いっぱん》にせんぬきのＡは支点，Ｂは作用点，Ｃは力点，ペンチのＡは作用点，Ｂは支点，Ｃは力点にあたる。よって，Ｃの部分の役割が他と異なるのはピンセットである。

⑵　20ｇの食塩が溶《と》けている食塩水100ｇの濃《のう》度は，20÷100×100＝20(％)と求められる。

⑶　ツバキは，１年中緑色の葉をつけている常緑樹である。なお，イチョウとポプラの葉は黄色に，ケヤキの葉は黄色やだいだい色，赤色などに変化し，落葉する。

⑷　シジミとサンゴは，地層がたい積した当時の環《かん》境を推定できる示相化石で，シジミからは，生きていた環境が淡《たん》水または淡水と海水が混じりあった湖や河口付近であったこと，サンゴからはあたたかい浅い海であったことがわかる。なお，アンモナイトと三葉虫は，地層がたい積した地質時代を推定する手がかりとなる示準化石で，アンモナイトは中生代，三葉虫は古生代の化石である。

⑸　昆《こん》虫は，重さにしめるタンパク質の割合が，牛や豚などと同じくらい高い。また，昆虫食に用いる昆虫は牛や豚などに比べて，育てるために必要な水やえさの量が少なく，温室効果ガスのはい出量も大はばにおさえることができる。これらのことから，タンパク質の供給源として注目されている。

[2] 滑《かっ》車についての問題

⑴　200ｇの物体と20ｇの動滑車を合わせた重さは，動滑車にかかったひもの左右で支えられている。ひもを引く力の大きさは動滑車にかかるひもの左や右にかかる力の大きさと等しいため，(200＋20)÷２＝110(ｇ)である。

⑵　図１で物体を10cm引き上げるとき，動滑車の左右のひもが10cmずつ短くなると考えられるので，ひもを引く長さは，10×２＝20(cm)とわかる。

⑶　物体をつるしている動滑車を支えるひもの左右それぞれにかかる力は，⑴より110ｇである。そのひもを支えている動滑車を支えるひもの左右それぞれにかかる力は，(110＋20)÷２＝65(ｇ)なので，ひもを引く力の大きさは65ｇと求められる。

⑷　⑵と同様に，物体を10cm引き上げるとき，物体とつながった動滑車のひもが引かれる長さは，10×２＝20(cm)となる。このとき，もう１つの動滑車にかかったひもの左右それぞれが20cmずつ短くなると考えられるので，ひもを引く長さは，20×２＝40(cm)である。

⑸　200ｇの物体，40ｇの棒，20ｇの動滑車２つを，２つの動滑車の左右，合計４か所でひもが支えるので，それぞれのひもにかかる重さは，(200＋40＋20×２)÷４＝70(ｇ)となる。よって，ひもを引く力の大きさは70ｇである。

[3] 物体の温度による体積変化についての問題

⑴　金属製の球をガスバーナーで熱すると，ぼう張して球の体積が大きくなるため，リングを通り抜けなくなる。

⑵　金属製の球を熱して温度が上がると，体積は大きくなるが，重さは変化しない。

⑶　金属製の球を十分に冷やして，熱する前の温度より低い温度にすると，体積も熱する前より小さくなるため，金属製のリングを簡単に通り抜けるようになる。

⑷　熱することによる体積の変化の割合は大きい順に，気体，液体，固体である。空気は気体なので，固体の金属や液体の水よりも，熱すると体積が大きく変化する。

⑸　アは，熱湯によってコップのガラスが急に温められ，一気に体積が大きくなったため，ひびが入って割れた。イは，ふたを温めるとぼう張して内側の半径が大きくなるため，びんとの間にすき

まができて開けやすくなる。ウは，棒状温度計には灯油に赤い色素を混ぜたものが入っており，温度によって液体の体積が決まった割合で変化することを利用して温度をはかる。エは，富士山の山頂は，ふもとよりも気圧が低いから，お菓子《かし》の袋《ふくろ》内の空気のほうが気圧が高くなって袋がふくらんだ。オは，鉄道のレールが，太陽の光などによって温められてぼう張し，長さがのびてすきまが小さくなる。したがって，温度ではなく気圧の変化によって体積が変化しているエが選べる。

4　だ液のはたらきについての問題

⑴　だ液にふくまれる消化こう素は，体温に近い40℃前後でよくはたらく。したがって，試験管を40℃のお湯の中に入れて実験を行う。

⑵　ヨウ素液は，デンプンがあると青紫《むらさき》色に変化する。手順２でデンプン液に水を加えた試験管Ｃでは，デンプンが変化せず残っているので，ヨウ素液を加えると青紫色になる。

⑶，⑷　デンプンが消化されてできた糖などがあるとき，ベネジクト液を加えて加熱すると，赤褐《かっ》色のちんでんができる。

⑸　試験管Ａと試験管Ｃの結果を比べると，だ液を加えていない試験管Ｃにはデンプンが残っているが，だ液を加えた試験管Ａにはデンプンが残っていないので，デンプンはだ液のはたらきによって分解されたと考えられる。さらに，試験管Ｂと試験管Ｄの結果を比べると，だ液を加えた試験管Ｂには糖があるが，だ液を加えていない試験管Ｄには糖がないので，デンプンはだ液にふくまれる消化こう素によって分解されて糖になったことがわかる。

5　地球の動きと星座についての問題

⑴　太陽以外の肉眼で見える星のうち，最も明るい約20個の星を１等星，最も暗い星を６等星としている。１等星の明るさは，６等星の100倍となっている。

⑵　星の色は，星の表面温度によって決まり，表面温度が高い順に，青(青白)色，白色，黄色，だいだい色，赤色である。

⑶　図１で，真夜中にさそり座が南の空に見えるのは，地球が太陽とさそり座の間に位置するときである。このとき，地軸《じく》の北極側は太陽のほうを向いているので，北半球は夏とわかる。

⑷　図１で，地球は反時計回りに公転するので，地球が太陽とペガスス座の間に位置するときが，北半球の秋である。このとき，真夜中に南中して見えるのは，ペガスス座である。

⑸　⑶より，図２は夏の真夜中の空のようすだから，図２で南中しているさそり座は，夕方には東に見えていたと考えられる。

国　語　＜第２回試験＞（50分）＜満点：100点＞

解　答

一　**問１**　①　ふだ　②　けいてき　③　そんぼう　④　ただ(ちに)　⑤　みゃく　**問２**　下記を参照のこと。　**二**　**問１**　イ　**問２**　(例)　学園をアピールするプリントを作るのに必要な明るい話題を探すため。　**問３**　エ　**問４**　ア　**問５**　イ　**問６**　ウ　**問７**　**1**　すでにたくさん採りあげられ　**2**　心から推せるもの　**問８**　ウ　**問９**　エ
三　**問１**　**1**　ほぼ正反対　**2**　降水量　**3**　周期的に変化　**問２**　(例)　日本列島の地下部は，二つの大陸プレートの下に，二つの海洋プレートがすべり込むという，とても複雑な構

造をしており，横からの強い圧縮で生じた応力場の上に置かれているような状態だから。　**問３**　海洋プレー　**問４**　エ　**問５**　(1)　調子の早い移り変わりを要求するもの　(2)　変化を淡々と受け止める気質　**問６**　ウ　**問７**　ア　**問８**　イ

●漢字の書き取り

一　**問２**　①　歌詞　②　朝刊　③　孝行　④　芽　⑤　飼育

解　説

一　漢字の読みと書き取り

問１　①　音読みは「サツ」で，「表札」などの熟語がある。　②　危険を知らせ，注意をうながすために鳴らす笛のこと。　③　存続するか消えるかということ。　④　時間を置かずに行動を起こすさま。　⑤　血液がおし出されるときに血管に伝わる心臓のこどう。

問２　①　曲にのせる歌の言葉。　②　朝に発行される新聞。　③　子として親を大切にすること。　④　植物の種や枝から出て，くきや葉になるもの。　⑤　動物などを飼い育てること。

二　出典：眞島《ましま》めいり『バスを降りたら』。

藤町《ふじまち》先生と同級生の志鳥《しどり》くんに調子をくるわされるように学校紹介《しょうかい》の仕事を引き受けた「俺《おれ》」は，学校の垂れ幕にのっている生徒や部活動にインタビューすることを思いつき，先生に話すが，オリジナルなものを考えてほしいと言われてしまう。

問１　「解放」は，似た意味の漢字を重ねた組み立て。よって，イが同じ。

問２　「俺」が引き受けたのは，「プリントを作ってこの学園をアピール」する仕事であり，プリントにのせる「明るい話題を探して記事に」するために，放課後に校内を探索《たんさく》していることがわかる。

問３　「途方《とほう》に暮れる」は，“どうしていいかわからなくて困る”という意味。たのまれた仕事を早く終わらせようと記事になりそうなニュースを探しに校内を歩くが，「ターゲットがあいまいな探索なんて，歩くほど疲《つか》れるだけ」だと，記事になるものを探すあてがあいまいで困っているようすがえがかれているので，エがよい。

問４　校内探索のあとをついてきていた志鳥くんが，「ふと振《ふ》り返ると」いなくなっていたため，「俺」ははぐれてしまったと思い探していたが，志鳥くんは「探索に飽《あ》きて，勝手に離脱《りだつ》していたみたい」だったことがわかり，「俺」は「ここまで堂々とサボられると怒《おこ》る気にすらならない。ただ呆《あき》れるだけ」だと感じているので，アが正しい。

問５　学園の壁《かべ》にかかっている大きな垂れ幕を見つけた「俺」は，そこに書かれている「大会やらコンクールやらでいい成績をおさめた部，または生徒個人にインタビューして，学校紹介の記事にすればいい」と考え，「三年生には知り合いがいないから，先生から紹介してもらえ」ないかたのんでいるので，イが選べる。

問６　「俺」の案を聞いた藤町先生は鈍《にぶ》い反応をしながら，「俺」がひとりで来たのか，確認《かくにん》するように周りを見ているようすがえがかれており，「志鳥くんと相談して決めてはいない」ことに気づいているとわかるので，ウがふさわしい。

問７　１，２　ぼう線⑦のあとの部分で，藤町先生が「俺」に，垂れ幕にかかっているような「そういう大きな話題って，入学案内のパンフレットや学園のウェブサイトで，すでにたくさん採りあ

げられてる」ことを話し，「できれば，それと同じやり方をなぞるんじゃなくんて，古橋と志鳥ならではの記事を書いてほしい」とたのみ，その内容として，「ふたりが心から推《お》せるもの」を考えるように言っているので，この部分がそれぞれぬき出せる。

問８　波線Ｘは，「俺」が垂れ幕を見つけて，記事にするものが見つかったと喜ぶ場面であり，「やるべきことに見当がつかない，よりどころのない状態って気持ち悪かったから，これでひと安心」と感じているようすがえがかれている。一方で，波線Ｙは，藤町先生に，「俺」の案を考え直すように言われ，落ちこんでいる場面であり，「正解だと思って差し出したものに不正解の印をつけられて，足もとがぐらぐら揺《ゆ》れている気がし」，藤町先生から言われた「心から推せるもの」についても「探したくもない」とやる気を失っているさまが書かれているので，ウが合う。

問９　文章のはじめの部分で，「俺」が学校紹介の仕事を引き受けたのは「藤町先生にも志鳥くんにも調子をくるわされ」たからで，「俺がまったく乗り気じゃないのをわかってくれていない」と考えているのが書かれている。また，ぼう線②の前の部分でも，仕事を「引き受けたうえでさっさと終わらせたほうが，早いんじゃないか」と考え，「さくっと終わらせて解放されよう」と決心して校内探索をはじめたようすがえがかれているので，エが内容に合っている。

三　**出典：根本正之《ねもとまさゆき》『在来植物の多様性がカギになる—日本らしい自然を守りたい』**。季節風によって変わる日本の気候と，プレートからできた日本の地形について説明し，それらが生物多様性や日本人の気質に関係していることを述べている。

問１　**１～３**　日本の気候の特徴《とくちょう》について書かれた部分である。最初の段落で，「日本は冬と夏では卓越《たくえつ》する風の向きがほぼ正反対となり，対照的な気候を生ずる季節風(モンスーン)が気候を構成する一番大きな要素になって」いるため，「冬は寒くて降水量が少ないですが，夏になれば急に蒸《む》し暑くなる」と書かれている。また，四季についても，季節風が対照的な気候を作りだすので，「天気は周期的に変化」することが述べられている。

問２　日本の地形的な特徴について，まず，「日本列島付近の地下部は二つの大陸プレート(北アメリカおよびユーラシアプレート)の下に二つの海洋プレート(フィリピンおよび太平洋プレート)がすべり込《こ》むというとても複雑な構造をして」いることが説明されている。そのため，日本列島は「横からの強い圧縮で生じた応力」が生まれる場の上にあり，「地盤《じばん》が場所によって隆起《りゅうき》したり沈降《ちんこう》して」今の日本の地形ができたと書かれている。

問３　日本列島の近くの地下では，二つの大陸プレートの下に，二つの海洋プレートがすべり込むという複雑な構造があることから，「海洋プレートのすべり込みによって海洋プレートと大陸プレートの境界付近には歪《ゆが》みがゆっくりと蓄積《ちくせき》していき」，「やがて蓄積が限界に達し，その歪みを解消するとき地震《じしん》が発生」するのだと，プレート境界型地震の起こり方を説明しているので，この一続きの二文がぬき出せる。

問４　筆者は，日本の生物多様性について，「日本の気候と地形の組み合わせは湿《しめ》った場所から乾《かわ》いた場所，低地から高地まで驚《おどろ》くほど多様な立地環境《かんきょう》を生み出し」たので，「それに対応して生育特性の異なる多くの植物種が共存」したのだと述べている。日本の気候と地形については，前の部分で，「対照的な気候を生ずる季節風」やプレートの「横からの強い圧縮で生じた応力」によって生まれたことが書かれているので，エがよい。

問５　⑴，⑵　哲学《てつがく》者の和辻哲郎《わつじてつろう》は，「日本の自然が日本人らしさを決める」と考えており，まず，「受容的」な性質については，「季節によって大きな変化があり台風による突発《とっぱつ》的な大雨もあれば，さらには大雪，気温は四季折々の変化が著《いちじる》しく」あるため，「調子の早い移り変わりを要求するもの」だと書かれている。また，「忍従《にんじゅう》的」な性質については，「熱帯的・寒帯的という異なる気候の繰《く》り返し」があることから，「変化を淡々《たんたん》と受け止める気質」が生まれたと述べられているので，それぞれこの言葉がぬき出せる。

問６　最後の段落で，「現代の日本人の中にも雅《みやび》やかさを愛《め》でる心は残っており，はなやかな色彩《しきさい》や形態を持つ西洋花にも魅力《みりょく》を感じるものの，それらとは違《ちが》った魅力を持つ花々に感性をくすぐられる人も増えてき」たと書かれているので，ウが適切でない。

問７　寺田寅彦《てらだとらひこ》が，西洋が自然の災害を人間の力で克服《こくふく》しようとしたのに対し，「日本では自然の十分な恩恵《おんけい》を甘受《かんじゅ》すると同時に自然に対する反逆を断念し，自然に順応するための経験的知識を集収(寄せ集めて編集すること)し蓄積《ちくせき》することに務めてきた」と述べたのを引用し，日本人の自然への考え方を説明している。また，和辻哲郎が，「日本の自然が日本人らしさを決める」という立場をとっていることを説明し，日本人の性格について述べた部分を引用することによって，日本の気候と気質が関係していることを述べているので，アが選べる。

問８　もどす文の，「沈み込んだ海洋プレート～マグマがつくられる」「そのあたり」とは，六つ目の段落のはじめにある，「日本海溝や南海トラフ」からはじまる一文を受けていると考えられる。よって，【イ】に入れると文意が通る。

2023年度 八雲学園中学校

【算　数】〈第１回試験〉（50分）〈満点：100点〉

1　次の $\square$ に当てはまる数を求めなさい。

(1)　$20-10\div5-4\times2=\square$

(2)　$34\div(5-3)\times(4+3)\times(5\times4-3)=\square$

(3)　$(1-0.25)\div1\frac{1}{2}\div\left(\frac{1}{3}-\frac{1}{4}\right)=\square$

(4)　$234.5\times2.4-23.4\times24+45\times0.24=\square$

(5)　$108\div(17+13\times\square-20)=3$

2　次の各問いに答えなさい。

(1)　弟は毎分45m，兄は毎分75mの速さで歩きます。２人は同時に家を出発して，1.2km離《はな》れた駅に向かいます。駅に着いたら，同じ道をすぐに引き返すとすると，２人が出会うのは家を出発してから何分後ですか。

(2)　Ａの容器には８％の食塩水が600ｇ，Ｂの容器には20％の食塩水が200ｇ入っています。Ａ，Ｂに含《ふく》まれる食塩の重さが同じになるにはＡからＢに何ｇの食塩水を移せばよいですか。

(3)　500個のアメをＫ，Ｙ，Ｒ，Ｆの４クラスに配ります。Ｋ組はＹ組の２倍より42個少なく，Ｒ組はＹ組より12個多く，Ｆ組はＫ組より４個少なく配るとすると，Ｋ組には何個のアメが配られますか。

(4)　次の図のように，円柱の形をした２種類のコップＡ，Ｂがあり，Ａだけに水が入っています。ＡからＢに水を移し，Ａ，Ｂそれぞれの水の高さが等しくなるようにするとき，水の高さは何cmになりますか。

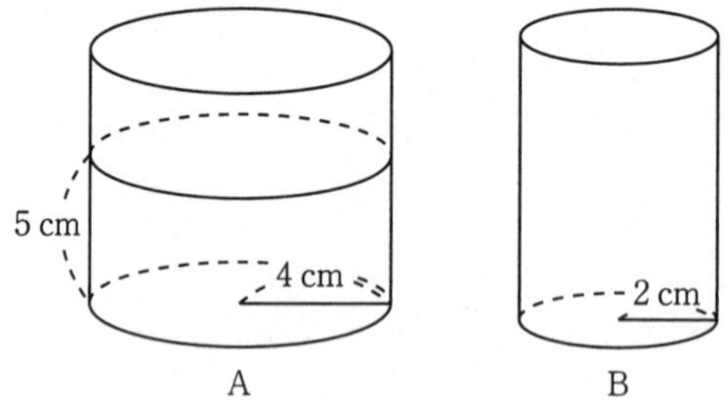

(5)　ＡさんとＢさんは，同じ年の９月の同じ曜日に生まれています。Ａさんの方が生まれた日付が早く，２人の日付の合計が42のとき，Ａさんの誕生日は９月何日ですか。

(6)　右の図のように，長方形の紙を折りました。㋐の角の大きさは何度ですか。ただし，同じ印のところは同じ角度であるとします。

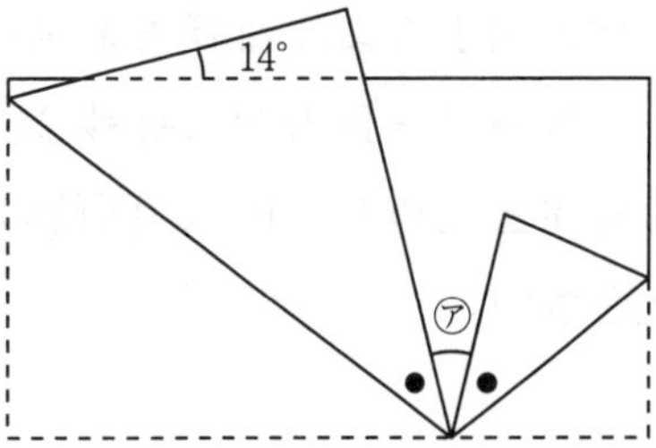

(7)　スーパー八雲では養鶏《ようけい》場で１個15円の卵を仕入れましたが，スーパーまで運ぶ間に30個が割れてしまいました。残った卵を１個22円で販売《はんばい》したところ，すべて売ることができ，利益が13340円ありました。仕入れた卵は何個ですか。

(8)　１辺が７cmの正三角形６個を次の図のように並べました。このとき，太線の長さの合計は何cmですか。

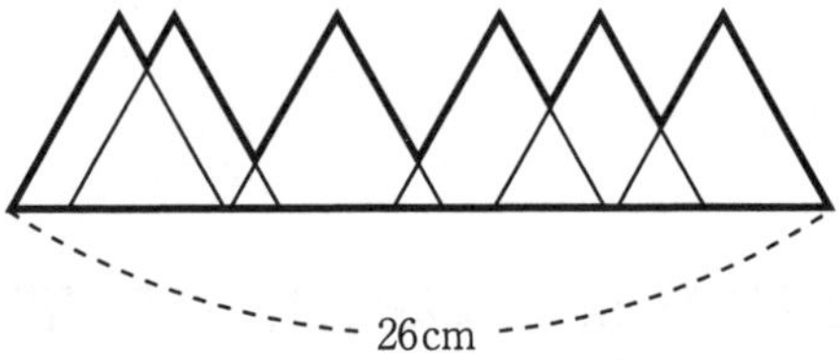

(9)　次のように，０，１，２，３，４の５個の数字を使って作ることができる整数を，１から小さい順に並べます。

　１，２，３，４，10，11，12，13，14，20，…

　このとき，2023は何番目の整数ですか。

3　次の図１のような長方形ABCDがあります。点Pは長方形の辺上をAから出発し，B→C→Dの順に毎秒２cmの速さで動きます。図２は，点Pが出発してからの時間と三角形APDの面積の関係を表したグラフです。このとき，下の問いに答えなさい。

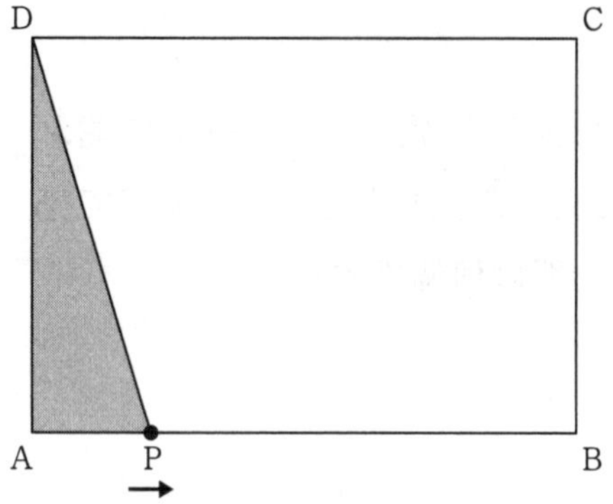

図１

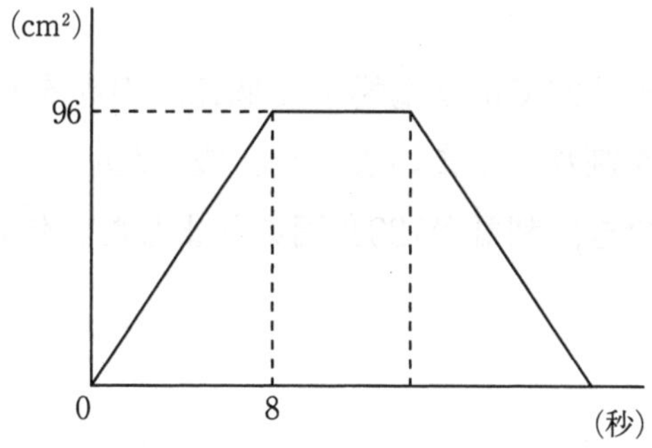

図２

(1)　辺BCの長さは何cmですか。

(2)　三角形APDの面積が２回目に78cm^{2}になるのは，点Pが出発してから何秒後ですか。

4　一定の速さで流れる川の下流にあるＡ地点と，上流にあるＢ地点を往復する船があります。この船は上りに４時間，下りに３時間かかります。Ａ地点とＢ地点の距離《きょり》が24kmであるとき，次の問いに答えなさい。

(1)　川の流れの速さは毎時何kmですか。

(2)　この船がＡ地点を出発してから40分後に，別の船がＢ地点からＡ地点に向けて出発したところ，２隻《せき》はＡ地点とＢ地点のちょうど真ん中の地点ですれ違《ちが》いました。Ｂ地点から出発した船の静水時の速さは毎時何kmですか。

5　Ａ，Ｂの２人がじゃんけんをして，９段の階段を上るゲームをしました。グーで勝ったら３段，チョキ，パーで勝ったら６段上り，先に９段目に到達《とうたつ》した方を勝ちとします。このとき，次の問いに答えなさい。ただし，あいこは考えないものとし，どちらかが９段目に到達した時点で，ゲームは終了するものとします。

(1)　２回目でＡがゲームに勝つような２人の手の出し方は何通りありますか。

(2)　３回目でＡがゲームに勝つような２人の手の出し方は何通りありますか。

【社　会】〈第１回試験〉（理科と合わせて60分）〈満点：50点〉

1　次の文章を読んで，あとの問いに答えなさい。

日本は世界でも有数の火山国です。気象庁では「おおむね過去１万年以内に噴火《ふんか》した火山および現在活発な噴気活動のある火山」を「活火山」としており，その数は111あります。これは，世界の約７％を占《し》めています。その中でも，過去50年間に噴火した主な火山をまとめました。

Ⅰ　桜島

A鹿児島県錦江《きんこう》湾にあり，現在も活発に噴火をくりかえしている。かつては島だったが，1914年の大噴火により，B大隅半島と陸続きになった。

Ⅱ　浅間山

群馬県と（　C　）県の県境にあり，現在も噴火をくりかえしている。火山活動によって形成された特徴《とくちょう》的な地形があり，D浅間山北麓《ほくろく》が2016年に「日本ジオパーク」に登録された。

Ⅲ　雲仙岳

E長崎県島原半島中央部にあり，普賢岳など20以上の山々から構成されている。1991年にF大規模な火砕流《かさいりゅう》が発生し，大きな被害《ひがい》をもたらした。

Ⅳ　有珠《うす》山

G洞爺《とうや》湖の南に位置する。周辺地域が「日本ジオパーク」・「世界ジオパーク」に登録されている。また，近くの（　H　）とともに「日本の地質百選」に認定されている。

Ⅴ　御嶽《おんたけ》山

（　C　）県とI岐阜県の県境にある。2014年の噴火では，多くの登山者が巻きこまれ，戦後最悪の火山災害となった。

Ⅵ　J三宅島

（　K　）諸島の島で，雄《お》山を中心に噴火をくりかえしている。1983年の噴火では溶岩が流出し，多数の家屋が焼失，2000年に始まった噴火では，大量の火山ガスが発生し，全島民が避難《ひなん》した。

　このように，近年も噴火がくりかえされており，多くの被害が出ています。また，火山のある地域では地震も多く発生する傾向《けいこう》があり，地球の表面をおおうプレートが関係していると考えられています。しかし，活発に活動している火山の近くには多くの人々が生活しています。これは，L火山から受けるさまざまな恵《めぐ》みがあることを示しており，今後も火山とうまくつきあって生活していく必要があります。

問１　下線部Ａについて

①　鹿児島県など，南九州に分布するシラス台地の説明として正しいものを次の中から１つ選び，記号で答えなさい。

ア　火山灰などが降り積もった台地で，水はけがよく，乾燥《かんそう》に強い作物を育てるのに適している。

イ　水にとけやすい岩石を含《ふく》む台地が，雨水や地下水で侵食《しんしょく》されてでき，地下に鍾乳洞《しょうにゅうどう》がある。

ウ　河川の流路にそって発達する階段状の地形で，湧水《ゆうすい》が出ていることが多い。

エ　河川から運ばれてきた土砂がおうぎ状にたい積してできた土地で，水はけがよく，果樹園が多く見られる。

②　鹿児島県ではサツマイモの生産がさかんですが，次の都道府県別収穫《しゅうかく》割合の円グラフの中から，サツマイモをあらわしたものを１つ選び，記号で答えなさい。

ア

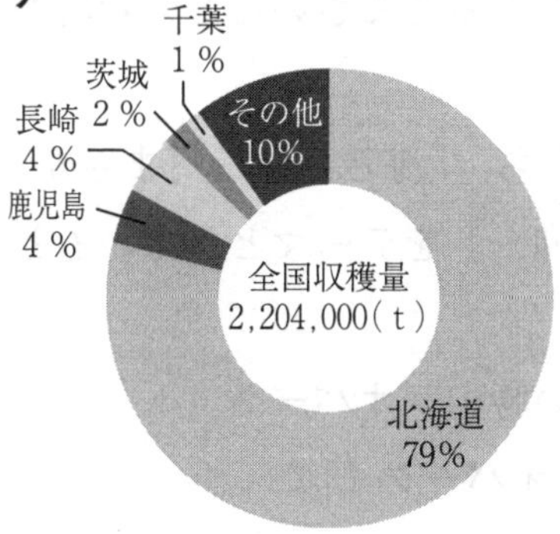

イ

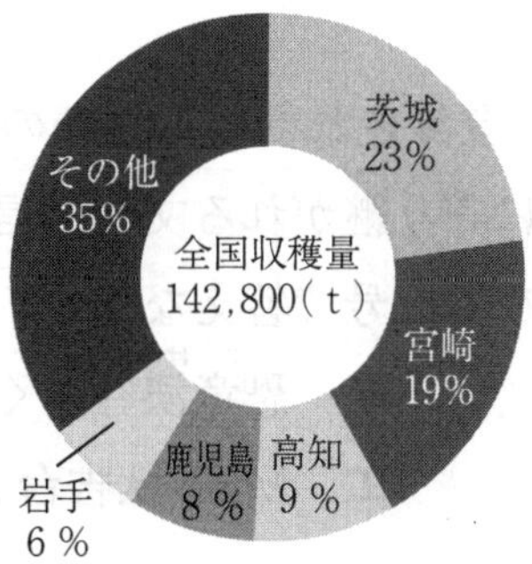

ウ

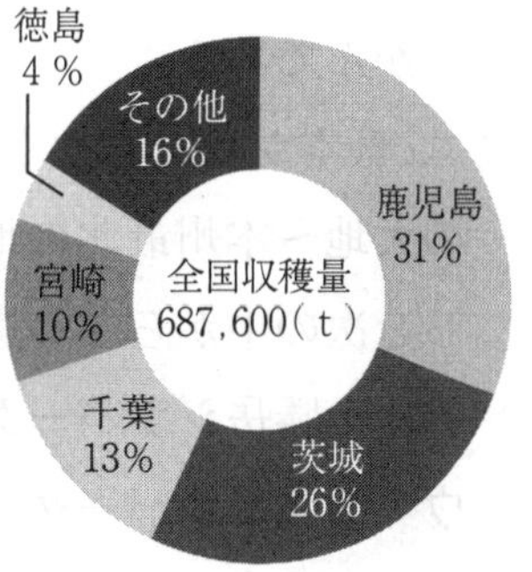

（「データでみる県勢2022」）

問２　下線部Ｂについて，この時陸続きになった場所を次の地図中から１つ選び，記号で答えなさい。

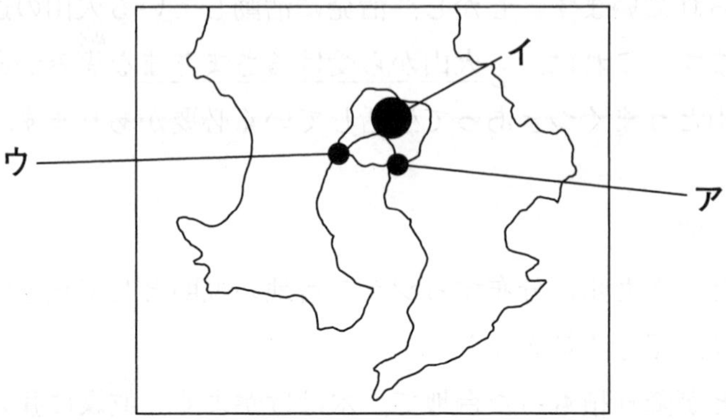

問３　空欄《らん》（Ｃ）にあてはまる県名を漢字で答えなさい。

問４　下線部Ｄについて

①　浅間山北麓の嬬恋《つまごい》村でおこなわれている農業の説明として正しいものを次の中から１つ選び，記号で答えなさい。

ア　夏でも涼《すず》しい気候を利用した，キャベツなどの栽培《さいばい》がさかんである。

イ　冬でも温暖な気候を利用した，キュウリやナスなどの栽培がさかんである。

ウ　東京までの距離《きょり》が近いことをいかした，ほうれん草や長ネギなどの近郊農業がさかんである。

エ　広大な土地をいかした，稲作や砂糖の原料となるてんさいなどの栽培がさかんである。

②　「日本ジオパーク」に登録されている地域のうち，「海と生きる『まさかり』の大地～本州最北の地に守り継《つ》がれる文化と信仰《しんこう》～」をテーマとしているところを次の中から１つ選び，記号で答えなさい。

ア　十勝岳ジオパーク　　　**イ**　恐竜渓谷《けいこく》ふくい勝山ジオパーク

ウ　下北ジオパーク　　　**エ**　Mine 秋吉台ジオパーク

問５　下線部Ｅについて

①　2022年９月，九州新幹線の西九州ルート長崎・武雄《たけお》温泉間が開通しましたが，その区間として正しいものを次の地図中から１つ選び，記号で答えなさい。

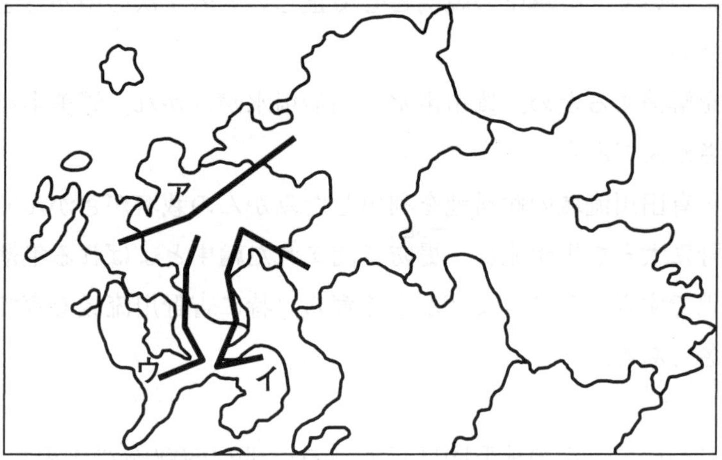

②　長崎県には多くの世界遺産がありますが，長崎県にある世界遺産として適当でないものを次の中から１つ選び，記号で答えなさい。

ア　端島《はしま》炭坑(軍艦《ぐんかん》島)　　**イ**　平戸の聖地と集落

ウ　官営八幡製鉄所　　**エ**　大浦天主堂

問６　下線部Ｆについて，火砕流の説明として正しいものを次の中から１つ選び，記号で答えなさい。

ア　噴火による山火事によって発生する，炎をともなうつむじ風のこと。

イ　火山から噴出した固体やガスが一体となって，火山の斜面《しゃめん》を流れ下るもの。

ウ　火山からマグマが地表にふき出したもの，あるいはそれが冷え固まったもの。

問７　下線部Ｇについて，洞爺湖の説明として正しいものを次の中から１つ選び，記号で答えなさい。

ア　火山の火口にできるカルデラ湖で，2008年には周辺でサミットが開催《かいさい》された。

イ　日本で最も深い湖で，水の透明《とうめい》度も高い。真冬でも湖面が凍《こお》りつくことがない。

ウ　火山によるせき止め湖で，人造湖を除く面積４km^2以上の湖としては日本一高い標高1269mにある。

エ　琵琶湖についで面積が日本第２位で，かつては淡水と海水が混ざる汽水湖だった。

問８　空欄(Ｈ)にあてはまる語句を次の中から１つ選び，記号で答えなさい。

ア　八甲田山　　**イ**　鳥海山　　**ウ**　昭和新山

問９　下線部Ｉについて，岐阜県の説明として正しいものを次の中から１つ選び，記号で答えなさい。

ア　水不足を解消するため，豊川用水・明治用水がひかれ，渥美半島では電照菊の栽培がさかんである。

イ　紀ノ川・有田川流域の傾斜地を利用したみかんの栽培がさかんである。

ウ　濃尾平野に大きな川が流れ，堤防《ていぼう》で囲まれた輪中とよばれる集落がある。

エ　紀伊山地ですぎやひのきなどがよく育ち，特に吉野川流域で育てられた吉野すぎが有名である。

問10　下線部Ｊについて，次の地形図は三宅島の一部の25000分の１のものです。

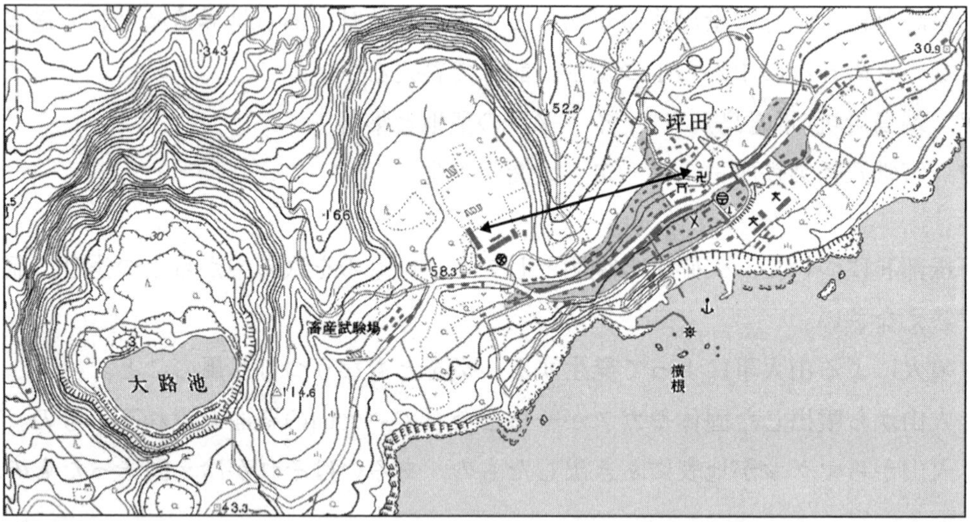

（国土地理院25000分の１地形図「三宅島」）

①　寺院から高等学校まで(⟷の部分)は，地形図上で３cmです。実際の距離を次の中から１つ選び，記号で答えなさい。

ア　75m　　**イ**　150m　　**ウ**　750m　　**エ**　1500m

② この地形図から読み取れることとして適当でないものを次の中から１つ選び，記号で答えなさい。

ア 大路池の周囲は標高が高くなっていることから，かつての火口であったと考えられる。

イ 畜産試験場から東の方角に港があり，灯台が設置されている。

ウ 交番の近くには，郵便局のほかに神社と寺院がある。

エ 全体的に広葉樹林が広がっているが，針葉樹林は見られない。

問11 空欄(K)にあてはまる語句を答えなさい。

問12 下線部Lについて，火山付近の地下から得られる熱水や蒸気を使う発電方法を何といいますか。

問13 Ⅰ～Ⅵをあらわした右の地図で，場所が適当でないものを１つ選び，番号で答えなさい。

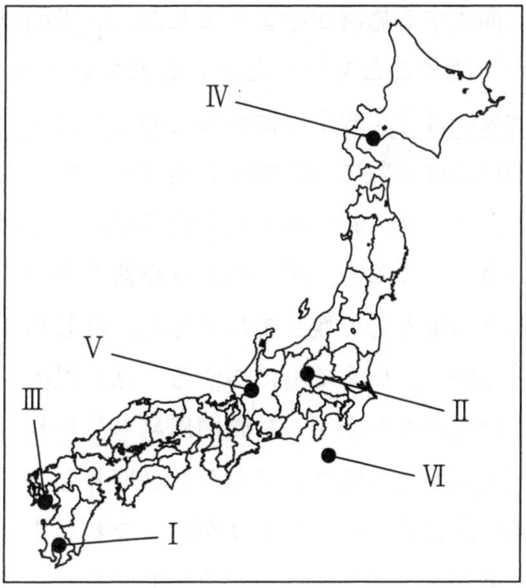

2　次の文章を読んで，あとの問いに答えなさい。

私たちの生活に欠かせないものの１つに「お風呂《ふろ》」があります。その起源は，水浴びであり，多くが信仰と結びついていたと考えられています。A『魏志』倭人伝には，当時の日本人が死者の埋葬《まいそう》後に水浴びをしていたと記されており，これは死のけがれを清める例といえます。

その後，大陸からB仏教が伝わるとともに，湯に入る文化が広がります。仏教には「お風呂に入ることは七病を除き，七福が得られる」という教えがあり，多くの寺院に浴堂という入浴施設《しせつ》がつくられました。奈良時代には，寺院の浴堂を貧しい人々や病人に開放する施浴《せよく》が始まりました。C光明皇后は法華寺に浴堂をつくり，自ら千人のあかを流すことを誓《ちか》ったといわれています。中世に入っても施浴の習慣は続き，D鎌倉幕府は北条政子の供養《くよう》のために長期間の施浴をおこないました。また，裕福《ゆうふく》な人々の中には屋敷《やしき》に入浴施設を建てて，客人をまねく「風呂ふるまい」をする者もいて，入浴後には，茶の湯や酒や食事がふるまわれました。

江戸時代になると，現在のような銭湯がつくられるようになります。銭湯は庶民《しょみん》のくつろぎの場として親しまれました。はじめはサウナのような「蒸し風呂」が主流でした。やがて，肩《かた》まで湯につかる「据《す》え風呂」が登場し，E庶民の家では桶《おけ》の底に平《ひら》釜《がま》をつけて湯をわかす五《ご》右《え》衛門《もん》風呂も見られるようになりました。その一方で，銭湯は風紀を乱すと判断されてたびたび取りしまりの対象となり，水野忠邦による（　F　）の改革の際にも，取りしまりがおこなわれました。明治時代になると，銭湯の様式は大きく変化し，より開放的で衛生的になり，利用者も増加しました。G福沢諭吉は銭湯も経営し，「銭湯の入浴には，なんら上下の区別なく平等であり，勝手に入っても，出ても自由である」と述べました。その後も銭湯は，多くの人々のいやしや交流の場となりました。

H大正時代には，西洋の家づくり文化が入ってきて，西洋風の浴室が話題になりました。しかし，家庭用風呂をもっているのは一部の人たちでした。家庭用風呂が普《ふ》及《きゅう》するのは，I第二次世界大戦後です。高度経済成長期に暮らしがより豊かになると，自宅に風呂をつくる人が増えたり，風呂つきの団地が増えたりしました。J1973年には，約７割の家庭が風呂をもつようになり，1980年代には９割以上になります。

現在では，追い炊《だ》き，乾燥，ジャグジーやミストサウナなど，さまざまな機能が付いたお風呂が誕生しています。このようにKお風呂は時代をこえて，伝統を受け継ぎつつ，変化し続けてきました。これから先，どのようなお風呂が登場するのでしょうか。

問1　下線部Aについて

①　『魏志』倭人伝の内容として正しいものを次の中から1つ選び，記号で答えなさい。

ア　朝鮮半島での優位な立場を獲得《かくとく》するために，倭の五王が中国の南朝に使いを送った。

イ　邪馬台国の女王卑弥呼が呪術《じゅじゅつ》を用いた政治をおこない，30余りの小国をおさめた。

ウ　倭は百余りの小国に分かれており，定期的に楽浪郡に使者を送った。

エ　中国の皇帝から奴国の王に「漢委奴国王」と刻まれた金印が授《さず》けられた。

②　埋葬に関する文として正しいものを次の中から1つ選び，記号で答えなさい。

ア　縄文時代には，死体の手足を折り曲げる屈葬《くっそう》がおこなわれた。

イ　弥生時代には，死者のたましいの復活を防ぐために抜歯《ばっし》がおこなわれた。

ウ　古墳時代には，古墳のまわりに多くの土偶が並べられた。

問2　下線部Bについて，仏教に関する文として正しいものを次の中から1つ選び，記号で答えなさい。

ア　飛鳥時代には，仏教の教えを政治に取り入れた厩戸王(聖徳太子)により大宝律令がつくられた。

イ　平安時代には，中国から行基が来日し，平安京に興福寺を建設した。

ウ　鎌倉時代には，法然が，念仏を唱えさえすれば極楽浄土に行けると説く浄土宗を広めた。

エ　室町時代には，観阿弥が禅宗の影響《えいきょう》を強く受けた銀閣を建設した。

問3　下線部Cについて，光明皇后は，聖武天皇のきさきですが，この時代につくられた建造物として正しいものを次の中から1つ選び，記号で答えなさい。

ア

イ

ウ

問４　下線部Ｄについて，次の文章は，北条政子の演説の一部です。

> 昔，（　Ｘ　）殿が幕府を開いてからの御恩は山よりも高く，海よりも深いものです。今，朝廷より幕府を倒《たお》せとの命令が出ています。名誉《めいよ》を大事にするなら，源氏三代の将軍が残したあとを守りなさい。

①　空欄(X)にあてはまる人物名として正しいものを次の中から１つ選び，記号で答えなさい。

ア　義政　　　**イ**　義時　　　**ウ**　頼朝　　　**エ**　頼家

②　この演説により，御家人が結束を強め，朝廷軍に勝利した戦乱を何といいますか。

問５　下線部Ｅについて，五右衛門風呂という名称《めいしょう》は，16世紀の伝説的な大泥棒《どろぼう》であり，釜煎《い》りの刑《けい》に処されたとされる石川五右衛門に由来しています。

①　16世紀に起きた次の出来事を年代の古い順に並べ替《か》えなさい。

ア　バテレン追放令が出され，キリスト教宣教師が国外追放された。

イ　イエズス会のフランシスコ＝ザビエルが鹿児島に来航した。

ウ　九州のキリシタン大名により，４人の少年がローマ教皇のもとに派遣《はけん》された。

②　石川五右衛門は，歌舞伎など多くの演芸の題材とされ，浮世絵にもえがかれました。江戸時代後半に流行した，右のような多色刷りの浮世絵のことを何といいますか。次の中から１つ選び，記号で答えなさい。

ア　大和絵　　　**イ**　錦絵　　　**ウ**　似絵

問６　空欄(Ｆ)にあてはまる語句を答えなさい。

問７　下線部Ｇについて

①　「天は人の上に人をつくらず，人の下に人をつくらず」という言葉で始まり，人間の平等や教育の大切さを説いた福沢諭吉の著書の題名を次の中から１つ選び，記号で答えなさい。

ア　『吾輩は猫である』　　　**イ**　『羅生門』

ウ　『たけくらべ』　　　**エ**　『学問のすゝ《す》め』

② 福沢諭吉は緒方洪庵《おがたこうあん》のもとで学びました。緒方洪庵の説明として正しいものを次の中から１つ選び，記号で答えなさい。

ア 農業を学び，自らの経験や見聞にもとづき『農業全書』を著した。

イ 蘭学を学び，医学を中心とした蘭学塾である適塾を開いた。

ウ 測量学を学び，全国を測量して大日本沿海輿《よ》地全図を作成した。

エ 国学を学び，『古事記』の注釈《ちゅうしゃく》書である『古事記伝』を著した。

問８ 下線部Ｈについて，大正時代の文化の説明として正しいものを次の中から１つ選び，記号で答えなさい。

ア 東海道新幹線が開通した。　**イ** ラジオ放送が始まった。

ウ 太陽暦が採用された。　**エ** 東名高速道路が開通した。

問９ 下線部Ｉについて，第二次世界大戦後の国際関係に関する文として正しいものを次の中から１つ選び，記号で答えなさい。

ア サンフランシスコ平和条約が結ばれて，沖縄の日本復帰が実現した。

イ 日中平和友好条約が結ばれたのち，田中角栄首相が中国を訪ね，日中共同声明を発表した。

ウ 日米安全保障条約が結ばれて，アメリカ軍が日本にとどまることになった。

エ 日韓基本条約が結ばれたことで，日本と韓国・北朝鮮との国交が回復した。

問10 下線部Ｊについて

① 1973年に起きた第四次中東戦争の影響による世界的な経済混乱を何といいますか。漢字４文字で答えなさい。

② 1980年代，一般家庭の９割以上に普及していたものとして適当でないものを次の中から１つ選び，記号で答えなさい。

ア 電気洗濯《せんたく》機　**イ** 電気冷蔵庫　**ウ** テレビ　**エ** パソコン

問11 下線部Ｋについて，江戸時代に始まった風習の１つで，「ユズ湯」に入るとよいとされる日はいつですか。次の中から１つ選び，記号で答えなさい。

ア 春分　**イ** 夏至　**ウ** 秋分　**エ** 冬至

3　次の文章を読んで，あとの問いに答えなさい。

A 2022年７月10日に参議院議員選挙が実施されました。その後，８月３日から B 国会が開かれ，８月10日に C 内閣改造がおこなわれました。

日本の国会は D 衆議院と参議院の二院制を採用しており，それぞれの議院に特徴があります。国会の役割は，憲法の第41条に「国会は，国権の最高機関であって，国の唯一《ゆいいつ》の（　E　）機関である。」と規定されています。

内閣は国会が制定した法律にもとづいて，実際の政治をおこなう行政機関であり，さまざまな仕事を担《にな》っています。内閣を構成する F 国務大臣は原則14名以内，最大17名までとなっており，国務大臣は主に各省庁の長として仕事をしています。

問１　下線部Aについて

①　この選挙では本来改選される議席より１つ多い議席が改選されましたが，その数として正しいものを次の中から１つ選び，記号で答えなさい。

ア　125　　**イ**　234　　**ウ**　249　　**エ**　466

②　この選挙について説明した文として正しいものを次の中から１つ選び，記号で答えなさい。

ア　投票用紙は１枚で，候補者名を書いて投票する。

イ　投票用紙は２枚で，候補者名と，政党名もしくは候補者名を書いて投票する。

ウ　投票用紙は３枚で，２人の候補者名と政党名を書いて投票する。

問２　下線部Bについて述べた文として適当でないものを次の中から１つ選び，記号で答えなさい。

ア　新しい参議院議長などが選出された。

イ　この国会は臨時国会であり，３日間の会期で開かれた。

ウ　この国会では2023年度の予算案が審議《しんぎ》された。

問３　下線部Ｃについて述べた文として正しいものを次の中から１つ選び，記号で答えなさい。

ア　内閣総辞職をおこない，すべての国務大臣が新たに任命された。
イ　国会議員を有するすべての政党から国務大臣が任命された。
ウ　任命された国務大臣は文民であり，過半数が国会議員である。
エ　国会で新しい内閣総理大臣が任命されたことを受けておこなわれた。

問４　下線部Ｄについて

①　議院が１つではなく，衆議院と参議院の２つがあることによって，どのような長所がありますか。説明しなさい。

②　衆議院の特徴を述べた文として適当でないものを次の中から１つ選び，記号で答えなさい。

ア　参議院より任期が短く，解散があるため，より民意を反映しやすい。
イ　選挙では，小選挙区比例代表並立制が採用されている。
ウ　予算案の審議は必ず衆議院が先におこなうと決められている。
エ　選挙では，任期満了の場合は定数の半数が改選される。

問５　空欄(Ｅ)にあてはまる語句を漢字で答えなさい。

問６　下線部Ｆについて，2022年９月現在，国務大臣は19名となっていますが，人数が変更《へんこう》されている理由として正しいものを次の中から１つ選び，記号で答えなさい。

ア　ロシアとウクライナの間で戦争が起こっており，それに対応するため。
イ　日本の貿易赤字が拡大していることに対応するため。
ウ　2023年に広島サミットなど，多くの外国首脳が集まる国際会議がおこなわれるため。
エ　東日本大震災からの復興や，2025年の大阪万博に対応するため。

【理　科】〈第１回試験〉（社会と合わせて60分）〈満点：50点〉

1　次の問いに答えなさい。答えは**ア**～**エ**からそれぞれ最も適当なものを１つ選び，記号で答えなさい。

(1) 次のうち，最も熱を伝えやすい物質はどれですか。
ア　鉄　　**イ**　ガラス　　**ウ**　水　　**エ**　銅

(2) 次のうち，最も軽い気体はどれですか。
ア　酸素　　**イ**　水素　　**ウ**　二酸化炭素　　**エ**　塩素

(3) 次のうち，主に食べている部分が茎《くき》である野菜はどれですか。
ア　ダイコン　　**イ**　サツマイモ　　**ウ**　ジャガイモ　　**エ**　トマト

(4) 右の図はドーム状の火山を表しています。他の火山と比較《かく》したときの，この形の火山の噴《ふん》火のようすと溶《よう》岩のねばりけの組み合わせはどれですか。

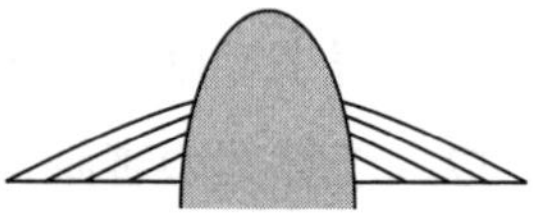

	噴火のようす	溶岩のねばりけ
ア	激しい	強い
イ	おだやか	弱い
ウ	激しい	弱い
エ	おだやか	強い

(5) ある物質Ａの重さを量るため，上皿天びんの片側に物質Ａを，もう片側に10ｇの分銅をのせると天びんが分銅側に傾《かたむ》きました。次に分銅をのせた皿で行う操作はどれですか。
ア　５ｇの分銅をのせる。　　**イ**　10ｇの分銅をおろし，５ｇの分銅をのせる。
ウ　10ｇの分銅をのせる。　　**エ**　10ｇの分銅をおろし，20ｇの分銅をのせる。

2　右の図１のような輪軸《じく》を用いて実験を行いました。Aのひもがついている軸の半径は，Bのひもがついている輪の半径の半分です。次の問いに答えなさい。ただし，ひもや輪軸，動滑車《かっしゃ》の重さは考えないものとします。

図１

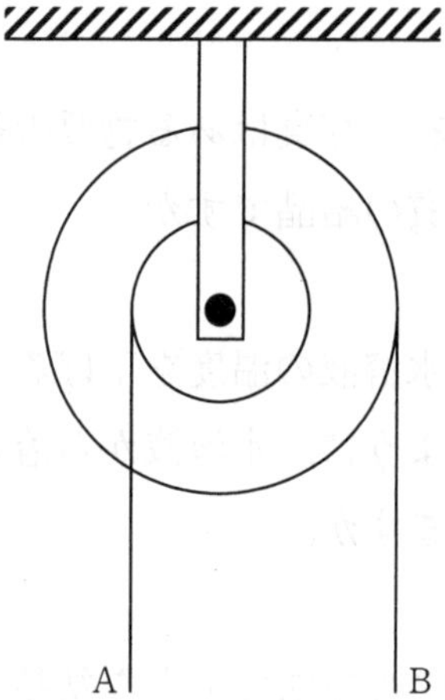

(1)　Aのひもを下向きに10cm引いたとき，Bのひもは何cm上に引き上げられますか。

(2)　Aのひもに50ｇのおもりをつるしたとき，Bのひもに何ｇのおもりをつるすと，輪軸はつり合いますか。

(3)　次の**ア**～**エ**のうち，輪軸の原理を応用したものとして適当なものをすべて選び，記号で答えなさい。

ア　鉛《えん》筆けずり

イ　吸ばん

ウ　ドライバー

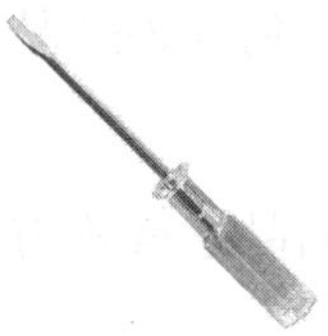

エ　ろうと

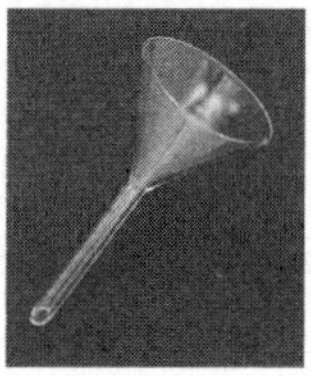

(4)　右の図２のように，図１の輪軸に動滑車を加えて実験を行いました。

①　Aのひもを下向きに20cm引いたとき，動滑車につるしたおもりは何cm持ち上がりますか。

②　動滑車につるしたおもりの重さが100ｇの場合，Aのひもを何ｇの力で引けば，全体がつり合って静止しますか。

図２

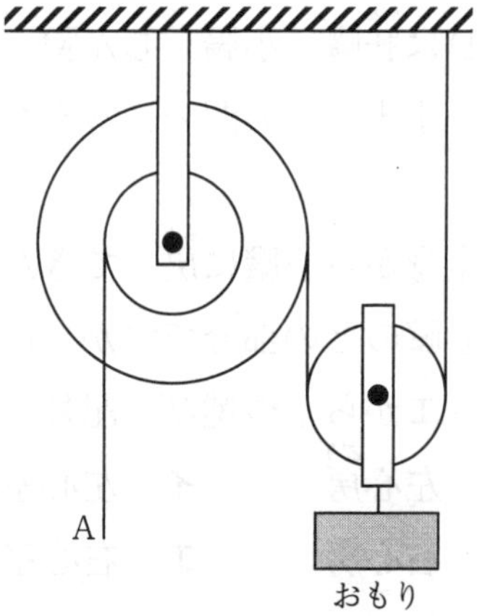

3　結晶《けっしょう》について，次の問いに答えなさい。

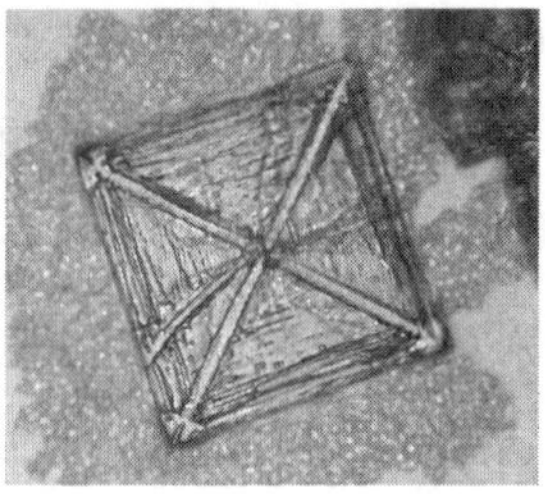

(1)　右の写真はある物質の結晶を写したものです。何という物質の結晶ですか。

(2)　水溶液の温度を下げると溶質の結晶が取り出せます。このように，水溶液から溶質の結晶を取り出す方法を何といいますか。

(3)　(2)の方法で大きな結晶を得るには，どのようにすればよいですか。簡単に答えなさい。ただし，はじめに小さな結晶を水溶液に入れておくものとします。

(4)　別のある物質は，100ｇの水に20℃で32ｇ，60℃で109ｇ溶《と》けます。50ｇの水を60℃まで温め，この物質を溶けるだけ溶かしたあとで，水を20ｇ加え，さらに20℃まで冷やしました。このとき，何ｇの結晶が得られますか。

(5)　(2)の方法以外で水溶液から結晶を得る方法を答えなさい。

4　右の図はヒトの血液循環《じゅんかん》を表しており，Ａ～Ｄは肝《かん》臓，小腸，じん臓，肺のいずれかを表しています。次の問いに答えなさい。

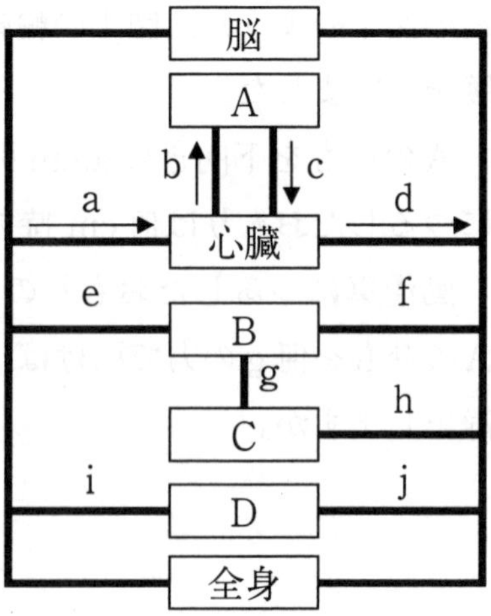

(1)　全身から心臓に戻《もど》ってきた血液が最初に入るのは心臓のどの部分ですか。最も適当なものを次の**ア**～**エ**から１つ選び，記号で答えなさい。

ア　左心房《ぼう》　　**イ**　左心室

ウ　右心房　　**エ**　右心室

(2)　臓器Ａは何ですか。最も適当なものを次の**ア**～**エ**から１つ選び，記号で答えなさい。

ア　肝臓　　**イ**　小腸　　**ウ**　じん臓　　**エ**　肺

(3)　酸素を最も多く含《ふく》む血液が流れるのはどこですか。最も適当なものを図のａ～ｊから１つ選び，記号で答えなさい。

(4)　(3)の血管の名前を何といいますか。

(5)　食事をして消化・吸収されたあと，養分を最も多く含む血液が流れるのはどこですか。最も適当なものを図のａ～ｊから１つ選び，記号で答えなさい。

5　月を毎日観察しました。すると，同時刻に見える月の位置は，１日に約12度ずつ東へずれることがわかりました。また，月が前の日と同じ位置に見えるためには地球が約12度自転をしなければいけません。地球が１度自転するのにかかる時間は，60分×24時間÷360度＝4分となるので，12度自転するためには，4×12＝48分かかります。したがって，月が同じ位置に見える時刻は毎日約48分ずつ遅《おそ》くなります。次の問いに答えなさい。

(1)　午後６時に東の地平線付近に見える月は何という月ですか。次の**ア**～**エ**から１つ選び，記号で答えなさい。

ア　新月　　**イ**　上弦《げん》の月　　**ウ**　満月　　**エ**　下弦の月

(2)　午後６時に南中している月は何という月ですか。次の**ア**～**エ**から１つ選び，記号で答えなさい。

ア　新月　　**イ**　上弦の月　　**ウ**　満月　　**エ**　下弦の月

(3)　(2)の日から５日後の月が南中するのは何時ごろですか。次の**ア**～**エ**から１つ選び，記号で答えなさい。

ア　午後４時ごろ　　**イ**　午後８時ごろ

ウ　午後10時ごろ　　**エ**　午前０時ごろ

(4)　(2)の日から５日後の午後６時に見える月の高さについて，下の図１の角度ａは何度ですか。最も適当なものを次の**ア**～**エ**から１つ選び，記号で答えなさい。ただし，図１には月の形は示していません。

ア　30度　　**イ**　42度　　**ウ**　48度　　**エ**　60度

図１

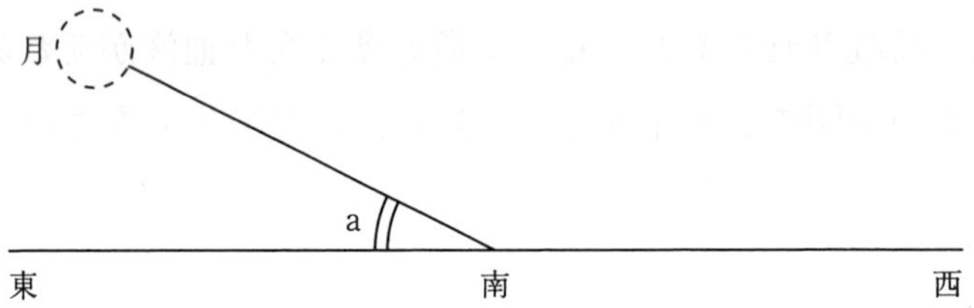

(5)　三日月は月齢《れい》３の月(新月から３日後の月)です。また，新月は午後６時には，下の図２に示すように西の地平線付近にあります。このことから，三日月は午後６時には西の地平線から約何度くらいの高さ(図２の角度ｂ)に見えるはずですか。

図２

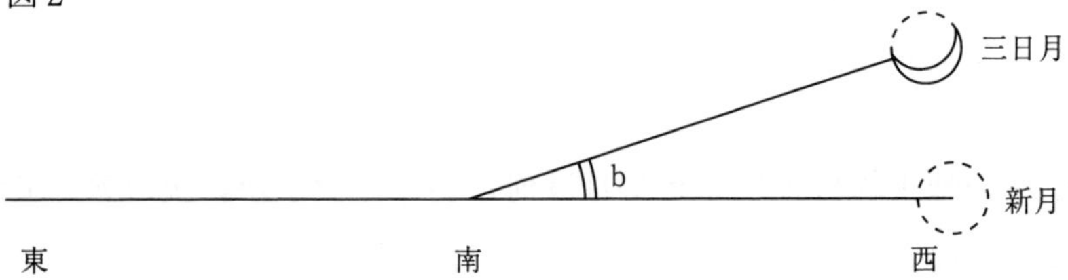

問六　「自己了解」について筆者はどのような危険があると述べていますか。文章中の※［　］の部分の言葉を使って答えなさい。

問七　⑤にあてはまる文として適切なものを次から一つ選び、記号で答えなさい。

ア　無口な人は、たいがい、しゃべりすぎる人にならって自己像を表現すべきだ。

イ　無口な人ほど、他者の声に影響《えいきょう》されやすく、自己像を見失いがちだ。

ウ　しゃべりすぎる人ほど、無口な人にならって、自己像を見つめなおすべきだ。

エ　しゃべりすぎる人は、しばしば、自己像をよく自覚することが下手なのである。

問八　この文章の内容に合っているものを次から一つ選び、記号で答えなさい。

ア　人間は自己自身について、「自己理解」と「本当の自分」を深く見つめ、改善していくことが大切である。

イ　人間関係を上手に築ける人は、人から愛される資質と能力や才能を持っている人だけである。

ウ　他人の声に頼りすぎることなく、最終的には自分が主体となってよい「自己了解」をしていく必要がある。

エ　他人の声は常に正しいと考え、それを頼りに生きていけば人間関係で悩《なや》むことはない。

問一 ——①「『自己ルール』だけを押し通す」とありますが、「押し通す」人とは具体的にどのような人のことですか。文章中から十九字で探し、ぬき出して答えなさい。

問二 ——②「人間関係」について、次の(1)・(2)の問いに答えなさい。

(1) 「人間関係」の本質を表す表現を文章中から六字でぬき出して答えなさい。

(2) 筆者が「人間関係」を(1)のように表現しているのはなぜですか。それを説明した次の文の［1］・［2］にあてはまる言葉を、文章中からそれぞれ指定の字数でぬき出して答えなさい。

・人は、他人から一定の承認を得ることで［1（四字）］を確認するとともに、一定の［2（五字）］を実現できるから。

問三 ［Ⅰ］～［Ⅳ］にあてはまる言葉の組み合わせとして適切なものを次から一つ選び、記号で答えなさい。

ア　Ⅰ もし　Ⅱ だが　Ⅲ そして　Ⅳ また

イ　Ⅰ たとえば　Ⅱ しかし　Ⅲ ところで　Ⅳ つまり

ウ　Ⅰ たとえば　Ⅱ そして　Ⅲ しかし　Ⅳ もし

エ　Ⅰ もし　Ⅱ そして　Ⅲ さて　Ⅳ たとえば

問四 ——③「それ」がさす内容を文章中から五字でぬき出して答えなさい。

問五 ——④「そういうとき」とありますが、それを説明した次の文の［　］にあてはまる言葉を、文章中から十七字で探し、ぬき出して答えなさい。

・「自己ルール」が［　］と折り合いがつかないとき。

適切に了解することには基本的な困難がある。つまりそれは、そもそも自己了解は他者との関係にねざす自分の不安が動機になっているので、われわれはつい、この不安を打ち消すような主観的自己理解を行なってしまうということだ。

適切な自己了解のための原則を、つぎのように考えることができる。

自分で自分のことをいくら考えつめても、よい自己了解には達することはできない。まずわれわれが頼《たよ》りにすべきなのは、「他者の自己像」である。もちろん他者は多くいるので、特定の誰かの「自己像」だけを頼りにはできない。複数の他者の自己像の違いの中から（いわばその視差の中から）、「自分の像」の中心（＝自分は他者にとってどのような人間か）をつかみ出すほかはない。これが基本原則である。

象徴《しょうちょう》的に言えば、まず自分についての他者の声を聴《き》きとるよい耳を持たなければならない。たくさんしゃべる人がいるが、そういう人は概《がい》して自分がどういう人間であるかだけを多く表現する。キルケゴールによればそれは無口な人よりましな場合がある。無口な人は、現実によって反撃《はんげき》をうけないという仕方で、最も深い反撃をうけているのだと。なるほど、そのとおりだ。しかし、こうも言える。多くしゃべりすぎる人は、概して他人の声を聞き取るよい耳をもっていない。自分の自己像を多く他人に表現するが、他人が自分をどう思っているかをよく聞き取ることができない。

［　⑤　］

ともあれ、よい「自己了解」は、「ほんとうの自分」を探したり、自分自身の声をひたすら自分で聴くことではやってこない。それは自分についての他者の声をよく聞き取ることで、はじめてもたらされる。一歩すすんで言えば、自分自身の自己像と他人による自己像の間の「視差」（視線のズレ）を通してはじめて人は自分のあり方をよく了解できる。他人の声だけが、自分の過剰《かじょう》な思いこみやバランスを欠いた防衛《ぼうえい》や攻撃《こうげき》性などを教えてくれるからだ。

もちろん他人の声は万能《ばんのう》ではないし、つねに他人の声にあわせるのがよいというわけではない。他人の声だけを頼りにしていると自分の主体が危《あや》くなる。他人の声を最終的に判断するのはやはり自分なのである。しかし一つ覚えておくべきことがある。もし他人がなんらかの理由で自分に攻撃やルサンチマン（ねたみ）を向けているのでなければ、他人の声は、つねに「正しい」とは言えなくともつねに「正直」な声だということだ。

（竹田青嗣《たけだせいじ》『哲学ってなんだ』による）

④そういうときである。

人間は「自己自身」をほんとうに理解できるだろうか、という言い方がある。また逆に、「ほんとうの自分」を知れ、という言い方もある。われわれの観点からはどちらもあまりよい考えとは言えない。

じつは「ほんとうの理解」とか、「自分自身のほんとう」といったものはそもそも存在しない。むしろ、人間とはつねに自分自身を理解（＝了解）しつづけている存在であり、そこには単に「よい自己理解」と「悪い自己理解」があるだけだ。あるいは、よい自己了解が人間のあり方をよくしていく、と考えたほうがいい。

［Ⅲ］、「自己了解」にはいくつかの原則がある。

まず、先に述べたが、「自己了解」とは「ほんとうの自分」についての理解のことではない。自分自身を、あるより適切な仕方で理解しなおすことである。

簡単に言って、人から愛される資質と能力や才能をもっている人は「承認ゲーム」でまずうまくやっていける。これは不公平な現実だが、いまのところこれに文句を言ってもはじまらない。他者との関係でなぜかうまくいかない人は自己自身と折り合っていないことが多く、自己了解を試みてみる理由があるわけだ。

人間は、自己自身について、ただ二つの材料をもっている。一つは「自己理解」、つまり誰《だれ》もが自然にもっている主観的な自己像。もう一つは自分にそう感じられる限りでの「他者による自己像」。

［Ⅳ］、「自己理解」と「本当の自分」があるのではなく、「自己理解」と「他者による自己像」（と自分に思える像）の二つがあるだけだ。両者のあいだに大きな行き違いやズレを感じない場合は、人はそれほど「自己」について不全感や不安感をもたない。しかし誰でも大なり小なりこの間にズレや食い違いを感じる。人は「他人が自分のことをどう思っているか」が気になるし、そこに自己像とのズレを感じると不安になる。この不安が、たえず人をして、自分はどういう人間だろうかと気遣《きづか》わせる根本動機だ。つまり、人間は基本的に「自己配慮《はいりょ》」する生き物だが、この「自己配慮」自体が他人との関係からやってくる。言い換《か》えれば、人が「承認ゲーム」を生きているということに由来している。

ともあれ、われわれはこういう自分についての不安の場面で自分自身を了解するように促《うなが》される。だが、自己を

※

三　次の文章を読んで、あとの問いに答えなさい。字数制限のある解答については、特別の指示がないかぎり、句読点や符号も一字として数えます。

われわれは、「自己ルール」の原理について考えてきた。ここから「他者関係」について、さらに新しい原理を展開することができる。

人は、いつのまにか形成された《身体性》つまり「自己ルール」に規定されて生きている。しかし他人との関係の中では、①「自己ルール」だけを押《お》し通すことはできない。わたしはこれが「好き」だとか、これこれが「正しい」と思う、は、必ず他人の「好悪」や「善-悪」のルールとすこしずつ食い違《ちが》う。そこで、大なり小なり自己のルールを他者たちのルールとすりあわせ、調整しないわけにはいかない。それが②人間関係の基本なのだが、このこともそう簡単にはいかない。

Ⅰ、「わがまま」な性格の人、自己中心的な人は、他人は自分のルールを受け容《い》れてくれるものと思ってしまっている人である。でも、そういう人はふつうは嫌《きら》われる。ただし、何かとくに能力があったり、境遇《きょうぐう》がそれを許したりすると、自己中心性を押し通し続けられる場合もある。また財力や権力をつかめば回りの人間がそれを許すので、そのことも可能になる。だが一般《いっぱん》的には、たいていの人は世間のルールや周りの人間のルールと自己のルールとのズレを調整しながら生きている。

人間関係は基本的に「承認《しょうにん》のゲーム」である。他者たちから一定の承認を得ることで、はじめて人は自己価値を確認できるし、また一定の社会的地位を実現することができる。どんな人もこのことを暗黙《あんもく》のうちに知っているので、自己のルールと他者のルールを調整しながら生きている。

Ⅱ、自己のルールが、どうしても世間一般のルールや他者たちのルールと折り合えない人にとっては、自己ルールは重荷《おもに》になる。すでに見たように、自己ルールは、「幻想《げんそう》的身体」であって自分の自由になるものではないし、またそれ以前に、③それが自己ルールとして形成されたものだという自覚をもっている人も少ない。「自己理解」（自分についての主観的な理解像）あるいは「自己了解《りょうかい》」（内的な反省をとおして捉《と》え直された自己理解）ということが必要となるのは、

問七 ――⑦「手にもっていた封筒をやぶりすてる」とありますが、このときのお父さんの気持ちとして適切なものを次から一つ選び、記号で答えなさい。

ア 琴葉と口論した勢いで退職願を出した天馬の行動が間違《まちが》っていると知らしめるために、極端《きょくたん》な行動に出ている。

イ 少し慣れたくらいで仕事をやめ、自分の工場を持とうとする天馬の浅はかさを、厳しくとがめようとしている。

ウ 突然、理由なく退職願を突《つ》きつけてきた天馬に憤《いきどお》り、大人として筋を通すことの大切さを教えようとしている。

エ 断固として退職を認めないという厳しい物言いではあるものの、天馬のつらい気持ちを汲《く》み取り思いやっている。

問八 ――⑧「あたしは思わず耳をかたむけた」とありますが、なぜですか。その理由として適切なものを次から一つ選び、記号で答えなさい。

ア 話に興味があるというそぶりをみせれば、父親がもっと話してくれると思ったから。

イ 父親が勝手に自分のことを話し始めたので、反発する気持ちがわき起こってきたから。

ウ 天馬とこれ以上話をしたくなかったので、今は父親の話に集中したいと思ったから。

エ ふだん自分のことを話さない父親が自分のことを話すのが意外で驚いたから。

問九 この文章から読み取れる「天馬」の人物像として適切なものを次から一つ選び、記号で答えなさい。

ア 自分のことで頭がいっぱいで、人を思いやる気持ちなどまったくみられない人物。

イ 琴葉の父や琴葉に感謝しつつも、迷惑をかけてしまっていると自らをかえりみることのできる人物。

ウ 早く一人前になって一人で仕事がしたいと思い、とにかくあせっている人物。

エ 自分の利益のためなら琴葉の父や琴葉に平気でうそをつけるような、ずるがしこい人物。

問三 ［③］にあてはまる言葉として適切なものを次から一つ選び、記号で答えなさい。

ア 手をこまねいた　**イ** 肩《かた》の荷が下りた
ウ 目からうろこが落ちた　**エ** 眉間《みけん》にしわがよった

問四 ――④「声がどんどん小さくなった」とありますが、なぜですか。その理由として適切なものを次から一つ選び、記号で答えなさい。

ア 自分の発言が天馬を追いつめてしまったのではないかと改めて思い、落ち込《こ》むとともに後悔《こうかい》したから。
イ 天馬を傷つける言葉をはいたのは本当だが、母親に叱《しか》られないための言い訳が思い浮《う》かばず、観念したから。
ウ 周囲には内緒《ないしょ》で進めていた、天馬の独立の計画が思いがけず明るみに出てしまい、ひどく動揺《どうよう》したから。
エ 母親の勢いにおされて天馬への言葉を否定したが、冷静に考えると事実かもしれないと自信がなくなったから。

問五 ――⑤「うそだ」とありますが、どうして琴葉は「うそだ」と言っているのですか。六十字以内で説明しなさい。

問六 ――⑥「あたしのせいだ」とありますが、琴葉のこのときの考えはどのようなものですか。それを説明した次の文の［1］・［2］にあてはまる言葉を、文章中からそれぞれ指定の字数でぬき出して答えなさい。

・天馬が［1（六字）］をしたいと言い出したのは、以前琴葉と口論になったときに琴葉から「［2（十字）］」と言われたためであると考えている。

「だれかに迷惑《めいわく》をかけることをおそれるな。だれだって、だれかに迷惑をかけているんだ。いつか、おまえもだれかの面《めん》倒《どう》を見ればいい。そうじゃないのか」

あたしと天馬はうつむいた。

「ふたりとも、頭を冷やせ」

お父さんのきびしい声が、頭の上に降ってくる。あたしは天馬の腕《うで》をつかんで、玄関《げんかん》にむかった。

「おい、琴葉……」

「頭、冷やそっ」

ためらう天馬を無理やりひっぱって、あたしは表に出た。

（工藤純子《くどうじゅんこ》『てのひらに未来』による）

＊先生…天馬が通っていた中学校の校長先生で、二年前琴葉の家を訪《おとず》れ、身寄りのない天馬を引き取ってくれるよう頼《たの》んだ。琴葉の父も高校時代お世話になっており、「先生のおかげで今があるようなものですから」と言っていた。

問一 ――①「工場」と同じ組み立ての熟語を次から一つ選び、記号で答えなさい。

ア 黒板　**イ** 不安　**ウ** 出発　**エ** 天地

問二 ――②「緊迫した声」とありますが、このときのお母さんの気持ちとして適切なものを次から一つ選び、記号で答えなさい。

ア 天馬の独立をしたいという発言の真意がわからない自分に腹を立てている。

イ 面倒を見ていたのに家から出たいと言い出した天馬の不誠実さにあきれている。

ウ 天馬が突然《とつぜん》家を出ていきたいと言い出した理由がわからずうろたえている。

エ 琴葉が天馬を傷つける言葉を言っていたのかもしれないと罪悪感にかられている。

⑥あたしのせいだ。どうあやまればいいのか、どうしたらとりけせるのかわからない。

天馬はうつむき、身体をふるわせていた。両手のこぶしをにぎりしめ、何かにたえているようで……。

そこへ、お父さんがやってきた。

「たいした理由もなく、工場をやめるなんて、許さん」

⑦手にもっていた封筒《ふうとう》をやぶりすてる。そこには、「退職願」と書かれていた。

「天馬、おまえは一人前になったつもりか？　オレは＊先生と約束した。大人の約束だ。どんなに苦しくても、未成年の子どもを放りだすほど落ちぶれちゃいない」

上から押《お》さえつけるようなその口ぶりに、あたしは反発した。もとはといえば、お父さんが悪い。理由もいわず、自分勝手で……。

「えらそうに……あたしや天馬の気持ちなんて、ぜんぜんわかってないくせに！」

さけんで、懸命《けんめい》に涙《なみだ》をこらえた。お父さんの前では泣きたくない。泣いてなんかやらないと、何度もつばをのみこんだ。

でも、お父さんはあたしをちらっと見ただけで、顔を天馬にもどした。

「天馬と同じ年のとき、オレは工場を継《つ》ぐのがいやで、家をとびだした。あてもなく町をふらふらしているところを、先生にひろわれたんだ」

お父さんが自分について語るのをきくのははじめてで、⑧あたしは思わず耳をかたむけた。

そういえば、「先生のおかげで……」と、話していたことを思いだす。

「家に帰りたくないというオレを、自分の学校の生徒でもないのに、先生は何日もアパートに泊《と》めてくれた。説教も説得もせず、飯《めし》と寝床《ねどこ》をあたえてくれたんだ。だから、先生との約束は絶対だ」

「社長には、感謝しています。でも……」

なお迷っている天馬に、お父さんはつづけていった。

「それだけじゃない。あの日、だれも自分をわかってくれないと訴《うった》えている天馬の姿が、昔の自分を見ているようだった」

天馬が、はっと息をのむ。お父さんが天馬をひきとった理由は、先生への恩返しだけじゃなかったんだ。

「琴葉！」

お母さんのするどい声と同時に、天馬が立ちあがった。

「すみませんっ」

深々と頭を下げる。

「オレのわがままで、すみません。琴葉は関係ないです。前から、出ていこうかなって思ってて……」

「……どうして？」

声がふるえる。

「ここが、あまりにも居心地よすぎるから」

天馬が、こまったように眉《まゆ》をよせた。

「いつまでも居ついちゃいそうで……、そうすると、出ていくのがつらくなるだろうし」

モゴモゴと、言いわけのようにいう。

「だったら、ずっといればいいじゃない！」

「そういうわけに、いかないだろ」

そういってあたしを見る天馬の目は、思いがけずおだやかでやさしかった。

「人の好意に甘《あま》えてばかりいたら、ダメだなって……。それに、工場もやめさせてもらおうと思う」

え……。

天馬が何をいっているのかわからない。わかりたくない。

「ここで社会勉強をさせてもらったし、せっかくだから、ほかの仕事もしてみたいなと思って……」

天馬が、言葉につまる。

⑤うそだ。

あたしは頭の中で、うそだとくりかえした。

「あんなに勉強してたじゃない。いつか、工場をもちたいっていってたじゃない。どうして、そんなうそをつくの？」

二　次の文章を読んで、あとの問いに答えなさい。字数制限のある解答については、特別の指示がないかぎり、句読点や符号も一字として数えます。

> 中学二年生の琴葉《ことは》は、金属部品加工の町工場を営む父、母、弟、身寄りがないため従業員として働いている居候《いそうろう》の天馬《てんま》と一緒《いっしょ》に暮らしている。ある日、工場の経営状況《じょうきょう》の問題から天馬と口論になったが、数日後学校で友人であるさよりの言葉に共感し、天馬に謝《あやま》るために帰宅した。

すぐにあやまろうと心に決め、あたしは足早に家にむかった。
帰りがけに①工場をのぞいてみたけれど、もうだれもいないようで明かりが消えている。
「ただいまぁ」と、家に入ったとたん、
「天馬くん、どういうこと？」
居間から、お母さんの②緊迫《きんぱく》した声がきこえてきた。
「何か気に入らないことでもあった？　ひとり暮らしをしたいだなんて……」
それをきいて、勢いよく戸を開けた。
「何よ、琴葉。手も洗わずに」
お母さんがイラついた調子でいってくる。その前には、きっちりと正座した天馬がいた。
「天馬、ひとり暮らしってどういうこと？　あたしのせい？　あたしが、あんなことをいったから……」
身を乗りだしていうと、お母さんの［　③　］。
「琴葉、まさかあなた、天馬くんに出ていけなんていったんじゃないでしょうね？」
「いってない！　あたしはただ……天馬は、家族じゃないって……」
いいながら、④声がどんどん小さくなった。

2023年度 八雲学園中学校

【国語】〈第一回試験〉（五〇分）〈満点：一〇〇点〉

一　次の各問いに答えなさい。

問一　次の――線の漢字の読みをひらがなで答えなさい。

①　返事を保留する。

②　台風に備える。

③　屋形船に乗る。

④　キャベツの価格が下落している。

⑤　こしを痛めてしまった。

問二　次の――線のカタカナを漢字に直しなさい。

①　母はスーパーにツトめている。

②　自分の声をロクオンする。

③　ボウエキを自由化する。

④　健康しんだんでサイケツされた。

⑤　芸術作品をヒヒョウする。

2023年度 八雲学園中学校 ▶解説と解答

算　数 ＜第１回試験＞（50分）＜満点：100点＞

解　答

1 (1) 10　(2) 2023　(3) 6　(4) 12　(5) 3　**2** (1) 20分後　(2) 50ｇ　(3) 150個　(4) 4 cm　(5) 9 月14日　(6) 28度　(7) 2000個　(8) 78cm　(9) 263番目　**3** (1) 12cm　(2) 15.5秒後　**4** (1) 毎時 1 km　(2) 毎時 8 km　**5** (1) 8 通り　(2) 51通り

解　説

1 四則計算，計算のくふう，逆算

(1) $20-10\div5-4\times2=20-2-8=18-8=10$

(2) $34\div(5-3)\times(4+3)\times(5\times4-3)=34\div2\times7\times(20-3)=17\times7\times17=119\times17=2023$

(3) $(1-0.25)\div1\frac{1}{2}\div\left(\frac{1}{3}-\frac{1}{4}\right)=0.75\div\frac{3}{2}\div\left(\frac{4}{12}-\frac{3}{12}\right)=\frac{3}{4}\div\frac{3}{2}\div\frac{1}{12}=\frac{3}{4}\times\frac{2}{3}\times\frac{12}{1}=6$

(4) $A\times C+B\times C=(A+B)\times C$であることを利用すると，$234.5\times2.4-23.4\times24+45\times0.24=234.5\times2.4-23.4\times10\times2.4+45\times0.1\times2.4=234.5\times2.4-234\times2.4+4.5\times2.4=(234.5-234+4.5)\times2.4=5\times2.4=12$

(5) $108\div(17+13\times\square-20)=3$より，$17+13\times\square-20=108\div3=36$，$17+13\times\square=36+20=56$，$13\times\square=56-17=39$　よって，$\square=39\div13=3$

2 旅人算，濃度《のうど》，分配算，水の深さと体積，和差算，角度，売買損益，長さ，場合の数

(1) 2 人が出会うのは，右の図１のように，2 人が歩いた道のりの和が，$1200\times2=2400$(m)になるときである。また，2 人が 1 分間に歩く道のりの和は，$45+75=120$(m)だから，2 人が出会うのは出発してから，$2400\div120=20$(分後)とわかる。

図１
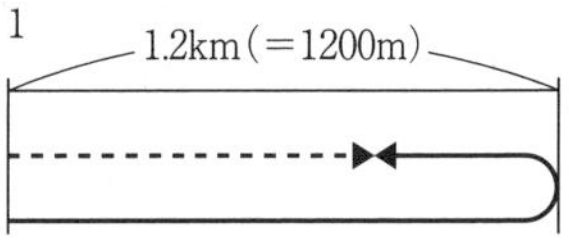

(2) (食塩の重さ)＝(食塩水の重さ)×(濃度)より，Ａに含《ふく》まれている食塩の重さは，$600\times0.08=48$(g)，Ｂに含まれている食塩の重さは，$200\times0.2=40$(g)とわかる。したがって，ＡとＢに含まれている食塩の重さの合計は，$48+40=88$(g)なので，ＡとＢに含まれている食塩の重さを同じにするには，Ａに含まれている食塩の重さを，$88\div2=44$(g)にすればよい。そのためには，Ａに含まれている食塩の重さを，$48-44=4$(g)減らせばよいから，ＡからＢに移す食塩水の重さを□ｇとすると，$\square\times0.08=4$(g)と表すことができる。よって，$\square=4\div0.08=50$(g)と求められる。

(3) Ｙ組の個数を①として図に表すと，右の図２のようになる。Ｋ組の個数を42個増やすと②になり，Ｒ組の個数を12個減らすと①になり，Ｆ組の

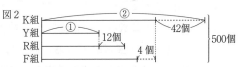

図２
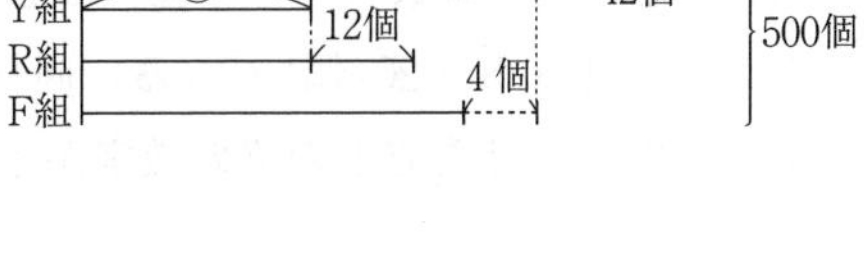

個数を，４＋42＝46(個)増やすと②になる。したがって，②＋①＋①＋②＝⑥にあたる個数が，500＋42－12＋46＝576(個)になるので，①＝576÷６＝96(個)とわかる。よって，Ｋ組の個数は，96×２－42＝150(個)である。

⑷　ＡとＢの底面の円の半径の比は，４：２＝２：１だから，ＡとＢの底面積の比は，(２×２)：(１×１)＝４：１である。そこで，右の図３のように，Ａの底面積を４，Ｂの底面積を１とすると，はじめにＡに入っている水の体積は，４×５＝20となる。また，ＡとＢの底面積の合計は，４＋１＝５なので，等しくなったときの水の高さは，20÷５＝４(cm)と求められる。

図３

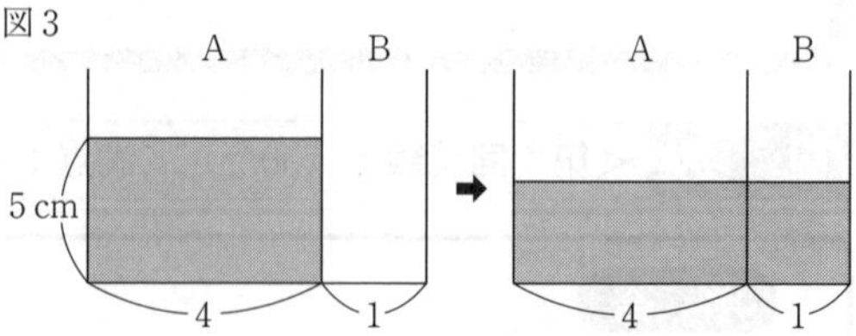

⑸　同じ月の同じ曜日の日付の差は必ず７の倍数になるから，右の図４のように表すことができる。差が７だとすると，Ａさんが生まれた日は，(42－７)÷２＝17.5となり，条件に合わない。また，差が14だとすると，Ａさんが生まれた日は，(42－14)÷２＝14となり，条件に合う。これ以外に条件に合う日付はないから，Ａさんの誕生日は９月14日(Ｂさんは９月28日)である。

図４

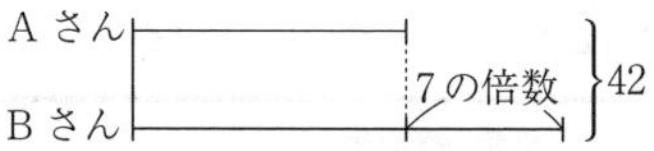

⑹　折り返しているので，右の図５の●印の角の大きさはすべて等しくなる。また，かげをつけた角の大きさ（●２つ分)もすべて等しく，この大きさは，180－(90＋14)＝76(度)である。よって，㋐の角の大きさは，180－76×２＝28(度)と求められる。

図５

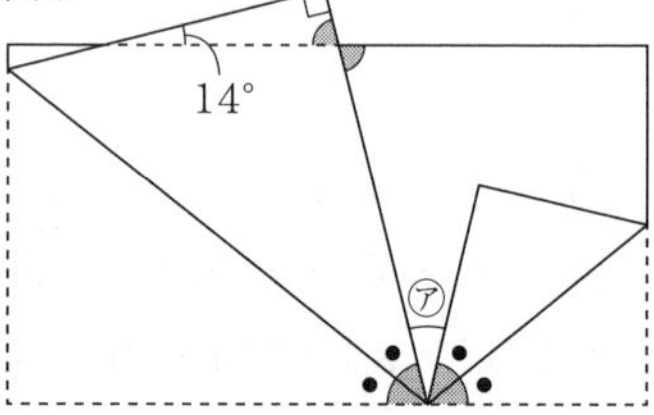

⑺　割れてしまった30個も売れたとすると，その分の売り上げである，22×30＝660(円)が利益に加算されるから，利益の合計は，13340＋660＝14000(円)になる。また，１個あたりの利益は，22－15＝７(円)なので，仕入れた個数は，14000÷７＝2000(個)とわかる。

⑻　太線の一部は下の図６のように移動することができる。ほかの部分についても同じように移動すると，太線の長さの合計は１辺の長さが26cmの正三角形のまわりの長さと等しくなることがわかる。よって，26×３＝78(cm)と求められる。

図６

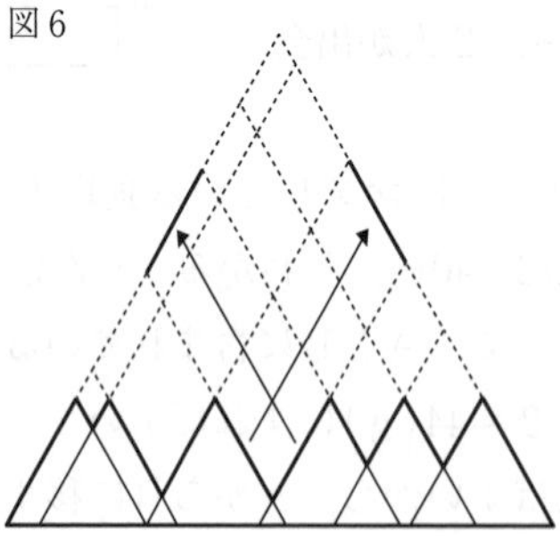

図７

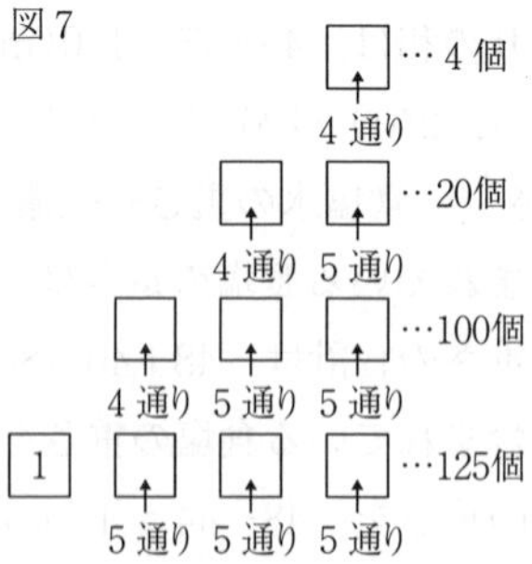

⑼　上の図７のように，けた数で分けて考える。１けたの整数は，１，２，３，４の４個できる。また，２けたの整数は，十の位には０を除いた４通り，一の位には５通りの数字を使うことができるから，４×５＝20(個)できる。同様に考えると，３けたの整数は，４×５×５＝100(個)できる。また，４けたで千の位の数字が１の整数は，５×５×５＝125(個)できる。さらに，2000以上

2023以下の整数の下２けたは，00，01，02，03，04，10，11，12，13，14，20，21，22，23の14個あるので，2023は，４＋20＋100＋125＋14＝263(番目)の整数とわかる。

〔ほかの解き方〕 五進法で表された整数を１から小さい順に並べたものと考えることができる。五進法の各位の大きさは右の図８のようになるから，五進法の2023を十進法に直すと，125×２＋25×０＋５×２＋１×３＝263となることがわかる。よって，2023は263番目の数である。

図８

3 グラフ―図形上の点の移動，面積

⑴ 問題文中のグラフより，出発してから８秒後には下の図①のようになることがわかる。よって，辺ABの長さは，２×８＝16(cm)であり，このときの三角形APDの面積が96cm²だから，辺BCの長さは，96×２÷16＝12(cm)と求められる。

⑵ 下の図②の点P_1，P_2のように，１回目は点Pが辺AB上のときで，２回目は点Pが辺CD上のときである。２回目のとき，DP_2の長さは，78×２÷12＝13(cm)なので，このようになるのは点Pが，16＋12＋(16－13)＝31(cm)動いたときとわかる。よって，２回目に78cm²になるのは出発してから，31÷２＝15.5(秒後)である。

図①

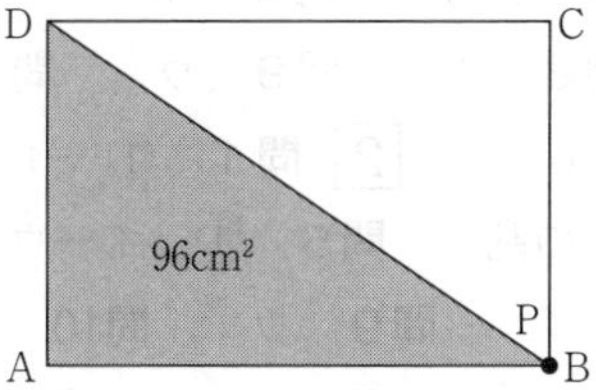

図②

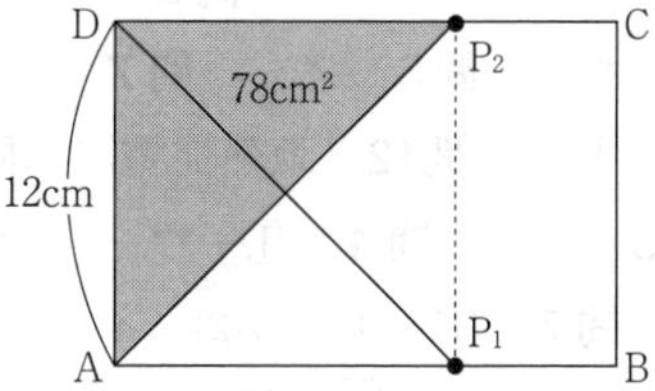

4 流水算

⑴ 上りの速さは毎時，24÷４＝６(km)，下りの速さは毎時，24÷３＝８(km)だから，右の図１のように表すことができる。よって，川の流れの速さは毎時，(８－６)÷２＝１(km)と求められる。

図１

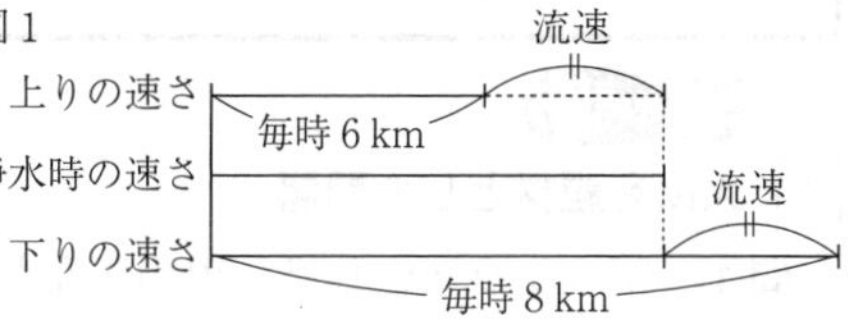

⑵ AB間の半分の距離《きょり》は，24÷２＝12(km)であり，この船が40分で上った距離は，$6\times\frac{40}{60}=$ ４(km)なので，右の図２のようになる。アの距離は，12－４＝８(km)だから，この船がアの部分を進んだ時間は，$8\div6=\frac{4}{3}$(時間)とわかる。したがって，別の船がイの部分を進んだ時間も$\frac{4}{3}$時間だから，別の船の下りの速さは毎時，$12\div\frac{4}{3}=9$(km)と求められる。よって，別の船の静水時の速さは毎時，９－１＝８(km)である。

図２

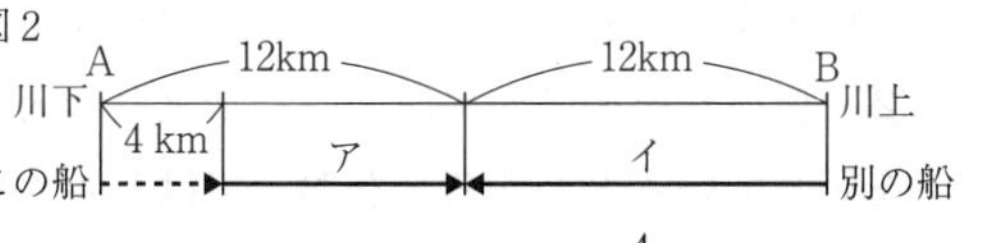

5 場合の数

⑴ Aが上る段数の組み合わせは，㋐{３段，６段}の場合と㋑{６段，６段}の場合がある。３段上るのはグーを出す場合の１通りであり，６段上るのはチョキまたはパーを出す場合の２通りあるから，㋐の場合の手の出し方は，１×２＝２(通り)，㋑の場合の手の出し方は，２×２＝４(通り)ある。また，㋐の場合，上る順番が，３段→６段の場合と，６段→３段の場合があるので，全部で，

２×２＋４＝８(通り)とわかる。

⑵　Ａが上る段数の組み合わせは，右の㋒～㋕の場合がある。㋒の場合，Ａが上る段数が０段になるのはＢがグー，チョキ，パーのいずれかで勝つ場合だから，手の出し方は３通りある。また，Ａが上る段数が３段になる手の出し方は１通り，Ａが上る段数が６段になる手の出し方は２通りあるので，手の出し方は全部で，３×１×２＝６(通り)となる。さらに，２回目までに９段以上になってはいけないから，㋒のように上る順番は，０段→３段→６段，０段→６段→３段，３段→０段→６段，６段→０段→３段の４通りある。ほかの場合についても同様に考えると図のようになるから，全部で，６×４＋12×２＋１×１＋２×１＝51(通り)と求められる。

上る段数の組み合わせ	手の出し方	上る順番
㋒{0段，3段，6段}	３×１×２＝６(通り)	４通り
㋓{0段，6段，6段}	３×２×２＝12(通り)	２通り
㋔{3段，3段，3段}	１×１×１＝１(通り)	１通り
㋕{3段，3段，6段}	１×１×２＝２(通り)	１通り

社　会　＜第１回試験＞（理科と合わせて60分）＜満点：50点＞

解　答

1　**問１**　①　ア　②　ウ　**問２**　ア　**問３**　長野　**問４**　①　ア　②　ウ　**問５**　①　ウ　②　ウ　**問６**　イ　**問７**　ア　**問８**　ウ　**問９**　ウ　**問10**　①　ウ　②　エ　**問11**　伊豆　**問12**　地熱発電　**問13**　Ｖ　**2**　**問１**　①　イ　②　ア　**問２**　ウ　**問３**　イ　**問４**　①　ウ　②　承久の乱　**問５**　①　イ→ウ→ア　②　イ　**問６**　天保　**問７**　①　エ　②　イ　**問８**　イ　**問９**　ウ　**問10**　①　石油危機　②　エ　**問11**　エ　**3**　**問１**　①　ア　②　イ　**問２**　ウ　**問３**　ウ　**問４**　①　(例)　審議を慎重に行うことができる。　②　エ　**問５**　立法　**問６**　エ

解　説

1　火山を題材とした問題

問１　①　シラス台地は，火山灰などが降り積もった台地で，水はけがよいことから乾燥《かんそう》に強い作物の生産や畜産に適している。なお，イはカルスト台地，ウは河岸段丘，エは扇状地の説明。
②　鹿児島県のほかに茨城県や千葉県などでも生産がさかんなことから，ウがサツマイモの収穫量を示しているとわかる。なお，アはじゃがいも，イはピーマンを表している。

問２　錦江《きんこう》湾に位置する桜島は噴火をくり返しており，1914年の大噴火では桜島の東側にある大隅半島と陸続きになった。

問３　浅間山は群馬県と長野県の県境に位置する活火山で，近くに暮らす人々は浅間山の噴火活動とともに生活を営んできた。

問４　①　浅間山北麓《ほくろく》の嬬恋《つまごい》村は夏でも涼《すず》しい気候であることを利用したキャベツなどの野菜の抑制栽培がさかんなので，アが正しい。　②「本州最北の地」は青森県にある下北半島の北端であることから，ウの下北ジオパークがあてはまる。なお，アの十勝岳は北海道に，イの勝山は福井県に，エの秋吉台は山口県にある。

問５　①　2022年に開通した西九州新幹線は，長崎駅から佐賀県にある武雄《たけお》温泉駅までの区間をつ

ないでいる。長崎県と佐賀県にまたがることから，ウが正しい。　②　官営八幡製鉄所は2015年に「明治日本の産業革命遺産　製鉄・製鋼，造船，石炭産業」の構成資産の一つとしてユネスコ(国連教育科学文化機関)の世界文化遺産に登録されたが，福岡県にある。なお，アは「明治日本の産業革命遺産　製鉄・製鋼，造船，石炭産業」の構成資産，イとエは「長崎と天草地方の潜伏《せんぷく》キリシタン関連遺産」の構成資産である。

問６　火砕流とは，火山から噴出した固体やガスが一体となって火山の斜面《しゃめん》を流れ下るもので，1991年に雲仙普賢岳で起こった火砕流では大きな被害が出た。

問７　洞爺湖は火口に水がたまってできたカルデラ湖で，洞爺湖の近くでは2008年には北海道洞爺湖サミットが開催された。なお，イは田沢湖，ウは中禅寺湖，エは霞ヶ浦について述べている。

問８　有珠山の近くには昭和新山がある。昭和新山は1943年から始まった噴火活動によって生まれた火山で，有珠山とともに「日本の地質百選」に選ばれている。なお，アの八甲田山は青森県，イの鳥海山は山形県と秋田県の県境に位置している。

問９　岐阜県と愛知県にまたがる濃尾平野には，合わせて木曽三川とよばれる木曽川・長良川・揖《い》斐《び》川が集中して流れているため，昔から洪水に悩《なや》まされてきた。そうしたことから耕地や集落の周囲を堤防で囲む輪中が発達した。なお，アは愛知県，イは和歌山県，エは奈良県の説明。

問10　①　地形図上の長さの実際の距離は，(地形図上の長さ)×(縮尺の分母)で求められる。この地形図の縮尺は25000分の１なので，地形図上で３cmの場合，実際の距離は３(cm)×25000＝75000(cm)＝750(m)となる。　②　地形図には広葉樹林(Q)の地図記号のほかに，針葉樹林(Λ)の地図記号も見られるので，エが適当でない。

問11　三宅島が位置するのは伊豆諸島である。伊豆諸島には，三宅島のほかに八丈島や神津島などがあり，東京都に属している。

問12　地熱発電は，石油や石炭などの化石燃料を使わず，火山付近の地下から得られる熱水や蒸気などの再生可能エネルギーを利用する発電方法である。天候や季節の影響を受ける太陽光や風力による発電とは異なり，地熱発電には安定して電力を得られる利点がある。

問13　御嶽《おんたけ》山は岐阜県と長野県の県境に位置しているので，福井県・岐阜県の県境を示しているＶが適当でない。

２　各時代の歴史的なことがらについての問題

問１　①　『魏志』倭人伝には，３世紀前半の邪馬台国《やまたいこく》の女王卑弥呼《ひみこ》についての記述がある。なお，アは『宋書』倭国伝，ウは『漢書』地理志，エは『後漢書』東夷伝の内容。　②　屈葬《くっそう》とは，縄文時代を通して行われた亡《な》くなった人の手足の関節を折り曲げて埋葬《まいそう》する方法のことで，死者の霊《れい》によるわざわいを防ぐために行われたなどと考えられている。なお，抜歯《ばっし》は縄文時代に始まった風習で，成年になる儀式として行われたと考えられている。古墳のまわりに並べられたのは埴輪《はにわ》である。

問２　ア　大宝律令は刑部《おさかべ》親王や藤原不比等《ふひと》らによって701年につくられた。　イ　行基は奈良時代に東大寺の大仏をつくるさいに活躍《かつやく》した僧である。　ウ　平安時代から鎌倉時代にかけて活躍した法然は，一心に「南無阿弥陀仏」と念仏を唱えれば極楽浄土に生まれ変われると説いて浄土宗を開いた。　エ　銀閣を建設したのは室町幕府の第８代将軍であった足利義政である。観阿弥は能(能楽)を子の世阿弥とともに大成した人物である。

問３　アは平安時代につくられた平等院鳳凰《ほうおう》堂，イは奈良時代につくられた唐招提寺金堂，ウは室町時代につくられた金閣である。光明皇后や聖武天皇は奈良時代の人物なので，イが正しい。

問４　①，②　源氏の将軍家が三代でとだえると，後鳥羽上皇は幕府から政権を取り戻すため，1221年に承久の乱を起こした。鎌倉幕府初代将軍の源頼朝の妻である北条政子は，御家人に対し，頼朝の御恩にこたえるように呼びかけ，御家人の結束を高めて上皇軍をやぶった。

問５　①　アは1587年，イは1549年，ウは1582年のできごとなので，年代の古い順にイ→ウ→アとなる。　②　江戸時代後半に流行した，多色刷りの浮世絵版画を錦絵《にしきえ》という。

問６　水野忠邦が1841～43年にかけて江戸幕府の老中として行った改革は天保の改革である。天保の改革では，株仲間の解散などを行ったが，大名などからの反発が大きく２年余りで失敗した。

問７　①「天は人の上に人をつくらず」で始まる福沢諭吉の著書は，『学問のすゝ《す》め』である。なお，アは夏目漱石，イは芥川龍之介，ウは樋口一葉の作品。　②　緒方洪庵《こうあん》は蘭学を学び，蘭学塾である適塾(適々斎塾)を開いた。なお，アは宮崎安貞，ウは伊能忠敬，エは本居宣長について述べている。

問８　大正時代は1912～26年にあたる。大正時代の1925年に日本で最初のラジオ放送が始まった。なお，アは1964年，ウは1872年，エは1969年(東名高速道路の全線開通)のことである。

問９　ア　サンフランシスコ平和条約は1951年に結ばれたが，沖縄の日本復帰は1971年に結ばれた沖縄返還協定によって1972年に実現した。　イ　1972年に田中角栄首相が中国を訪れて日中共同声明を発表したのち，1978年に福田赳夫《たけお》首相のときに日中平和友好条約が結ばれた。　ウ　1951年に日米安全保障条約が結ばれて，アメリカ軍が日本にとどまることになった。　エ　日本は韓国(大韓民国)との間で1965年に日韓基本条約を結び，韓国が朝鮮にある唯一《ゆいいつ》の合法的な政府であることを確認したので，北朝鮮(朝鮮民主主義人民共和国)とは国交を回復していない。

問10　①　1973年に起きた第四次中東戦争の影響から，石油や石油製品などの価格が高騰《こうとう》する石油危機(オイル・ショック)が発生した。　②　1980年代には，アの電気洗濯《せんたく》機やイの電気冷蔵庫，ウのテレビは一般家庭の９割以上に普及《ふきゅう》していたが，エのパソコンは普及していない。パソコンは1990年代後半から一般家庭に普及し始めた。

問11　「ユズ湯」は，エの冬至の日に入るとよいとされる風習の１つである。

3 国政についての問題

問１　①　参議院議員の定数は248人で，３年ごとに定数の半数ずつを改選することから，１回の参議院議員選挙では124人が改選される。本来改選される議席より１つ多い議席が改選されたことから，2022年７月10日に実施された参議院議員選挙で改選された数としては，アの125議席が正しい。　②　参議院議員選挙では，選挙区選出選挙で候補者名を書いて投票し，比例代表選出選挙で政党名もしくは候補者名を書いて投票することから，投票用紙は２枚である。

問２　予算案の審議は毎年１月に召集《しょうしゅう》される通常国会で行われるものであり，８月に召集された国会で行われるものではないので，ウが適当でない。なお，参議院議員選挙が行われた後の８月に召集された国会は臨時国会で，新しい参議院議長などが選出された。

問３　内閣改造とは，内閣総理大臣任命直後以外のときに，内閣総理大臣が国務大臣の全部または大部分を新しく任命することなので，アとエは正しくない。また，国会議員を有するすべての政党から国務大臣を任命することは一般的にない。

問４　①　選挙の方法や任期の異なる議院が２つあることによって，国民のさまざまな声が国会に反映され，慎重に審議を行うことができると考えられる。　②　衆議院の改選では，すべての議席が選挙されるので，衆議院議員を選ぶ選挙は総選挙とよばれる。

問５　日本国憲法第41条には，「国会は，国権の最高機関であって，国の唯一の立法機関である」と規定されている。

問６　復興庁が設置されている期間は復興大臣が追加されており，2025年の大阪万博開催に向けて万博担当大臣が追加されていることから，2022年９月時点の国務大臣は19名となっている。

理　科　＜第１回試験＞（社会と合わせて60分）＜満点：50点＞

解　答

1 (1)　エ　(2)　イ　(3)　ウ　(4)　ア　(5)　イ　2 (1)　20cm　(2)　25ｇ　(3)　ア，ウ　(4)　①　20cm　②　100ｇ　3 (1)　食塩(塩化ナトリウム)　(2)　再結晶　(3)　(例)　温度をゆっくり下げる。　(4)　32.1ｇ　(5)　(例)　加熱して水分を蒸発させる。　4 (1)　ウ　(2)　エ　(3)　c　(4)　肺静脈　(5)　g　5 (1)　ウ　(2)　イ　(3)　ウ　(4)　ア　(5)　36度

解　説

1　小問集合

(1)　金属はガラスや水よりも熱を伝えやすい。また，金属の中でも銀や銅はとても熱を伝えやすい。ここでは，熱を伝えやすい順に銅，鉄，ガラス，水の順になる。

(2)　気体の中で最も軽いものは水素である。なお，同じ体積の空気と重さを比べたとき，酸素は空気の約1.1倍，水素は約0.07倍，二酸化炭素は約1.5倍，塩素は約2.5倍の重さである。

(3)　ジャガイモのイモは地下にのびた茎《くき》の先がふくらんでできたもので，それを食用としている。なお，サツマイモのイモは根がふくらんでできたものである。また，ダイコンは主に根，トマトは果実を食用としている。

(4)　溶岩《ようがん》のねばりけが強いと，噴火《ふんか》が激しくなりやすく，図のようなドーム状の火山ができる。このような火山には，長崎県の雲仙普賢岳《うんぜんふげんだけ》や北海道の昭和新山などがある。

(5)　上皿天びんが分銅側に傾《かたむ》いたときは，のせている分銅をおろし，次に軽い分銅をのせる。

2　輪軸《りんじく》のつり合いについての問題

(1)　輪軸が回転したとき，輪と軸のそれぞれについているひもの動く長さは，半径の長さに比例する。図１で，Ａのひもがついている軸の半径と，Ｂのひもがついている輪の半径の長さの比は１：２だから，Ａのひもを下向きに10cm引いたときに，引き上げられるＢのひもの長さは，$10\times\frac{2}{1}=$20(cm)となる。

(2)　輪軸がつり合っているとき，(軸にかかる力の大きさ)×(軸の半径)＝(輪にかかる力の大きさ)×(輪の半径)となる。よって，Ｂのひもにつるすおもりの重さを□ｇとすると，50×１＝□×２より，□＝50÷２＝25(ｇ)と求められる。

(3)　鉛筆《えんぴつ》けずりや手回し発電機のハンドル，ドライバー，水道の蛇口《じゃぐち》などのように，輪にあたる部

分に力を加えて軸にあたる部分を回転させる道具は，輪軸の原理を応用したものである。

⑷　①　図２で，輪軸の軸についているＡのひもを20cm引くと，輪軸の輪はひもを，$20\times\frac{2}{1}=40$(cm)引き上げる。それにともなって動滑車《かっしゃ》が持ち上がるが，このとき動滑車の位置が上がったぶん，左側のひもと右側のひもが同じ長さだけ短くなったと考えると，動滑車は，40÷２＝20(cm)持ち上がる。したがって，動滑車につるしたおもりも20cm持ち上がる。　②　動滑車にかかるひもの左右それぞれに加わる重さは，100÷２＝50(ｇ)なので，輪軸の輪にかかる力も50ｇである。よって，Ａのひもを引く力を□ｇとすると，□×１＝50×２より，□＝100÷１＝100(ｇ)とわかる。

3　ものの溶《と》け方についての問題

⑴　写真は食塩(塩化ナトリウム)の結晶《けっしょう》を真上から見たものと考えられる。食塩の結晶は，立方体のような形をしていて，面には対角線のようなすじが見られることがある。

⑵　決まった量の水に対して溶ける物質の重さには限度があり，その限度の重さはふつう水の温度が高いほど多くなる。そのため，温度が高く濃《こ》い水溶液の温度を下げると，溶けている物質(溶質)の一部が溶けきれなくなり，結晶となって出てくる。このようにして溶質の結晶を取り出す方法を再結晶という。

⑶　水溶液の温度をゆっくり下げていくと，核《かく》となる小さな結晶のまわりに新たな結晶が付着して，大きな結晶に育ちやすい。

⑷　50ｇの水を60℃まで温め，ある物質を溶けるだけ溶かしたとき，できた水溶液にはその物質が，$109\times\frac{50}{100}=54.5$(ｇ)溶けている。その後，水を20ｇ加えたので，水溶液に含《ふく》まれる水は，50＋20＝70(ｇ)に増える。この水溶液を20℃まで冷やしたとき，20℃の水70ｇにある物質は，$32\times\frac{70}{100}=22.4$(ｇ)までしか溶けないので，54.5－22.4＝32.1(ｇ)が溶けきれなくなって結晶として出てくる。

⑸　物質が水に溶ける限度の重さは，水の量に比例する。よって，水溶液を加熱して水分を蒸発させても，結晶を得ることができる。

4　ヒトの血液の循環《じゅんかん》についての問題

⑴，⑵　図で，全身から戻《もど》ってきた二酸化炭素を多く含む血液は，ａの大静脈から心臓の右心房《ぼう》に入り，右心室からｂの肺動脈を通ってＡの肺に送られる。

⑶，⑷　肺では血液中の二酸化炭素と空気中の酸素が交換《こうかん》される。肺を通過した血液は酸素を多く含む血液となり，ｃの肺静脈を経て心臓の左心房に戻る。そして，左心室からｄの大動脈を通って全身に送り出される。よって，酸素を最も多く含む血液は，ｃの肺静脈を通る血液である。

⑸　食べたものを最終的に消化し，吸収するのはＣの小腸で，ここで養分を取り入れた血液は，ｇの門脈を通ってＢのかん臓に流れ，その養分の一部がかん臓にたくわえられる。したがって，食事のあと消化・吸収された養分を最も多く含む血液は，ｇの門脈を流れる血液である。

5　月の見え方についての問題

⑴　午後６時に，太陽は西の地平線付近にある。このとき東の地平線付近に見える月は，地球から見て太陽の反対側にある満月である。

⑵　午後６時に月が南中している場合，地球から見た月の位置は太陽から東(左)に90度ずれているため，月は右半分が光った半月となっている。この月は上弦《じょうげん》の月である。

(3)　月が同じ位置に見える時刻は毎日約48分ずつ遅《おそ》くなるから，５日後には，48×５÷60＝４(時間)遅くなる。よって，月が南中するのは午後，６＋４＝10(時)ごろとなる。

(4)　同時刻に見える月の位置は１日に約12度ずつ東へずれるので，５日後には，12×５＝60(度)東へずれる。したがって，南中していた月が５日後には東へ60度ずれるので，図１の角度ａは，90－60＝30(度)になる。

(5)　図２の角度ｂは，月が３日間でずれた角度にあたるので，12×３＝36(度)である。

国　語　＜第１回試験＞（50分）＜満点：100点＞

解　答

一　**問１**　①　ほりゅう　②　そな(える)　③　やかたぶね　④　げらく　⑤　いた(めて)　**問２**　下記を参照のこと。　二　**問１**　ア　**問２**　ウ　**問３**　エ　**問４**　ア　**問５**　（例）　天馬がいつか自分の工場をもちたいと言っていたにもかかわらず，ほかの仕事をしてみたいという理由で工場をやめると言ったから。　**問６**　**１**　ひとり暮らし　**２**　天馬は，家族じゃない　**問７**　エ　**問８**　エ　**問９**　イ　三　**問１**　「わがまま」な性格の人，自己中心的な人　**問２**　(1)　承認のゲーム　(2)　**１**　自己価値　**２**　社会的地位　**問３**　イ　**問４**　幻想的身体　**問５**　世間一般のルールや他者たちのルール　**問６**　（例）　自己了解とは「自己理解」と「他者による自己像」から成り立っているため，両者のズレが大きいほど不安に感じ，その不安を打ち消そうと，主観的な自己理解を行ってしまうという危険。　**問７**　エ　**問８**　ウ

●**漢字の書き取り**

一　**問２**　①　勤(めて)　②　録音　③　貿易　④　採血　⑤　批評

解　説

一　**漢字の読みと書き取り**

問１　①　その場では決めたり実行したりせず，そのままとどめておくこと。　②　音読みは「ビ」で，「備品」などの熟語がある。　③　屋根がある和風の船。　④　値段や価値が下がること。　⑤　音読みは「ツウ」で，「頭痛」などの熟語がある。

問２　①　音読みは「キン」「ゴン」で，「勤務」「勤行」などの熟語がある。　②　声や音をディスク，レコード，テープ，ICレコーダーなどに記録すること。　③　外国と商品を売り買いすること。　④　病気について調べたり，輸血したりするために，血液を体からとること。　⑤　ものごとのよしあしを判断して意見を言うこと。

二　**出典は工藤《くどう》純《じゅん》子《こ》の『てのひらに未来』による。**居《い》候《そうろう》の立場で迷惑《めいわく》をかけていると悩《なや》み，ひとり暮らしをしたいと言い出した天馬《てんま》に，琴葉《ことは》の父は厳しくも温かい声をかける。

問１　「工場」は，上の漢字が下の漢字を修《しゅう》飾《しょく》する組み立て。よって，アが選べる。なお，イは上の漢字が下の漢字の意味を打ち消す組み立て，ウは似た意味の漢字を重ねた組み立て，エは反対の意味の漢字を重ねた組み立て。

問２　「緊迫《きんぱく》」は，ひどくさしせまったようす。とつぜんひとり暮らしをしたいと言い出した天馬

の意図がわからず，あわて，混乱しているお母さんのようすが前後からうかがえるので，ウがよい。

問３　とつぜん「ひとり暮らしをしたい」と天馬が言い出したわけがわからず，お母さんが混乱しているところに，琴葉が「あたしのせい？」と天馬にたずねた場面である。お母さんは，琴葉が天馬に出ていけと言ったのではないかと考えたのだから，ふきげんな表情をしたという意味のエが選べる。

問４「天馬は，家族じゃない」という自分の発言をくり返すことで，琴葉は改めて自分はひどいことを天馬に言ってしまったと認識《にんしき》し，天馬を追いつめてしまったのかと落ちこみ，後悔《こうかい》したため，声が消え入るようになっていったものと考えられる。よって，アがよい。

問５　ほかの仕事もしてみたいので工場をやめるという天馬の発言を聞いた琴葉は，「うそだ」と感じている。続く琴葉の言葉にあるとおり，いつか工場を持ちたいと言って天馬は勉強していたことを知っているからである。

問６　**１**　本文の最初のほうで，琴葉は天馬に，「ひとり暮らし」がしたいと考えたのは自分のせいかとたずねている。　**２**　琴葉は自分が「天馬は，家族じゃない」と言ってしまったために，天馬は家を出ようと考えたのではないかと思っていることが，本文最初の部分から明らかである。

問７　この後のお父さんの言葉から考える。決して退職など認めないという強引《ごういん》とも感じられる言動ではあるが，これ以上迷惑はかけられないと悩む居候としてのつらい天馬の気持ちをお父さんは思いやり，「いつか，おまえもだれかの面倒《めんどう》を見ればいい」と声をかけているので，エがふさわしい。

問８　直前に「お父さんが自分について語るのをきくのははじめて」だとある。そのため，琴葉は思わずお父さんの話に耳を傾《かたむ》けたのだから，エがよい。

問９　琴葉の家に居候している天馬は，仕事を世話して家においてくれている琴葉の父や友人である琴葉に感謝しつつも，迷惑をかけていると悩み，ひとり暮らしをしたいと言い出している。よって，イが適切である。

三　**出典は竹田青嗣《たけだせいじ》の『哲学《てつがく》ってなんだ』による。**自己ルールを他者のルールと調整するのが人間関係の基本だが，うまくいかない人は自己了解《りょうかい》を試み，他者の声をよく聞き取ることが大事になると述べている。

問１　次の段落に，「『わがまま』な性格の人，自己中心的な人」は，他人は自分のルールを受け容《い》れてくれるものと思ってしまう人だとある。これは言いかえれば，自己ルールを押《お》し通してしまう人のことだといえる。

問２　⑴　二段落後に，人間関係は基本的に「承認のゲーム」だと述べられている。　⑵　**１**，**２**　二段落後の二番目の文に注目する。他者から一定の承認を得ることで，はじめて人は「自己価値」を確認でき，一定の「社会的地位」を実現できると書かれている。

問３　Ⅰ　前には，自己ルールを他者のルールとすりあわせて調整するのが人間関係の基本だが，そう簡単にはいかないとある。後には，その例である「わがまま」な性格の人，自己中心的な人があげられているので，具体的な例をあげるときに用いる「たとえば」が入る。　Ⅱ　他者から一定の承認を得ることの利点を人は知っているため，自己ルールと他者ルールを調整しながら生きていると前にある。後には，自己ルールが世間のルールや他者ルールと折り合えない人には，自己ルールが重荷になると続くので，前のことがらを受けて，それに反する内容を述べるときに用いる「しかし」が合う。　Ⅲ　前では，自己了解の意義などについて述べられているが，後では，自己了解の原則へと話題が変わっている。よって，それまで述べてきたことをいったん打ち切り，話題を変えるときに用いる「ところで」がよい。　Ⅳ　人間は自己自身について，「自己理解」と「他者による自己像」という二つの材料だけを持っていると前にある。後ではこれを言いかえているので，前に述べた内容を“要するに”とまとめて言いかえるときに用いる「つまり」があてはまる。

問４　「それ」は，直前に書かれているもので，「自己ルールとして形成されたもの」なのだから，「幻想《げんそう》的身体」がぬき出せる。

問５　この段落では，二，三番目の文は最初の文の説明になっているので，ぼう線④は「自己ルール」が「世間一般《いっぱん》のルールや他者たちのルール」と折り合いがつかないときを指す。このようなときには自己ルールが重荷になり，「自己理解」や「自己了解」が必要となるのである。

問６　※部分の二段落目にある，自己を了解するうえでの「基本的な困難」が「危険」にあたる。人間は自己自身について「自己理解」と「他者による自己像」を持っており，「自己了解」はこの二つから成り立っているが，両者のズレを感じるほど不安が大きくなる。この不安を打ち消すため，主観的な自己理解を行ってしまうという危険が「自己了解」の持つ危険である。

問７　直前の二段落に注意する。よい自己了解に達するためには，複数の他者の自己像の違《ちが》いの中から「自分の像」の中心をつかみ出す必要があるが，多くしゃべりすぎる人は概《がい》して他人の声をよく聞き取れないのだから，自己像をうまくつかめないことになる。よって，エがあてはまる。

問８　※部分の最初の文に，人間は自己自身について，「自己理解」と「本当の自分」があるのではないと書かれていること，最後の段落に「つねに他人の声にあわせるのがよいというわけではない」とあることから，アとエは合わない。また，※部分の二段落前に，人から愛される資質と能力や才能を持っている人は「承認ゲーム」でうまくやれると書いてあるが，それ以外の人はうまくいかないとは書かれていないので，イも正しくない。

Dr.福井の 入試に勝つ！脳とからだのウルトラ科学

右の脳は10倍以上も覚えられる！

手や足，目，耳に左右があるように，脳にも左右がある。脳の左側，つまり左脳は，文字を読み書きしたり計算したりするときに働く。つまり，みんなはおもに左脳で勉強していることになる。一方，右側の脳，つまり右脳は，音楽を聞き取ったり写真や絵を見分けたりする。

となると，受験勉強に右脳は必要なさそうだが，そんなことはない。実は，右脳は左脳の10倍以上も暗記できるんだ。これを利用しない手はない！　つまり，必要なことがらを写真や絵などで覚えてしまおうというわけだ。

この右脳を活用した勉強法は，図版が数多く登場する社会と理科の勉強のときに大いに有効だ。たとえば，歴史の史料集には写真や絵などがたくさん載っていて，しかもそれらは試験に出やすいものばかりだから，これを利用する。やり方は簡単。「ふ～ん，これが○○か…」と考えながら，載っている図版を５秒間じーっと見つめる。すると，言葉は左脳に，図版は右脳のちょうど同じ部分に，ワンセットで記憶される。もし，左脳が言葉を忘れてしまっていたとしても，右脳で覚えた図版が言葉を思い出す手がかりとなる。

また，項目を色でぬり分け，右脳に色のイメージを持たせながら覚える方法もある。たとえば江戸時代の三大改革の内容を覚えるとき，享保の改革は赤，寛政の改革は緑，天保の改革は黄色というふうに色を決め，チェックペンでぬり分けて覚える。すると，「“目安箱”は赤色でぬったから享保の改革」というように思い出すことができ，混同しにくくなる。ほかに三権分立の関係，生物の種類分け，季節と星座など，分類されたことがらを覚えるときもピッタリな方法といえるだろう。

Dr.福井(福《ふく》井《い》一成《かずしげ》)…医学博士。開成中・高から東大・文Ⅱに入学後，再受験して翌年東大・理Ⅲに合格。同大医学部卒。さまざまな勉強法や脳科学に関する著書多数。

2023年度 八雲学園中学校

【算　数】〈第２回試験〉（50分）〈満点：100点〉

1　次の□に当てはまる数を求めなさい。

(1)　$24 \div 3 \times 4 - 2 \times 6 = \square$

(2)　$\left(1\frac{1}{9} - \frac{5}{12} \times 0.8\right) \div 2\frac{1}{3} = \square$

(3)　$\left\{2.08 \div \frac{1}{10} - \left(\frac{6}{5} - 0.4\right)\right\} \times \left(0.6 + \frac{1}{4}\right) = \square$

(4)　$6.28 \times 3 + 3.14 \times 144 + 6.28 \times 45 - 3.14 \times 40 = \square$

(5)　$17 + (48 \times 3 \div \square - 4) \times 5 = 77$

2　次の各問いに答えなさい。

(1)　クラスの全員に同じケーキをプレゼントするためにケーキ屋に行きました。持っているお金で230円のショートケーキを買おうとしたら860円足りず，180円のシュークリームを買おうとすると740円余りました。このクラスの人数は何人ですか。

(2)　Ａさんの試験３日前からの学習時間を次の表にまとめました。この表をもとに円グラフを作るとき，英語の中心の角の大きさは何度ですか。

教科	国語	日本史	世界史	数学	理科	英語	合計
時間（分）	50	90	100	150	90	?	600

(3)　Ａ，Ｂ，Ｃの３人が１～50までの数が１つずつ書かれた50枚のカードを２枚ずつ引きました。次の表は３人が引いた２枚のカードに書かれた数の和と，大きい数から小さい数を引いた差をまとめたものです。３人のうち，２枚のカードに書かれた数の積が一番大きい人とその積を答えなさい。

	和	差
A	22	2
B	58	16
C	65	35

(4)　右の図は，正五角形と正三角形を組み合わせたものです。
㋐の角の大きさは何度ですか。

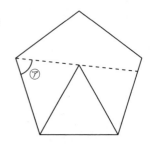

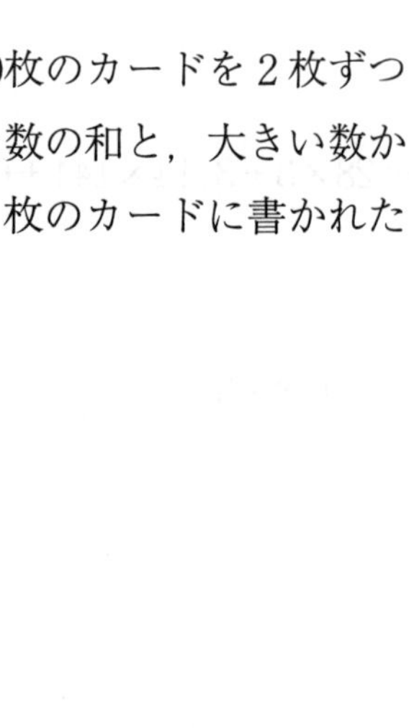

(5)　ある電車が，長さ220mのトンネルに入って完全に見えない時間が８秒，長さ300mの鉄橋をわたり始めてからわたり終わるまでにかかる時間が18秒でした。電車の長さは何mですか。ただし，電車の速さは一定であるとします。

(6)　次の図は，長方形と半円を組み合わせたものです。斜線《しゃせん》部分の面積とかげをつけた部分の面積の和が等しいとき，ECの長さは何cmですか。ただし，円周率は3.14とします。

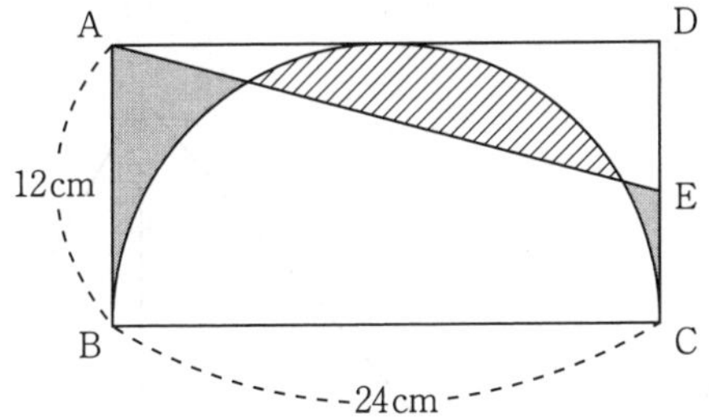

(7)　ある兄弟が買い物に行きました。はじめに兄は5000円，弟は3000円持って行きました。同じ値段のプラモデルを１つずつ買ったあと，兄は500円の漫画《まんが》を１冊買いました。買い物をしたあと，兄と弟の所持金の比が９：４になりました。このとき，プラモデル１つの値段は何円ですか。

(8)　右の図は正十二角形です。四角形ABCDの面積が200cm^2のとき，正十二角形の面積は何cm^2ですか。

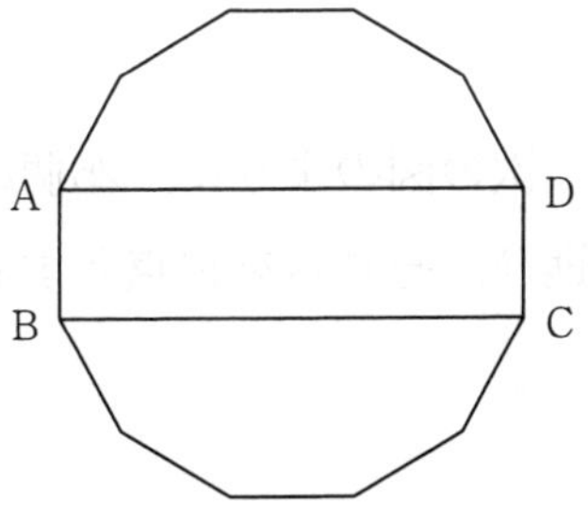

(9)　４で割ると３余り，13で割ると８余る整数で，小さい方から数えて39番目の整数はいくつですか。

3 花子さんは，家から2.4km 離《はな》れた駅に向けて，一定の速さで歩きました。花子さんが家を出発してから６分後に兄が家を出発し，駅に向けて同じ道を毎分200mの速さで自転車で走りました。途中《とちゅう》，兄は家から１km 離れたところにある本屋に立ち寄ったところ，花子さんと同時に駅に着きました。次のグラフは，花子さんが家を出発してからの時間と，２人の間の距離《きょり》の関係を表したものです。このとき，下の問いに答えなさい。

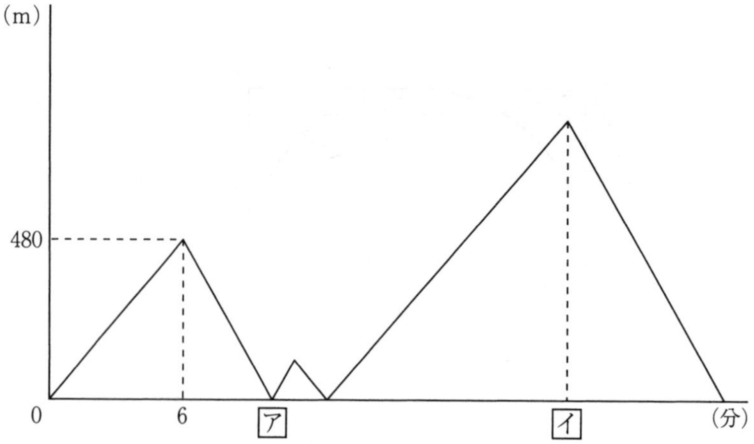

(1) ア に当てはまる数は何ですか。

(2) イ に当てはまる数は何ですか。

4 次の図のように，25個の点が等しい間隔《かんかく》で並んでいます。この点の中から４個を選び，それらを頂点とする正方形を作るとき，次のページの問いに答えなさい。

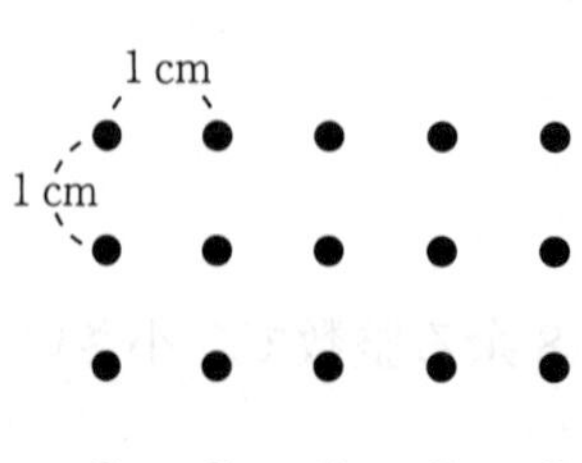

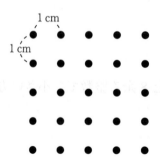

(1) 面積が $2\,\mathrm{cm}^2$ と $4\,\mathrm{cm}^2$ の正方形は同じ個数ずつ作ることができます。それぞれ何個ずつ作ることができますか。

(2) 面積が $1\,\mathrm{cm}^2$，$2\,\mathrm{cm}^2$，$3\,\mathrm{cm}^2$，……，$16\mathrm{cm}^2$ の16種類の正方形のうち，作ることができる正方形は何種類ありますか。

5 花子さんは，次のルールにしたがって暗号を作ることにしました。

① 〈表1〉にしたがい，アルファベットで作られた言葉を数字にする。

A	I	U	E	O	K	S	G	R
1	2	3	4	5	6	7	8	9

＜表1＞

② 〈表2〉にしたがい，①のそれぞれの数字を変換《へんかん》する。ただし，表の上段の数字を下段の数字に変換するものとする。

1	2	3	4	5	6	7	8	9
2	1	3	7	4	5	6	9	8

＜表2＞

③ ②の作業を指定された回数だけ繰《く》り返す。

例えば，「IE」を数字にすると「24」となり，これを1回変換すると，2は1に，4は7に変換されるので「17」，2回変換すると，さらに1が2に，7が6に変換されるので「26」となります。このとき，次の問いに答えなさい。

(1) 「GOKAKU」を2回変換したとき，できあがった暗号を6桁《けた》の数字で答えなさい。

(2) ある言葉を2023回変換したところ，「427382」という暗号ができました。このとき，もとの言葉をアルファベット6文字で答えなさい。

【社　会】〈第２回試験〉（理科と合わせて60分）〈満点：50点〉

1　次の文章と図を読んで，あとの問いに答えなさい。

新型コロナウイルス感染症《かんせんしょう》の拡大によって，多くの学校行事が制限されました。八雲学園でも行事が制限されることがありましたが，一泊《いっぱく》遠足などを感染対策をしながら実施《じっし》しました。全国の中学校でも修学旅行が実施できなかったり，実施できても行き先を変更《へんこう》せざるをえない状況《じょうきょう》がありました。以下の（図１）と（図２）は修学旅行の行き先の変化（都道府県），2020年度の人気の見学先をそれぞれあらわしたものです。

（図１）　今回は2020年度，前回は2019年度，
前々回は2018年度の調査

順位			旅行先	件数
前々回	前回	今回		
1	1	1	京都	49
2	2	2	奈良	46
20	13	2	山梨	46
13	16	4	長野	38
12	12	5	北海道	36
－	－	5	三重	36
－	18	7	栃木	32
18	17	8	静岡	29
14	15	9	岩手	28
8	9	10	長崎	25
10	11	10	兵庫	25
7	7	12	広島	18
－	－	12	岐阜	18
－	－	14	宮城	17
－	－	14	福島	17
4	4	14	大阪	17
－	－	17	新潟	16
－	－	17	香川	16
17	18	17	鹿児島	16
5	5	20	千葉	15
－	－	20	和歌山	15
15	14	20	熊本	15

＊総件数は776件
＊滞在時間に関係なく訪問した都道府県をカウント。
（旅行中複数回滞在してもカウントは「１」とした）
＊前回・前々回の３位は東京

（図２）

順位	見学先
1	奈良公園
1	富士急ハイランド
3	富士山
4	清水寺
5	ア那須ハイランドパーク
6	ナガシマスパーランド
6	法隆寺
8	中尊寺
9	イ長崎平和公園
10	広島平和記念公園
10	富士サファリパーク
12	ウ宮島・厳島神社
12	薬師寺
14	ハウステンボス
14	伊勢神宮
16	グリーンランド
16	松島
16	函館山

※グリーンランドは熊本県にあるアミューズメントパーク

（教育旅行年報「データブック2021」）

問１　（図１）について

①　（図１）から読み取れる内容として適当でないものを次の中から１つ選び，記号で答えなさい。

ア　前々回から今回まで，上位５位までに東北地方の県は入っていない。

イ　京都・奈良は前々回から今回まで１・２位と変化していない。

ウ　今回の調査で，四国の県は上位20位までに入っていない。

②　京都府の伝統的工芸品として正しいものを次の中から１つ選び，記号で答えなさい。

ア　輪島塗　　**イ**　備前焼　　**ウ**　西陣織　　**エ**　南部鉄器

③　奈良県の大和郡山市でさかんにおこなわれている養殖《ようしょく》業の説明として正しいものを次の中から１つ選び，記号で答えなさい。

ア　水不足にそなえるためのため池を利用して金魚が養殖されている。

イ　複雑な海岸線を利用して真珠が養殖されている。

ウ　栄養分が豊富で広大な湖を利用してしじみが養殖されている。

④　山梨県は果物の栽培《さいばい》がさかんで，ぶどうとももの生産量が日本一ですが，果樹園が多くある山梨県の盆地を答えなさい。

⑤　長野県の農林水産業や工業の説明として適当でないものを次の中から１つ選び，記号で答えなさい。

ア　砺波平野では，チューリップの球根の栽培がさかんである。

イ　野辺山原では，抑制《よくせい》栽培によるレタスなどの栽培がさかんである。

ウ　諏訪地方では，精密機械や電子部品の生産がさかんである。

⑥　北海道地方の農林水産業や工業の説明として適当でないものを次の中から１つ選び，記号で答えなさい。

ア　石狩平野では稲作，十勝平野では畑作がさかんである。

イ　根釧台地では1950年代にパイロットファームがつくられたため，酪農《らくのう》がさかんである。

ウ　排他的経済水域による規制がないため，遠洋漁業がさかんである。

エ　地元の資源を利用した食料品工業，製紙・パルプ工業がさかんである。

⑦　三重県が上位になっている要因の１つとして，ナガシマスパーランドのほかに，見学先として人気のある場所がありますが，その見学先を（図２）から選びなさい。

⑧　栃木県が国内収穫《しゅうかく》量のほぼ100％を占《し》める工芸作物として正しいものを次の中から１つ選び，記号で答えなさい。

ア　こんにゃくいも　　**イ**　かんぴょう　　**ウ**　い草　　**エ**　紅花

⑨　兵庫県は(図１)では前々回と今回で10位に入っていますが，(図２)の見学先には１カ所も入っていません。兵庫県を訪れるとしたら，どこを訪れますか。１カ所答えなさい。

問２　(図２)について

①　下線部**ア〜ウ**の位置を東から西の順に並べ，記号で答えなさい。

②　次の奈良公園付近の地図から読み取れることとして適当でないものを下の中から１つ選び，記号で答えなさい。

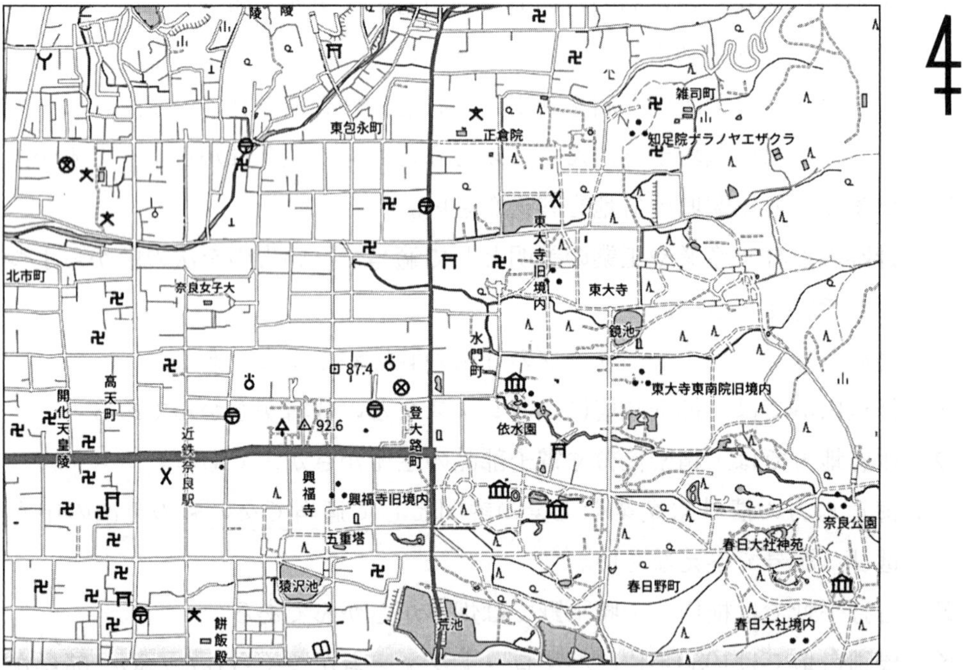

ア　東大寺の北西には，正倉院や交番がある。

イ　地図の中には史跡が見られるが，記念碑《ひ》は見られない。

ウ　興福寺の北西には，官公署や郵便局がある。

③　②の地図中にある右の地図記号があらわしているものを次の中から１つ選び，記号で答えなさい。

ア　老人ホーム　　**イ**　博物館・美術館

ウ　図書館　　**エ**　病院

④　富士山のふもとの市町では共同でゼロカーボンシティー宣言を出すなどして，持続可能な地域社会づくりに取り組んでおり，再生可能エネルギーの活用にも力を入れています。再生可能エネルギーの例を１つあげなさい。

⑤　中尊寺は，かつての奥州藤原氏の栄華《えいが》を残す平泉にあり，その北には宮沢賢治のふるさととしても知られる場所もあります。これらの場所がある県を漢字で答えなさい。

⑥　松島は日本三景に選ばれていますが，2011年の東日本大震災の影響《えいきょう》を大きく受けた地域です。さまざまな自然災害に対する防災対策として適当でないものを次の中から１つ選び，記号で答えなさい。

ア　川の氾濫《はんらん》の被害《ひがい》を防ぐために，堤防《ていぼう》や防潮林などの整備をする。

イ　台風などの被害を防ぐために，川の水量を調整するダムを建設する。

ウ　地震などの被害を防ぐために，耐震《たいしん》構造の家に住むようにする。

エ　がけ崩《くず》れの被害を防ぐために，斜面《しゃめん》にコンクリートの格子枠《わく》をつくる。

2　次の文章を読んで，あとの問いに答えなさい。

2023年は，関東大震災が発生して（　A　）年となります。関東大震災は神奈川県西部や相模湾を震源とする説がある（　B　）7.9の地震とそれにともなう災害で，死者・行方不明者約10万５千人ともいわれ，そのほとんどが火災によるものでした。特に被害が大きかったのが，多くの人が密集して避難《ひなん》していた陸軍被服廠《ひふくしょう》跡でした。この地は，C 1930年に「横網《よこあみ》町公園」となり，現在も公園内には D 震災の状況を伝える復興記念館や，震災による遭難《そうなん》者と太平洋戦争の犠牲《ぎせい》者を供養《くよう》するための慰霊《いれい》堂などが設けられています。また，近くにある E 回向院《えこういん》にも関東大震災の供養塔《とう》があります。

この「横網町公園」や回向院がある墨田区は，1947年に隅田川堤《づつみ》の通称「墨堤《ぼくてい》」の「墨」と，「隅田川」の「田」からの２字を選んで名付けられました。この地域は，F 古墳時代には人が住んでおり，大宝律令では下総国葛飾郡と定められました。平安時代の『（　G　）』には「すみだ川」で在原業平《ありわらのなりひら》が歌を詠《よ》む場面が記されています。鎌倉時代以降は，葛西氏と江戸氏，H 北条氏などが支配し，戦乱に巻きこまれながらも，農村地帯として発展しました。

江戸時代に入り，1657年の明暦の大火をきっかけとして，隅田川に両国橋がかけられると，武家屋敷《やしき》などが移転され，市街地として開発されました。I 1702年の赤穂浪《あこうろう》士《し》が討《う》ち入りをした吉良邸《きらてい》もこの地域にあります。また，J 有名な隅田川の花火なども江戸時代に始まっています。

K 明治時代になると工業地帯化が進み，1894年には鉄道も開通しました。その後の震災や戦争などによって大きな被害を受けましたが，1953年には工場数が第二次世界大戦前を上回り，産業のまちとして復興を遂《と》げました。L 人口は1963年をピークに減少しましたが，現在は増加に転じています。

問１　空欄《らん》（A）にあてはまる数字を次の中から１つ選び，記号で答えなさい。

ア　80　　**イ**　100　　**ウ**　120　　**エ**　200

問２　空欄（B）にあてはまる地震の規模を示す言葉を次の中から１つ選び，記号で答えなさい。

ア　ヘクトパスカル　　**イ**　ペーハー

ウ　マグニチュード　　**エ**　ミリバール

問３　下線部Cについて，このころの社会の状況として正しいものを次の中から１つ選び，記号で答えなさい。

ア　地租改正で税の制度が変わったが，農民の負担が変わらなかったため，各地で反対一揆が起こった。

イ　ポーツマス条約が結ばれたものの，賠償《ばいしょう》金を得られなかったため日比谷焼き打ち事件が起こった。

ウ　米の値上がりから，米屋などを襲撃《しゅうげき》する米騒動《そうどう》が全国各地で発生した。

エ　世界恐慌の影響を受けて企業《きぎょう》の倒産《とうさん》が増え，失業者が増大した。

問４　下線部Ｄについて

①　震災の状況をあらわした次の地図から読み取れる内容として適当でないものを下の中から１つ選び，記号で答えなさい。

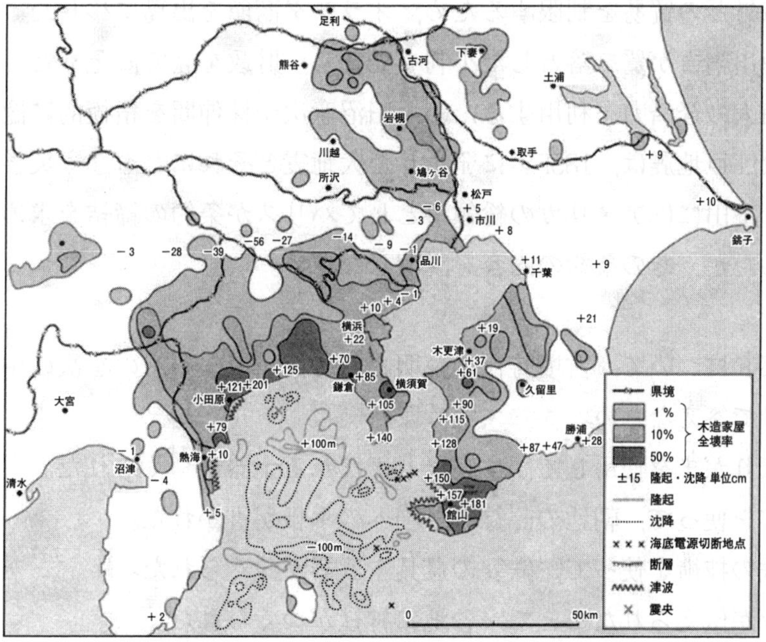

関東地震による木造家屋全壊率および地盤昇降の数値

ア　木造家屋が全壊《ぜんかい》した地域は，埼玉県や茨城県にも及《およ》んでいる。

イ　千葉県や神奈川県では，津波の被害を受けた地域がある。

ウ　この地震によって地盤《じばん》が隆起《りゅうき》した場所はあるが，沈《しず》んだ場所はない。

②　慰霊堂で供養されている多くの犠牲者を出した，太平洋戦争中の1945年３月10日の出来事として正しいものを次の中から１つ選び，記号で答えなさい。

ア　航空機からの空襲

イ　原子爆弾の投下

ウ　東京湾の軍艦《ぐんかん》からの砲撃

問５　下線部Ｅについて，回向院には関東大震災の供養塔のほかにも，大黒屋光太夫・浅間山大噴火・安政江戸地震など，さまざまな供養塔があります。

①　大黒屋光太夫は伊勢の商人でロシアに漂流《ひょうりゅう》し，1792年にロシアの使節とともに根室に来航しました。この時来航したロシアの使節の名前を答えなさい。

② 浅間山は1783年に大噴火をしました。このころの政策として正しいものを次の中から１つ選び，記号で答えなさい。

ア 全国の大名を取りしまるため，徳川秀忠が武家諸法度を制定した。

イ 海外との貿易を制限するため，オランダ商館を出島に移した。

ウ 徳川綱吉が質を落とした小判を発行し，財政を立て直そうとした。

エ 商人の経済力を利用するため，田沼意次が株仲間を積極的に認めた。

③ 安政江戸地震は，1855年に発生した大地震とそれにともなう災害です。このころ，下田にはアメリカの総領事としてハリスが条約の締結《ていけつ》を求めて来日していましたが，その条約の内容を説明しなさい。

問６ 下線部Ｆについて，古墳時代の説明として適当でないものを次の中から１つ選び，記号で答えなさい。

ア のぼりがまを使用して，すえ器とよばれる土器がつくられた。

イ 漢字を使って，朝廷の記録や外国への手紙が書かれた。

ウ 製鉄の技術を使って，鉄製の農具や武器がつくられた。

エ 儒教が伝えられたことで，各地に神社がつくられた。

問７ 空欄（Ｇ）にあてはまる在原業平が主人公とされる歌物語の題名を漢字で答えなさい。

問８ 下線部Ｈについて，北条氏は戦国大名ですが，北条氏の説明として適当でないものを次の中から１つ選び，記号で答えなさい。

ア 自分の国を支配するため，分国法（家法）とよばれる法律をつくった。

イ 長篠の戦いで織田信長に敗れて，滅亡《めつぼう》した。

ウ 小田原を拠点《きょてん》に，関東地方全域に勢力をもった。

問９ 下線部Ｉについて，この出来事を題材として，歌舞伎や人形浄瑠璃《じょうるり》で人気となった作品を次の中から１つ選び，記号で答えなさい。

ア 『仮名手本忠臣蔵』　**イ** 『奥の細道』

ウ 『曽根崎心中』　**エ** 『東海道中膝栗毛』

問10　下線部Ｊについて，花火とともに江戸時代にさかんになり，現在は両国の国技館を中心におこなわれ，日本の国技とされているスポーツを答えなさい。

問11　下線部Ｋについて，この地域には多くの紡績工場がありましたが，明治時代の紡績業の説明として正しいものを次の中から１つ選び，記号で答えなさい。

ア　生糸は主に朝鮮や清などに輸出されたが，割合としては茶などに比べて少なかった。

イ　機械による生産によって綿糸の生産が急増し，輸出量が輸入量を上回った。

ウ　工場労働者の多くが男性で，サラリーマンとよばれた。

問12　下線部Ｌについて

①　次の墨田区の人口の推移をあらわしたグラフから読み取れることとして適当でないものを下の中から１つ選び，記号で答えなさい。

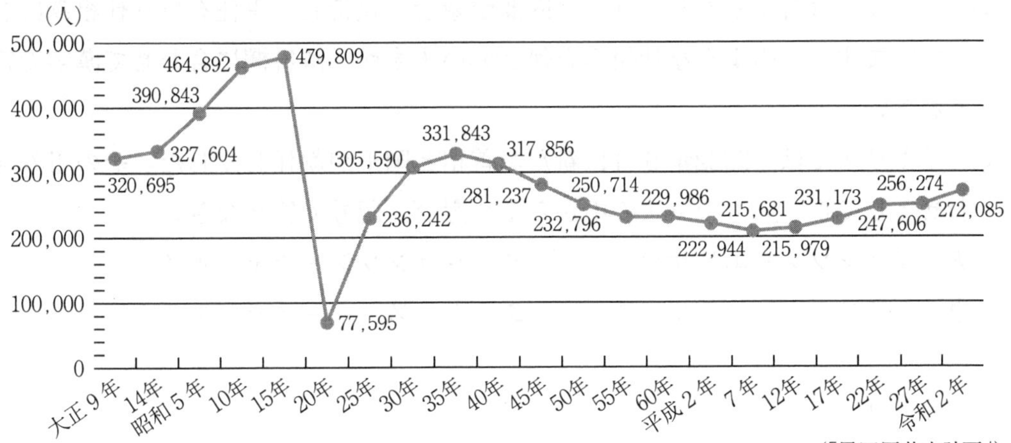

(「墨田区基本計画」)

ア　第二次世界大戦によって，その直前の６分の１以下になった。

イ　第二次世界大戦後，戦前のピークをこえたことがない。

ウ　昭和35年以降，平成７年までの間に10万人以上減少している。

エ　平成７年以降，１年間に約１万人のペースで増加している。

②　人口が増加している原因の１つとして考えられる，平成24年に開業した観光名所を次の中から１つ選び，記号で答えなさい。

ア　よみうりランド　　**イ**　レインボーブリッジ

ウ　東京スカイツリー　　**エ**　丸の内ビルディング

3 次の文章を読んで，あとの問いに答えなさい。

2022年９月，ラウンドスクエアの国際会議が３年ぶりに$_{\text{A}}$イギリスで開催《かいさい》され，八雲学園から６名の生徒が参加しました。今回の会議のテーマは“Take Less : Be More”，節約や削減《さくげん》したものから，多くのものを得ていくという意味があります。

国際会議が開催できなかったこの３年で，世界情勢は大きく変化しました。新型コロナウイルス感染症の拡大や$_{\text{B}}$国際紛争の発生によって，海外への渡航《とこう》制限，$_{\text{C}}$物価高騰《こうとう》，食糧《しょくりょう》危機など，多くの課題がうまれています。これまでにも世界的な課題を解決するために$_{\text{D}}$SDGs(持続可能な開発目標)が設定されていましたが，目標を達成するために，これまで以上に$_{\text{E}}$国際連合を中心とした国際機関の活動が大切になってきます。そして，私たち一人一人も行動を見直していく必要があるはずです。行動を見直し，節約や削減したものから多くのものを得ていかなければなりません。

問１　下線部Aについて

① イギリスは日本と同じように，内閣が議会と連帯して責任を負う仕組みになっています。このような仕組みを何といいますか。解答欄に合わせて漢字で答えなさい。

② イギリスでは，2022年９月に新たな首相と国王が就任しました。その組み合わせとして正しいものを次の中から１つ選び，記号で答えなさい。

ア ジョンソン－エリザベス　**イ** ジョンソン－チャールズ
ウ トラス　－エリザベス　**エ** トラス　－チャールズ

問２　下線部Bについて

① ロシアのウクライナ侵攻《しんこう》によって，フィンランドとスウェーデンが加盟を申《しん》請《せい》した組織を次の中から１つ選び，記号で答えなさい。

ア ヨーロッパ連合　**イ** 北大西洋条約機構
ウ ワルシャワ条約機構　**エ** ヨーロッパ経済共同体

② 国際紛争の発生によって，核兵器の使用に対する危機感が高まっています。核兵器に関する文として適当でないものを次の中から１つ選び，記号で答えなさい。

ア 冷戦中に起きたキューバ危機がきっかけとなり，核兵器に反対する国際世論が高まった。

イ 核拡散防止条約によって核兵器の保有が限定されたため，アジアには核兵器保有国はない。

ウ 国際原子力機関は，核兵器の拡散防止と原子力の平和利用に向けた研究や開発を推進している。

問３ 下線部Ｃについて，物価高騰や食糧危機の原因として，資源や食糧を他国からの輸入に頼《たよ》っていることがあげられます。日本が国内消費量の90％以上を輸入に頼っているものとして適当でないものを次の中から１つ選び，記号で答えなさい。

ア 石油　**イ** 石炭　**ウ** 大豆　**エ** 米

問４ 下線部Ｄについて，SDGs に関する文として適当でないものを次の中から１つ選び，記号で答えなさい。

ア お店で常にビニール袋をもらうことは，「海の豊かさを守ろう」という目標の達成につながる。

イ 自動車ではなく自転車で移動することは，「気候変動に具体的な対策を」という目標の達成につながる。

ウ 家庭の電気を再生可能エネルギーから得ることは，「エネルギーをみんなにそしてクリーンに」という目標の達成につながる。

問５ 下線部Ｅについて

① 国際連合に関する文として正しいものを次の中から１つ選び，記号で答えなさい。

ア ヴェルサイユ会議で国際連合憲章が採択《さいたく》された。

イ ジュネーブに本部があり，190カ国以上が加盟している。

ウ 総会の投票は１国１票で，議決の原則は多数決制である。

エ 信託《しんたく》統治理事会はアフリカの国々を中心に活動している。

② 安全保障理事会を構成する国のうち，任期が無期限であり，拒否《きょひ》権をもつ５カ国を何といいますか。

【理　科】〈第２回試験〉（社会と合わせて60分）〈満点：50点〉

1　次の問いに答えなさい。答えは**ア**～**エ**からそれぞれ最も適当なものを１つ選び，記号で答えなさい。

(1)　左下の図Ａのふりこと周期が違《ちが》うものはどれですか。

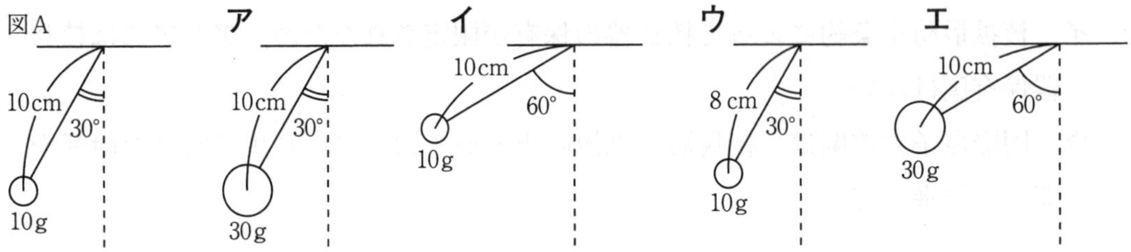

(2)　次のうち，気体が溶《と》けている水溶《よう》液はどれですか。

ア　塩酸　　**イ**　石灰《かい》水　　**ウ**　食塩水　　**エ**　さく酸水溶液

(3)　次のうち，両生類に分類される動物はどれですか。

ア　カモノハシ　　**イ**　イモリ　　**ウ**　ペンギン　　**エ**　カメ

(4)　次のうち，冬の日本で真夜中に南の空に見える星座はどれですか。

ア　オリオン座　　**イ**　ペガスス座　　**ウ**　しし座　　**エ**　さそり座

(5)　次のうち，古紙を再生利用した製品につけられるマークはどれですか。

2　浮《ふ》力の大きさは，１cm^3あたりの水溶液の重さ〔g/cm^3〕×物体がおしのけた水溶液の体積〔cm^3〕で求めることができます。たとえば，水の場合は１cm^3あたり１ｇなので，体積が10cm^3のおもり全体を水の中につるしたときにおもりにはたらく浮力の大きさは，１〔g/cm^3〕×10〔cm^3〕＝10〔ｇ〕となります。浮力について，次の問いに答えなさい。

(1)　重さ80ｇ，体積50cm^3のおもりをばねばかりにつるして，右の図１のようにおもり全体を水の中に入れました。ばねばかりは何ｇをさしますか。

図１

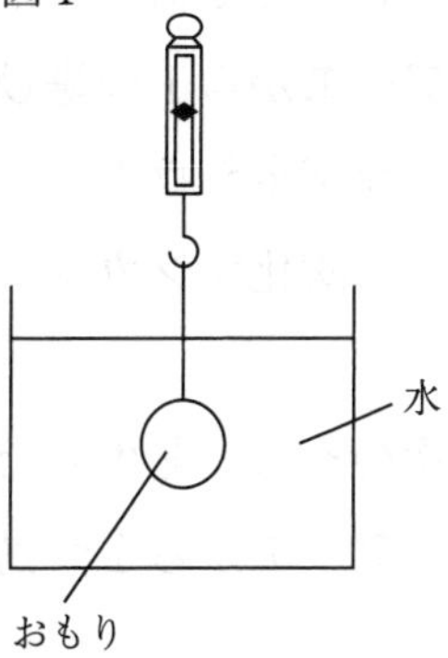

(2)　(1)と同じおもりを１cm^3あたり1.2ｇの食塩水の中に図１と同様におもり全体を入れました。このとき，ばねばかりは何ｇをさしますか。

(3)　右の図２のように，重さ90ｇ，体積150cm^3の物体が水に浮《う》かんでいます。

①　液面上に出ている部分の物体の体積を求めなさい。

②　図２の水を(2)の食塩水にしたとき，液面上に出ている部分の物体の体積を求めなさい。

図２

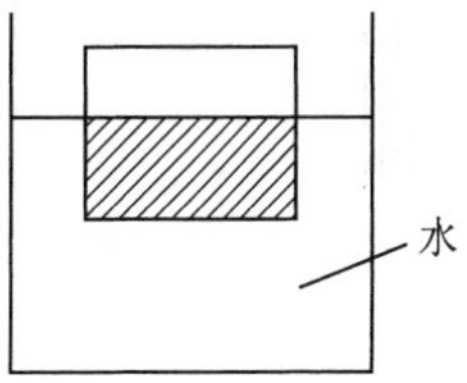

(4)　(3)の②の状態から右の図３のように，物体におもりをのせて物体がちょうど液面下に沈《しず》むようにするためには，何ｇのおもりが必要ですか。

図３

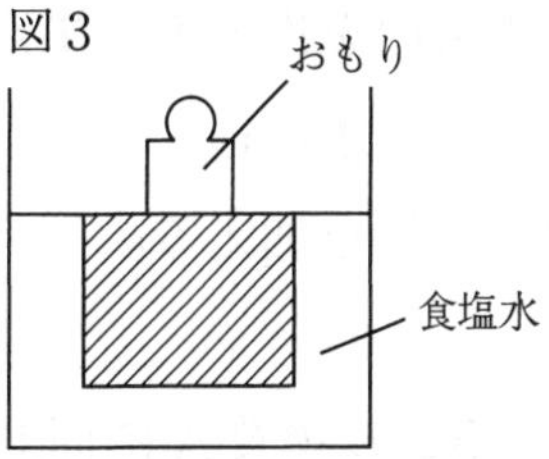

3　１ｇの物質Ａに少しずつうすい塩酸を加えていくと二酸化炭素が発生しました。このときに加えたうすい塩酸の体積と発生した気体の体積を右のグラフに示します。次の問いに答えなさい。

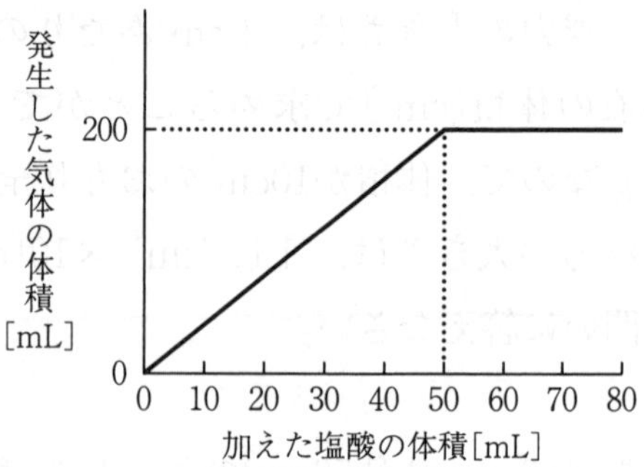

(1)　物質Ａとは何ですか。最も適当なものを次の**ア**～**エ**から１つ選び，記号で答えなさい。

ア　マグネシウム　　　**イ**　アンモニア

ウ　二酸化マンガン　　**エ**　石灰石

(2)　次のうち，発生した二酸化炭素を集める方法として，最も適当なものはどれですか。**ア**～**エ**から１つ選び，記号で答えなさい。

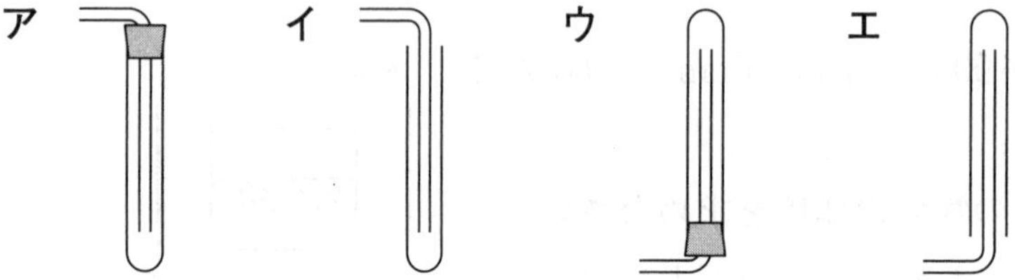

(3)　発生した気体が二酸化炭素であることを確認するために行う操作として，最も適当なものを次の**ア**～**エ**から１つ選び，記号で答えなさい。

ア　石灰水に通す。　　　**イ**　火のついた線香《こう》を入れる。

ウ　塩酸を加える。　　　**エ**　アンモニア水のついたガラス棒を近づける。

(4)　1.5ｇの物質Ａに同じ濃《のう》度の塩酸を90mL加えたときに発生する二酸化炭素は何mLですか。

(5)　２ｇの物質Ａに同じ濃度の塩酸を80mL加えたときに発生する二酸化炭素は何mLですか。

4　次の文章を読み，あとの問いに答えなさい。

近年，里山が注目されている。自然をそのまま放置したものではなく，人の手が入ることによって，生物の(　　)性につながっている。しかし，里山が減少してしまったことでこの生物(　　)性は危機に直面している。

(1)　生物(　　)性とは，生物の豊かな個性とつながりのことを表す言葉です。文中の空欄《らん》(　　)にあてはまる語を答えなさい。

(2)　里山の例として雑《ぞう》木林《きばやし》があげられます。雑木林とは人の手が加えられたどのような森林のことをさしますか。最も適当なものを次の**ア**～**エ**から１つ選び，記号で答えなさい。

ア　１種類の植物だけが生息する森林。

イ　さまざまな種類の植物が生息する森林。

ウ　半分程度の木が枯《か》れてしまっている森林。

エ　ほとんどの木が枯れてしまっている森林。

(3)　雑木林には，そうでない森林に比べ，どのような特徴《ちょう》がありますか。最も適当なものを次の**ア**～**エ**から１つ選び，記号で答えなさい。

ア　砂漠《ばく》化が進む。　**イ**　動物が全く生息できなくなってしまう。

ウ　草原が広がる。　**エ**　多くの種類の動物が生息しやすくなる。

(4)　下線部の「危機」として，生物種の絶滅《めつ》や絶滅危惧《ぐ》があげられます。次の**ア**～**カ**から日本の絶滅種を２つ選び，記号で答えなさい。

ア　ニホンオオカミ　**イ**　アホウドリ　**ウ**　ミナミメダカ

エ　アオウミガメ　**オ**　ニホンウナギ　**カ**　ニホンカワウソ

(5)　里山が減ってきてしまったことが原因で，いくつもの問題が起きています。そのうち，比かく的すぐに起こる問題の例として最も適当なものを次の**ア**～**エ**から１つ選び，記号で答えなさい。

ア　二酸化炭素が増え，地球温暖化につながる。

イ　湿《しっ》地にすむ渡《わた》り鳥の休む場所が失われてしまう。

ウ　野生動物が人里に下りてきてしまう。

エ　外来生物が増加して，外来生物しかいなくなってしまう。

5　右の図はある時期に特徴的な日本付近の天気図を表しています。日本の天気について，次の問いに答えなさい。

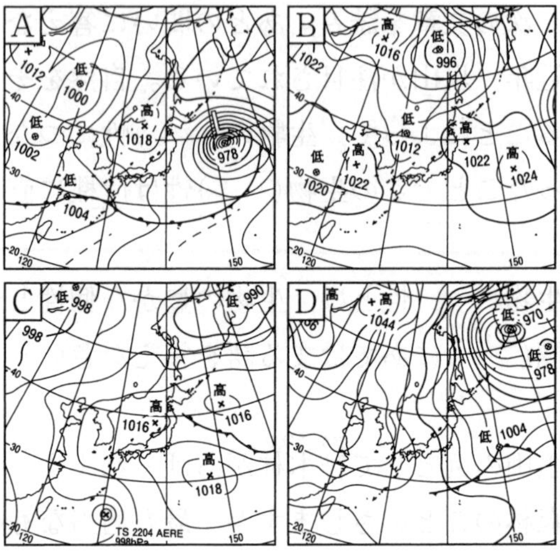

(1)　A～Dの天気図と，その時期の組み合わせとして最も適当なものを次の**ア**～**カ**から１つ選び，記号で答えなさい。

	A	B	C	D
ア	冬	夏	春	つゆ
イ	夏	つゆ	冬	春
ウ	冬	春	夏	つゆ
エ	つゆ	春	夏	冬
オ	春	夏	つゆ	冬
カ	つゆ	冬	春	夏

(2)　Dの時期に吹《ふ》く季節風はどの方角から吹く風ですか。最も適当なものを次の**ア**～**エ**から１つ選び，記号で答えなさい。

ア　南東　　**イ**　北東　　**ウ**　南西　　**エ**　北西

(3)　日本の上空に常に吹いている強い風は，およそどの方角から吹く風ですか。最も適当なものを次の**ア**～**エ**から１つ選び，記号で答えなさい。

ア　東　　**イ**　西　　**ウ**　南　　**エ**　北

(4)　(3)の風のことを何といいますか。

(5)　日本付近で見られる低気圧での風の吹き方のようすを表した図として最も適当なものを次の**ア**～**エ**から１つ選び，記号で答えなさい。

ア

イ

ウ
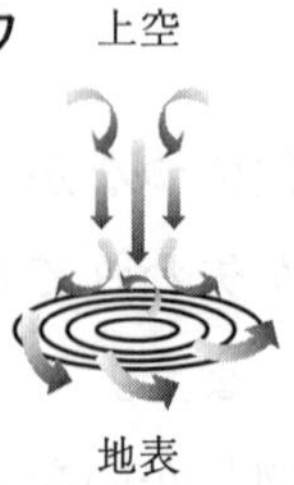

エ

問八　この文章の内容に合っているものを次から一つ選び、記号で答えなさい。

ア　アメリカ人の自己は他者や状況から影響を受けない独自な存在であるため、アメリカ人は相手が何を思い、何を感じているかなど気にせずに自分のしたいことをし、自分の言いたいことを言う。

イ　心理学者のマーカスと北山忍は他人を気にする日本人の考え方を未熟だとするのはアメリカ的であり、他人との絆を自分の中に取り込んでいくのも、ひとつの発達の方向性であるとすべきだと主張している。

ウ　自己主張のスキルを磨かずに育ってきた日本人は自分の意見を押し通すことができないため、グローバル化の時代を生きぬくことが困難であり、もっと批判されるべきである。

エ　日本人はアメリカ人と比べて自己主張が苦手だと言われており、成長の過程でもそのようなスキルを磨くことがまったくないため、そもそも自分の意見や要求を持つことがない。

問九　この文章には次の文がぬけています。この文が入る位置として適切なものを文章中の【ア】～【エ】から一つ選び、記号で答えなさい。

・欧米人のように相手との関係性に影響を受けない一定不変の自己などというものはない。

問二 ——②「相手はどうしたいんだろう～意向を気にする」とありますが、このような日本人の傾向《けいこう》を表した言葉を文章中から三字でぬき出して答えなさい。

問三 ——③「日本的な心のあり方」の例として適切でないものを次から一つ選び、記号で答えなさい。

ア 来月の試合で優勝しておじいちゃんを笑顔にしたいから、毎日の練習をもっと頑張ろう。

イ 教室のすみずみまできれいに掃除《そうじ》すればみんなが快適に過ごせるから、ていねいに掃除しよう。

ウ 次のテストで百点を取ることができれば好きなゲームを買ってもらえるから、勉強しよう。

エ Aくんが怪我《けが》をしていて動けず困っているだろうから、代わりに荷物を運んであげよう。

問四 ——④「関係性を生きている」とありますが、「関係性を生きている」自己とはどのような存在ですか。「～存在。」に続くように文章中から四十字で探し、最初と最後の五字をぬき出しなさい。

問五 ——⑤「変える」の主語を文章中から一文節でぬき出して答えなさい。

問六 ——⑥「相手の視線が気になる」とありますが、その理由を説明した次の文の［1］～［3］にあてはまる言葉を、文章中からそれぞれ指定の字数でぬき出して答えなさい。

・アメリカ的な［1（一字）］を生きる自己とは異なり、日本人の自己は、相手から独立したものではなく、［2（五字）］を自分の意見や要求に取り込みつつ、こちらの意向を主張しなければならないという、相手との［3（四字）］に基づくものであるから。

問七 ［⑦］にあてはまる接続詞として適切なものを次から一つ選び、記号で答えなさい。

ア でも　**イ** だから　**ウ** そして　**エ** つまり

れないのに対して、自分を押し出すよりも相手の意向を汲み取ろうとする日本人の間には視線恐怖が多い。それは、僕たち日本人は、相手との関係性によって自分の出方を変えなければならないからだ。

相手がどう思っているかが気になる。こんなことを言ったら相手はどう感じるだろうかと気になる。それも、僕たちが関係性としての自己を生きているからだ。

僕たちの自己は、相手から独立したものではなく、相手との相互依存《いそん》に基《もと》づくものであり、間柄《あいだがら》によって形を変える。僕たちの自己は、相手にとっての「あなた」の要素を取り込む必要がある。だから相手の意向が気になる。⑥相手の視線が気になるのだ。

個を生きているのなら、自分の心の中をじっくり振り返り、自分のしたいことをすればいいし、自分の言いたいことを言えばいい。相手が何を思い、何を感じているかは関係ない。自分が何を思い、何を感じているかが問題なのだ。自分の思うことを言う。自分が正しいと考えることを主張する。自分の要求をハッキリと伝える。それでいいわけで、じつにシンプルだ。

⑦、関係性を生きるとなると、そんなふうにシンプルにはいかない。自分の意見を言う前に相手の意向をつかむ必要がある。気まずくならないようにすることが何よりも重要なので、遠慮のない自己主張は禁物だ。相手の意見や要求を汲み取り、それを自分の意見や要求に取り込みつつ、こちらの意向を主張しなければならない。

このように関係性としての自己を生きる僕たち日本人は、たえず人の目を意識することになる。

(榎本博明《えのもとひろあき》『〈自分らしさ〉って何だろう? 自分と向き合う心理学』による)

問一 ――①「コミュニケーションの法則がまったく違っている」とありますが、日本人とアメリカ人とでは、コミュニケーションが担う役割にどのような違いがありますか。「～という違い。」に続くように文章中の言葉を使って答えなさい。

親を喜ばせるため、あるいは親を悲しませないために勉強を頑張る、ピアノを頑張る。先生の期待を裏切らないためにきちんと役割を果たす。そんなところが多分にある。大人だって、監督《かんとく》のために何としても優勝したいなんて言ったりするし、優勝すると監督の期待に応えることができてホッとしていると言ったりする。自分の中に息づいているだれかのために頑張るのだ。もちろん自分のためでもあるのだが、自分だけのためではない。

このような人の意向や期待を気にする③日本的な心のあり方は、「他人の意向を気にするなんて自主性がない」とか「自分がない」などと批判されることがある。でも、それは欧米的な価値観に染まった見方に過ぎない。

教育心理学者の東《あずま》洋《ひろし》は、日本人の他者志向を未熟とみなすのは欧米流であって、他者との絆《きずな》を強化し、他者との絆を自分の中に取り込《こ》んでいくのも、ひとつの発達の方向性とみなすべきではないかという(東洋『日本人のしつけと教育――発達の日米比較《ひかく》にもとづいて』東京大学出版会、一九九四年)。

そもそも欧米人と日本人では自己のあり方が違う。僕たち日本人が、率直《そっちょく》な自己主張をぶつけ合って議論するよりも、だれも傷つけないように気をつかい、気まずくならないように配慮するのも、欧米人のように個を生きているのではなくて、④関係性を生きているからだ。

心理学者のマーカスと北山《きたやま》忍《しのぶ》は、アメリカ的な独立的自己観と日本的な相互《そうご》協調的自己観を対比させている。

独立的自己観では、個人の自己は他者や状況《じょうきょう》といった社会的文脈から切り離《はな》され、そうしたものの影響《えいきょう》を受けない独自な存在とみなされる。そのため個人の行動は本人自身の意向によって決まると考える。【ウ】

それに対して、相互協調的自己観では、個人の自己は他者や状況といった社会的文脈と強く結びついており、そうしたものの影響を強く受けるとみなされる。そのため個人の行動は他者との関係性や周囲の状況に大いに左右されると考える。

このような相互協調的自己観をもつ僕たち日本人は、個としての自己を生きているのではなく、関係性としての自己を生きている。関係性としての自己は、相手との関係に応じてさまざまに姿を⑤変える。その場その場の関係性にふさわしい自分になる。相手との関係性によって言葉づかいまで違ってくる。【エ】

「だれが何と言おうと、私はこう考える」「僕はこう思う」と自分を押《お》し出していく欧米社会では視線恐怖《きょうふ》があまり見ら

三　次の文章を読んで、あとの問いに答えなさい。字数制限のある解答については、特別の指示がないかぎり、句読点や符号も一字として数えます。

日本人は自己主張が苦手だと言われる。グローバル化の時代だし、もっと自己主張ができるようにならないといけないなどと言う人もいる。でも、日本人が自己主張が苦手なのには理由がある。そして、それはけっして悪いことではない。

では、アメリカ人は堂々と自己主張ができるのに、僕《ぼく》たち日本人はなぜうまく自己主張ができないのか。

それは、そもそも日本人とアメリカ人では自己のあり方が違《ちが》っていて、①コミュニケーションの法則がまったく違っているからだ。

アメリカ人にとって、コミュニケーションの最も重要な役割は、相手を説得し、自分の意見を通すことだ。お互《たが》いにそういうつもりでコミュニケーションをするため、遠慮《えんりょ》のない自己主張がぶつかり合う。お互いの意見がぶつかり合うのは日常茶飯事《さはんじ》なため、まったく気にならない。

一方、日本人にとって、コミュニケーションの最も重要な役割は何だろう。相手を説得して自分の意見を通すことだろうか。そうではないだろう。僕たちは、自分の意見を通そうというより前に、②相手はどうしたいんだろう、どんな考えなんだろうと、相手の意向を気にする。そして、できることなら相手の期待を裏切らないような方向に話をまとめたいと思う。意見が対立するようなことはできるだけ避《さ》けたい。そうでないと気まずい。

つまり、僕たち日本人にとっては、コミュニケーションの最も重要な役割は、お互いの気持ちを結びつけ、良好な場の雰囲気《ふんいき》を醸《かも》し出すことなのだ。強烈《きょうれつ》な自己主張によって相手を説き伏《ふ》せることではない。【ア】

だから自己主張のスキルを磨《みが》かずに育つことになる。自己主張が苦手なのは当然なのだ。その代わりに相手の気持ちを察する共感性を磨いて育つため、相手の意向や気持ちを汲《く》み取ることができる。

相手の意向を汲み取って動くというのは、僕たち日本人の行動原理といってもいい。コミュニケーションの場面だけではない。たとえば、何かを頑張《がんば》るとき、ひたすら自分のためというのが欧米《おうべい》式だとすると、僕たち日本人は、だれかのためという思いがわりと大きい。【イ】

問八　――⑧「わたしはあわてて音楽室を飛び出した」とありますが、このときの「わたし」の気持ちとして適切なものを次から一つ選び、記号で答えなさい。

ア　教室に入って来た先生に、朔くんとの言い争いをとがめられるのではないかと不安に思っている。

イ　授業が始まったことで、朔くんの激しい追及《ついきゅう》から逃げられると思い、なんとか立ち去ろうと必死になっている。

ウ　朔くんから図星を指されてひどく動揺《どうよう》し、その場にいることに耐《た》えられなくなっている。

エ　朔くんとの口論に彼《かれ》の友だちが味方になることで不利になると考え、疎《うと》ましく思っている。

問九　この文章に登場する人物の人物像として適切なものを次から一つ選び、記号で答えなさい。

ア　朔くんは、物事を冷静かつ客観的に見つめ、本質を見抜く目を持っている反面、子どもらしい幼稚《ようち》さもあるとらえどころのない人物である。

イ　「わたし」は、パートリーダーとしての役割を理解しており、部員を徹底《てってい》的に管理しつつ部長の穂乃花のことも支えるしっかり者である。

ウ　勇人は、合唱クラブの部員でありながら練習に真面目《まじめ》に取り組まずにおどけてばかりで穂乃花から日々叱責《しっせき》を受けている、お調子者である。

エ　穂乃花は、部長としての責任感が強いが柔軟《じゅうなん》性にかけ、部員たちの意見を適切にくみ取ってあげられないところのある不器用な人物である。

問五 ――⑤「真子には何も見えてないんだね」とありますが、ここからは「わたし」（真子）に対する穂乃花のどのような思いが読み取れますか。適切なものを次から一つ選び、記号で答えなさい。

ア パートリーダーを務めているのに、練習に「ゆとりがほしい」と考える合唱クラブの他のメンバーの意見に流されてしまっている、頼《たよ》りがいのない「わたし」をはげしく批判している。

イ ひたすら練習を積み重ねるだけが金賞への近道ではないと主張する「わたし」の的外れな意見を耳にしてパートリーダーとしての資質がないと見限り、どうにかして辞《や》めてもらおうとつらくあたっている。

ウ 今年は絶対に金賞を取ると先輩たちと約束しているのに、今の実力ではその段階に到底《とうてい》及《およ》ばない現状をあまりにも理解していないかのような「わたし」の無責任さを非難している。

エ 練習日を増やすべきだという意見に従ってくれると思っていた「わたし」から思わぬ反論をされてとまどい、パートリーダーに任命した自分をふがいなく思うとともに、「わたし」に愛想をつかしている。

問六 ――⑥「さっき、穂乃花にそう言えたらよかったのかもしれない」とありますが、「わたし」は穂乃花にどう言えばよかったと思っていますか。次の文の［1］・［2］にあてはまる言葉を、文章中からそれぞれ指定の字数でぬき出して答えなさい。

・コンクールで［1（四字）］を取るために練習をたくさんしたいという穂乃花の気持ちはわかるけれども、それで［2（二十二字）］をしていいわけではないと言えばよかったと思っている。

問七 ――⑦「本当のこと」とは具体的にどういうことですか。文章中の言葉を使って四十五字以内で答えなさい。

問二 ――②「朝練後のミーティングは、一気にどんよりと濁った」とありますが、どうしてですか。その理由として適切なものを次から一つ選び、記号で答えなさい。

ア 朝練で長谷川先生に注意ばかりされただけでなく、梅雨の影響《えいきょう》で雨の日や湿気《しっけ》の多い日が続いたことで気分が沈《しず》みがちになり、今一つみんな練習に身が入らずにいるから。

イ 朝練で長谷川先生に注意ばかりされただけでなく、うまくならないことに苦しみながらも必死に練習してきた努力を台なしにする穂乃花の言葉に、みんな憤《いきどお》りを覚えたから。

ウ 朝練で長谷川先生に注意ばかりされただけでなく、それぞれが抱《かか》える事情にも配慮《はいりょ》することなく練習日を増やすと言い切った穂乃花の強引《ごういん》さに、みんなあせったから。

エ 朝練で長谷川先生に注意ばかりされただけでなく、去年より下手な合唱クラブを伸《の》ばすために練習日を増やすと穂乃花に追い打ちをかけられ、みんな気分が重くなったから。

問三 ――③「むしろ卑怯だ、こんなの」とありますが、どうしてこのように言えるのですか。適切なものを次から一つ選び、記号で答えなさい。

ア 穂乃花が合唱クラブの部長という立場を利用して、自分の意見にみんなを従わせようとしているから。

イ 穂乃花に意見を言える立場でありながら、「わたし」が自分に言い訳をして、ずっと黙っているから。

ウ 穂乃花が練習日を増やそうとしていることに本心では反対なのに、みんな賛成の立場を取っているから。

エ 穂乃花や周囲の子たちに責められているのを目の当たりにしながら、だれも勇人を助けようとしないから。

問四 ――④「五月～雨がぱらつく空から、天井をつき抜けて、わたしの中に」に用いられている表現技法を次から二つ選び、記号で答えなさい。

ア 擬人《ぎじん》法　**イ** 直ゆ　**ウ** 隠《いん》ゆ　**エ** 体言止め　**オ** 倒置《とうち》法

⑦本当のことを言われたから、とっさに「ちがう」と否定したくなってしまう。見たくないものを、必死に両手でぬぐうみたいに。

朔くんは、大きな目をさらに大きく開いて、わたしを見つめていた。

見ないでよ。そう、ふり払《はら》いたくなってしまう。

「真子ちゃんってさ」

あのきれいなボーイ・ソプラノを響《ひび》かせる口が、わたしの名前を呼ぶ。

「楽しくやるってことを、頑張らなくていいってことだと思ってるよね。根っこのところ、あの怖《こわ》い部長さんと同じだよ」

朔くんの声に、怒《いか》りはにじんでなかった。とても静かで、これから歌でも歌うみたいに冷静だった。なのに、するどくて胸がヒヤリとする。

「朔、どうしたの？」

教室の前の方にいた男の子が、朔くんを呼んだ。どうやら朔くんの友だちらしい。五年二組の担任の先生が「授業始めるぞー」と入ってきてしまい、⑧わたしはあわてて音楽室を飛び出した。

ホッとした。朔くんから、逃《に》げる口実ができた。

（額賀澪《ぬかがみお》『ラベンダーとソプラノ』による）

問一 ――①「聞き返したわたしのことを、穂乃花は、にらんだ。まちがいなく、にらんだ」とありますが、このときの穂乃花の気持ちとして適切なものを次から一つ選び、記号で答えなさい。

ア 練習日を増やすことに疑問を持っている真子をとがめる気持ち。

イ 真子が自分の気持ちを理解してくれないのをつらく感じる気持ち。

ウ 言いづらかったことを聞き返した真子にいかりを感じる気持ち。

エ 真剣《しんけん》な話の途中《とちゅう》に関係のない発言をした真子にいらだつ気持ち。

朔くんが、わたしが握《にぎ》りしめていた音楽室のカギを指さす。「ああ」と「うん」と中間の相づちを打って、カギを手渡《てわた》した。

「険悪って感じだったね」

「穂乃花は部長だから、コンクールのプレッシャーを人一倍感じてるだけなんだよ」

「でも、それで他人を傷つけたり、まわりの人の負担になることをしてもOKってことにはならないんじゃないの？」

朔くんの言葉に、わたしは息をのんだ。

⑥さっき、穂乃花にそう言えたらよかったのかもしれない。

「大体さ、どうしてそんなに全国大会で金賞を取りたいわけ？」

「そりゃあ、去年取れなかったからだよ」

「金賞を取れないと、真子ちゃんはどうなるわけ？」

「どうなる、って……」

合唱クラブで活動して、コンクールに出てるんだよ？　いい成績がほしい、みんなで「やったー！」って言い合いたい。

当たり前にそう思うのは、おかしい？

言葉にできなかった。でも、朔くんには思っていることが伝わってしまったらしい。

「俺《おれ》から見るとね、真子ちゃんたちが、どうして金賞にこだわるのか、よくわからないんだよね。だって真子ちゃんたち、合唱クラブじゃなくて、コンクールで金賞を取るためにつらい思いをするだけのクラブになってるじゃん」

「ちがうんだよ！」

自分が思っていたより、ずっと大きな声が出てしまった。音楽室に集まっていた五年二組の子の視線が、いっせいに、わたしと朔くんに集まる。

「合唱団で楽しく歌ってるだけの人にはわからないだろうけど、全国大会に行くとか金賞を取るとか、わたしたちにとっては、大事なんだよ。そのために頑張ってるんだよ」

言ってから、朔くんの言葉が正しいんだと思い知る。

ああ、やっぱり。こういう反応をされてしまうんだ。

ミスをした子を責めるような顔と口調で、穂乃花は「パートリーダーなのに、⑤真子には何も見えてないんだね」と言い捨てる。

「ゆとりを持って練習するとか、みんなで楽しく練習するとかってさ、上手な人がやることでしょ？　わたしたちは、去年金賞を取れなくて、しかも今年は去年よりずっと下手なんだよ？　ゆとりなんて言ってる場合？」

「でも……」

「わたしたちは、頑張《がんば》って、うまくならないといけないんだよ。去年、先輩たちとも約束したじゃん。今年は絶対に金賞を取るって」

「それはわかってる。わかってるよ」

「それとも、真子もサボりたいの？」

どうすればいいんだろう。穂乃花に「それはちがうよ」と言いたいのに、何が、どうちがうと言えばいいのか、わたしの中に言葉がない。

そのとき、音楽室の引き戸が静かに開いた。古びたレールの上を戸が滑《すべ》り、きゅるっ、きゅるっと音を立てる。

光をよく集めるアーモンド形の目が、こちらをのぞきこむ。

「すみませーん、一時間目、五年二組が音楽で使うんですけど」

素知らぬ顔で「入ってもいいですか？」と笑った朔《はじめ》くんに、穂乃花が時計を確認《かくにん》する。

「やば、朝の会終わるじゃん」

寝坊《ねぼう》した日のお父さんみたいな顔でつぶやいた穂乃花は、「じゃ、そういうことだから」と話を無理矢理切り上げた。

「パートリーダーの真子がそんなじゃ、みんな気がゆるむでしょ。自覚持ってよ」

ランドセルを背負い直し、穂乃花は駆《か》け足で音楽室を出ていく。入れ替《か》わるように、朔くんのクラスの子が続々とやってきた。

「カギ、預かろうか」

「勇人さ、歯医者があるからって土曜日の練習休んだけど、本当に歯医者だったの？」

「何だよそれ。サボったって言いたいの？」

「疑われるような態度を取るのがいけないと思う。みんなもそう思わない？」

言い放った穂乃花の視線は冷たくて、聞いているわたしの背筋まで、ヒヤリとした。穂乃花の言葉に「そう思う」「サボりたがってるようなこと言うからだよ」と同調する声が上がる。

でも、黙ることしかできない子も、何人もいる。穂乃花や、ほかの上級生、穂乃花の意見に賛成する同級生を前に、「練習日を増やすのには反対です」と堂々と言うなんて、無理だ。

そうやって、わたしは、わたしに言い訳をする。六年生なのに。気が進まない子を代表して、意見を言うことができる立場なのに。

③むしろ卑怯《ひきょう》だ、こんなの。わかっていて、黙ってやり過ごそうだなんて。

——言いたいこと我慢《がまん》してまわりに合わせるよりは楽だし。

④五月、夕暮れの商店街で藤野《ふじの》先輩《せんぱい》が言っていたことが、ふと落ちてくる。雨がぱらつく空から、天井《てんじょう》をつき抜《ぬ》けて、わたしの中に。

「とにかく、七月から練習日を増やすから。塾や習いごとがない日は必ず参加してください」

そう言って、穂乃花はミーティング終了《しゅうりょう》の号令をかけた。直後、チャイムが鳴る。朝の会の始まりを告げるチャイムだ。みんなは慌《あわ》ただしくランドセルを背負って、音楽室を出ていった。

カギ閉め当番の子からカギを預かって、わたしは穂乃花を呼び止めた。

「ねえ、穂乃花。練習日を増やすって話なんだけどさ」

立ち止まった穂乃花が、ぎこちなく、ふり返る。

「もう一回、考え直してみてもいいんじゃないかな？　毎日毎日合唱ばかりじゃ、しんどくなっちゃう子もいると思うんだ。息抜きも必要っていうか——」

「なに？　真子《まこ》も『ゆとりがほしい』みたいなこと言うの？」

二　次の文章を読んで、あとの問いに答えなさい。字数制限のある解答については、特別の指示がないかぎり、句読点や符号も一字として数えます。

「練習日を増やす？」
①聞き返したわたしのことを、穂乃花《ほのか》は、にらんだ。まちがいなく、にらんだ。
「みんなもわかってるよね？　今年の合唱クラブが去年に比べて下手だって」
音楽室を見回した穂乃花に、「そんなことないよ」と言う子はいなかった。
去年の自分たちより、声の広がりが弱いような、歌っていてもどこか空回りしているような感覚が、みんなにもあるのだ。とどくはずの場所に、何度やっても手がとどかない感じだ。
②朝練後のミーティングは、一気にどんよりと濁《にご》った。練習のときから長谷川《はせがわ》先生の注意ばかりで、もとからいい空気でもなかったのだけれど。
六月も後半に入り、梅雨《つゆ》も始まって、ただでさえ毎日雨模様で空気もジメジメしているから、よけいに嫌《いや》な雰囲気《ふんいき》になる。
「去年と同じ練習量でダメなら、練習を増やすしかないでしょ？　長谷川先生には、練習のない日も音楽室で自主練していいって、許可をもらったから」
「練習のない日に自主練って、要は学校がある日は毎日練習するってこと？」
勘弁《かんべん》してよという顔で聞いたのは、アルトの勇人《ゆうと》だった。
「塾《じゅく》があるとか、習いごとがあるとかって言うんでしょ？　そういう人は、塾や習いごとがない日にしっかり自主練してください」
「いや、でもさあ……」
「塾も習いごともない日に練習したくないってことは、練習が面倒《めんどう》くさいってこと？」
勇人が押《お》し黙《だま》る。穂乃花はたたみ掛《か》けるように続けた。

2023年度 八雲学園中学校

【国語】〈第二回試験〉（五〇分）〈満点：一〇〇点〉

一 次の各問いに答えなさい。

問一 次の——線の漢字の読みをひらがなで答えなさい。

① 妻子を持つ。

② 祖母直伝の味。

③ 木立に囲まれる。

④ スポーツは友情を育む。

⑤ 兄の自転車を借用する。

問二 次の——線のカタカナを漢字に直しなさい。

① 長い年月をへる。

② カセツ住宅を造る。

③ カンタンな質問。

④ 城をキズく。

⑤ けが人をキュウゴする。

2023年度

八雲学園中学校　▶解説と解答

算　数　＜第２回試験＞（50分）＜満点：100点＞

解　答

1 (1)　20　(2)　$\frac{1}{3}$　(3)　17　(4)　628　(5)　9　**2** (1)　32人　(2)　72度　(3)　**人**…Ｂ，**積**…777　(4)　66度　(5)　60m　(6)　6.84cm　(7)　1800円　(8)　600cm^2　(9)　2023　**3** (1)　10　(2)　23　**4** (1)　９個ずつ　(2)　８種類　**5** (1)　874143　(2)　SAKURA

解　説

1　四則計算，計算のくふう，逆算

(1)　$24\div3\times4-2\times6=8\times4-12=32-12=20$

(2)　$\left(1\frac{1}{9}-\frac{5}{12}\times0.8\right)\div2\frac{1}{3}=\left(\frac{10}{9}-\frac{5}{12}\times\frac{4}{5}\right)\div\frac{7}{3}=\left(\frac{10}{9}-\frac{1}{3}\right)\div\frac{7}{3}=\left(\frac{10}{9}-\frac{3}{9}\right)\div\frac{7}{3}=\frac{7}{9}\times\frac{3}{7}=\frac{1}{3}$

(3)　$\left\{2.08\div\frac{1}{10}-\left(\frac{6}{5}-0.4\right)\right\}\times\left(0.6+\frac{1}{4}\right)=\left\{2.08\times\frac{10}{1}-(1.2-0.4)\right\}\times(0.6+0.25)=(20.8-0.8)\times0.85=20\times0.85=17$

(4)　$A\times B+A\times C=A\times(B+C)$であることを利用すると，$6.28\times3+3.14\times144+6.28\times45-3.14\times40=3.14\times2\times3+3.14\times144+3.14\times2\times45-3.14\times40=3.14\times6+3.14\times144+3.14\times90-3.14\times40=3.14\times(6+144+90-40)=3.14\times200=628$

(5)　$48\times3=144$より，$17+(144\div□-4)\times5=77$，$(144\div□-4)\times5=77-17=60$，$144\div□-4=60\div5=12$，$144\div□=12+4=16$　よって，$□=144\div16=9$

2　差集め算，グラフ，和差算，角度，通過算，面積，比の性質，整数の性質

(1)　右の図１から，230円のショートケーキを買うのに必要な金額と，180円のシュークリームを買うのに必要な金額の差は，860＋740＝1600(円)とわかる。これは，230－180＝50(円)の差がクラスの人数分だけ集まったものだから，クラスの人数は，1600÷50＝32(人)と求められる。

図１

230円，…，230円 → 860円不足
180円，…，180円 → 740円余る
差　50円，…，　50円 →1600円

(2)　英語を除いた教科の時間の合計は，50＋90＋100＋150＋90＝480(分)なので，英語の時間は，600－480＝120(分)となる。これは全体の，$\frac{120}{600}=\frac{1}{5}$にあたるから，円グラフを作るとき，英語の中心角の大きさは，$360\times\frac{1}{5}=72$(度)になる。

(3)　Ａの場合を図に表すと，右の図２のようになる。したがって，Ａが引いた２枚のカードは，小さい数が，(22－２)÷２＝10，大きい数が，10＋２＝12なので，２枚のカードに書かれた数の積は，10×12＝120となる。同様に，Ｂが引いた２枚のカードは，(58－16)÷２＝21と，21＋16＝37だから，積は，21×37＝777となり，Ｃが引いた２枚のカードは，(65－35)÷２＝15と，15

図２

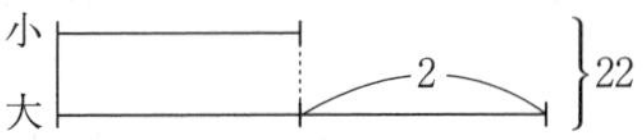

＋35＝50なので，積は，15×50＝750と求められる。よって，積が一番大きい人はＢであり，その積は777となる。

(4)　N角形の内角の和は，180×（N－２）(度)だから，五角形の内角の和は，180×（５－２）＝540(度)であり，正五角形の１つの内角は，540÷５＝108(度)とわかる。したがって，右の図３の角ABCの大きさは，108－60＝48(度)になる。また，三角形BCAは二等辺三角形なので，㋐の角の大きさは，(180－48)÷２＝66(度)と求められる。

図３

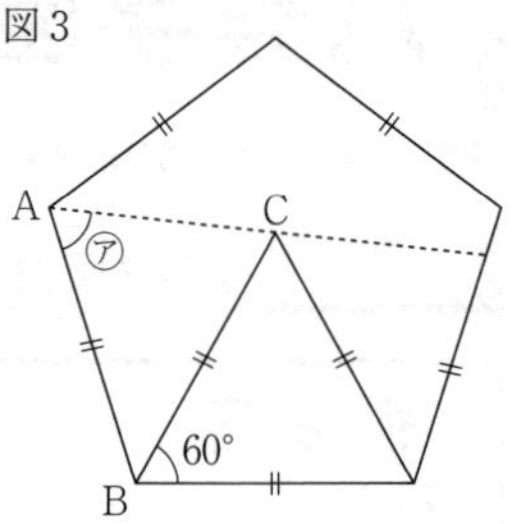

(5)　電車の長さを□ｍとして図に表すと，右下の図４，図５のようになる。図４で電車が走った長さは(220－□)ｍ，図５で電車が走った長さは(300＋□)ｍだから，図４と図５で電車が走った長さの合計は，(220－□)＋(300＋□)＝520(ｍ)になる。また，図４と図５で電車が走った時間の合計は，８＋18＝26(秒)なので，この電車の速さは毎秒，520÷26＝20(ｍ)とわかる。よって，図４で電車が走った長さは，20×８＝160(ｍ)だから，電車の長さは，220－160＝60(ｍ)となる。

図４

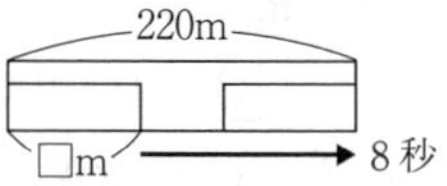

図５

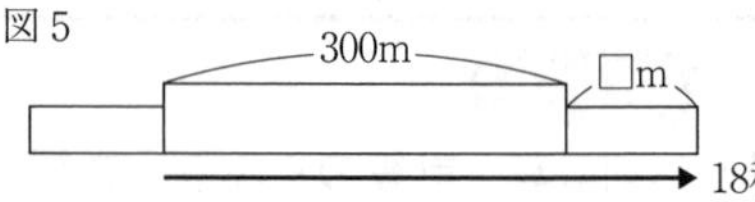

(6)　右の図６で，斜線《しゃせん》部分とかげをつけた部分の面積が等しいので，両方に★印の部分の面積を加えると，半円と台形ABCEの面積も等しくなる。また，半円の半径は12cmだから，半円の面積は，12×12×3.14÷２＝72×3.14＝226.08(cm^2)となる。よって，台形ABCEの面積も226.08cm^{2}なので，ECの長さを□cmとすると，(□＋12)×24÷２＝226.08(cm^2)と表すことができ，□＝226.08×２÷24－12＝6.84(cm)と求められる。

図６

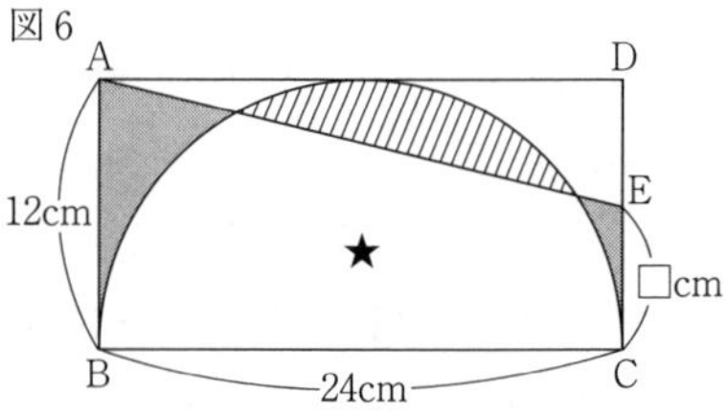

(7)　図に表すと右の図７のようになる。⑨－④＝⑤にあたる金額は，5000－500－3000＝1500(円)だから，①＝1500÷５＝300(円)とわかる。よって，プラモデルの値段は，3000－300×４＝1800(円)と求められる。

図７

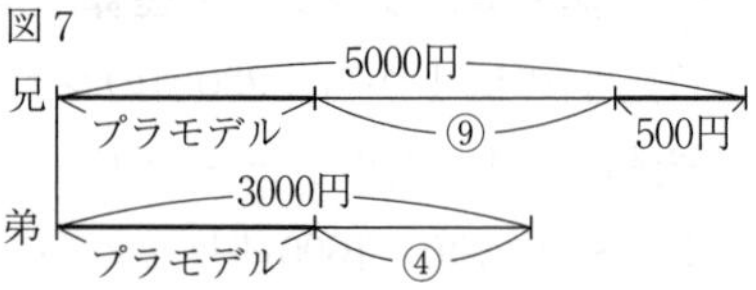

(8)　右の図８のようにACとBDが交わる点をＯとすると，長方形ABCDは面積が等しい４つの三角形に分けることができるから，三角形OABの面積は，200÷４＝50(cm^2)となる。また，右の図９のように，正十二角形は三角形OABと合同な三角形12個に分けることができるので，正十二角形の面積は，50×12＝600(cm^2)とわかる。

図８

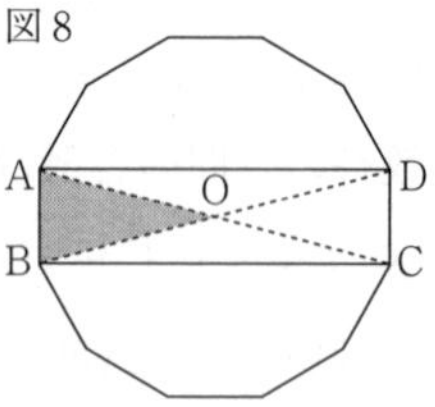

図９

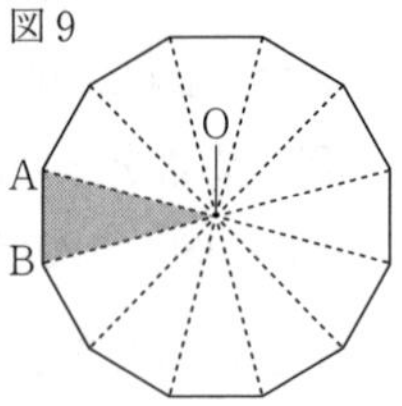

(9)　13で割ると８余る整数は，８に次々と13を加えてできる整数だから，８，21，34，47，…となる。このうち，４で割ると３余る最も小さい整数は47なので，両方に共通する最も小さい数は47とわかる。また，両方に共通する数は４と13の最小公倍数である，４×13＝52ごとにあらわれるか

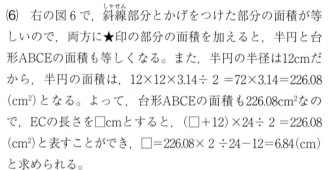

ら，小さい方から数えて39番目の整数は，47＋52×(39－１)＝2023と求められる。

3 グラフ―旅人算

(1) ２人の進行のようすをグラフに表すと，右のようになる。花子さんは６分で480m歩いたから，花子さんの速さは毎分，480÷６＝80(m)とわかる。また，兄の速さは毎分200mなので，２人の速さの差は毎分，200－80＝120(m)である。よって，兄が出発してから２人が出会うまでの時間は，480÷120＝４(分)だから，アに当てはまる数は，６＋４＝10(分)と求められる。

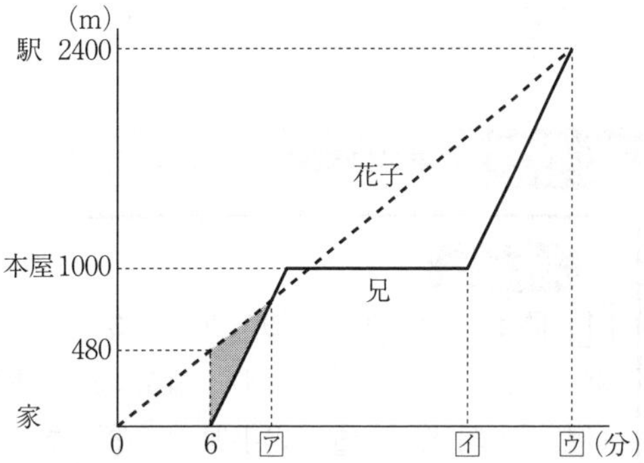

(2) ウに当てはまる数は，2400÷80＝30(分)である。また，兄が本屋から駅までの，2400－1000＝1400(m)を走るのにかかった時間は，1400÷200＝７(分)なので，イに当てはまる数は，30－７＝23(分)とわかる。

4 平面図形―構成，面積

(1) 面積が$2\,cm^2$の正方形は，右の図１のような対角線の長さが２cmの正方形であり，面積が$4\,cm^2$の正方形は，右の図２のような１辺の長さが２cmの正方形である。どちらの正方形も，たて方向と横方向に１cmまたは２cmずらせるから，それぞれ，３×３＝９(個)ずつできる。

図１

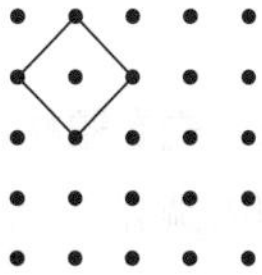

$2\,cm^2$

図２

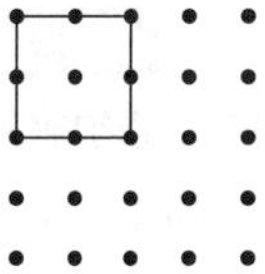

$4\,cm^2$

(2) 図１と同じ向きの正方形は下の図３の１種類，図２と同じ向きの正方形は下の図４の３種類ある。このほかに下の図５のような正方形もあるので，作ることができる正方形の種類は全部で８種類である。なお，図５の正方形の面積は，点線で囲んだ正方形の面積から外側の４個の三角形の面積をひくことで求めることができる。

図３

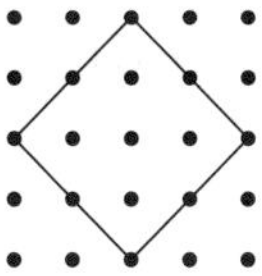

$8\,cm^2$

図４

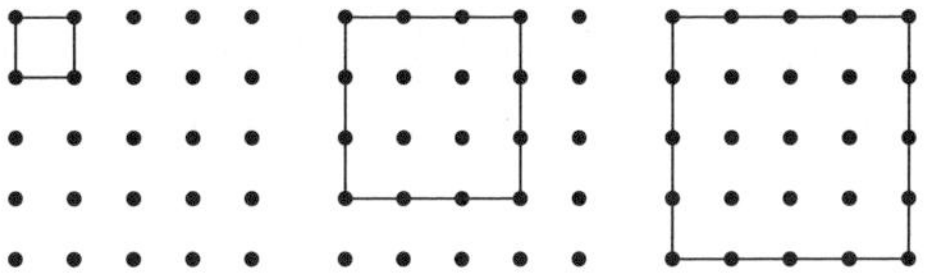

$1\,cm^2$　$9\,cm^2$　$16cm^2$

図５

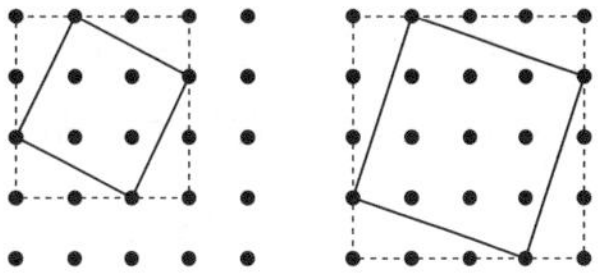

$5\,cm^2$　$10cm^2$

5 周期算

(1) 右の図１のように変換《へんかん》されるから，２回変換したときにできあがる暗号は「874143」である。

(2) １～９を変換すると右の図２のようになるので，４回変換するとすべての数字がもとにもどることがわかる。したがって，2023÷４＝505余り３より，2023回変換した後の暗号は３回変換した後の暗号と同じになる。これが「427382」だから，３回変換した後の暗号から最初の暗号に

図１

	G	O	K	A	K	U
	↓	↓	↓	↓	↓	↓
最初	8	5	6	1	6	3
	↓	↓	↓	↓	↓	↓
１回	9	4	5	2	5	3
	↓	↓	↓	↓	↓	↓
２回	8	7	4	1	4	3

図２

最初	1	2	3	4	5	6	7	8	9
	↓	↓	↓	↓	↓	↓	↓	↓	↓
１回	2	1	3	7	4	5	6	9	8
	↓	↓	↓	↓	↓	↓	↓	↓	↓
２回	1	2	3	6	7	4	5	8	9
	↓	↓	↓	↓	↓	↓	↓	↓	↓
３回	2	1	3	5	6	7	4	9	8
	↓	↓	↓	↓	↓	↓	↓	↓	↓
４回	1	2	3	4	5	6	7	8	9

さかのぼると，たとえば4は7，２は１となり，最初の暗号は「716391」とわかる。さらに，これをアルファベットにもどすと，たとえば7はS，１はAとなるから，もとの言葉は「SAKURA」である。

社　会　＜第２回試験＞（理科と合わせて60分）＜満点：50点＞

解　答

1 **問１** ①　ウ　②　ウ　③　ア　④　甲府盆地　⑤　ア　⑥　ウ　⑦　伊勢神宮　⑧　イ　⑨　(例)　姫路城　**問２** ①　ア→ウ→イ　②　イ　③　イ　④　(例)　太陽光　⑤　岩手県　⑥　ア　**2** **問１**　イ　**問２**　ウ　**問３**　エ　**問４** ①　ウ　②　ア　**問５** ①　ラクスマン　②　エ　③　(例)　自由貿易を開始すること。　**問６**　エ　**問７**　伊勢物語　**問８**　イ　**問９**　ア　**問10**　相撲　**問11**　イ　**問12** ①　エ　②　ウ　**3** **問１** ①　議院内閣(制)　②　エ　**問２** ①　イ　②　イ　**問３**　エ　**問４**　ア　**問５** ①　ウ　②　常任理事国

解　説

1 修学旅行の行き先を題材とした問題

問１　①　今回の調査では，四国にある愛媛県，香川県，徳島県，高知県のうち，香川県が17位に入っているので，ウが適当でない。　②　西陣織は京都府の伝統的工芸品で，15世紀に応仁の乱が起こったのち，西軍の山名宗全(持豊)が陣をおいた地域で織物の生産が発展したことからその名があるので，ウが正しい。なお，アの輪島塗は石川県，イの備前焼は岡山県，エの南部鉄器は岩手県の伝統的工芸品である。　③　奈良県大和郡山市では金魚の養殖がさかんなので，アが適当である。なお，奈良県は内陸に位置しているので海岸線はなく，広大な湖も見られない。　④　果樹園が多くある山梨県の盆地は，甲府盆地である。甲府盆地では水はけの良い扇状《せんじょう》地《ち》を利用した果樹栽培《さいばい》がさかんである。　⑤　富山県に位置する砺波《となみ》平野では，チューリップの生育に適した気候や豊富な水資源をいかし，米の裏作としてチューリップの球根栽培がさかんに行われている。⑥　排他的経済水域は沿岸から200海里(約370km)までの領海外の海域をいい，沿岸国には海域内の水産資源や海底資源の主権的権利が認められている。日本は1996年に排他的経済水域を設定し，現在，100か国以上がこれを採用している。　⑦　(図２)の見学先では，ナガシマスパーランド以外に伊勢神宮も三重県に位置している。伊勢神宮は皇室の祖神をまつる神社で，20年に１回遷宮《せんぐう》が行われる。　⑧　栃木県が国内収穫《しゅうかく》量のほぼ100％を占《し》める工芸作物としては，イのかんぴょうが正しい。なお，アのこんにゃくいもは群馬県，ウのい草は熊本県，エの紅花は山形県で生産がさかんである。　⑨　兵庫県の代表的な観光地としては，世界文化遺産に登録されている姫路城，神戸市の異人館や旧居留地，有馬温泉，豊岡市の城崎温泉などがあげられる。

問２　①　アの那須ハイランドパークは栃木県に，イの長崎平和公園は長崎県に，ウの宮島・厳島神社は広島県にある。よって，東から西の順に並べるとア→ウ→イとなる。　②　地図中には，興福寺五重塔の北側や東大寺東南院旧境内の北側に記念碑(Ո)が見られるので，イが適当でない。なお，地図記号では，交番は(X)，官公署は(ö)，郵便局は(〶)と表わされる。　③　(🏛)の地

図記号は博物館や美術館を表している。なお，アの老人ホームの地図記号は()，ウの図書館の地図記号は()，エの病院の地図記号は()である。　④　再生可能エネルギーとは自然の力でくり返し利用できるエネルギー資源のことで，太陽光や風力，地熱，水力，波力などがある。　⑤　2011年に「平泉－仏国土(浄土)を表す建築・庭園及《およ》び考古学的遺跡群」としてユネスコ(国連教育科学文化機関)の世界文化遺産にも登録された平泉や，宮沢賢治のふるさととして知られる花巻があるのは岩手県である。　⑥　防潮林は海岸に整備され，津波や高潮，潮風などを防ぐことを目的としているので，川の氾濫《はんらん》についての防災対策であるアが適当でないと判断できる。

2　関東大震災と墨田区を題材とした問題

問１　2023年は，1923年に発生した関東大震災から100年にあたる。

問２　地震の規模(大きさ)を示す単位はウのマグニチュードである。なお，アのヘクトパスカルは気圧を表す単位。イのペーハーは水溶液の性質(酸性・アルカリ性)を表す指標で，現在はピーエイチとよばれる。エのミリバールはかつて用いられた気圧を表す単位。

問３　1930年は前年の1929年に始まった世界恐慌の影響を受けて日本国内でも企業の倒産が増え，失業者が増大したので，エが正しい。なお，アは1870年代，イは1905年，ウは1918年の社会の状況。

問４　①　地図からは，東京都や山梨県，静岡県などで地盤が沈降《ちんこう》した場所も見られることから，ウが適当でない。　②　太平洋戦争では，1942年６月のミッドウェー海戦で日本の連合艦隊が大敗すると，各地で日本軍が相ついで敗退していき，1945年３月10日未明にはアメリカのＢ29爆撃機が東京大空襲を行った。

問５　①　1792年に漂流民を連れて根室(北海道)に来航したロシアの使節は，ラクスマン(ラックスマン)である。　②　田沼意次は1772年に老中になると，株仲間を奨励し，商人の経済力を背景に幕府の財政再建をはかった。しかし，幕府役人と商人との結びつきが強まったことへの批判や，1783年に浅間山が大噴火したことで起こった飢饉《ききん》などによって老中を辞めさせられた。なお，アは1615年，イは1641年，ウは1695年の政策。　③　1858年にアメリカ総領事のハリスが江戸幕府との間で結んだ条約は日米修好通商条約で，この条約では自由に貿易を行うことなどが定められた。

問６　一般に，神社は日本固有の神々をまつるものであるため，中国や朝鮮から儒教が伝えられたことと神社がつくられることは関連しないので，エが適当でない。

問７　平安時代に成立した，在原業平が主人公とされる歌物語は，伊勢物語である。

問８　1575年に起こった長篠の戦いで織田信長に敗れたのは，甲斐《かい》(山梨県)の武田氏であることから，イが北条氏の説明として適当でない。

問９　赤穂浪士《あこうろうし》の討ち入りを題材とした作品は，アの『仮名手本忠臣蔵』である。なお，イの『奥の細道』は松尾芭蕉《ばしょう》による俳諧《はいかい》紀行文，ウの『曽根崎心中』は近松門左衛門による人形浄瑠璃《じょうるり》の作品，エの『東海道中膝栗毛《ひざくりげ》』は十返舎一九によるこっけい本。

問10　現在は両国にある国技館を中心に行われ，日本の国技とされているスポーツは相撲《すもう》である。

問11　明治時代には，機械による生産によって綿糸の生産が急増し，輸出量が輸入量を上回るようになったので，イが正しい。なお，明治時代には輸出額に占める生糸の割合が多かったので，アは誤り。明治時代の紡績業においては，工場労働者には女性が多かったので，ウは誤り。

問12　①　ア　第二次世界大戦(1939〜45年)中の昭和15(1940)年には479809人だった墨田区の人口が，第二次世界大戦が終戦した昭和20(1945)年には77595人と６分の１以下になっている。
イ　第二次世界大戦後より前の人口のピークは昭和15(1940)年の479809人だが，第二次世界大戦後はそれより人口が多くなったことはない。　　ウ　昭和35(1960)年の墨田区の人口は331843人で，平成７(1995)年には215681人となり，10万人以上減少している。　　エ　墨田区の人口は平成７(1995)年の215681人から平成12(2000)年の215979人にかけて，毎年約１万人のペースでは増加していない。　　②　平成24(2012)年に開業した，東京都墨田区にある観光名所は，ウの東京スカイツリーである。なお，アのよみうりランドは東京都稲城市と神奈川県川崎市にまたがる場所，イのレインボーブリッジは東京都港区，エの丸の内ビルディングは東京都千代田区にある。

3　**国際社会についての問題**

問１　①　内閣が議会に対して連帯して責任を負う仕組みを，議院内閣制という。　　②　イギリスでは，2022年９月に保守党のトラスが首相に就任し，チャールズ３世が国王に就任したので，エが正しい。なお，翌10月にはトラスに代わってスナクがイギリスの首相に就任した。

問２　①　ロシアのウクライナ侵攻《しんこう》によって，フィンランドとスウェーデンが加盟を申請した組織は，イの北大西洋条約機構(NATO)である。　　②　1968年に採択《さいたく》された核拡散防止条約(NPT)は，アメリカ，イギリス，フランス，ロシア，中国の５か国に核保有を認めた条約であるため，イが適当でない。

問３　日本では米の食料自給率が約97％あるので，エが適当でない。統計資料は『日本国勢図会』2022／23年版による。

問４　お店で常にビニール袋をもらうことは，海洋プラスチックの発生につながる可能性があり，「海の豊かさを守ろう」という目標に反する行為であることから，アが適当でない。

問５　①　国際連合の総会の投票は１国１票で，議決の原則は多数決制なので，ウが正しい。なお，国際連合憲章は1945年にサンフランシスコ会議で採択されたので，アは誤り。国際連合の本部はアメリカ合衆国のニューヨークにおかれているので，イは誤り。信託統治理事会は活動を停止しているので，エは誤り。　　②　安全保障理事会は，任期が無期限で拒否《きょひ》権をもつ常任理事国５か国(アメリカ，イギリス，フランス，ロシア，中国)と，任期２年で拒否権をもたない非常任理事国10か国で構成される。

理　科　＜第２回試験＞（社会と合わせて60分）＜満点：50点＞

解　答

1　(1)　ウ　　(2)　ア　　(3)　イ　　(4)　ア　　(5)　エ　　**2**　(1)　30ｇ　　(2)　20ｇ　　(3)　①　60cm³　　②　75cm³　　(4)　90ｇ　　**3**　(1)　エ　　(2)　イ　　(3)　ア　　(4)　300mL　　(5)　320mL　　**4**　(1)　多様性　　(2)　イ　　(3)　エ　　(4)　ア，カ　　(5)　ウ　　**5**　(1)　エ　　(2)　エ　　(3)　イ　　(4)　へん西風　　(5)　ア

解　説

1　**小問集合**

(1)　ふりこの周期はふりこの長さによって決まり，おもりの重さやふれはばには関係しない。また，ふりこの長さが長いほど周期は長くなる。よって，図Aのふりこよりもふりこの長さが短いウのふりこは，図Aのふりこより周期が短い。

(2)　それぞれの水溶液《すいようえき》に溶《と》けている物質は，塩酸は気体の塩化水素，石灰水は固体の水酸化カルシウム(消石灰)，食塩水は固体の食塩，さく酸水溶液は液体のさく酸である。

(3)　カモノハシはほ乳類，イモリは両生類，ペンギンは鳥類，カメはは虫類に属する動物である。両生類には，水中にからのない卵を産み，幼生はえらで呼吸し，成体になると肺と皮ふで呼吸するという特徴《とくちょう》がある。

(4)　それぞれの星座が日本で真夜中に南の空に見える季節は，オリオン座は冬，ペガスス座は秋，しし座は春，さそり座は夏である。

(5)　エはグリーンマークといい，古紙を再生利用した製品につけられるマークである。なお，アのJISマークは工業製品の品質などが一定の規格に適合していることを表すマーク，イは統一美化マークといい，飲料水の自動販売機やゴミ箱で見られるマーク，ウはプラマークで，プラスチック容器包装などのリサイクルのためのマークである。

2　浮力《ふりょく》についての問題

(1)　水1 cm^{3}の重さは1 gだから，おもりにはたらく浮力の大きさは，1×50＝50(g)である。したがって，ばねばかりのさす重さは，80－50＝30(g)である。

(2)　食塩水1 cm^{3}の重さは1.2 gだから，おもりにはたらく浮力の大きさは，1.2×50＝60(g)である。したがって，ばねばかりのさす重さは，80－60＝20(g)である。

(3)　①　物体が水に浮《う》かんでいるとき，物体の重さと物体が受ける浮力の大きさは等しくなる。よって，物体にはたらいている浮力の大きさは90 gとわかる。したがって，物体がおしのけた水の体積は，90÷1＝90(cm^3)なので，物体の液面上に出ている部分の体積は，150－90＝60(cm^3)である。　②　物体にかかる浮力の大きさは①のときと変わらず90 gだから，物体がおしのけた食塩水の体積は，90÷1.2＝75(cm^3)となり，液面上に出ている体積は，150－75＝75(cm^3)と求められる。

(4)　図3のときに物体にはたらいている浮力の大きさは，1.2×150＝180(g)である。したがって，おもりの重さは，180－90＝90(g)とわかる。

3　二酸化炭素の発生，性質についての問題

(1)　石灰石や卵のからなど，炭酸カルシウムをふくむ物質に塩酸を加えると二酸化炭素が発生する。

(2)　二酸化炭素は空気より重い気体なので，イのように下方置換《ちかん》法で集める。試験管をゴム栓《せん》で密閉すると，試験管内の圧力が高くなってしまい危険なので，試験管にゴム栓をしてはいけない。

(3)　石灰水に二酸化炭素を通すと，水に溶けない物質(炭酸カルシウム)ができるため石灰水は白くにごる。したがって，発生した気体を石灰水に通すことで，この気体が二酸化炭素であるかどうかを確認することができる。

(4)　グラフから，1 gの物質Aと過不足なく反応するうすい塩酸の体積は50mLで，このとき200mLの二酸化炭素が発生することがわかる。1.5 gの物質Aと過不足なく反応するうすい塩酸の体積は，$50\times\frac{1.5}{1}$＝75(mL)なので，1.5 gの物質Aにうすい塩酸90mLを加えると物質Aがすべて反応し，うすい塩酸が残る。したがって，このときに発生する二酸化炭素の体積は，$200\times\frac{1.5}{1}=300$(mL)である。

(5)　80mLのうすい塩酸と過不足なく反応する物質Ａの重さは，$1\times\frac{80}{50}=1.6$(g)だから，２gの物質Ａにうすい塩酸80mLを加えるとうすい塩酸がすべて反応し，物質Ａが残る。よって，このときに発生する二酸化炭素の体積は，$200\times\frac{80}{50}=320$(mL)と求められる。

4　里山の環境《かんきょう》，絶滅危惧種《ぜつめつきぐ》についての問題

(1)　生物の豊かな個性とつながりのことを表す言葉を生物多様性という。地球上では動植物や微《び》生物など，さまざまな生物がたがいに関係しあっている。

(2), (3)　雑木林はクヌギやコナラなどの樹木からなり，主にたき木などの燃料を得るため，人によって管理されている森林である。雑木林は人の手が加わることによって他の生物も生息しやすい環境となっており，多くの生物が生息している。なお，人間がほとんど立ち入らない森林と，人間が生活している人里とのさかい目に見られる山や雑木林などを里山(里地里山)という。

(4)　ニホンオオカミやニホンカワウソは駆除《くじょ》や乱獲《らんかく》，生息環境の悪化などが原因ですでに絶滅したと考えられている。なお，絶滅のおそれのある野生生物の種のリストのことを「レッドリスト」といい，アホウドリ，ミナミメダカ，アオウミガメ，ニホンウナギは野生での絶滅のおそれがある生物として登録されている。

(5)　里山に生息する多様な生物は，森林で生活している野生動物のえさにもなっている。しかし，近年里山が減ったことで野生動物のえさが減り，これらの動物が人里に下りてくることが問題になっている。

5　季節と天気，低気圧についての問題

(1)　Ａは日本列島の南の海上に梅雨前線が見られることからつゆ，Ｃは日本列島が高気圧でおおわれており，北側に低気圧がある「南高北低」の気圧配置になっていることから夏，Ｄは「西高東低」の気圧配置になっていることから冬とわかる。残ったＢは，日本列島付近に高気圧があり，西側に低気圧があることから，高気圧と低気圧が交互《こうご》にやってくることが多い春の天気図と考えられる。

(2)　Ｄの時期(冬)には，大陸の高気圧から太平洋側の低気圧に向かって空気が移動するため，北西の季節風が吹《ふ》くことが多い。

(3), (4)　日本の上空には，常に西から東に向かって強い風が吹いている。この西風のことをへん西風という。このため，日本の上空の低気圧や高気圧は西から東へと移動することが多く，天気も西から東へと移り変わることが多い。

(5)　低気圧はまわりに比べて気圧が低いため，空気が流れこむ。このとき，北半球では空気が低気圧の中心に向かって反時計回りに流れこむ。

国　語　＜第２回試験＞（50分）＜満点：100点＞

解　答

一　**問１**　①　さいし　②　じきでん　③　こだち(きだち)　④　はぐく(む)　⑤

しゃくよう　**問２**　下記を参照のこと。　二　**問１**　ア　**問２**　エ　**問３**　イ　**問４**　ウ，オ　**問５**　ウ　**問６**　**１**　いい成績　**２**　他人を傷つけたり，まわりの人の負担になること　**問７**　(例)　合唱クラブがコンクールで金賞を取るためにつらい思いをするだけのクラブになっていること。　**問８**　ウ　**問９**　エ　三　**問１**　(例)　日本人にとってコミュニケーションとは，お互いの気持ちを結びつけ，良好な場の雰囲気を醸し出す役割だが，アメリカ人にとってコミュニケーションとは，相手を説得し，自分の意見を通す役割である(という違い。)　**問２**　共感性　**問３**　ウ　**問４**　他者や状況～強く受ける(存在。)　**問５**　自己は　**問６**　**１**　個　**２**　相手の意向(相手の意見)　**３**　相互依存　**問７**　ア　**問８**　ア　**問９**　エ

●漢字の書き取り

一　**問２**　①　経(る)　②　仮設　③　簡単　④　築(く)　⑤　救護

解　説

一　漢字の読みと書き取り

問１　①　妻と子ども。　②　師から直接教えを授《さず》けられること。　③　木が群がって生えているようす。　④　音読みは「イク」で，「育児」などの熟語がある。訓読みにはほかに「そだ(てる)」がある。　⑤　人から一時的に借りて使うこと。

問２　①　音読みは「ケイ」「キョウ」で，「経過」「経典」などの熟語がある。　②　必要に応じて，一時的に設けること。　③　たやすいようす。　④　音読みは「チク」で，「築城」などの熟語がある。　⑤　病人やけが人を助けたり，世話をしたりすること。

二　出典は額賀澪《ぬかがみお》の『ラベンダーとソプラノ』による。コンクールで金賞を取るために練習日を増やすと言う穂乃花《ほのか》をうまく説得できない「わたし」(真子《まこ》)は，合唱クラブのあり方に疑問を持つ朔《はじめ》の言葉にはっとする。

問１　ミーティングの後で，穂乃花に練習日を増やすことを考え直したらどうかと提案しているので，「わたし」は練習日を増やすことに疑問を持っているとわかる。その提案を穂乃花ははねつけ，「わたし」を責めるような口調になっているので，アが選べる。

問２　長谷川《はせがわ》先生に注意されてばかりで，もともといい雰囲気《ふんいき》ではなかったところに，穂乃花が練習日を増やすと言い出したので，さらに空気が重くなっている。このようすを「どんよりと濁《にご》った」と表現しているので，エがふさわしい。

問３　練習日を増やす提案に気が進まない子がいても，正面切って穂乃花に反対するのは無理だろうと「わたし」は感じている。同じ六年生で穂乃花に意見を言える立場でありながら，自分に言い訳をして黙《だま》っている自分を「わたし」は「卑怯《ひきょう》」だと思っているので，イがあてはまる。

問４　藤野先輩《ふじのせんぱい》の言葉が，雨つぶが天井《てんじょう》をつき抜《ぬ》けて自分の中に入りこむようによみがえったことを表現しているので，「ようだ」「みたい」などの比ゆを表す言葉を使わないたとえである「隠《いん》ゆ」が合う。また，ぼう線④の二文目は本来「ふと落ちてくる」の前に置かれる内容で，語順が逆になっているので，「倒置《とうち》法」も使われている。

問５　この後穂乃花は，金賞を取れなかった去年より今年はさらに下手なので，結果を出すには練習日を増やすしかないと言っている。パートリーダーであるにもかかわらず，現状が「見えてな

い」かのように練習日を増やすのを考え直すことを提案する「わたし」を，無責任だと批判しているのである。

問６　**１**　穂乃花はコンクールで金賞，つまり「いい成績」を取りたいと考えている。　**２**　いくら金賞を取りたいからといっても，「他人を傷つけたり，まわりの人の負担になること」をしてもいいわけではないという朔の言葉を聞き，「わたし」ははっとして，そう言えばよかったと思ったのである。

問７　「ちがうんだよ！」と否定したものの，朔に言われたことこそ「本当のこと」なのだと「わたし」が思っているのがわかる。すなわち，合唱クラブがコンクールで金賞を取るためにつらい思いをするだけのクラブになっていることが「本当のこと」にあたる。

問８　あわてて音楽室を飛び出した「わたし」は，朔から逃《に》げられてホッとしたと感じていることがわかる。朔にずばりと本質を言いあてられたことで，「わたし」は，ひどく動揺《どうよう》し，いたたまれなくなっているので，ウが合う。

問９　穂乃花は部長として，先輩たちとの「金賞を取る」という約束を守ることを大切に考えるあまり，部員たちの気持ちに目を向けられなくなっており，責任感はあるが柔軟《じゅうなん》性に欠け，不器用な人物といえる。よって，エが適切である。

三　**出典は榎本博明《えのもとひろあき》の『〈自分らしさ〉って何だろう？　自分と向き合う心理学』による。**日本人が自己主張を苦手とする理由に，欧米《おうべい》人との自己のあり方の違《ちが》いをあげ，くわしく説明している。

問１　続く三段落からまとめる。日本人にとってコミュニケーションの役割とは，お互《たが》いの気持ちを結びつけ，良好な場の雰囲気を醸《かも》し出すことだが，アメリカ人にとっては，相手を説得し，自分の意見を通すことである。

問２　ぼう線②の二段落先に注目する。「相手の意向を気にする」傾向《けいこう》があるため，日本人は自己主張のスキルを磨《みが》かずに育つが，代わりに相手の気持ちを察する「共感性」を磨いて育つと書かれている。

問３　ぼう線③は，直前の部分からわかるとおり「人の意向や期待を気にする」あり方なので，自分の欲望を満たすために勉強するウが適切でないといえる。

問４　「関係性を生きている」日本人の自己のあり方を，ぼう線④の次の文では「相互《そうご》協調的自己観」と定義している。さらに【ウ】の直後の文では「相互協調的自己観」の説明として，自己は「他者や状況《じょうきょう》といった社会的文脈と強く結びついており，そうしたものの影響《えいきょう》を強く受ける」ものだとしている。

問５　主語は述語に対して「だれ(何)は」にあたる文節で，姿を「変える」のは「自己」なので，「自己は」がぬき出せる。

問６　「相手の視線が気になる」とは，「関係性としての自己を生きている」日本人ならではの特《とく》徴《ちょう》である。　**１**　少し前で，「関係性としての自己を生きている」日本人の生き方と対比されているのは，アメリカ的な「個」としての自己を生きる生き方である。　**２**　二つ後の段落で，日本人は「相手の意向」(相手の意見)や要求を汲《く》み取り，それをふまえて自分の意向を主張すると述べられている。　**３**　同じ段落に，日本人の自己は相手との「相互依存《いぞん》」にもとづくものだと述べられている。

問７　個を生きるなら，自分のしたいことをし，自分の言いたいことを言えばいいのでじつにシンプルだと前にある。後には，関係性を生きるならそんなふうにシンプルにはいかないと続く。よって，前後で逆の内容が置かれるときに使う「でも」があてはまる。

問８　筆者は，アメリカ人は個としての自己を生きているとし，最後から三つ目の段落でその生き方を具体的に述べている。アはこの内容に合っている。イの主張は，教育心理学者の東《あずま》 洋《ひろし》氏の意見である。日本人は自己主張は苦手だがそれは悪いことではないと筆者は最初の段落で言っていること，日本人は自己主張のスキルを磨かず，意見や要求も持たないとは言っていないことから，ウ，エも誤り。

問９　もどす文は，欧米人とは違い，相手との関係性によって変化する日本人の自己について述べた内容である。よって，相手との関係に応じてさまざまに姿を変える，日本人の「関係性としての自己」について直前で説明している【エ】に入れるのがよい。

Memo

2022年度　八雲学園中学校

〔電　話〕　(03)3717－１１９６
〔所在地〕　〒152－0023　東京都目黒区八雲２－14－１
〔交　通〕　東急東横線―都立大学駅より徒歩７分

【算　数】〈第１回試験〉（50分）〈満点：100点〉

1　次の $\square$ に当てはまる数を求めなさい。

(1)　$(43-27)\times 2\div\{(37+19)\div 7\}=\square$

(2)　$1\div\left(\dfrac{1}{15}+\dfrac{1}{35}-\dfrac{1}{21}\right)=\square$

(3)　$\left\{(2.56+5.12)\div 0.4+\dfrac{4}{5}\right\}\times 2\dfrac{1}{2}=\square$

(4)　$0.111\times 597-0.222\times 145+0.333\times 231=\square$

(5)　$2\times 3\times\left(\square\div\dfrac{4}{13}\times 13-1\right)=2022$

2　次の各問いに答えなさい。

(1)　あるクラスで生徒にアメを配るのに，１人３個ずつ配ると21個余り，１人４個ずつ配ると11個不足します。アメは全部で何個ありますか。

(2)　A，B，Cの３人はある作業を処理するのに，A１人では15分，B１人では10分，C１人では12分かかります。この作業を３人で協力すると，処理するのに何分かかりますか。

(3)　(図２)は(図１)の立方体の展開図です。あ⃝に当てはまる文字をＡからＨの中から選びなさい。

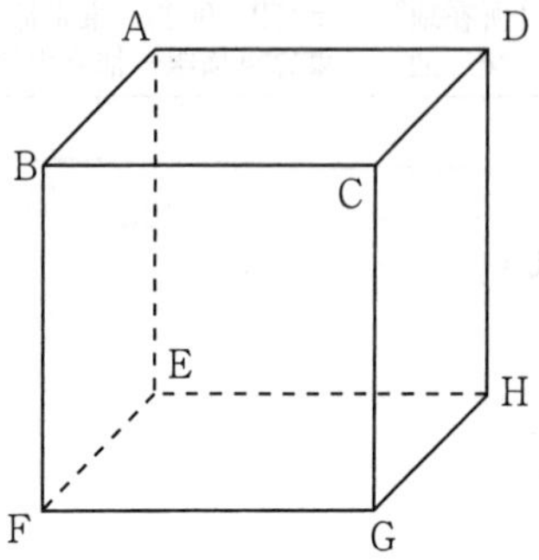

(図１)

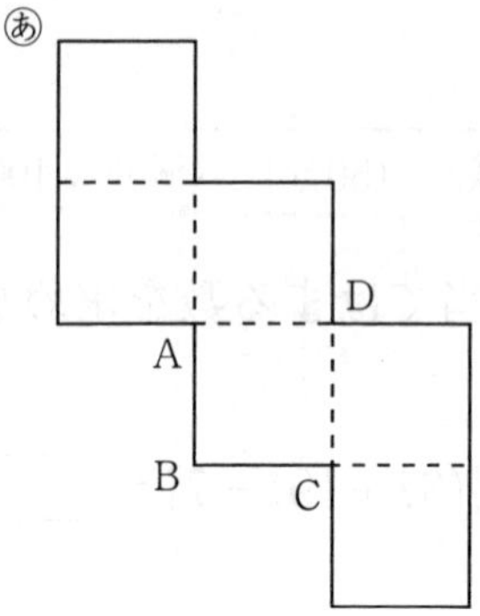

(図２)

(4)　右の図は，半円とおうぎ形を組み合わせたもので，同じ印をつけた辺は同じ長さです。かげをつけた部分の面積は何cm^2ですか。ただし，円周率は3.14とします。

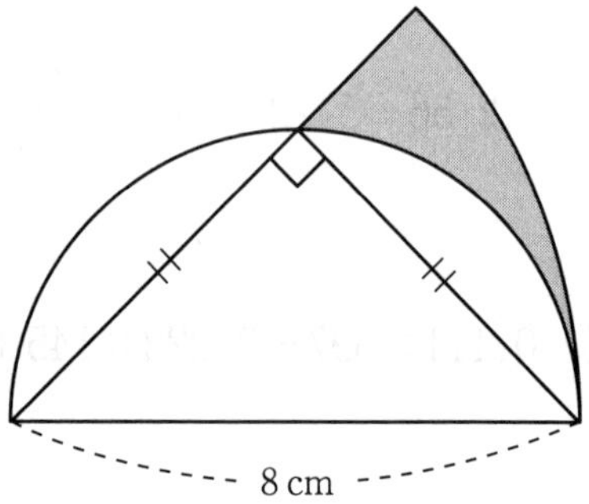

(5)　2021年７月23日から８月８日まで2020年東京オリンピック競技大会が開催《かいさい》されました。陸上男子100m決勝において金メダルを獲得《かくとく》したのは，イタリアのマルセル・ジェイコブス選手でした。その記録は9.8秒でした。

八雲学園で陸上部に所属しているよしひこくんは100mを14秒で走ります。よしひこくんとジェイコブス選手が一緒《いっしょ》に走ったとき，ジェイコブス選手が100m走り，同時にゴールするためには，よしひこくんのスタート地点をジェイコブス選手より何m前にすればよいですか。ただし，よしひこくんとジェイコブス選手は常に同じ速さで走るものとします。

(6) 右の図は，正方形とおうぎ形を組み合わせたものです。このとき，角㋐は何度ですか。

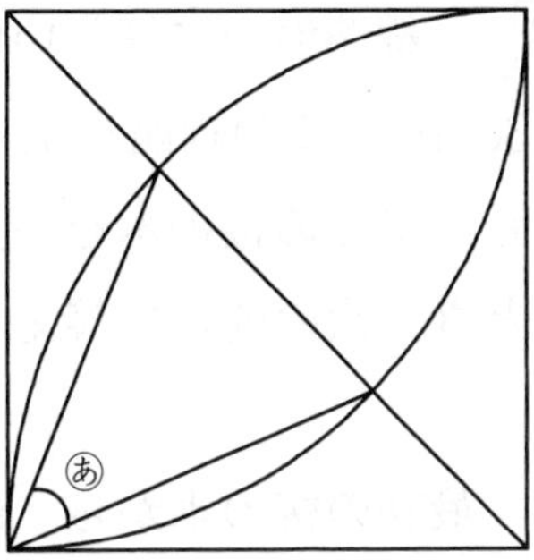

(7) 5円玉と10円玉と50円玉が合わせて49枚あり，合計金額は1365円です。50円玉の枚数が，10円玉の枚数の3倍であるとき，10円玉は何枚ありますか。

(8) 次のかけ算の式のAからDには，1から9までの数が1つずつ当てはまります。ただし，AはCより大きい数とし，違《ちが》うアルファベットには，違う数が当てはまるものとします。このとき，それぞれに当てはまる数は何ですか。

$$\begin{array}{r} \mathrm{A}\,\mathrm{B} \\ \times\,\mathrm{C}\,\mathrm{B} \\ \hline \mathrm{D}\,\mathrm{D}\,\mathrm{D} \end{array}$$

(9) 片手の指を使って次のように数を数えます。まず親指が1，人差し指が2と続け，小指が5となります。次に逆方向に薬指が6，中指が7，人差し指が8，親指が9となります。また向きを変えて，人差し指が10，…と数えていきます。このように片手の指を行ったり来たりして数えたとき，2022になるのは何指ですか。

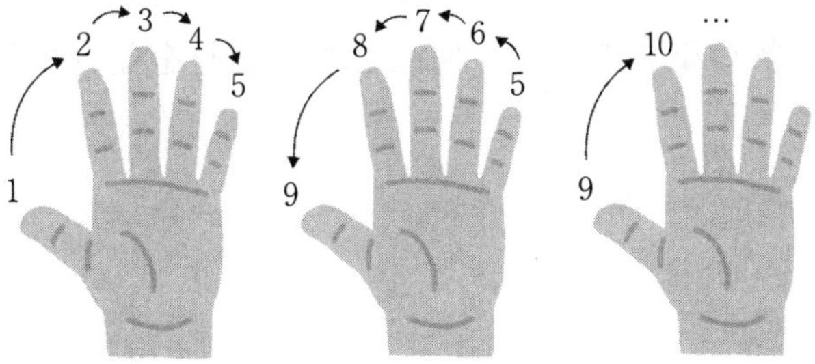

3　線路沿いに等しい間隔《かんかく》で桜の木が植えてあります。長さ100mの電車が，毎時36kmでこの線路を走りました。この電車が，最初の桜の木にさしかかったときから，最後の桜の木を完全に通り過ぎるまでにかかった時間は１分10秒でした。このとき，次の問いに答えなさい。

(1)　最初の桜の木から，最後の桜の木までの長さは何mですか。

(2)　全部で桜の木が25本植えてあるとき，木と木の間隔は何mですか。

4　正六角形になるように，白と黒の碁石《ごいし》を並べていきます。このとき，下の問いに答えなさい。

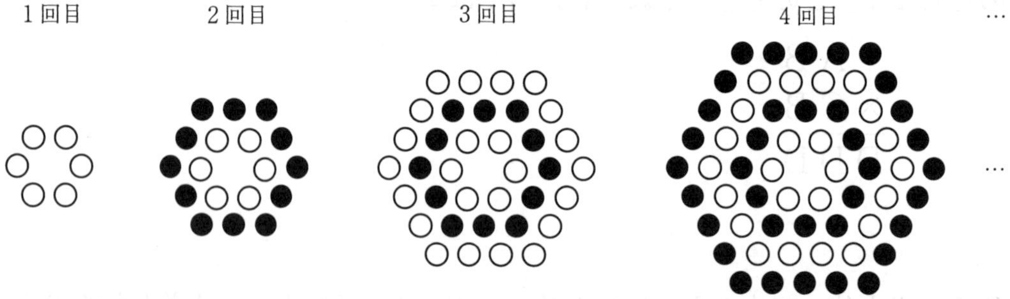

(1)　７回目に並べる碁石は何色で何個ですか。

(2)　何回か碁石を並べたあと，白の碁石と黒の碁石を数えました。すると，黒の碁石が白の碁石より30個多くなりました。何回目まで碁石を並べましたか。

5　会話のできる人工知能「ヤークモ」と５人組の人気アイドル「ストーム」が４桁《けた》の数当てゲームをしました。次の会話を読んで，下の問いに答えなさい。

ヤークモ「ストームのみなさんこんにちは。それでは４桁の整数1000～9999の中から１つの整数を決めてください。」
ストーム「こんにちは，ヤークモ！　はい，１つの整数を決めました。」
ヤークモ「では，その整数を当てていきますので，順番にヒントを教えてください。」
Ｎ くん「はい！　最初のヒントです。その整数は７の倍数です。」
ヤークモ「それではまだわかりませんね。次のヒントをお願いします。」
Ａ くん「その整数は83の倍数です。」
ヤークモ「おー！　それは大ヒントですね。ということは，その整数は［ア］の倍数で，現在考えられる４桁の整数は［イ］個ですね。」
Ｍ くん「次のヒントです。４桁の整数の各位の４つの数を足すと５の倍数となります。」
ヤークモ「なるほど。これで現在考えられる４桁の整数は３個になりました。」
Ｏ《オー》 くん「４桁の整数の一の位の数は３です！」
ヤークモ「このヒントはもう少し早く教えてほしかったです。現在考えられる４桁の整数は２個です。」
Ｓ くん「４桁の整数の各位の４つの数はすべて奇数です！」
ヤークモ「ありがとうございます。４桁の整数は，［ウ］ですね！」
ストーム「正解です！　さすがヤークモですね！」

(1)　［ア］に当てはまる３桁の数と［イ］に当てはまる数はそれぞれ何ですか。

(2)　［ウ］に当てはまる４桁の数は何ですか。

【社　会】〈第1回試験〉（理科と合わせて60分）〈満点：50点〉

1　次の文章を読んで，あとの問いに答えなさい。

コロナ禍では，都道府県境を越える移動の自粛《じしゅく》が求められました。そこで，全国の都道府県がどのように接しているのかを調べてみました。

A北海道と沖縄県は海で囲まれているために，地続きで隣り合っている県がありません。また，B長崎県は地続きで隣り合っている県が1県のみとなっています。一方，最も多くの都道府県と接しているのは8県と接しているC長野県で，続いて多いのが7県（7都県）の岐阜県と埼玉県です。接する県が多い理由として，これらの3県に共通しているのは（　D　）ということです。

埼玉県には，さまざまな県境があります。山梨県との県境には，E日本三大峠の1つである雁坂《かりさか》峠があり，F古代の律令制の区分けにおいても国境とされていました。また，雲取山は東京都とも接しており，3都県の県境が一点に集まっている三県境となっています。埼玉県には全部で7カ所の三県境があり，そのほとんどが山の頂上や河川の中央にありますが，G栃木県と群馬県との三県境は右の写真のように平地にあり，「歩いて行ける三県境」として観光名所となっています。さらに，周囲を群馬県に囲まれた「飛び地」や，H東京都との境界線が定まっていない「未確定地」もあります。

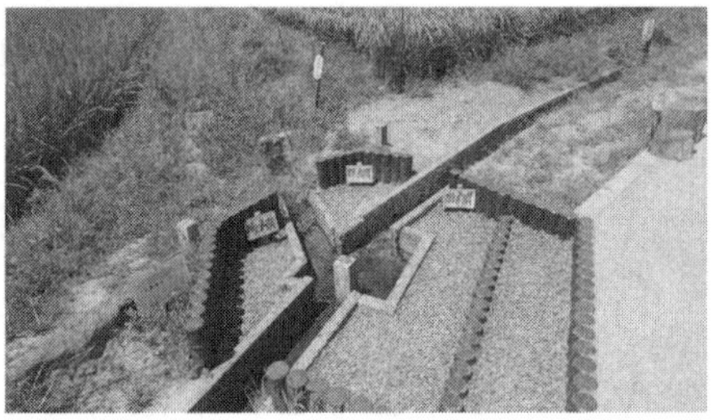

以上のように，県境を調べるとさまざまなものがあり，地理的，歴史的な地域のつながりなどを知ることができます。ほかにもどのようなものがあるか調べてみましょう。

問1　下線部Aについて

①　北海道と沖縄県の両方が面している海を次の中から1つ選び，記号で答えなさい。

ア　大西洋　　**イ**　太平洋　　**ウ**　日本海　　**エ**　東シナ海

② 北海道の釧路港の説明として最も適当なものを次の中から１つ選び，記号で答えなさい。

ア 近海ではタラやイワシ漁がさかんで，1990年ごろまでは水揚げ量が日本一だった。

イ 近海ではサバやマグロ漁がさかんで，2020年の水揚げ量が日本一となっている。

ウ 遠洋漁業の基地となっており，カツオやマグロ漁が中心で，2020年の水揚げ高(金額)が日本一となっている。

エ 近海ではアジやサバ漁がさかんで，日本海沿岸の港では，日本一の水揚げ量となっている。

③ 2020年の国勢調査では，2015年と比べて日本全体の人口が減少しているのに対して，沖縄県の人口は増加しています。沖縄県と同様に人口が増加した県として適当でないものを次の中から１つ選び，記号で答えなさい。

ア 神奈川県　**イ** 福岡県　**ウ** 愛媛県

④ 2021年，「奄美大島，徳之島，沖縄島北部及び西表島」が新たに世界自然遺産に登録されることになりました。日本にある世界自然遺産として適当でないものを次の中から１つ選び，記号で答えなさい。

ア 小笠原諸島　**イ** 知床　**ウ** 富士山　**エ** 白神山地

問２ 下線部Ｂについて

① 長崎県と地続きで隣り合っている県を次の中から１つ選び，記号で答えなさい。

ア 福岡県　**イ** 佐賀県　**ウ** 熊本県　**エ** 大分県

② 長崎県の産業についての説明として最も適当なものを次の中から１つ選び，記号で答えなさい。

ア 佐世保では，造船業が発達している。

イ 久留米では，ゴムの生産と綿織物の生産がさかんである。

ウ 有田町では，陶磁器の生産がさかんである。

エ 島原には製鉄所があり，石油化学工業もさかんである。

問３　下線部Ｃについて，長野県の農業の説明として最も適当なものを次の中から１つ選び，記号で答えなさい。

ア　大井川下流近くの牧ノ原では，茶の栽培がさかんである。

イ　豊川用水の流域では，電照菊や温室メロンなどがつくられている。

ウ　八ヶ岳山ろくの野辺山原では，レタスなどの高原野菜がつくられている。

エ　長野盆地では，テンサイの栽培がさかんである。

問４　空欄《らん》（Ｄ）にあてはまる地理的な共通点を答えなさい。

問５　下線部Ｅについて

①　雁坂峠以外の日本三大峠は，三伏《さんぷく》峠と針《はり》ノ《の》木《き》峠で，それぞれ赤石山脈と飛驒山脈にあります。これらの山脈と木曽山脈を合わせて何とよびますか。解答欄に合わせてカタカナで答えなさい。

②　雁坂峠は，埼玉県秩父市と山梨県山梨市の境にありますが，秩父地方でさかんに生産されているものとして最も適当なものを次の中から１つ選び，記号で答えなさい。

ア　プラスチック　　**イ**　しょうゆ　　**ウ**　自動車　　**エ**　セメント

問６　下線部Ｆについて，律令制では日本全国を国・（　　）・里と分けました。（　）にあてはまる区分を漢字で答えなさい。

問７　下線部Ｇについて，次の地図は三県境周辺の地図で，「●」が三県境です。

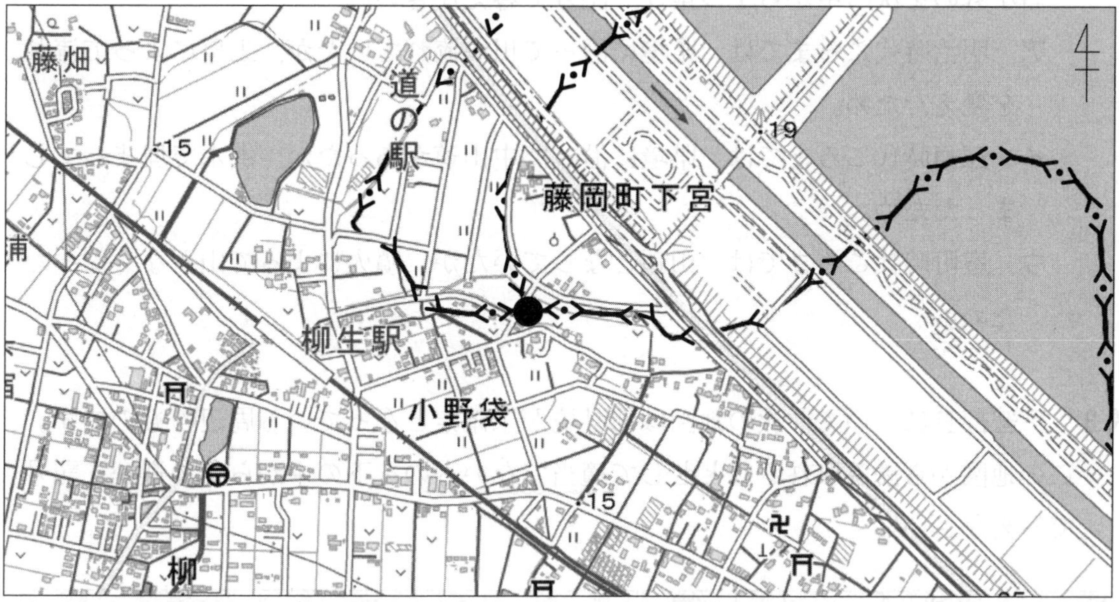

県境

①　三県境の北東には，渡良瀬遊水地があります。ここは，湿地の保存に関する国際条約に登録されていますが，その条約名を解答欄に合わせてカタカナで答えなさい。

②　①の条約の登録地として適当でないものを次の中から１つ選び，記号で答えなさい。

ア　琵琶湖　　**イ**　尾瀬　　**ウ**　釧路湿原　　**エ**　霞ケ浦

③　遊水地の役割として最も適当なものを次の中から１つ選び，記号で答えなさい。

ア　洪水が起きそうなときに，水をためて水害を防ぐ。
イ　ためた水が流れ落ちる自然の力を使って発電する。
ウ　高地から流れてくる雪解け水を蓄えて，田植え時に水田に供給する。
エ　大型のプールなどを多数設置し，水と親しむレジャー施設とする。

④　地図を見ると，県境は地形と大きくずれていますが，その原因として最も適当なものを次の中から１つ選び，記号で答えなさい。

ア　明治時代ごろまでは，県境に沿って川が流れていたが，工事によって流れを変えたため。

イ　江戸時代ごろまでは，県境に沿って中山道があったが，洪水で埋まってしまったため。

ウ　室町時代ごろまでは，山頂となっていたが，噴火によって山がなくなったため。

問８　下線部Ｈについて，次の地図は都県境が未確定となっている周辺のものです。この地図から読み取れることとして適当でないものを下の中から１つ選び，記号で答えなさい。

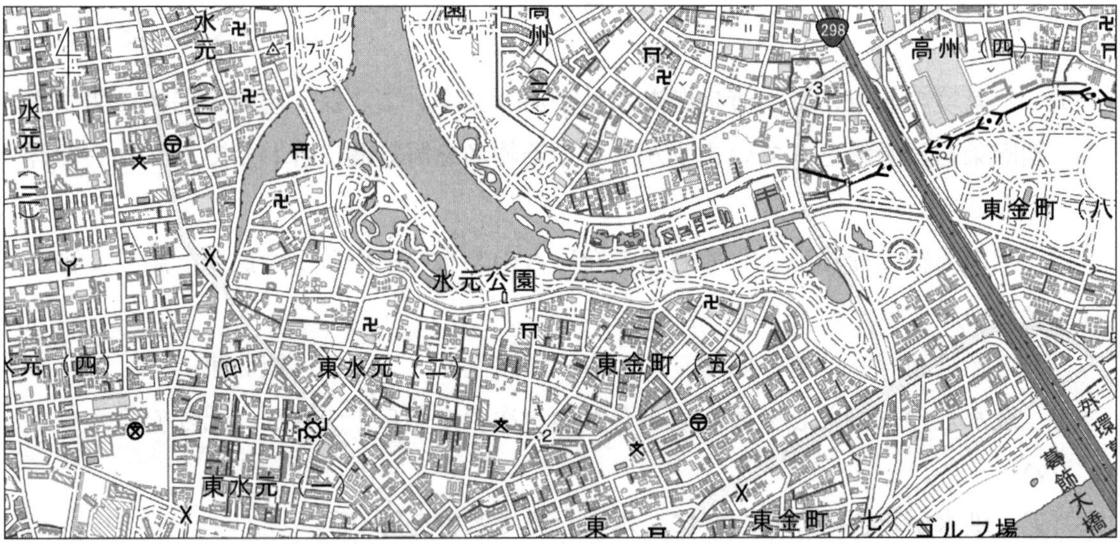

都県境

ア　公園の周辺には，寺院や神社が建てられている。

イ　公園の南側には，交番と消防署が同じ数だけ建てられている。

ウ　都県境が地図の東側で途切れていることから，定まっていない都県境は公園内にある。

2 次の文章を読んで，あとの問いに答えなさい。

みなさんは日常生活でハンコを使ったことはありますか？　この「ハンコ」は正確には「印章」とよびますが，このハンコ文化は日本において古い歴史をもっています。日本で発見された中で最も古いハンコは福岡県（ A ）で発見された「漢委奴国王」の金印です。これは中国の皇帝から授けられたものですが，奈良時代になるとB藤原仲麻呂が「恵美家印」というハンコを使っていたことがわかっています。

C平安時代後期には，「書く」印である花押《かおう》の習慣が広まります。花押とは，名前を１つの文字として図案化したもので，現在でも首相や閣僚が使用しています。先祖の花押に似たものを子孫や一族が用いることもあり，D室町幕府では足利義満が初代将軍の花押（図１）を手本にしていたと考えられています。

図１

図２

（門田誠一『はんこと日本人』）

そのほかにも，さまざまに独創的なハンコが見られました。E戦国時代の伊達政宗の印章（図２）はF縄文晩期に見られる土器をモチーフにしたと思われていましたが，現在ではこの説は否定され，土器ではなく香炉《こうろ》をモチーフにしたものといわれています。また，Gキリシタン大名として有名な大友宗麟《そうりん》は，所属していた（ H ）の当時の記号である「IHS」と自らの洗礼名を組み合わせたローマ字のデザインを印に使用していました。

これらのハンコは土の中から発見されることもありますが，Iときには海や湖などからも見つかります。例えば1974年に長崎県鷹島《たかしま》沖では，J蒙古襲来の際の軍隊のものと考えられる青銅印が見つかっています。また，文学作品から当時のハンコの用いられ方を知ることもでき，K江戸時代の井原西鶴の作品『万《よろづ》の文反古《ふみほうぐ》』では，遺言を作成する際に五人組の判が必要であることが書かれていました。

このようなハンコ社会の確立は，「証書には必ず実印を用いなければならない」と定めたL明治時代の法令規定の影響が大きいと考えられています。そして，私たちはハンコに対して目に見える「信用」を負わせており，M第二次世界大戦中には日本が占領した地域で，個人のハンコを押しただけの紙が切手として用いられることもありました。現代の日本では，ハンコを押すことがときに人生を大きく左右する重要な場面となることがあります。しかし，N目黒区では「脱はんこ」関連法案によって，2021年４月１日時点で1,777件の押印が廃止されました。いま，私たちのハンコ文化のあり方が大きく変化しようとしています。

問１　空欄(A)にあてはまる島名を答えなさい。

問２　下線部Ｂについて，藤原仲麻呂の祖父である藤原不比等は，唐にならって701年に日本独自の律令を定めました。その律令名を漢字４文字で答えなさい。

問３　下線部Ｃについて，平安時代後期の出来事を年代の古い順に並べ替えなさい。

ア　平清盛が武士で初めて太政大臣になり，平氏一族は朝廷との関係を深めた。

イ　皇位継承問題をきっかけに，都では保元の乱が起き，天皇方が勝利した。

ウ　白河天皇が位を８歳の皇子に譲り，上皇として院政を始めた。

問４　下線部Ｄについて

①　室町幕府の初代将軍の名前を漢字で答えなさい。

②　室町時代の貿易に関する説明として正しいものを次の中から１つ選び，記号で答えなさい。

ア　足利義満が将軍になったころ，中国では宋が成立して日宋貿易を始めた。

イ　貿易船と倭寇の船を区別するために勘合という合札が使われた。

ウ　足利義政は，貿易のために瀬戸内海の航路や大輪田泊を整備した。

エ　日本は，中国や琉球王国などの国々との中継貿易で栄えた。

問５　下線部Ｅについて，1590年ごろの伊達政宗の領地として正しいものを地図の中から１つ選び，記号で答えなさい。

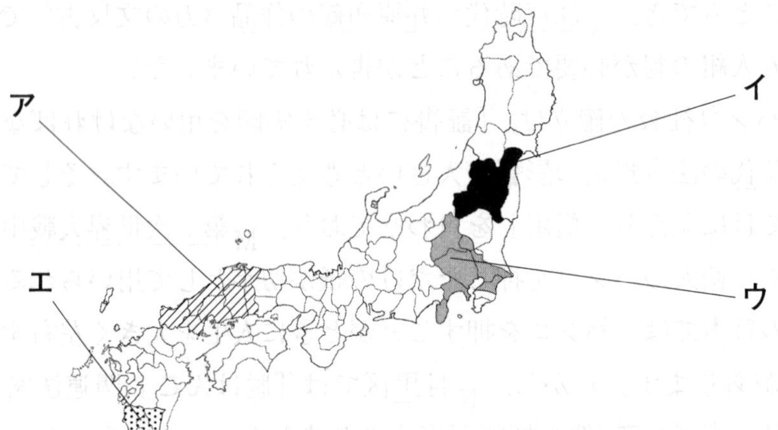

問６　下線部Ｆについて，縄文時代に関する説明として正しい組み合わせを下の中から１つ選び，記号で答えなさい。

> Ⅰ　縄文土器は薄くてかたいことが特徴で，東京都文京区の地名が由来となっている。
>
> Ⅱ　縄文時代の社会は，貧富の差や身分のちがいはほとんどなかったと考えられている。

ア　Ⅰ：正　Ⅱ：正　**イ**　Ⅰ：正　Ⅱ：誤

ウ　Ⅰ：誤　Ⅱ：正　**エ**　Ⅰ：誤　Ⅱ：誤

問７　下線部Ｇについて，大友宗麟などのキリシタン大名がおこなったこととして正しいものを次の中から１つ選び，記号で答えなさい。

ア　朱印船をヨーロッパに派遣し，日本町を建設した。

イ　長崎に出島を築き，オランダと貿易をした。

ウ　４人の少年をローマ教皇のもとに派遣した。

問８　空欄(Ｈ)には，アジア・アフリカへのキリスト教布教に力を入れ，フランシスコ＝ザビエルも設立にたずさわった教団名が入ります。その教団名を解答欄に合わせてカタカナで答えなさい。

問９　下線部Ｉについて，海や湖から発見されたものとして正しいものを次の中から１つ選び，記号で答えなさい。

ア　ワカタケル大王の名が刻まれた鉄剣　**イ**　ナウマン象の化石

ウ　聖武天皇の宝物である五弦《げん》の琵琶《びわ》　**エ**　高句麗の好太王の碑《ひ》

問10　下線部Ｊについて，蒙古襲来に最も関係のある人物を次の中から１人選び，記号で答えなさい。

ア　北条時宗　**イ**　北条義時　**ウ**　北条泰時　**エ**　北条政子

問11　下線部Ｋについて，井原西鶴の作品を次の中から１つ選び，記号で答えなさい。

ア　『解体新書』　**イ**　『奥の細道』

ウ　『古事記伝』　**エ**　『世間胸算用』

問12　下線部Ｌについて，次の明治時代の風刺画があらわした出来事として正しいものを下の中から１つ選び，記号で答えなさい。

ア　初めての衆議院議員総選挙がおこなわれたが，選挙権は一部の人にしか認められなかった。

イ　日本各地に自由民権運動が広がると，明治政府は出版や言論を弾圧した。

ウ　四民平等が原則となり，帯刀を禁止する法律などによって士族はさまざまな特権を失った。

エ　明治政府は東京に鹿鳴館をつくって舞踏会を開いたが，「猿まね」であると批判された。

問13　下線部Ｍについて，第二次世界大戦に関する説明として正しいものを次の中から１つ選び，記号で答えなさい。

ア　「ぜいたくは敵だ」などの標語によって，国民は戦争に協力することを求められた。

イ　第二次世界大戦において，日本はドイツとフランスと同盟を結んだ。

ウ　ロシアとの戦いが長引くと，日本政府は隣組をつくらせ，地域単位で戦争に協力させた。

エ　学徒出陣で大学生は戦場に送られたが，中学生や女学生は戦争に協力することはなかった。

問14　下線部Ｎについて，高度経済成長期には，都立大学駅前をふくむ目黒区の６カ所に設置された街頭テレビの前で，多くの人々がプロレス中継などに熱中しました。この白黒テレビは豊かさの象徴として「三種の神器」とよばれましたが，白黒テレビのほかに「三種の神器」とよばれたものとして正しいものを次の中から１つ選び，記号で答えなさい。

ア　電気洗濯機　　**イ**　クーラー　　**ウ**　自動車　　**エ**　掃除機

3　次の文章を読んで，あとの問いに答えなさい。

日本では$_{\mathrm{A}}$日本国憲法の三大原理の１つとして基本的人権の尊重があり，その内容は平等権，自由権，社会権などに分類されます。

平等権は，すべての国民が法の下に平等で，誰もが差別なく同じあつかいを受けることができるという権利で，$_{\mathrm{B}}$「2020年東京オリンピック・パラリンピック競技大会」でもあらゆる差別をなくし，多様性を認めるという理念がかかげられました。次に，自由権は身体の自由・精神の自由・$_{\mathrm{C}}$経済活動の自由に分けられ，個人の自由が保障されています。そして，$_{\mathrm{D}}$社会権は人間が人間らしい生活をする権利として20世紀に成立した権利です。中でも社会権の基本となる$_{\mathrm{E}}$生存権は，$_{\mathrm{F}}$1919年にドイツで制定されたワイマール憲法において世界で初めて定められました。しかし，基本的人権のうち自由権や社会権は$_{\mathrm{G}}$公共の福祉によって制限される場合もあります。そして近年，経済発展や社会生活の急速な変化にともない，日本国憲法には明記されていない$_{\mathrm{H}}$新しい人権も主張されています。

問１　下線部Ａについて，日本国憲法の三大原理は「基本的人権の尊重」，「平和主義」ともう１つは何ですか。漢字で答えなさい。

問２　下線部Ｂについて，多様性を認める社会の実現のため，あなたの身の回りですべての人が不自由なく生活できるような工夫がされているものを１つあげなさい。

問３　下線部Ｃについて，経済活動の自由として適当でないものを次の中から１つ選び，記号で答えなさい。

ア　職業を選択する自由
イ　集会・結社の自由
ウ　居住・移転の自由

問４　下線部Ｄについて，社会権には労働者に認められた３つの権利があります。この労働三権として適当でないものを次の中から１つ選び，記号で答えなさい。

ア　ストライキなどをおこなう権利
イ　労働組合をつくる権利
ウ　育児休暇を取得する権利

問５　下線部Ｅについて，生存権の保障のための日本の社会保障制度の具体例として正しいものを次の中から１つ選び，記号で答えなさい。

ア　病院にかかった場合，薬代など，常に国が全額を負担する。

イ　原因に関係なく生活が困難になった場合，公営住宅に入居できる。

ウ　労働者が怪我をした場合，場所や時間に関係なく労働災害が適用される。

エ　新型コロナウイルス感染症など伝染病が流行した場合，保健所などの行政機関が中心となって対応する。

問６　下線部Ｆについて，ワイマール憲法制定と同じ年の出来事を次の中から１つ選び，記号で答えなさい。

ア　第一次世界大戦を終結させるヴェルサイユ条約が結ばれた。

イ　日露戦争の講和条約であるポーツマス条約が結ばれた。

ウ　日清戦争の講和条約である下関条約が結ばれた。

エ　アメリカとの貿易について定めた日米修好通商条約が結ばれた。

問７　下線部Ｇについて，基本的人権が制限される例として適当でないものを次の中から１つ選び，記号で答えなさい。

ア　医師免許をもたない人は，医療行為ができない。

イ　高速道路をつくるために，個人の土地が収用される。

ウ　未成年者は自分の考えを本にして出版することができない。

問８　下線部Ｈについて，新しい人権には自分の生き方などに関して自由に決定できる「自己決定権」がありますが，その中で患者が医師から治療を受ける前に詳しい説明を受け，患者およびその家族が理解し納得した上で，自ら治療方法を選択できるという考え方を何といいますか。次の中から１つ選び，記号で答えなさい。

ア　ノーマライゼーション

イ　インフォームド・コンセント

ウ　セカンドオピニオン

【理　科】〈第１回試験〉（社会と合わせて60分）〈満点：50点〉

1　次の問いに答えなさい。答えは**ア**～**エ**からそれぞれ最も適当なものを１つ選び，記号で答えなさい。

(1)　次の場所のうち，同じ物体をばねばかりではかったとき，最も大きな値を示すものはどれですか。

ア　地球の地表面　　**イ**　月の地表面

ウ　国際宇宙ステーションの中　　**エ**　地球の海の中

(2)　氷が水に変化するときのように，固体から液体への変化を表す適切な用語はどれですか。

ア　ぎょう縮　　**イ**　ゆう解　　**ウ**　ぎょう固　　**エ**　昇華《しょうか》

(3)　種子にたくわえられている養分として，主にしぼうをたくわえている種子はどれですか。

ア　イネ　　**イ**　コムギ　　**ウ**　ダイズ　　**エ**　ゴマ

(4)　北半球にできた低気圧の地表付近における空気の流れとして，最も正しいものはどれですか。

ア

イ

ウ

エ

(5)　令和３年５月26日に月全体が赤っぽく見える現象が起こりました。この現象を何といいますか。

ア　皆既《かいき》日食　　**イ**　皆既月食　　**ウ**　部分日食　　**エ**　部分月食

2　金属に電流を流すと，いろいろな現象が見られます。これについて，次の問いに答えなさい。

(1)　ニクロム線に電流を流したとき，その金属の中や周辺に起こらない現象はどれですか。最も適当なものを次の**ア**～**エ**から１つ選び，記号で答えなさい。

ア　熱が出る。　　　　　　　**イ**　光が出る。

ウ　磁力ができる(発生する)。　**エ**　永久磁石ができる。

　金属には電流が流れますが，電流の流れやすさは金属の種類によって異なります。これは，金属の持つ抵抗《ていこう》という，電流の流れをさまたげるはたらきの大小によるものです。ふつう，電気製品には銅の金属線が使われていますが，電気ストーブやドライヤーなどの一部にはニクロム線が使われています。

(2)　銅線とニクロム線の特徴《ちょう》を比べたもので，最も適当なものはどれですか。次の**ア**～**エ**から１つ選び，記号で答えなさい。

ア　ニクロム線は銅線より電流が流れやすく，抵抗が小さい。

イ　ニクロム線は銅線より電流が流れやすく，抵抗が大きい。

ウ　ニクロム線は銅線より電流が流れにくく，抵抗が小さい。

エ　ニクロム線は銅線より電流が流れにくく，抵抗が大きい。

(3)　ニクロム線に電流を流すとき，ニクロム線の太さ(断面積)と長さは，抵抗の大きさとどのような関係がありますか。最も適当なものを次の**ア**～**エ**から１つ選び，記号で答えなさい。

ア　抵抗の大きさは金属線の太さに比例し，長さに比例する。

イ　抵抗の大きさは金属線の太さに比例し，長さに反比例する。

ウ　抵抗の大きさは金属線の太さに反比例し，長さに比例する。

エ　抵抗の大きさは金属線の太さに反比例し，長さに反比例する。

(4)　長さが同じで太さの違《ちが》うニクロム線Ｘ，Ｙを用意し，左下の図１のように電池を１個接続して流れる電流の大きさを測定すると，ニクロム線Ｘには４Ａの電流が流れ，ニクロム線Ｙには１Ａの電流が流れました。また，ニクロム線Ｘ，Ｙそれぞれについて，長さと太さが同じニクロム線２本を直列と並列に接続し，電池１個をつなげたときの電流の大きさは表１のようになりました。あとの問いに答えなさい。

図１

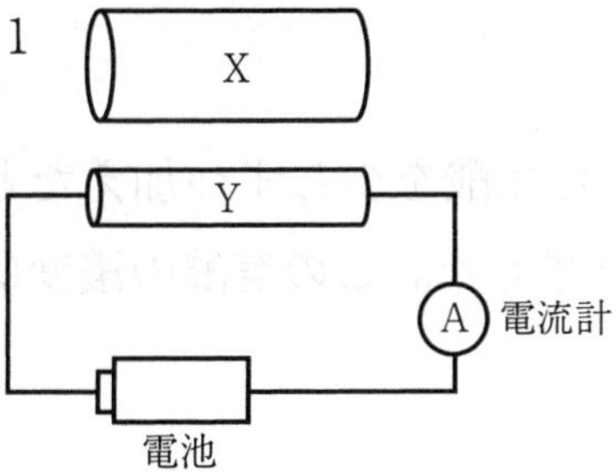

表１

	直列つなぎ	並列つなぎ
ニクロム線Ｘ	２Ａ	８Ａ
ニクロム線Ｙ	0.5A	２Ａ

①　ニクロム線Ｙの太さは，ニクロム線Ｘの何倍ですか。

②　ニクロム線Ｘを用いて，１本のニクロム線Ｙと同じ大きさの電流を流すためには，ニクロム線Ｘを何本どのようにつなげばよいですか。本数と，「直列」か「並列」かのいずれかを答えなさい。

3　ある濃《のう》度の水酸化ナトリウム水溶《よう》液50mLをはかりとったビーカーを６個用意し，それぞれにある濃度の塩酸を体積を変えて加え，混合水溶液①～⑥をつくりました。その後，各混合水溶液から水を蒸発させ，残った固体の重さをはかり，下の表にまとめました。あとの問いに答えなさい。

	①	②	③	④	⑤	⑥
塩酸〔mL〕	10	20	30	40	50	60
残った固体〔g〕	4.4	4.8	X	5.6	5.8	5.8

(1)　表中の空欄《らん》Ｘに当てはまる値を求めなさい。

(2)　水酸化ナトリウム水溶液50mLを完全に中和するのに必要な塩酸の体積は何mLですか。

⑶ 混合水溶液⑤にBTB液を加えると何色になりますか。次の**ア～エ**から１つ選び，記号で答えなさい。

ア 赤色　　**イ** 青色　　**ウ** 緑色　　**エ** 黄色

⑷ 水酸化ナトリウム水溶液100mLと塩酸100mLを混合した水溶液から水を蒸発させました。あとに残る固体の重さは何ｇですか。

⑸ 水酸化ナトリウム水溶液100mLに，濃度を変えた塩酸を少しずつ加えたところ，15mL加えたところで完全に中和したことがわかりました。この塩酸の濃度はもとの塩酸の濃度の何倍ですか。

4 動物の分類について，次の問いに答えなさい。

⑴ 次の**ア～シ**の中で，ホニュウ類に分類されるものをすべて選び，記号で答えなさい。

ア メダカ　　**イ** カブトムシ　　**ウ** ヒト　　**エ** ニワトリ
オ カメ　　**カ** ヘビ　　**キ** ヤモリ　　**ク** タコ
ケ イルカ　　**コ** ペンギン　　**サ** カエル　　**シ** イタチ

⑵ ⑴の**ア～シ**の中で，鳥類に分類されるものをすべて選び，記号で答えなさい。

⑶ ⑴の**ア～シ**の中で，背骨を持たないものをすべて選び，記号で答えなさい。

⑷ 世界各地で化石が見つかっている始祖鳥は，鳥類と別の生物グループの両方の特徴をあわせ持った生物と考えられています。別の生物グループとは，どの生物グループですか。次の**ア～エ**から１つ選び，記号で答えなさい。ただし，始祖鳥が進化の過程にあると考えられていることや，歯を持っていること，尾部に骨があることなどをもとに考えなさい。

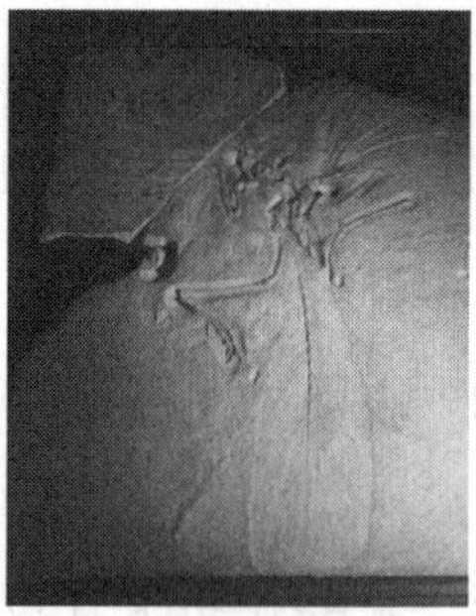

ア 魚類　　**イ** 両生類
ウ ハチュウ類　　**エ** ホニュウ類

(5) カモノハシは，ホニュウ類に分類されますが，(1)で選んだものとは異なる特徴を持っています。それはどのような特徴ですか。簡単に答えなさい。

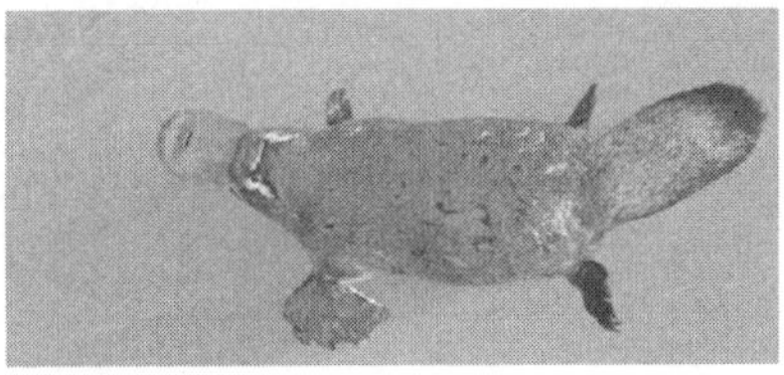

5 土砂の積もり方と岩石について，次の問いに答えなさい。

(1) ペットボトルの中に土砂と水を入れ，よく振《ふ》ってから放置しておくと，土砂がペットボトルの底にたまっていきます。このときの層の積み重なる順番として正しいものはどれですか。次の**ア**～**エ**から最も適当なものを１つ選び，記号で答えなさい。

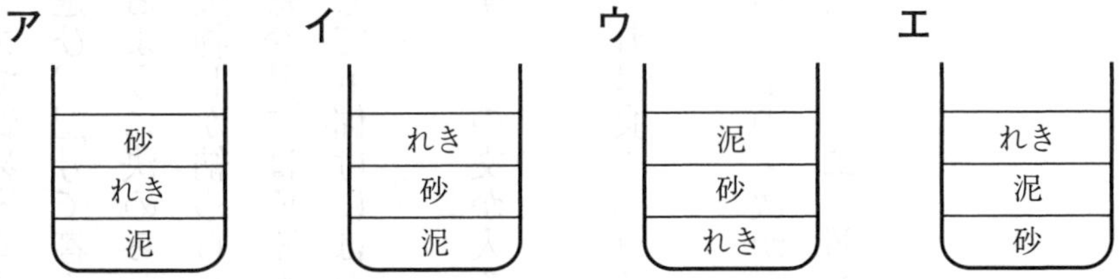

(2) 土砂は川から海や湖へ運ばれ，海底や湖底に積もっていきます。海の場合，沖合よりも海岸近くに積もりやすいのは，砂，れき，泥《どろ》のうちどれですか。

(3) (2)のようにして海底等に積もった土砂は，長い年月をかけて押《お》し固められて岩石となります。このような岩石を何といいますか。

(4) (3)に対して，マグマが冷えて固まってできた岩石を何といいますか。

(5) (4)のうち，地下深くでゆっくりと冷えて固まった岩石を何といいますか。この岩石は，ゆっくりと固まったために，結晶《しょう》が大きくなります。

問六 ――⑤「庶民が日常食べる食料を遠くまで貿易することはありませんでした」とありますが、どうしてですか。その説明として適切なものを次から一つ選び、記号で答えなさい。

ア 身近な田畑や自然環境から食を得るように決められていたから。

イ 正倉院には小さくて軽くて高価な宝物しか納められないから。

ウ いろんな戦争が戦われていて遠距離交易には危険があるから。

エ 費用と時間とリスクをかけて貿易しても儲けにはならないから。

問七 この文章には次の一文がぬけています。この文が入る位置として適切なものを文章中の**【ア】**～**【エ】**から一つ選び、記号で答えなさい。

・食べるときも、洗って焼くか蒸《む》すかすれば食べられるので簡単です。

問八 ――⑥「興亡」と熟語の組み立てが同じものを次から一つ選び、記号で答えなさい。

ア 私立　**イ** 読書　**ウ** 豊富　**エ** 勝敗

(2)「疑問を打ち出した説」とはどのような説ですか。適切なものを次から一つ選び、記号で答えなさい。

ア　自然にも人の健康のためにも、農耕によって穀物を栽培することが望ましいという説。
イ　王や貴族、神官、商人、職人などが自ら食料を生産しなかったのではないという説。
ウ　支配する側にとって都合が良かった穀物が選ばれ、農耕が始まったのだという説。
エ　長い間、狩猟採集の生活によって、文明を発展させ前進させてきたのだという説。

問三　[Ⅰ]～[Ⅲ]にあてはまる言葉の組み合わせとして適切なものを次から一つ選び、記号で答えなさい。

ア　Ⅰ　そして　Ⅱ　でも　Ⅲ　やがて
イ　Ⅰ　さて　Ⅱ　けれども　Ⅲ　だから
ウ　Ⅰ　やがて　Ⅱ　つまり　Ⅲ　でも
エ　Ⅰ　でも　Ⅱ　さて　Ⅲ　つまり

問四　――③「穀物は富の蓄積に都合が良かった」のはどうしてですか。文章中の言葉を使って六十字以内で答えなさい。

問五　――④「国家が人びとに課税して支配するために穀物が便利だった」とありますが、どうしてですか。それを説明した次の文の[1]～[3]にあてはまる言葉を、文章中からそれぞれ五字でぬき出して答えなさい。

・穀物は、税を集める役人にとって収穫量を測定しやすく、いっせいに実るので[　1　]することができる。また、小さな粒なので[　2　]で正確に計ることもできたため、軍隊や奴隷に分配するのに好きな量で[　3　]することができたから。

ら遠距離《きょり》交易はあったものの、費用と時間とリスクをかけてまで貿易された品とは、小さくて軽くて高価な物。お金にもなった金銀など貴金属や宝石、絹・綿・毛など織物や染料《せんりょう》（かつてはファッションも貴重品でした）、もしくは王族や貴族が使う香料《こうりょう》や、薬品にもなったコショウなど香辛料《こうしんりょう》でした。

人類が農耕を始め、大河の流域に古代文明が起こり、都市国家が栄えたり帝国が⑥興亡したりいろんな戦争が戦われたりしましたが、近代が始まるまで、世界の大多数の人たちは基本的には、身近な田畑や自然環境《かんきょう》から日々の食を得ていました。

やがて、水蒸気で稼働《かどう》するエンジン（＝蒸気機関）が大型船やいろんな機械を動かすことができるようになり、近代が始まると、世の中が変わり、持てる者と持たざる者が分かれ、格差が広がっていきました。

（平《ひら》賀《が》緑《みどり》『食べものから学ぶ世界史―人も自然も壊《こわ》さない経済とは？』による）

問一 ――①「種子を植えて作物を栽培」とありますが、具体的にはどのような作物を栽培したのですか。文章中から四つぬき出して答えなさい。

問二 ――②「『神話』のように信じられてきたこの歴史観に、疑問を打ち出した説」について次の問いに答えなさい。

(1)「歴史観」とありますが、どのような「歴史観」ですか。それを説明した次の文の［1］～［3］にあてはまる言葉を、文章中からそれぞれ指定の字数でぬき出して答えなさい。

・人類は長い年月、［1（六字）］を採集していたが、［2（五字）］によって食料を生産し、定住するようになったことで［3（二字）］が起こり、都市や国家が成立して、人類は発展することができたという歴史観。

ょう。【イ】一方、穀物は、もっと長い月日をかけて小さな種子を栽培し、脱穀《だっこく》して穂《ほ》から粒《つぶ》を外して固い殻《から》やゴミや異物を取り除いて（やってみるとわかりますが、これは大変な作業です）、コメは水に浸《ひた》して炊飯《すいはん》したり麦は製粉して発酵《はっこう》させて焼いたりと、食べるのにも手間がかかります。

[Ⅰ]、固い殻に包まれた軽い種子である穀物の方が、腐《くさ》らせることなく長期間保存でき、大量の穀物を溜《た》め込《こ》むことや、ずっと遠くから輸送して集めることができました。つまり、③穀物は富の蓄積《ちくせき》に都合が良かったのです。

『反穀物の人類史』はさらに、④国家が人びとに課税して支配するために穀物が便利だったと述べています。イモは地中に育つのでどれだけ収穫《しゅうかく》できるか見えにくいけれど、穀物は地上で実り一目瞭然《いちもくりょうぜん》だったので、税を集める役人にとって収穫量を測量（査定）しやすかった。【ウ】穀物の方がいっせいに実って、隠《かく》されず確実に徴税《ちょうぜい》できて、しかも小さな粒なので重さや体積で正確に計ることもできた。税として集めた穀物を国家のために働いた軍隊や奴隷《どれい》に分配するときも、好きな量で正確に配布できた。【エ】もちろん、穀物の方が貯蔵できて輸送できたことも、徴税する国家にとって都合が良かった、と。こうして、支配する側にとって富の蓄積と課税に便利だった、小麦、大麦、コメ、トウモロコシなど数種類の穀物を「主食」として、支配下の人民や奴隷に生産させて、軍隊を養って、国家が成長した、と。

穀物の役割については議論がつきませんが、とりあえず「主食」と呼ばれる食料ですら、自然や人の胃袋が選んだというより、昔から政治経済に組み込まれた「政治的作物」（『反穀物の人類史』）だったことに気づいてもらえたら嬉《うれ》しいです。

[Ⅱ]、穀物は軽くて保存が利《き》くから遠くまで輸送できたとはいうものの、輸送には費用と時間がかかった時代、しかも都市部の富裕《ふゆう》層をのぞいて大多数の人たちが農村で自給自足的に生活していた時代に、⑤庶民《しょみん》が日常食べる食料を遠くまで貿易することはありませんでした。

現在では、地球の裏側から輸入された食品を私たちが毎日でも口にすることができますが、シルクロードの時代に中央アジアからラクダの背に載《の》せて数カ月（数年？）もかけて日本の農民が食べる穀物を運んできても、儲《もう》けにはなりませんよね。

シルクロードから運んできたのは、正倉院に納めるような、その地では得られない高価な宝物でした。[Ⅲ]、昔か

三　次の文章を読んで、あとの問いに答えなさい。字数制限のある解答については、特別の指示がないかぎり、句読点や符号《ふごう》も一字として数えます。

学校ではこう教わったと思います。

人類は長い年月、狩猟《しゅりょう》採集によって、つまり野生の動植物を集めて採って、捕《つか》まえて、食を得ていた。その後、今から約1万年前に農耕と牧畜《ぼくちく》を開始した。つまり人間が自然に働きかけ、①種子を植えて作物を栽培《さいばい》し、飼い慣らした家畜を育てて、食料を生産するようになった。人びとは村をつくって定住するようになり、農耕と牧畜によって食料を増産できるようになったことから、王や貴族、神官、商人、職人など自らは食料を生産しない人たちも支えることができるようになり、やがて文明が起こり、都市、そして国家が成立した。このように農耕と牧畜によって人類は発展することができた、などなど。

②「神話」のように信じられてきたこの歴史観に、疑問を打ち出した説があります。英語では２００４年と２０１７年に*Against The Grain*という同じタイトルの本が違《ちが》う著者によって出版されました。後者は日本語にも翻訳《ほんやく》され『反穀物の人類史』というタイトルで出版されています。

これらの本は穀物に逆らって(against)、つまり、農耕を始めたことによって人類は文明を発展させ前進してきたという通説に逆らって、問い直しています。むしろ穀物が選ばれたのは、支配する側にとって都合が良かったからではないか。さらには、人が集まり限られた種類の作物と家畜を集めて栽培・飼育することで、寄生虫や病原体の温床《おんしょう》となり、人間も作物も家畜も逆に不健康になったのではないか、と。

考えてみてください。この地球上には人間が食べられる植物は多種多様に存在するのに、なぜ、小麦、大麦、コメ、トウモロコシという4つの作物が「主食」と呼ばれ、世界のカロリー消費の過半数を占《し》めるほどになったのでしょうか。多様性に富む方が自然にも人にも健康のためには望ましいのに。作物も動物も人間も、単一栽培や家畜化や都市化によって「密」になることで、病原体の繁殖《はんしょく》と変異を許してしまうのに。【ア】

胃袋《いぶくろ》を満たすという目的のためには、穀物よりイモの方が、早くラクに大きなデンプンの塊《かたまり》を育てることができるでし

問五　［Ⅰ］・［Ⅱ］にあてはまる言葉の組み合わせとして適切なものを次から一つ選び、記号で答えなさい。

ア　Ⅰ　きらきら　　Ⅱ　いらいら　　**イ**　Ⅰ　めらめら　　Ⅱ　くるくる

ウ　Ⅰ　ふわふわ　　Ⅱ　びくびく　　**エ**　Ⅰ　ちらちら　　Ⅱ　おろおろ

問六　――⑤「悠然とした」の意味として適切なものを次から一つ選び、記号で答えなさい。

ア　ゆったりした　　**イ**　ふらふらした　　**ウ**　いらいらした　　**エ**　がっかりした

問七　――⑥「私が日頃から生徒たちに求めているのは、こういう姿勢なんですよ」とありますが、どういうことですか。それを説明した次の文の［１］・［２］にあてはまる言葉を、文章中からそれぞれ指定の字数でぬき出して答えなさい。

・生徒が自分のやりたいことに向かい、［１（九字）］ことが大切で、その姿勢が日本の［２（十字）］ことにつながるということ。

問八　［⑦］にあてはまる言葉として適切なものを次から一つ選び、記号で答えなさい。

ア　目　　**イ**　鼻　　**ウ**　腕《うで》　　**エ**　肩《かた》

問九　――⑧「体が熱くなってくる」とありますが、このときの暁の気持ちとして適切なものを次から一つ選び、記号で答えなさい。

ア　勇気を出してバスケットボール部を創りたいと言ったのに、乗り気でない先生に腹が立っている。

イ　女子バスケットボール部を創りたいという願いの実現に、少し近づいたことに興奮している。

ウ　勢いよく職員室の奥の方まで歩いて行ったが、冷静に考えると恥《は》ずかしいことをしたと思っている。

エ　バスケットボールの経験のない先生に、無理やり顧問になってもらってしまい申し訳なく思っている。

問一　――①「隣にいた欣子がためらいなく声をかけた」とありますが、ここからわかる欣子の性格として適切なものを次から一つ選び、記号で答えなさい。

ア　周りを気にすることなく、自分の意見を押《お》し通そうとする自己中心的な性格。
イ　目的を達成するためには、堂々と行動することができる意志の強い性格。
ウ　まちがったことがきらいで、中途半端《はんぱ》な態度を正そうとする正義感のある性格。
エ　自分の意見を曲げることができず、他人の言葉に耳をかさないがんこな性格。

問二　②にあてはまる言葉として適切なものを次から一つ選び、記号で答えなさい。

ア　もし　　**イ**　まったく　　**ウ**　どうやら　　**エ**　まさか

問三　――③「中林の反応は悪かった」とありますが、なぜだと考えられますか。その理由として適切なものを次から一つ選び、記号で答えなさい。

ア　職員室の中なのに大声で相談されたため、周りの目が気になったから。
イ　クラス以外の相談だったため、自分には関係のないことだと思ったから。
ウ　バスケットボールについてよく知らないため、どうでもいいと思ったから。
エ　部活を創ることが学校で前例がないため、対応の仕方がわからなかったから。

問四　――④「欣子が職員室の奥に向かって歩き出す」とありますが、欣子がこのような行動をとったのはなぜですか。「創部」「協力」という言葉を使って、六十字以内で答えなさい。

「中林先生ならできます。私も全面的にバックアップしますから。オーケーイ？」

奥村の勢いに気圧《けお》され、中林が「ああ、はい……オッケーです」と小さく頷《うなず》く。

「奥村先生」

「なんだ春野」

「あの、明日から私と吉田さんでグラウンドを走ったり、ちょっとした練習を始めてもいいですか。他の部の邪魔《じゃま》にならないようにしますから」

グラウンド西側の隅《すみ》に外練習用のバスケットゴールが置かれているのを、体育の授業の時に発見した。できればそれを使わせてほしいと暁は頼んでみる。

「わかった、認めよう。もし誰かに注意されたら、私の許可をもらってると言えばいい。春野と吉田のガッツは評価できるぞ。あとはメンバー集めだな。おまえら以外にバスケをやりたい女子はいるのか」

「いえ、いまのところ二人です」

「そうか。でもこの地域にはミニバスのチームがあるから、探せばバスケ経験者がいると思うぞ。男バスの部員の中にもミニバス上がりのやつがけっこういるからな」

奥村が大きく頷き、「中林先生、じゃあまた後で一緒に校長に頼みに行きましょう」と言ってまた職員室の奥のほうへと戻《もど》っていく。

「中林先生、よろしくお願いします」

暁が改めて頭を下げると、

「あ、ああ。そうだね、ぼくもいろいろ調べてみるよ」

と覚悟《かくご》を決めたように中林が頷き、弱々しい笑顔《えがお》を見せた。奥村が強引《ごういん》だったのでちょっと申し訳なかったけれど、とにかく一歩前進したことに⑧体が熱くなってくる。

（藤岡陽子《ふじおかようこ》『跳《と》べ、暁！』による）

「よし。私が協力してやる。おまえが発起人《ほっきにん》になって女子バスケットボール部を立ち上げてみろ」

「え、でも奥村先生、そんな簡単に口にしてもいいんですか。そういうことは、まず教務主任に相談してみないと……」

中林が［Ⅱ］と首を左右に振《ふ》っていると、

「先生、⑥私が日頃《ひごろ》から生徒たちに求めているのは、こういう姿勢なんですよ」と奥村が眉間《みけん》に深い皺《しわ》を刻む。「生徒が自分のやりたいことに向かって自主的に立ち上がる。それが大事なんです。吉田や春野。こういう生徒たちが日本の未来を切り拓《ひら》いていくんです。生徒のチャレンジを応援《おうえん》しないでどうするんですか」

日本の未来とは大袈裟《おおげさ》な、と暁は［⑦］をすくめた。でも男子バスケットボール部の顧問《こもん》である奥村が協力してくれるというのならこれほど心強いことはない。

「なあ春野、おまえ本気だよな」

「はい、本気です」

「よし。じゃあさっそく今日にでも校長に掛《か》け合ってみるか。中林先生も援護射撃《しゃげき》、頼《たの》みますよ」

「ええっ、ぼくも行くんですか。そんな、前例が……」

「前例がなければ作ればいいんですよ。部活をひとつ増やすだけのことじゃないですか」

「でも顧問が……。部活を立ち上げるなら必ず顧問が必要だし、どの先生もいま手一杯《いっぱい》で、働き方改革も始動したばかりですし……」

「中林先生が顧問になってやればいいでしょうが」

「えっ、そんな無茶な」

「だってあなた、将棋《しょうぎ》部を創りたいって言ってたでしょう」

「そ、それは将棋部であって、バスケットなんて専門外だから……」

「いいんです。専門外でもなんでも情熱があれば務まるんです」

「だからその情熱が……」

紙詰《づ》まりでも起こしたのか、コピー機から甲高《かんだか》い電子音が聞こえてきた。中腰《ちゅうごし》だった中林が腰を伸《の》ばし、手を止める。

「立ち上げるって、……どういうこと」

「あの、あたし、前の中学ではバスケットボール部に入っていたんです。でもこの学校には女バスがないから、でもどうしてもバスケがしたくて……。それで、バスケ部を創りたいんです」

やたらに大きな声が出てしまい、職員室にいる教師全員が自分を見ているような気がした。コピー機から出てくる温風のせいか、顔が熱い。

「私も春野さんと同じく、女子バスケットボール部の創部を要望します。それで、今日は創部の条件を伺《うかが》いに来たんですけど」

「創部の条件って……急にそんなことを言われてもなぁ。前例もないし……」

ある程度予測していた通り、③中林の反応は悪かった。完全に腰が引けている。目の前で中林が困惑《こんわく》顔を浮《う》かべるのを見て、暁はそれ以上なにも言えなくなった。しかたがない。これ以上先生を困らせても悪いし諦《あきら》めよう……。そう自分に言い聞かせていると、④欣子が職員室の奥《おく》に向かって歩き出す。

「ちょっと、欣子?」

欣子は職員室の奥、衝立《ついたて》のある辺りで立ち止まると、誰《だれ》かに向かって話しかけた。暁たちのいる場所からは誰と話しているかまではわからないが、すりガラスになった衝立の向こう側で赤い色が［Ⅰ］と動いているのが見える。

「オーケーイ、おもしろいじゃないか」

奥の席からいきなり野太い声が職員室に響《ひび》き渡《わた》り、暁と中林は顔を見合わせた。

「春野暁」

自分の名を呼びながら衝立の向こうから現れたのは、奥村だった。赤いジャージを着た奥村が⑤悠然《ゆうぜん》とした足取りでこっちに向かってくる。

「春野、おまえ、バスケットがしたいのか」

ためらうことなく、「はい」と答える。

二　次の文章を読んで、あとの問いに答えなさい。字数制限のある解答については、特別の指示がないかぎり、句読点や符号《ふごう》も一字として数えます。

バスケットボールに情熱を燃やしていた中学二年生の春野暁《はるのあかつき》は、父親の都合で転校することになった。しかし、転校先には女子バスケットボール部がなく、途方《とほう》に暮れていた。そこでこの状況《じょうきょう》を何とかしようと同級生の吉田欣《よしだきん》子《こ》が力を貸してくれることになった。

欣子と話しながら職員室まで歩いていく。敷地《しきち》内に校舎は二棟《とう》建っており、西側にあるものを西校舎、東側にあるものを東校舎と呼んでいるが、職員室は西校舎の一階にあった。

「失礼します。中林先生、いらっしゃいますか」

職員室の入口に立つと、①隣《となり》にいた欣子がためらいなく声をかけた。

「ぼくはここだけど」

コピー機のそばにいた中林がすぐに気がつき、片手をあげる。

「ちょっとお話がありまして」

「話？　なんだろう。ああ、春野さんも一緒《いっしょ》か」

こっちへおいで、というふうに中林が手招きしてきた。［②］コピーをしながら暁たちの話を聞こうという気らしい。

「どうぞ、暁」

「え、あたしが言うの？」

欣子が話してくれるものだと思っていたので、いきなりふられて焦《あせ》った。でもたしかに自分が言い出したことだ、しっかりしなくてはと下腹に力を込《こ》める。

「あの、あたしたち、女子バスケットボール部を立ち上げたいんです」

二〇二二年度 八雲学園中学校

【国　語】〈第一回試験〉（五〇分）〈満点：一〇〇点〉

一　次の各問いに答えなさい。

問一　次の――線の漢字の読みをひらがなで答えなさい。

① 路上で演奏する。
② 重大な使命を帯びる。
③ 冬になったら灯油を買う。
④ 背景の色をぬる。
⑤ 疑う気持ちは毛頭ない。

問二　次の――線のカタカナを漢字に直しなさい。

① 火山からのハイが積もる。
② カソウ行列に参加をする。
③ 休み中もキリツ正しい生活をする。
④ 冬の富士山のトウチョウに成功する。
⑤ 友だちにヒニクを言われる。

2022年度

八雲学園中学校 ▶解説と解答

算　数 ＜第１回試験＞（50分）＜満点：100点＞

解　答

1 (1) 4　(2) 21　(3) 50　(4) 111　(5) 8　**2** (1) 117個　(2) 4分　(3) G　(4) 4.56cm²　(5) 30m　(6) 45度　(7) 8枚　(8) ***A***…3，***B***…7，***C***…2，***D***…9　(9) 薬指　**3** (1) 600m　(2) 25m　**4** (1) 白色，42個　(2) 10回目　**5** (1) **ア**…581，**イ**…16　(2) 7553

解　説

1 **四則計算，計算のくふう，逆算**

(1) $(43-27)\times 2\div\{(37+19)\div 7\}=16\times 2\div(56\div 7)=32\div 8=4$

(2) $1\div\left(\frac{1}{15}+\frac{1}{35}-\frac{1}{21}\right)=1\div\left(\frac{7}{105}+\frac{3}{105}-\frac{5}{105}\right)=1\div\left(\frac{10}{105}-\frac{5}{105}\right)=1\div\frac{5}{105}=1\times\frac{105}{5}=21$

(3) $\left\{(2.56+5.12)\div 0.4+\frac{4}{5}\right\}\times 2\frac{1}{2}=(7.68\div 0.4+0.8)\times 2.5=(19.2+0.8)\times 2.5=20\times 2.5=50$

(4) $A\times B-A\times C+A\times D=A\times(B-C+D)$となることを利用すると，$0.111\times 597-0.222\times 145+0.333\times 231=0.111\times 597-0.111\times 2\times 145+0.111\times 3\times 231=0.111\times 597-0.111\times 290+0.111\times 693=0.111\times(597-290+693)=0.111\times(307+693)=0.111\times 1000=111$

(5) $2\times 3\times\left(\square\div\frac{4}{13}\times 13-1\right)=2022$より，$\square\div\frac{4}{13}\times 13-1=2022\div(2\times 3)=337$，$\square\div\frac{4}{13}\times 13=337+1=338$，$\square\div\frac{4}{13}=338\div 13=26$　よって，$\square=26\times\frac{4}{13}=8$

2 **過不足算，仕事算，展開図，面積，速さと比，角度，つるかめ算，推理，周期算**

(1) 1人3個ずつ配ると21個余り，さらに1人に，$4-3=1$(個)ずつ配るのに，$21+11=32$(個)必要だから，生徒の人数は，$32\div 1=32$(人)とわかる。よって，アメの個数は全部で，$3\times 32+21=117$(個)となる。

(2) この作業の作業量を1とすると，A，B，Cが1分でする作業量はそれぞれ，$1\div 15=\frac{1}{15}$，$1\div 10=\frac{1}{10}$，$1\div 12=\frac{1}{12}$である。よって，この作業を3人で協力すると，1分でする作業量は，$\frac{1}{15}+\frac{1}{10}+\frac{1}{12}=\frac{1}{4}$となるので，処理するのにかかる時間は，$1\div\frac{1}{4}=4$(分)と求められる。

(3) 展開図の頂点の記号は下の図①のようになるから，㋐に当てはまる文字はGとわかる。

(4) 下の図②のように，半円の中心Oと頂点Dを結ぶと，かげをつけた部分の面積は，おうぎ形ABCの面積からおうぎ形OBDの面積と直角二等辺三角形OADの面積を引くと求められる。三角形ABDは直角二等辺三角形なので，角BADの大きさは45度となり，おうぎ形ABCの面積は，$8\times 8\times 3.14\times\frac{45}{360}=25.12(\text{cm}^2)$である。また，OA，OB，ODの長さは，$8\div 2=4$(cm)だから，おうぎ形OBDと直角二等辺三角形OADの面積はそれぞれ，$4\times 4\times 3.14\times\frac{90}{360}=12.56(\text{cm}^2)$，$4\times 4\div 2=8(\text{cm}^2)$になる。よって，かげをつけた部分の面積は，$25.12-12.56-8=4.56(\text{cm}^2)$と求められる。

(5)　ジェイコブス選手とよしひこくんの速さの比は，(100÷9.8)：(100÷14)＝10：７とわかるので，ジェイコブス選手が100m走る間に，よしひこくんは，100×$\frac{7}{10}$＝70(m)走る。よって，100－70＝30(m)前にすればよい。

(6)　下の図③で，三角形ABFと三角形CEBは合同な二等辺三角形で，角BAFと角BCEの大きさはそれぞれ45度とわかるから，角ABFと角CBEの大きさはそれぞれ，(180－45)÷２＝67.5(度)である。よって，角㋐の大きさは，67.5×２－90＝45(度)になる。

図①

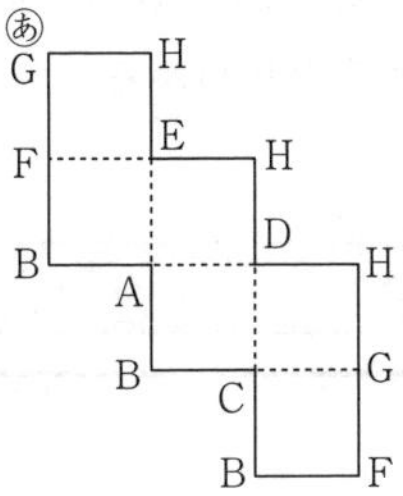

図②

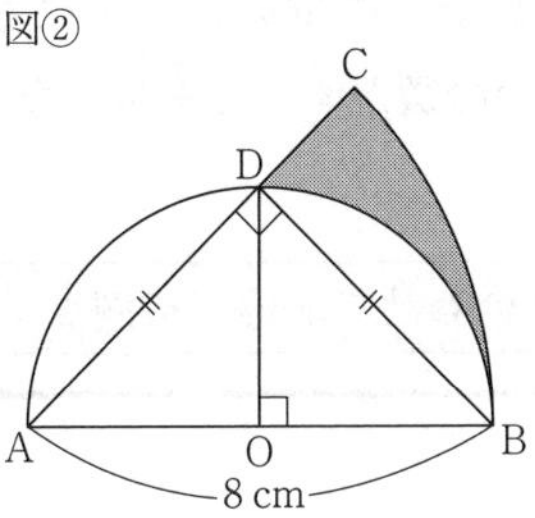

図③

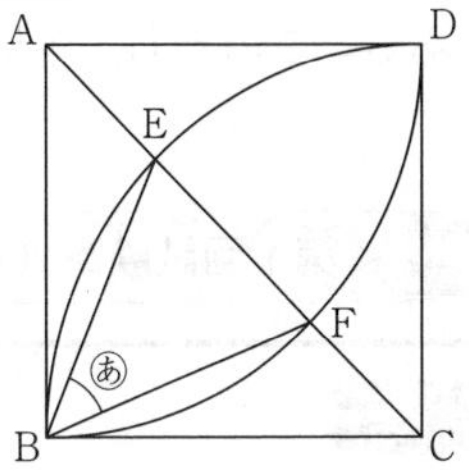

(7)　50円玉が３枚，10円玉が１枚として，この２種類の硬貨《こうか》の１枚あたりの平均の金額は，(50×３＋10×１)÷(３＋１)＝40(円)になる。すると，５円玉と40円玉が合わせて49枚で合計金額が1365円と考えることができる。したがって，５円玉が49枚とすると，合計金額は，５×49＝245(円)となり，実際よりも，1365－245＝1120(円)安くなる。そこで，５円玉を減らしてかわりに40円玉を増やすと，合計金額は１枚あたり，40－５＝35(円)ずつ高くなる。よって，40円玉は，1120÷35＝32(枚)となり，50円玉と10円玉の枚数の比が３：１なので，10円玉の枚数は，32×$\frac{1}{3+1}$＝8(枚)とわかる。

(8)　*DDD*は111の倍数で，37×３＝111より，*AB*か*CB*のどちらかが37，*B*が７とわかる。よって，*DDD*＝999のとき，*CB*＝３×９＝27，*AB*＝37となるから，*A*＝３，*B*＝７，*C*＝２，*D*＝９になる。

(9)　親指(１)から小指(５)で折り返して人差し指(８)までを１周期とすると，2022÷８＝252余り６より，この周期が252回と６つの指を行くので，2022になるのは６の数と同じ薬指である。

3　通過算，植木算

(1)　毎時36kmは毎秒，36×1000÷(60×60)＝10(m)で，１分10秒は，60＋10＝70(秒)だから，右の図より，電車が進んだ長さは，10×70＝700(m)になる。よって，最初の桜の木から最後の桜の木までの長さは，700－100＝600(m)となる。

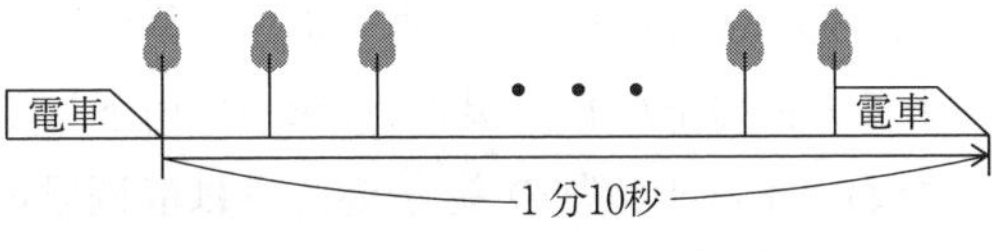

(2)　両はしに桜の木があるとき，木と木の間の数は木の数より１つ少ない。よって，木と木の間隔《かんかく》は，600÷(25－１)＝25(m)とわかる。

4　図形と規則

(1)　１回目は白の碁石《ごいし》が６個，２回目は黒の碁石が，６×２＝12(個)である。同様に，３回目は白が，６×３＝18(個)，４回目は黒が，６×４＝24(個)，５回目は白が，６×５＝30(個)，６回目は黒が，６×６＝36(個)なので，７回目は白の碁石が，６×７＝42(個)となる。

回目	1	2	3	4	5	6	7	8	9	10
白の碁石の合計	6		24		54		96		150	
白の碁石	6		18		30		42		54	
黒の碁石		12		24		36		48		60
黒の碁石の合計		12		36		72		120		180

(2)　白の碁石と黒の碁石の数は，上の図のようになるから，黒が白より30個多くなるのは，10回目まで碁石を並べたときとわかる。

5　調べ

(1)　この整数は７と83の倍数なので，７×83＝581(…ア)の倍数になる。また，9999÷581＝17余り122，999÷581＝１余り418より，このとき考えられる４桁《けた》の整数は，17－１＝16(…イ)(個)と求められる。

(2)　581の倍数の中で，４桁の整数で一の位の数が３になるのは，581×３＝1743と，581×13＝7553である。このうち，各位の４つの数がすべて奇数《きすう》になるのは7553とわかる。

社　会　＜第１回試験＞（理科と合わせて60分）＜満点：50点＞

解　答

1　**問１**　①　イ　②　ア　③　ウ　④　ウ　**問２**　①　イ　②　ア　**問３**　ウ　**問４**　（例）　海に面していない　**問５**　①　（日本）アルプス　②　エ　**問６**　郡　**問７**　①　ラムサール(条約)　②　エ　③　ア　④　ア　**問８**　イ　**2**　**問１**　志賀島　**問２**　大宝律令　**問３**　ウ→イ→ア　**問４**　①　足利尊氏　②　イ　**問５**　イ　**問６**　ウ　**問７**　ウ　**問８**　イエズス(会)　**問９**　イ　**問10**　ア　**問11**　エ　**問12**　イ　**問13**　ア　**問14**　ア　**3**　**問１**　国民主権　**問２**　（例）　駅のホームに点字ブロックが設置されている。　**問３**　イ　**問４**　ウ　**問５**　エ　**問６**　ア　**問７**　ウ　**問８**　イ

解　説

1　都道府県の特色についての問題

問１　①　北海道は北東でオホーツク海，西で日本海，南で太平洋に面している。また，沖縄県は北から西にかけて東シナ海，東から南にかけて太平洋に面している。なお，大西洋は南北アメリカ大陸の東からユーラシア大陸とアフリカ大陸の西に広がっており，日本は面していない。　②　北海道東部にあり，太平洋に面する釧路《くしろ》港では，冷たい海にすむ魚であるタラ・サケや，沖合を流れる寒流の千島海流(親潮)に乗って南下してくるイワシ(マイワシ)・サンマなどが水揚《みずあ》げされる。なお，イは千葉県の銚子《ちょうし》港，ウは静岡県の焼津《やいづ》港，エは鳥取県の境港にあてはまる。　③　2015年から2020年にかけ，日本全体の人口は減少したが，東京都や，これに隣接する神奈川県，埼玉県，千葉県は，転入数が転出数を上回る社会増加によって，沖縄県は出生数が死亡数を上回る自然増加によって，人口が増加した。これ以外の県で人口が増加したのは，愛知県，福岡県，滋賀県のみであった。統計資料は「国勢調査」などによる。　④　静岡県と山梨県にまたがる富士山は，ユネスコ(国連教育科学文化機関)の世界自然遺産への登録をめざしていたが，ごみが多かったことや開発が進んでいたことなどから世界文化遺産への登録に切りかえ，2013年に「富士山－信仰と芸術の源泉」として世界文化遺産に登録された。なお，アは東京都，イは北海道，エは青森県・秋田県に位置する世界自然遺産。

問２　①　長崎県は九州地方の北西部に位置し，東で佐賀県と地続きで隣《とな》り合っているほかは海に

囲まれている。　②　長崎県佐世保市は明治時代以降に軍港として発展し，造船業がさかんである。なお，久留米《くるめ》市は福岡県，有田町は佐賀県にある。エについて，島原は長崎県南東部にあるが，製鉄所も石油化学コンビナートもない。九州地方では，大分市に製鉄所と石油化学コンビナートがある。

問３　長野県南東部の八ヶ岳山ろくに広がる野辺山原《のべやまはら》では，夏でもすずしい気候をいかし，レタスやキャベツなどの高原野菜を時期をずらして生産・出荷する抑制《よくせい》栽培がさかんに行われている。なお，アは静岡県，イは愛知県の農業の説明。エについて，砂糖の原料となるテンサイは北海道が全国生産量の100％を占《し》めており，長野盆地ではリンゴなどの果樹がさかんにつくられている。

問４　長野県，岐阜県，埼玉県はいずれも海に面していない内陸県で，これに加え，全国には，栃木県・群馬県・山梨県・滋賀県・奈良県の合わせて８つの内陸県がある。

問５　①　中部地方には北西から順に，飛騨《ひだ》山脈(北アルプス)・木曽山脈(中央アルプス)・赤石山脈(南アルプス)という3000ｍ前後の山々が南北に連なっており，合わせて「日本アルプス」とよばれる。　②　秩父《ちちぶ》地方では石灰石《せっかいせき》が産出することから，これを原料とするセメント工業がさかんに行われている。

問６　７世紀後半に整えられ始めた律令制のもと，日本全国は国・郡・里に分けられ，都から派遣される国司，その土地の有力者から選ばれる郡司，有力な農民が任命される里長によって，それぞれ治められていた。

問７　①　ラムサール条約は正式には「特に水鳥の生息地として国際的に重要な湿地に関する条約」といい，1971年にイランのラムサールで採択《さいたく》された。加盟国には，湿地を適正に保全・管理することが義務づけられる。　②　霞ヶ浦《かすみがうら》は茨城県南部に広がる全国で２番目に大きい湖だが，2022年２月時点でラムサール条約の登録地にはなっていない。　③　遊水地は水をためておくための施設で，豪雨などによって川の水位が上がっても，遊水池に一時的に水をたくわえておくことで，水が一気に下流に流れこまないようにし，水害が起こるのを防ぐことができる。　④　県境が曲がりくねっているのは，ここがかつての川の流路で，これに沿って県境が設定されていたためと考えられる。なお，渡良瀬《わたらせ》遊水池は，明治時代に問題となった足尾銅山鉱毒事件を解決するためにつくられ，これによって渡良瀬川の流路が変更された。

問８　「水元公園」の南側(下側)には，消防署の地図記号(Y)は見られない。また，「水元(三)」には交番(X)と消防署(Y)が１つずつあるが，ここは公園の西側(左側)にあたる。

2　**各時代の歴史的なことがらについての問題**

問１　中国の古い歴史書『後漢書』東夷《とうい》伝によると，紀元57年，北九州にあった奴国《なこく》の王が後漢(中国)に使いを送り，皇帝から金印を授けられた。江戸時代の1784年，福岡県の志賀島で「漢委《かんのわの》奴国王《なのこくおう》」と刻まれた金印が発見され，この金印はそのときのものと考えられている。

問２　大宝律令は，唐(中国)の律令を手本として刑部《おさかべ》親王や藤原不比等《ふひと》らが編さんし，701年に完成した。律は現在の刑法，令は民法や行政法などにあたる。

問３　平清盛が太政《だいじょう》大臣となったのは1167年，崇徳《すとく》上皇と後白河天皇が争う保元の乱が起こったのは1156年，白河天皇が数えで８歳の堀河天皇に位を譲《ゆず》って院政を開始したのは1086年のことなので，年代の古い順にウ→イ→アとなる。

問４　①　足利尊氏は鎌倉幕府の御家人だったが，後醍醐《ごだいご》天皇のよびかけに応じて京都の六波羅《ろくはら》探題を攻め，鎌倉幕府倒幕に大きく貢献《こうけん》した。その後，後醍醐天皇は建武の新政を始めたが，尊氏は公家を重んじる新政に反発して兵をあげ，京都に入って光明《こうみょう》天皇を即位《そくい》させた(北朝)。そして1338年に征夷《せいい》大将軍に任じられ，室町幕府の初代将軍となった。　②　足利義満が室町幕府の第３代将軍になったころ，中国では明が成立した。明が倭寇《わこう》(日本の武装商人団・海賊《かいぞく》)の取りしまりを求めてくると，義満はこれに応じるとともに明と国交を開き，日明貿易を始めた。日明貿易は，倭寇と正式な貿易船とを区別するために勘合《かんごう》という合札が使われたことから，勘合貿易ともよばれる。なお，ウは「足利義政」ではなく「平清盛」が正しい。エは「日本」と「琉球《りゅうきゅう》王国」が逆である。

問５　伊達《だて》政宗《まさむね》は戦国時代末期に東北地方で勢力を拡大し，現在の福島県や宮城県の一部を領有したが，1590年には豊臣秀吉に服属した。その後，1600年の関ヶ原の戦いで徳川方につき，江戸時代に仙台藩の初代藩主となった。

問６　Ⅰは，弥生土器について説明している。縄文土器は低温で焼かれたため厚手でもろく，縄目の文様がついているなどの特ちょうがある。Ⅱは縄文時代の社会について正しく説明している。

問７　1582年，九州のキリシタン大名であった大友宗麟《そうりん》・大村純忠《すみただ》・有馬晴信は，４人の少年からなる天正遣欧使節団を，カトリック教会の総本山であるイタリアのローマに派遣した。なお，アの朱印船は江戸時代初めごろに朱印状という海外渡航許可証を与えられた大名や商人らが行ったこと，イは江戸幕府が行ったこと。

問８　イエズス会は，16世紀にスペイン人のイグナティウス＝ロヨラによって設立されたキリスト教団で，勢力を増してきたプロテスタントに対抗し，カトリックの復興をめざして世界各地で積極的な布教活動を行った。フランシスコ＝ザビエルも教団の設立にたずさわり，布教活動の一環として日本にやってきた。

問９　アは埼玉県にある稲荷山《いなりやま》古墳，イは長野県にある野尻湖《のじりこ》底遺跡で発見された。ウは奈良時代に遣唐使が唐から持ち帰り，東大寺の正倉院に納められた。エは５世紀に，現在の中国東北部に建てられた。

問10　北条時宗は若くして鎌倉幕府の第８代執権《しっけん》になると，度重なるフビライ＝ハンの服属要求をしりぞけた。これに対し，フビライは1274年(文永の役)と1281年(弘安の役)の二度にわたって大軍を派遣し，北九州に攻めてきたが(元寇《げんこう》，蒙古襲来《もうこしゅうらい》)，時宗は日本の武士を指揮してよく戦い，これを撃退《げきたい》することに成功した。なお，イは第２代，ウは第３代の鎌倉幕府執権で，エは鎌倉幕府の初代将軍源頼朝の妻。

問11　井原西鶴《さいかく》は，江戸時代前半に上方(大阪・京都)で栄えた元禄文化を代表する浮世草子作家で，『世間胸算用』『日本永代蔵』『好色一代男』などの作品を残した。なお，アは杉田玄白《げんぱく》や前野良沢《りょうたく》ら，イは松尾芭蕉《ばしょう》，ウは本居宣長《もとおりのりなが》の作品。

問12　明治時代初め，新聞や雑誌は自由民権運動をすすめようとする人々の主張や意見を載《の》せ，これを広める役割をはたした。そのため，これをおさえたい明治政府は，新聞紙条例や集会条例などの法律を定め，出版や言論を弾圧した。風刺《ふうし》画には，新聞を持って一方的にしゃべる警察官と，口をふさがれて何もいえない新聞記者がえがかれている。

問13　第二次世界大戦中は，物資が不足したため，「ぜいたくは敵だ」などといったスローガンのもとに国民は生活を統制され，戦争協力が求められた。なお，イは「フランス」ではなく「イタリア」，ウは「ロシア」ではなく「中国」が正しい。

問14　高度経済成長期には，産業の発展にともなって国民生活が豊かになり，家庭に電化製品が普《ふ》及《きゅう》していった。高度経済成長期の前半には，電気冷蔵庫・電気洗濯《せんたく》機・白黒テレビという「三種の神器」が，後半にはカー(自家用車)・クーラー(エアコン)・カラーテレビという「３C(新三種の神器)」が人気を集めた。なお，1950年代後半に白黒テレビに代わられるまでは電気掃除機が三種の神器の一つとされていた。

3　日本国憲法と人権についての問題

問１　国の政治のあり方を最終的に決める権限を主権といい，日本国憲法は前文や第１条で主権が国民にあることを明記している。これを国民主権といい，平和主義，基本的人権の尊重とともに，日本国憲法の三大原理とされている。

問２　「すべての人が不自由なく生活できる工夫」がほどこされた設計やデザインのことをユニバーサルデザインといい，公共施設を中心に普及が広がっている。階段の横に設置されたスロープや多機能トイレのほか，突起《とっき》のついているシャンプーのボトルなども，その一例である。

問３　日本国憲法で保障する自由権には，「身体の自由」「精神の自由」「経済活動の自由」があり，第22条で定められた居住・移転の自由と職業選択の自由は「経済活動の自由」にふくまれる。なお，イは「精神の自由」にあたる。

問４　労働三権は日本国憲法第28条に定められた労働者の権利で，労働組合をつくる権利である団結権，労働条件の改善などを求めて使用者と交渉する権利である団体交渉権，交渉がうまくいかなかったときにストライキなどを行う権利である団体行動権の３つからなる。

問５　ア　社会保障制度のうちの社会保険にふくまれる医《い》療《りょう》保険の制度にもとづき，病院にかかった場合，かかった費用の一部を国が負担する。　イ　生活が困難になった場合，社会保障制度のうちの公的扶助《ふじょ》にもとづき，必要と認められれば生活保護が受けられる。　ウ　労働中の怪我《けが》などには，社会保険のうちの労災保険(労働災害補《ほ》償《しょう》保険)が適用されるが，休《きゅう》憩《けい》時間など，例外となる場合もある。　エ　社会保障制度のうちの公衆衛生の例として正しい。なお，日本の社会保障制度は，社会保険，社会福祉，公的扶助，公衆衛生という４つの柱で成り立っている。

問６　1919年，ヴェルサイユ条約が結ばれたことによって第一次世界大戦の敗戦国となったドイツで，民主的な憲法であるワイマール憲法が制定された。なお，イは1905年，ウは1895年，エは1858年のできごと。

問７　自分の考えなどを本にして出版する権利は「表現の自由」として認められており，年齢や資格によって制限されることはない。なお，個人を題材にした作品の場合，あつかわれた個人のプライバシーの権利と対立することがあり，これを著しく侵害《しんがい》すると判断された場合には制限を受ける可能性もある。

問８　医師が患者《かんじゃ》の病気の状態や治療の方法などについて患者に説明し，患者が十分に理解して納得・同意をしたうえで治療を行っていくことをインフォームド・コンセントといい，現代の医療の現場において不可欠なことであるとされている。なお，アは障がい者や高齢者などがほかの人とともに普通に暮らせる社会を整備していこうという考え方，ウは治療などのさい，担当の医師とは別の医師などに提案してもらう「第２の意見」のこと。

理　科 ＜第１回試験＞（社会と合わせて60分）＜満点：50点＞

解　答

[1] (1) ア　(2) イ　(3) エ　(4) ウ　(5) イ　[2] (1) エ　(2) エ　(3) ウ　(4) ①　0.25倍　②　**本数**…４本　**つなぎ方**…直列　[3] (1) 5.2　(2) 45mL　(3) エ　(4) 11.6g　(5) ６倍　[4] (1) ウ，ケ，シ　(2) エ，コ　(3) イ，ク　(4) ウ　(5) （例）卵を産む。　[5] (1) ウ　(2) れき　(3) たい積岩　(4) 火成岩　(5) 深成岩

解　説

[1] 小問集合

(1)　ばねばかりは，その物体にはたらく重力の大きさをはかる道具である。地球の地表面における重力の大きさを基準としたとき，月の地表面での重力は約$\frac{1}{6}$であり，国際宇宙ステーションの中はほとんど重力がはたらかない。地球の海の中の重力は地表面とほぼ同じであるが，海の中では物体に上向きの力(浮力《ふりょく》)がはたらくため，ばねばかりは地表面ではかったときより小さな値を示す。

(2)　ぎょう縮は気体から液体への変化，ゆう解は固体から液体への変化，ぎょう固は液体から固体への変化のことである。また，固体から気体への変化のことを昇《しょう》華《か》という。

(3)　それぞれの種子が主にたくわえている養分は，イネとコムギは炭水化物(でんぷん)，ダイズはたんぱく質，ゴマはしぼうである。

(4)　北半球において，低気圧の地表付近では，その中心に向かって反時計回りに空気がふきこんでいる。

(5)　月全体が地球の影《かげ》(本影《ほんえい》)に入ることで見られる現象を皆既《かいき》月食という。皆既月食は満月のときに起こることがあり，明るく光る部分はまったく見えなくなってしまうが，地球の表面近くを通る太陽の光が大気中を通過することで赤色の光だけ残り，また，屈折《くっせつ》して月に届くため，月全体が赤っぽく見える。

[2] 電流と抵抗《ていこう》の大きさについての問題

(1)　ニクロム線に電流を流すと，光や熱を出し，まわりには磁力が発生する。しかし，磁力は電流を流している間だけ発生し，電流を切るとなくなる。永久磁石はできない。

(2)　その物質が持つ電流の流れにくさのことを抵抗といい，電流が流れやすいものほど抵抗が小さい。銅線は抵抗が小さく，電流が流れやすいのに対し，ニクロム線は抵抗が大きく，電流が流れにくい。

(3)　ニクロム線(金属線)の太さ(断面積)が２倍，３倍，…になると，それだけ電流が流れやすくなるため，抵抗の大きさは$\frac{1}{2}$，$\frac{1}{3}$，…になる。また，ニクロム線の長さが２倍，３倍，…になると，それだけ電流が流れにくくなるため，抵抗の大きさは２倍，３倍，…になる。つまり，ニクロム線の抵抗の大きさは太さに反比例し，長さに比例する。

(4)　①　電池を１個接続して流れる電流の大きさが，ニクロム線Ｙはニクロム線Ｘの，$1 \div 4 = \frac{1}{4}$(倍)になっていることから，ニクロム線Ｙの抵抗の大きさはニクロム線Ｘの４倍である。長さが同じニクロム線の抵抗の大きさは太さに反比例するので，ニクロム線Ｙの太さはニクロム線Ｘ

の，１÷４＝0.25(倍)となる。　②　表１より，長さと太さが同じニクロム線２本を直列につなぐと，１本のときと比べて電流が半分(抵抗が２倍)になり，並列につなぐと電流が２倍(抵抗が半分)になるとわかる。ニクロム線Ｘの抵抗の大きさはニクロム線Ｙの，１÷４＝$\frac{1}{4}$(倍)なので，ニクロム線Ｘを４本直列に接続することで，ニクロム線Ｙ１本と同じ抵抗の大きさになり，同じ大きさの電流が流れる。

3　水溶液《すいようえき》の性質と中和についての問題

⑴　表の①～④では，加える塩酸の体積を10mL増やすごとに，残った固体の重さが0.4ｇずつ増えていることがわかる。したがって，Ｘに当てはまる値は，4.8＋0.4＝5.2(ｇ)である。

⑵　表の⑤と⑥で残った固体が同じ5.8ｇなのは，水酸化ナトリウム水溶液50mLがすべて中和されていて，塩酸が余っているからである。塩酸は気体がとけている水溶液であり，加熱しても固体は残らないので，水酸化ナトリウム水溶液50mLが完全に中和すると，残った固体が5.8ｇになることがわかる。これは④より，5.8－5.6＝0.2(ｇ)多いので，水酸化ナトリウム水溶液50mLを完全に中和するのに必要な塩酸の体積は，$40+10\times\frac{0.2}{0.4}=45$(mL)と求められる。

⑶　⑤は塩酸が余っているから，酸性になっている。酸性の水溶液にBTB液を加えると，黄色を示す。

⑷　ここでは，水酸化ナトリウム水溶液100mLと塩酸，$45\times\frac{100}{50}=90$(mL)が中和し，混合水溶液には，100－90＝10(mL)の塩酸が余っている。したがって，あとに残る固体の重さは，$5.8\times\frac{100}{50}=$ 11.6(ｇ)である。

⑸　水酸化ナトリウム水溶液100mLを完全に中和するのに，もとの濃度《のうど》の塩酸であれば90mL必要だが，ここでは15mLで中和したので，塩酸の濃度はもとの，90÷15＝６(倍)とわかる。

4　動物の分類と特徴《とくちょう》についての問題

⑴～⑶　メダカは魚類，ヒト，イルカ，イタチはホニュウ類，ニワトリとペンギンは鳥類，カメ，ヘビ，ヤモリはハチュウ類，カエルは両生類で，これらは背骨を持つ。また，カブトムシとタコは背骨を持たない動物で，カブトムシは節足動物のこん虫の仲間，タコは軟体《なんたい》動物に分類される。

⑷　始祖《しそ》鳥は鳥類のように全身が羽毛でおおわれているが，歯やかぎづめを持ち，尾《お》には骨があるというハチュウ類の特徴もあわせ持っている。

⑸　ほとんどのホニュウ類は親と似た姿の子を産むが，カモノハシはホニュウ類でありながら子を卵で産む。

5　土砂の積もり方と岩石についての問題

⑴　水中では粒《つぶ》の大きく重いものほど早くしずむので，底の方から，れき→砂→泥《どろ》の順に積もる。

⑵　川に流されてきた土砂が河口から海などに出ると，粒の大きく重いものほど早くしずむので，最も粒の大きく重いれきが河口や海岸の近くに積もる。

⑶　海底に積もった土砂などが，長い年月をかけて押《お》し固められてできた岩石をたい積岩という。たい積岩には，れき岩，砂岩，泥岩《でいがん》などがある。

⑷，⑸　マグマが冷えて固まってできた岩石を火成岩という。火成岩には，地下深くでゆっくりと冷えて固まってできた深成岩と，地表や地下の浅いところで急に冷えて固まってできた火山岩がある。

国　語　＜第１回試験＞（50分）＜満点：100点＞

解　答

一 **問１**　①　ろじょう　②　お(びる)　③　とうゆ　④　はいけい　⑤　もうとう
問２　下記を参照のこと。　二 **問１**　イ　**問２**　ウ　**問３**　エ　**問４**　（例）男子バスケットボール部の顧問である奥村先生に，女子バスケットボール部の創部に協力してほしいとお願いしようとしたから。　**問５**　エ　**問６**　ア　**問７**　**１**　自主的に立ち上がる　**２**　未来を切り拓いていく　**問８**　エ　**問９**　イ　三 **問１**　小麦，大麦，コメ，トウモロコシ　**問２**　(1)　**１**　野生の動植物　**２**　農耕と牧畜　**３**　文明　(2)　ウ　**問３**　エ　**問４**　（例）固い殻に包まれた軽い種子の穀物の方が，腐ることなく長期間保存でき，大量に溜め込んだり遠くから輸送して集めたりできるから。　**問５**　**１**　確実に徴税　**２**　重さや体積　**３**　正確に配布　**問６**　エ　**問７**　イ　**問８**　エ

●漢字の書き取り

一 **問２**　①　灰　②　仮装　③　規律　④　登頂　⑤　皮肉

解　説

一　漢字の読み書き

問１　①　道の上。　②　ここでは“引き受ける”という意味。音読みは「タイ」で，「熱帯」などの熟語で用いられる。　③　照明や暖房《だんぼう》器具に用いられる燃料。　④　中心に描《えが》いたものの背後の景色。　⑤　少しも。打ち消す言葉が後について，毛の先ほどのわずかなものさえもないことを表す。

問２　①　物が燃えた後に残るもの。　②　仮面や衣装を身につけること。　③　行動するときのルール。　④　頂上に登ること。　⑤　遠まわしに相手を意地悪く批判すること。

二　出典は藤岡陽子《ふじおかようこ》の『跳《と》べ，暁《あかつき》！』による。暁は，転校先の学校で女子バスケットボール部を立ち上げる許可をもらうため，同級生の欣子《きんこ》といっしょに中林先生のところに頼《たの》みに行く。

問１　欣子は，先生を前にしても尻込《しりご》みせず，女子バスケットボール部を立ち上げるという目的に向かって，まっすぐに行動している。よって，イが合う。

問２　「どうやら～らしい」で，“たぶん～のようだ”という意味になる。

問３　「女子バスケットボール部の創部」について質問された中林先生の反応が悪いのは，クラブの創設が「前例もない」ことだったので，どうすればいいかわからなかったからである。

問４　欣子が職員室の奥《おく》に行ったのは，男子バスケットボール部の顧問《こもん》である奥村先生に，女子バスケットボール部の創部について，相談するためである。

問５　Ⅰ　すりガラスの衝立《ついたて》の向こう側で，奥村先生のジャージが動くさまを表しているので，動いているのが見えるようすをいう「ちらちら」が合う。　Ⅱ　中林先生が奥村先生の提案にとまどっているようすを表しているので，「おろおろ」があてはまる。

問６　「悠然《ゆうぜん》と」は，“ゆったりしている”という意味。ここでは，奥村先生が，堂々としたゆったりした足取りで歩いてきたことを表している。

問７　直後に書かれているように，奥村先生が生徒に求めていたのは，「自分のやりたいことに向

かって自主的に立ち上がる」姿勢である。奥村先生は，このような姿勢が，「日本の未来を切り拓《ひら》いていく」ものだと考えている。

問８　「肩《かた》をすくめる」は，あきれたようすを示す動作である。ここでは，暁が奥村先生の大げさな言葉にあきれていることを表している。

問９　中林先生が顧問を引き受けてくれたため，女子バスケットボール部の創部に向けて一歩前進できたことが，暁にはうれしかったのである。

三　**出典は平賀《ひらが》緑《みどり》の『食べものから学ぶ世界史－人も自然も壊《こわ》さない経済とは？』による。**農耕と牧畜《ぼくちく》によって文明が発展してきたという従来の歴史観は，政治的につくられたものであり，自然なものではなかったと述べている。

問１　「人間が食べられる植物は多種多様に存在する」にもかかわらず，栽培しているのは「限られた種類」である「小麦，大麦，コメ，トウモロコシという４つの作物」であり，それらが「主食」と呼ばれている。

問２　⑴　人類は，もともと「野生の動植物」を採集して食を得ていたが，約１万年前に「農耕と牧畜」を開始し，食料生産と定住が行われるようになる。これによって「文明」が起こり，都市や国家が成立したというのが，従来の歴史観である。　⑵　次の段落に，穀物が選ばれた理由について「支配する側にとって都合が良かったからではないか」とあるので，ウが選べる。

問３　Ⅰ　空らんの前では，固い殻《から》に包まれた穀物には，食べるのに手間がかかるというよくない点があると述べ，後では，長期保存が可能であるというよい点を述べている。よって，前のことがらに対し，後のことがらが対立する関係にあることを表す「でも」が合う。　Ⅱ　前で穀物の役割について述べてきたが，ここから貿易の話に変わっているので，それまで述べてきたことが終わり，新しい話題に移ることを示す「さて」がふさわしい。　Ⅲ　「その地では得られない高価な宝物」を，「小さくて軽くて高価な物」と言いかえているので，前に述べた内容を“要するに”とまとめて言いかえるときに用いる「つまり」があてはまる。

問４　直前に，穀物が富の蓄積《ちくせき》に都合がよかったのは，「腐《くさ》らせることなく長期間保存でき」るので，「大量の穀物を溜《た》め込むことや，ずっと遠くから輸送して集めることができ」たからとある。

問５　穀物は地上で実るので，見て収穫《しゅうかく》量を測量しやすく，いっせいに実るために隠《かく》されることなく「確実に徴税《ちょうぜい》」できる。また，小さな粒《つぶ》なので，「重さや体積」を正確に計ることができ，分配するときも「正確に配布」することができるのである。

問６　直前で，輸送に「費用と時間がかかった」この時代は，「大多数の人たちが農村で自給自足的に生活していた」と述べられている。二つ後の段落にあるように，「費用と時間とリスクをかけてまで貿易された品とは，小さくて軽くて高価な物」であって，「日常食べる食料」を貿易する意味はなかったのである。

問７　「洗って焼くか蒸《む》すかすれば食べられる」のは，「イモ」である。よって，「イモ」の話の直後にあり，一方で穀物は食べるのにも手間がかかるという話の前である【イ】がふさわしい。

問８　「興亡」は，反対の意味の字を並べた熟語なので，同様に「勝つ」と「敗れる」という反対の意味の字を組み合わせた「勝敗」が選べる。

Dr.福井の 入試に勝つ！ 脳とからだのウルトラ科学

意外！　こんなに役立つ“替え歌勉強法”

病気やケガで脳の左側（左脳）にダメージを受けると，字を読むことも書くことも，話すこともできなくなる。言葉を使うときには左脳が必要だからだ。ところが，ふしぎなことに，左脳にダメージを受けた人でも，歌を歌う（つまり言葉を使う）ことができる。それは，歌のメロディーが右脳に記憶されると同時に，歌詞も右脳に記憶されるからだ。ただし，歌詞は言葉としてではなく，音として右脳に記憶される。

そこで，右脳が左脳の10倍以上も記憶できるという特長を利用して，暗記することがらを歌にして右脳で覚える“替え歌勉強法”にトライしてみよう！

歌のメロディーには，自分がよく知っている曲を選ぶとよい。キミが好きな歌手の曲でもいいし，学校で習うようなものでもいい。あとは，覚えたいことがらをメロディーに乗せて替え歌をつくり，覚えるだけだ。メロディーにあった歌詞をつくるのは少し面倒かもしれないが，つくる楽しみもあって，スムーズに暗記できるはずだ。

替え歌をICレコーダーなどに録音し，それを何度もくり返し聞くようにすると，さらに効果的に覚えることができる。

音楽が苦手だったりして替え歌がうまくつくれない人は，かわりに俳句（川柳）をつくってみよう。五七五のリズムに乗って覚えてしまうわけだ。たとえば，「サソリ君，一番まっ赤は，あんたです」（さそり座の１等星アンタレスは赤色──イメージとしては，運動会の競走でまっ赤な顔をして走ったサソリ君が一番でゴールした場面）というように。

Dr.福井（福井《ふくい》一成《かずしげ》）…医学博士。開成中・高から東大・文Ⅱに入学後，再受験して翌年東大・理Ⅲに合格。同大医学部卒。さまざまな勉強法や脳科学に関する著書多数。

2022年度　八雲学園中学校

〔電　話〕　(03)3717－１１９６
〔所在地〕　〒152－0023　東京都目黒区八雲２－14－１
〔交　通〕　東急東横線―都立大学駅より徒歩７分

【算　数】〈第２回試験〉（50分）〈満点：100点〉

1　次の $\square$ に当てはまる数を求めなさい。

(1)　$60-42\div(17-7\times2)-14=\square$

(2)　$4\frac{1}{3}\div\left\{\frac{2}{3}-\left(0.25+\frac{1}{8}\right)\div3\right\}=\square$

(3)　$11\times23\times\{58-(13+21)\}\div3-4\div\{(5+5+8)\div9\}=\square$

(4)　$1.23\times33.3+12.3\times5.67+123\times9.1=\square$

(5)　$\left(1\frac{1}{2}\times\square\div\frac{3}{4}+1\right)\times\frac{1}{2}=1$

2　次の各問いに答えなさい。

(1)　チョコレート３個とグミ２個を買うと340円，チョコレート５個とグミ３個を買うと540円になります。チョコレート１個は何円ですか。ただし，消費税は考えないものとします。

(2)　右の四角形は長方形です。同じ記号がある角は同じ大きさを表します。このとき，角あは何度ですか。

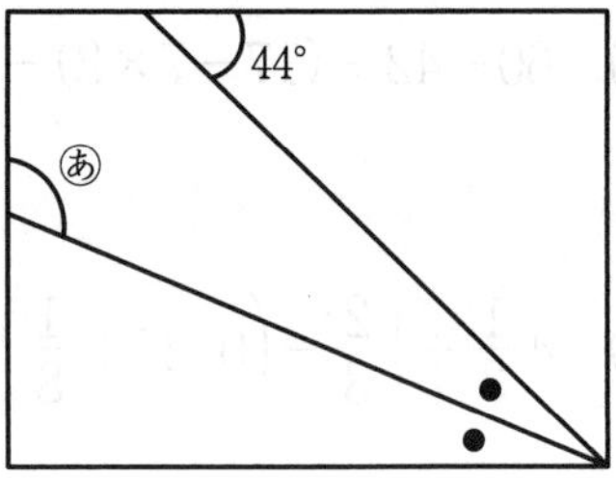

(3)　100人の子どもにアンケートを行いました。パイナップルが好きな子どもは88人，キウイが好きな子どもは56人いました。両方とも好きな子どもは45人いました。パイナップルもキウイも好きではない子どもは何人いますか。

(4)　33で割ると商と余りが同じになる数で，３桁《けた》の数は何個ありますか。

(5)　花子さんはヤクモカフェに行き，店内でミルクティー１杯と，税抜《ぬ》き400円のショートケーキを１個注文しました。その後，家族へのお土産《みやげ》に，税抜き１個450円のガトーショコラを４個購入《こうにゅう》したところ，合計で2769円になりました。店内で食べる場合には10％，持ち帰りの場合には８％の消費税がかかるとき，ミルクティー１杯の税抜きの値段は何円ですか。

(6) 右の図は，１辺の長さが８cm の正方形に，円がぴったりとくっついたものです。かげをつけた部分の面積は何cm^2ですか。ただし，円周率は3.14とします。

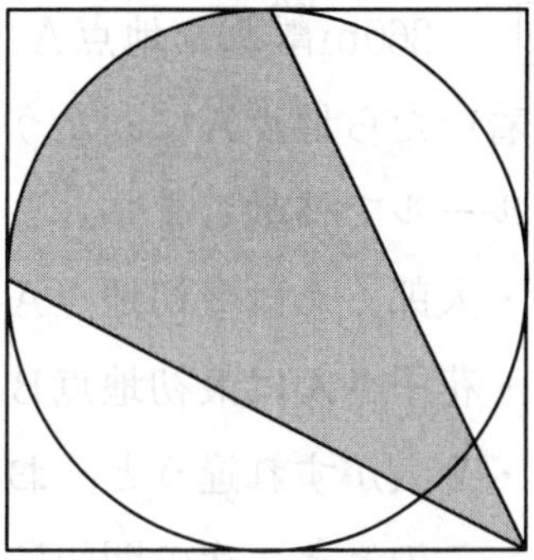

(7) 濃度《のうど》がわからない食塩水ＡとＢがあります。Ａ100ｇとＢ100ｇを混ぜ合わせると５％の食塩水ができ，Ａ300ｇとＢ100ｇを混ぜ合わせると４％の食塩水ができます。このとき，食塩水Ａの濃度は何％ですか。

(8) 湖の周りを太郎くんと次郎くんが同じ地点から同時に反対方向へスタートします。太郎くんが毎分150ｍの速さで走ったところ，３回目に次郎くんとすれ違《ちが》ったのはちょうどスタート地点でした。次郎くんのほうが速く走っているとき，次郎くんの速さは毎分何ｍですか。

(9) １辺が２cm の方眼紙に右のような図をかきました。かげをつけた部分の面積の和は何cm^2ですか。

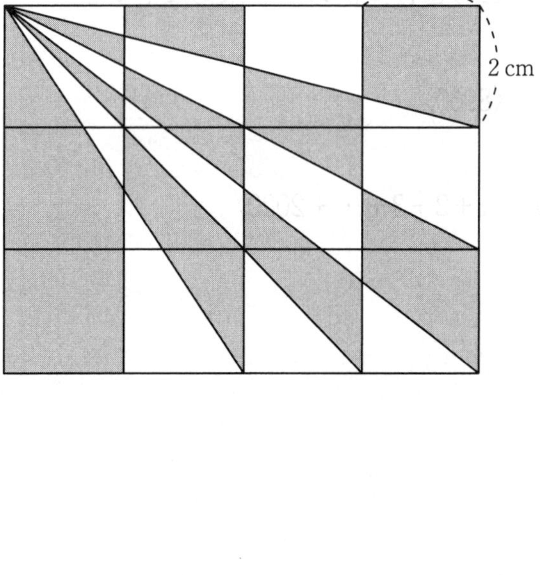

3　360m離《はな》れた地点Ａ，Ｂがあり，地点Ａに着いたら地点Ｂに向かい，地点Ｂに着いたら地点Ａに向かうことを繰《く》り返します。ここで，太郎くんと花子さんは次のルールで移動します。

・太郎くんは最初地点Ａにいる。

・花子さんは最初地点Ｂにいる。

・２人がすれ違うと，お互いの進む速さが半分になる。

　このとき，次の問いに答えなさい。

(1)　太郎くんは毎分200m，花子さんは毎分160mで走り始めました。初めてすれ違うのは何分後ですか。

(2)　３回目にすれ違うとき，太郎くんと花子さんは地点Ａから何m離れていますか。

4　１以上の整数を△とします。△の各位の数を足し合わせ，できた数も同様に各位の数を足していき，和が１桁になるまで繰り返した数を〈△〉と表します。例えば，$5+4=9$ より，〈54〉$=9$ となり，$1+2+3+4+5+6=21$，$2+1=3$ より，〈123456〉$=3$ となります。

　このとき，次の値を求めなさい。

(1)　〈8960〉

(2)　〈$1+2+3+\cdots+2022$〉

5　次の図のように，大きさの違う２つの円柱の形をした水そうがあります。小さい水そうの真上に蛇口《じゃぐち》があり，ここから一定の割合で水を入れました。グラフは，水を入れ始めてからの時間と，点Aから水面までの高さの関係を表したものです。大きい水そうの底面の円の半径が５cm，小さい水そうの底面の円の半径が２cmであるとき，下の問いに答えなさい。ただし，水そうの厚みは考えないものとし，円周率は3.14とします。

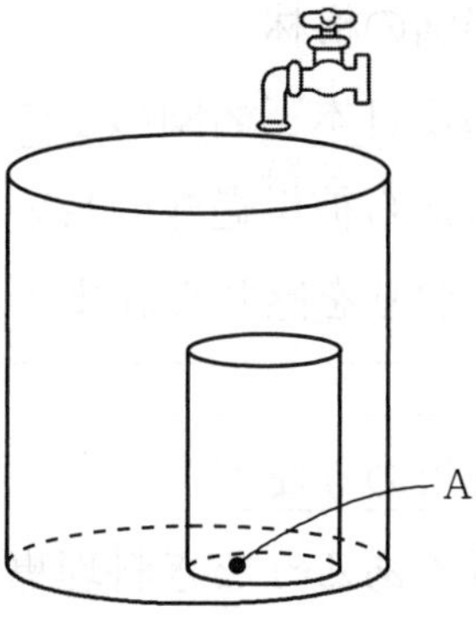

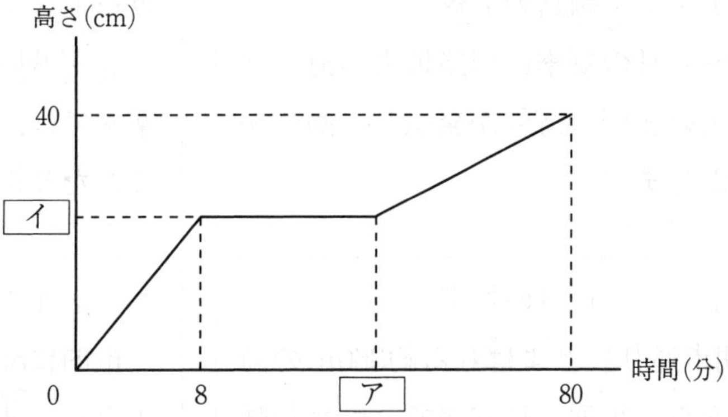

(1)　［ア］に当てはまる数はいくつですか。

(2)　［イ］に当てはまる数はいくつですか。

【社　会】〈第2回試験〉(理科と合わせて60分)〈満点：50点〉

1　次の文章を読んで，あとの問いに答えなさい。

日本には，美しい景色がたくさんあります。そのような景色を体全体で感じるときに，そこには必ず素晴らしい「かおり」があります。2001年に環境省は，豊かなかおりとその源となる自然や文化・生活を一体として将来に残し，伝えていくために文化に根ざしたかおりのある地域を，「かおり風景100選」として選定しました。その中から7カ所を選び，カードにしました。

カード1：A釧路の海霧《うみぎり》
6～8月の夏季に釧路地方の海岸地域の広い範囲で海霧が発生し，潮《しお》のかおりがします。

カード2：偕《かい》楽園の梅林
B茨城県にある日本三名園の1つ偕楽園では，正月から彼岸《ひがん》過ぎの長い間にわたり梅のかおりを感じられます。

カード3：(　C　)の朝市
『朝市通り』とよばれる約360mの商店街から，毎朝D日本海でとれた新鮮な魚介類のかおりがします。歴史があり，石川県民の台所として多くの人が利用してきました。

カード4：E浜松のうなぎ
市内に80軒近くあるうなぎ料理専門店から，蒲《かば》焼きの香ばしいかおりがただよいます。F浜名湖にはうなぎの養殖《しょく》場が多数あります。

カード5：愛媛西宇和の温州《うんしゅう》みかん
G四国地方の愛媛県の瀬戸内海に面した傾斜《けいしゃ》地にはみかん園が広がっており，花がさく4～5月にはみかんの花のさわやかなかおりを楽しめます。

カード6：別府八湯《はっとう》の湯けむり
H大分県の別府市には「別府八湯」とよばれる8つの地区の温泉があり，それぞれ変化に富んだかおりがあります。

カード7：I屋久島の照葉樹林と鯖《さば》節
J大規模な照葉樹林の恵みを受けて育った鯖からつくられる特産の鯖節のかおりが森から吹きおろす風にのってきます。

問１　下線部Ａについて

①　釧路の霧は，海上で発生した霧がそのまま南風にのって到達した霧のため，海霧とよばれます。この南風は暖かく湿っていますが，北緯40度以北の岩手県北部付近の寒流の上空で急激に冷やされることで霧が発生します。この寒流を何といいますか。解答欄《らん》に合わせて漢字で答えなさい。

②　次の資料１と資料２の表を見てわかることとして適当でないものを下の中から１つ選び，記号で答えなさい。

資料１
釧路・札幌・東京の霧日数の月平均値(日数)

	1月	2月	3月	4月	5月	6月	7月	8月	9月	10月	11月	12月
釧路	1.3	2.1	4.0	8.7	12.3	15.9	16.2	15.2	10.1	6.8	2.6	1.7
札幌	0.0	0.1	0.1	0.2	0.4	0.4	0.2	0.1	0.0	0.1	0.1	0.0
東京	0.0	0.0	0.0	0.4	0.2	0.1	0.1	0.0	0.1	0.1	0.4	0.0

資料２
釧路・札幌・東京の日照時間の月平均値(時間)

	1月	2月	3月	4月	5月	6月	7月	8月	9月	10月	11月	12月
釧路	186.7	183.1	200.8	182.2	177.5	126.8	118.9	117.6	143.9	177.0	167.6	175.6
札幌	90.4	103.5	144.7	175.8	200.4	180.0	168.0	168.1	159.3	145.9	99.1	82.7
東京	192.6	170.4	175.3	178.8	179.6	124.2	151.4	174.2	126.7	129.4	149.8	174.4

(気象庁 HP)

ア　釧路は札幌と東京と比べ，すべての月で霧日数が多い。
イ　釧路では，10日以上の霧日数の月が５カ月ある。
ウ　釧路の日照時間が札幌と東京より長い月は，８カ月ある。
エ　釧路の６～８月は，ほかの月よりも霧日数が多くなり，日照時間が短くなっている。

問２　下線部Ｂについて

①　茨城県の農業の説明として最も適当なものを次の中から１つ選び，記号で答えなさい。

ア　落花生の生産量が全国１位で，南部では乳牛の飼育や草花の栽培がさかんである。

イ　高原野菜の生産がさかんで，西部ではキャベツの抑制栽培がおこなわれている。

ウ　はくさいやメロンの生産がさかんで，水郷地帯では早場米がつくられている。

エ　工芸作物としてかんぴょうがつくられ，いちごの生産量も多い。

②　日本三名園は，ほかに兼六園と後楽園がありますが，兼六園がある県についてまとめたカードを１～７の中から１つ選び，数字で答えなさい。

問３　空欄（Ｃ）には，（Ｃ）塗とよばれる，近くでとれる豊富な原料や，高温多湿な夏の気候を利用し，古くからさかんにつくられている漆器の産地名が入ります。空欄（Ｃ）にあてはまる語句を答えなさい。

問４　下線部Ｄについて，この朝市では，朝市でのみ使用できる地域通貨「でぶく」を発行しています。

①「でぶく」とは，ふぐのことで，この港が日本一のふぐの水揚げ港であることから名付けられましたが，日本の水産業に関する説明として適当でないものを次の中から１つ選び，記号で答えなさい。

ア　日本は水産物の消費量が多く，水産物輸入国となっている。

イ　東シナ海を中心に日本近海には大陸棚が広がっているため良い漁場となっている。

ウ　日本の総漁獲《ぎょかく》量のうち，遠洋漁業が最も多くの割合を占めている。

②「１でぶく」は１円と交換することができますが，地域通貨を発行することで期待できる効果を１つ説明しなさい。

問５　下線部Ｅについて，浜松のうなぎが全国的に有名になった理由を説明した次の文中の空欄（Ｘ）と（Ｙ）にあてはまる語句の組み合わせとして最も適当なものを下の中から１つ選び，記号で答えなさい。

> うなぎの養殖には安定した水質の真水を必要とします。浜名湖からおよそ20km 離れた場所を流れる（　Ｘ　）が10万年以上前から氾濫《はんらん》をくり返し，長い年月をかけて堆積《たいせき》した砂の層が天然のフィルター（ろ過装置）となって豊富な真水を湧《わ》き出させています。また，浜名湖は（　Ｙ　）が貫いて走っており，いきの良いうなぎを全国に出荷することが可能だったため，浜松のうなぎは全国に知られました。

ア　Ｘ：黒部川　　Ｙ：東海道本線　　**イ**　Ｘ：黒部川　　Ｙ：北陸本線
ウ　Ｘ：天竜川　　Ｙ：北陸本線　　**エ**　Ｘ：天竜川　　Ｙ：東海道本線

問６　下線部Ｆについて，湖に関する説明として適当でないものを次の中から１つ選び，記号で答えなさい。

ア　滋賀県にある日本一の面積を誇る琵琶湖は「近畿の水がめ」として，京阪地方の水源となっている。

イ　カルデラ湖とは，火山の爆発などによって中央部にできたくぼちに水がたまってできた湖のことで，北海道の洞爺《とうや》湖が有名である。

ウ　猪苗代《いなわしろ》湖から北上盆地の台地に水をひく用水路を安積疏水《あさかそすい》といい，多くの耕地をかんがいしている。

問7　下線部Gについて

①　瀬戸内海に面している香川県・愛媛県・広島県・山口県・岡山県の5県の臨海部に発達している工業地域を瀬戸内工業地域といいます。次の表は5県の統計を示したものです。

愛媛県にあてはまるものとして最も適当なものを表中の**ア**～**エ**の中から1つ選び，記号で答えなさい。

県名	面積 (km^2)	人口 (千人)	工業出荷額 (億円)	化学工業出荷額 (億円)
岡山	7,114	1,890	83,907	12,404
ア	8,480	2,804	101,053	4,435
イ	6,113	1,358	67,213	19,289
ウ	1,877	956	28,003	1,563
エ	5,676	1,339	42,861	3,499

(『日本国勢図会 2021/22』)

②　人口密度が一番低い県として最も適当なものを①の表中の**ア**～**エ**の中から1つ選び，記号で答えなさい。

③　右の地図中のXの地点の雨温図として最も適当なものを次の中から1つ選び，記号で答えなさい。

ア

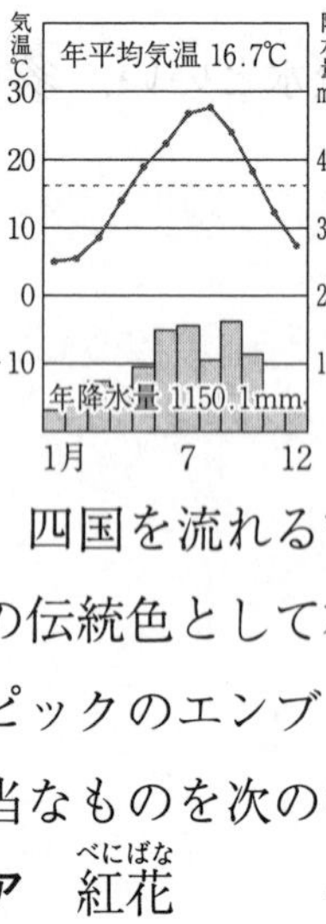

イ

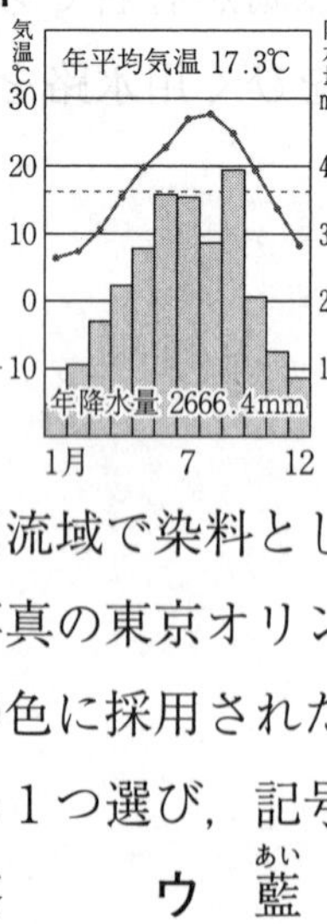

ウ

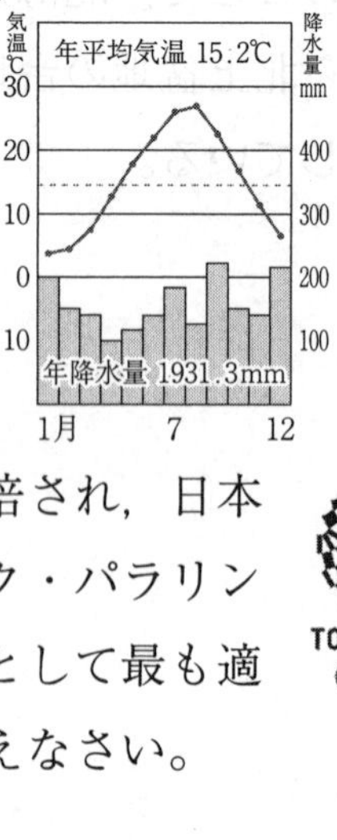

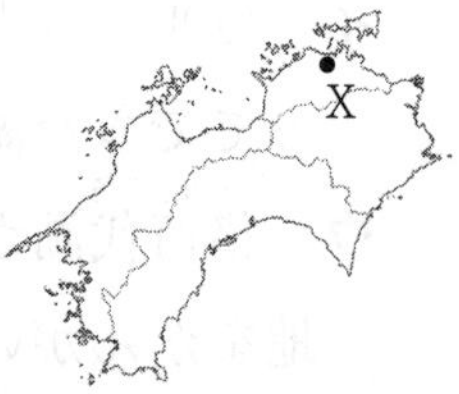

④　四国を流れる吉野川流域で染料として栽培され，日本の伝統色として右の写真の東京オリンピック・パラリンピックのエンブレムの色に採用された植物として最も適当なものを次の中から1つ選び，記号で答えなさい。

ア　紅花《べにばな》　　**イ**　茶　　**ウ**　藍《あい》

問８　下線部Ｈについて，次の表は，大分をふくむ３つの県にある３種類の観光施設の数を示しています。表中のＸとＹにあてはまる県の組み合わせとして最も適当なものを下の中から１つ選び，記号で答えなさい。

	X	大分県	Y
温泉地	221	63	8
スキー場	79	0	0
海水浴場	0	26	33

(帝国書院・ 日本温泉協会・SKI & SNOWBOARD 各HP)

ア　Ｘ：長野県　　Ｙ：沖縄県　　**イ**　Ｘ：埼玉県　　Ｙ：宮城県
ウ　Ｘ：長野県　　Ｙ：宮城県　　**エ**　Ｘ：埼玉県　　Ｙ：沖縄県

問９　下線部Ｉについて，この島にあり，特別天然記念物に指定されている原生林の樹木を次の中から１つ選び，記号で答えなさい。

ア　ブナ　　**イ**　マツ　　**ウ**　スギ　　**エ**　ヒノキ

問10　下線部Ｊについて，森林から海に栄養分がたくさん流れこみ，魚の生育に良い影響をもたらす森林のことを何といいますか。

２　次の文章を読んで，あとの問いに答えなさい。

日本文化を代表するものの１つに和菓子《がし》があります。A縄文時代の人々が木の実をくだいて粉にしたものを水でアクを抜いて丸めた，団子のようなものが起源とされています。B弥生時代に稲作が広がると，米を加工して餅《もち》がつくられるようになります。C東大寺の正倉院に保管されている税の記録によると，淡路から特産品として大豆餅や小豆《あずき》餅などが納められていました。７世紀から９世紀にかけてD遣唐使により多くの文物がもたらされましたが，その中に唐《から》菓子というものがありました。これは，米や麦，大豆などをこね，油であげたり，焼いたり，蒸したりしたものに甘味料で味をつけたものです。この唐菓子の形や製造方法が和菓子に大きな影響を与えたと考えられています。

その後，E鎌倉時代に禅宗寺院を中心に，中国の喫茶《きっさ》文化が定着しました。そして，喫茶の際に間食として食べられていた軽食からうまれたものの１つが羊羹《ようかん》です。

また，16世紀になると，F南蛮人の来航により，南蛮菓子がもたらされました。中でも，当時貴重であった砂糖をふんだんに使った金平糖《こんぺいとう》は贈り物としても価値が高く，宣教師がG織田信長に対面するときにも渡しています。このほか，カステラなどの原型がこのころうまれました。

江戸時代には，各地で多様な和菓子が生産されました。また，H和菓子の製法書が出版され，多くの人に読まれました。I明治時代になり，西洋文明が流入すると，和菓子でもオーブンなどの調理器具が用いられるようになり，栗まんじゅうなどの焼き菓子が誕生しました。なお，この時期には洋菓子の普及も進みました。1873年には，岩倉使節団がパリのチョコレート工場を視察しています。一方で1900年には，パリ万博に和菓子が出品されるなど，和菓子の海外進出も見られます。

J1930年代以降，戦争が始まると，和菓子の原料である米や小麦，砂糖が手に入りづらくなり，さらに和菓子をつくる道具を軍に提供したために，生産が衰退します。1945年に戦争が終わると，砂糖の配給が実施され，和菓子の生産が再びさかんになりました。K1970年の大阪万博でも和菓子屋が出店され，「万博記念　全国和生菓子大品評会」が開催されました。

このように，L時代とともに多様な変化をしてきた和菓子ですが，いつの時代も季節や年中行事と深いかかわりをもつことは共通しています。ぜひ，和菓子を食べる機会があったら，季節を感じながら味わってみてください。

問１　下線部Ａについて，2021年７月に北海道や東北にある17カ所の縄文遺跡が世界文化遺産に登録されることが決まりましたが，そのうちの１つで青森県にある遺跡として正しいものを次の中から１つ選び，記号で答えなさい。

ア　登呂遺跡　　**イ**　吉野ヶ里遺跡　　**ウ**　三内丸山遺跡

問２　下線部Ｂについて，弥生時代の稲作の説明として正しいものを次の中から１つ選び，記号で答えなさい。

ア　稲作は大陸から日本の東北地方に伝わったのち，全国各地に広まった。

イ　稲作によって暮らしが安定したため，貧富の差による争いはうまれなかった。

ウ　人々は稲作をするのに適した水田近くの平地に掘立《ほったて》柱住居を建てて生活した。

エ　人々は石包丁を使って稲を収穫し，高床倉庫で保管した。

問3　下線部Cについて

①　正倉院の写真と建築様式との組み合わせとして正しいものを下の中から1つ選び，記号で答えなさい。

［写真］　A　B

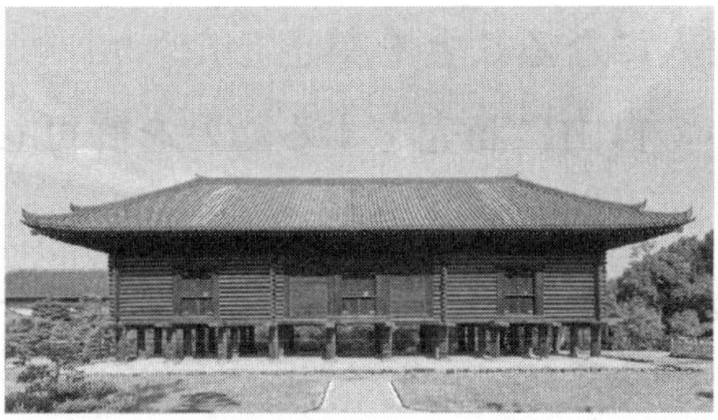

ア　写真：A　建築様式：校倉造　**イ**　写真：A　建築様式：書院造

ウ　写真：B　建築様式：校倉造　**エ**　写真：B　建築様式：書院造

②　奈良時代において，各地の特産品を朝廷に納める税として正しいものを次の中から1つ選び，記号で答えなさい。

ア　庸　**イ**　租　**ウ**　調

問4　下線部Dについて，遣唐使の説明として正しいものを次の中から1つ選び，記号で答えなさい。

ア　遣唐使によって，仏教や儒教が日本に伝えられた。

イ　遣唐使の航路は朝鮮半島との関係悪化により，南路から北路に変更された。

ウ　小野妹子が唐に渡り，唐の皇帝に天皇からの手紙を渡した。

エ　菅原道真の提案がきっかけとなって遣唐使が停止された。

問5　下線部Eについて，禅宗僧である栄西は茶の効用についてまとめた書物を鎌倉幕府第3代将軍に贈っていますが，その将軍の名前を答えなさい。

問6　下線部Fについて，南蛮人来航の説明として適当でないものを次の中から1つ選び，記号で答えなさい。

ア　南蛮人とは，スペイン人やポルトガル人のことである。

イ　淡路島に漂着した南蛮人によって鉄砲が伝えられた。

ウ　フランシスコ＝ザビエルが来航し，キリスト教が伝えられた。

エ　南蛮人との貿易で，日本は中国産の生糸や絹織物を輸入した。

問７　下線部Ｇについて，織田信長がおこなったこととして適当でないものを次の中から１つ選び，記号で答えなさい。

ア　桶狭間の戦いでは，駿河国の戦国大名である今川義元を破った。

イ　長篠の戦いでは，鉄砲隊を用いて武田勝頼が率いる騎馬隊に勝利した。

ウ　身分統制令を出し，武士が町人になることを禁止した。

エ　楽市令を出し，城下町において自由に商売をすることを許可した。

問８　下線部Ｈについて，和菓子の製法書を書いた人物に化政期(1804～1830年)に活躍した十返舎一九がいます。

①　十返舎一九の作品として正しいものを次の中から１つ選び，記号で答えなさい。

ア　『東海道中膝栗毛《ひざくりげ》』

イ　『南総里見八犬伝』

ウ　『曾根崎《そねざき》心中』

②　この時期には「おかげ参り」とよばれる旅行が流行しましたが，その目的地とされた三重県にある神社として正しいものを次の中から１つ選び，記号で答えなさい。

ア　出雲大社　　**イ**　伊勢神宮　　**ウ**　厳島神社　　**エ**　日光東照宮

③　この時期の出来事として正しいものを次の中から１つ選び，記号で答えなさい。

ア　庶民の意見を聞くために，目安箱という投書箱を設けた。

イ　生活に苦しむ御家人を助けるために，借金を帳消しにするきえん令を出した。

ウ　鎖国体制を維持するために，オランダ船以外の欧米の船を撃退する異国船打ち払い令を出した。

エ　動物を保護するために，動物の殺傷を禁止する生類あわれみの令を出した。

問９　下線部Ｉについて，明治政府が西洋諸国に対抗するために「産業を育成して国を豊かにして，近代的な軍隊をつくろう」とかかげたスローガンを漢字４文字で答えなさい。

問10　下線部Ｊについて

①　この時期に起きた出来事を年代の古い順に並べ替えなさい。

ア　リットン調査団の報告にもとづく決議を不服として，日本が国際連盟から脱退した。

イ　北京郊外の盧溝橋で日本軍と中国軍が衝突し，日本が南京を占領した。

ウ　柳条湖で南満州鉄道の線路が爆破されたことをきっかけに，関東軍が満州を占領した。

②　戦争中に導入された，生活必需品を右のような紙と交換する制度を何といいますか。解答欄に合わせて答えなさい。

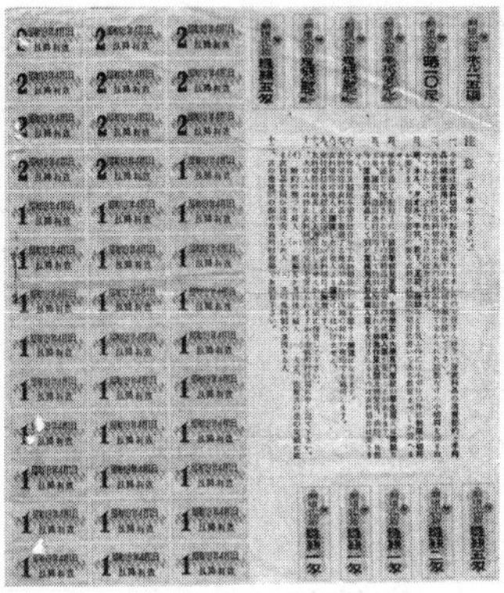

問11　下線部Ｋについて，1970年代の出来事として適当でないものを次の中から１つ選び，記号で答えなさい。

ア　公害対策に取り組むために，環境庁が設置された。

イ　食事の洋風化により米が余るようになったため，本格的に減反政策が開始された。

ウ　東京と新大阪間を結ぶ東海道新幹線が開通した。

エ　アメリカの支配下に置かれていた沖縄が日本に復帰した。

問12　下線部Ｌについて，年中行事とかかわりの深い和菓子との組み合わせとして正しいものを次の中から１つ選び，記号で答えなさい。

ア　ひな祭り―鏡餅　　　**イ**　端午《たんご》の節句―かしわ餅

ウ　七夕―さくら餅　　　**エ**　お盆―ひし餅

3　次の文章を読んで，あとの問いに答えなさい。

2021年，衆議院議員総選挙とともに，A最高裁判所の裁判官が適任であるかを国民が判断する（　Ｂ　）がおこなわれました。この制度は，C日本国憲法の制定とともに導入されました。このほか，国民が裁判にかかわることができる制度としては，D裁判員制度があります。これは，国民の考えを裁判にいかすことを目的として2009年から導入されています。このような制度をしっかりと活用するためにも，私たちがE裁判のしくみや原則などを理解しておく必要があります。

裁判は，憲法や法律にもとづいておこなわれます。近年は，Fインターネット上での著作権侵害，他人への暴言や嫌がらせなどが社会問題となり，それらに対応するための法律の整備が進んでいます。

問１　下線部Ａについて，最高裁判所は法令が憲法に反していないかを最終的に判断する権限が与えられていることから，何といわれますか。解答欄に合わせて答えなさい。

問２　空欄（Ｂ）にあてはまる語句を答えなさい。

問３　下線部Ｃについて，日本国憲法の公布日とその日に指定されている国民の祝日との組み合わせとして正しいものを次の中から１つ選び，記号で答えなさい。

ア　５月３日―憲法記念日　　**イ**　５月３日―文化の日

ウ　11月３日―憲法記念日　　**エ**　11月３日―文化の日

問４　下線部Ｄについての説明として正しいものを次の中から１つ選び，記号で答えなさい。

ア　この制度は，重大な民事裁判の第一審で適用される。

イ　裁判員は，20歳以上の有権者の中から抽選で選ばれる。

ウ　裁判員は，被告人が有罪か無罪かのみを判断し，刑罰の内容を決めることはない。

問５　下線部Ｅについて

①　裁判について述べた文として適当でないものを次の中から１つ選び，記号で答えなさい。

ア　裁判官は自己の良心に従い，独立して裁判をおこない，憲法および法律にのみ拘束される。

イ　被告人は自分が不利になることでも必ず答えなければならない。

ウ　脅迫などによる自白は裁判では証拠として使うことはできない。

エ　裁判は原則として公開される。

②　刑事裁判において，被疑者を起訴し処罰を求めるのは誰ですか。次の中から１つ選び，記号で答えなさい。

ア　警察官　　**イ**　検察官　　**ウ**　弁護士

③　１つの事件につき３回まで裁判を受けられますが，第一審から第二審へ訴えることを何といいますか。次の中から１つ選び，記号で答えなさい。

ア　控訴　　**イ**　上告　　**ウ**　抗告

問６　下線部Ｆについて，インターネット上での著作権侵害の例として正しいものを次の中から１つ選び，記号で答えなさい。

ア　駅のホームで撮影した電車の写真をSNS上で公開する。

イ　録画したテレビ番組を動画サイトにアップロードする。

ウ　読み終わった本をネットオークションに出品する。

【理　科】〈第２回試験〉（社会と合わせて60分）〈満点：50点〉

1　次の問いに答えなさい。答えは**ア**～**エ**からそれぞれ最も適当なものを１つ選び，記号で答えなさい。

(1)　コップに水を約半分ほど入れたあと，水の上に油をゆっくりと半分ほど入れます。水と油がきれいに２層に分かれたあと，氷を静かに入れるとどうなりますか。ただし，１cm^3あたりの重さは，氷よりも油の方が小さいものとします。

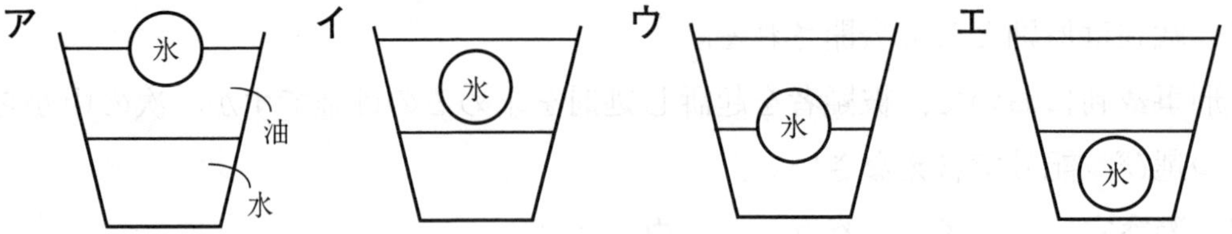

(2)　右の図は100ｇの水に溶《と》かすことができる各物質の最大量を示したグラフです。60℃の水に最も多く溶ける物質はどれですか。

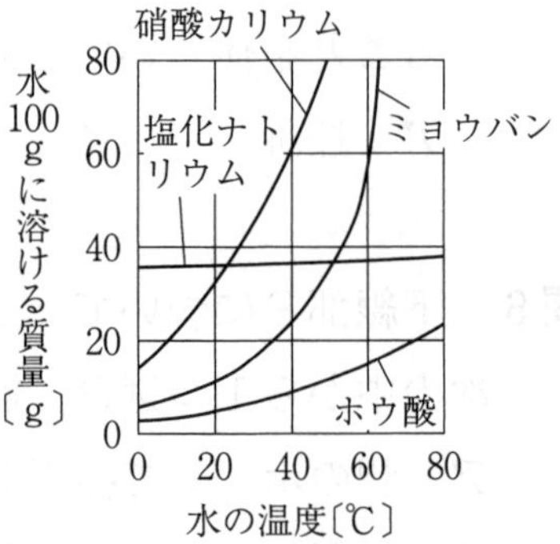

ア　塩化ナトリウム
イ　硝《しょう》酸カリウム
ウ　ミョウバン
エ　ホウ酸

(3)　光合成をして養分をつくることができるプランクトンはどれですか。

ア　ミドリムシ　　**イ**　ゾウリムシ　　**ウ**　アメーバ　　**エ**　ミジンコ

(4)　冬の大三角をつくっている星にふくまれるものはどれですか。

ア　デネブ　　**イ**　シリウス　　**ウ**　アンタレス　　**エ**　ベガ

(5)　燃料電池を利用して動いている車があります。この車の燃料の１つとして使われている気体はどれですか。

ア　窒《ちっ》素　　**イ**　二酸化炭素　　**ウ**　塩素　　**エ**　水素

2 長さや太さ(直径)が異なるげんを指ではじくことで，音を鳴らす実験を行いました。次の問いに答えなさい。

(1) 次の**ア**～**エ**は，あるげんの音をマイクでひろい，音を波の形として表示してくれるオシロスコープという装置を使って得られた波形です。縦軸《じく》は音の振《しん》動のはば，横軸は時間を示します。縦軸と横軸について，それぞれ１マスの大きさが等しいとき，最も大きい音を表すものを，次の**ア**～**エ**から１つ選び，記号で答えなさい。

ア

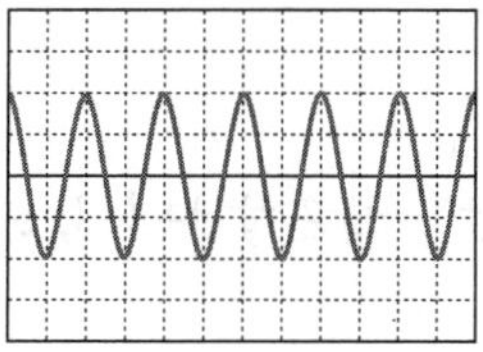

イ

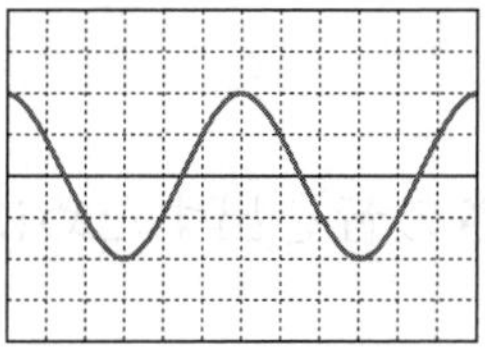

ウ

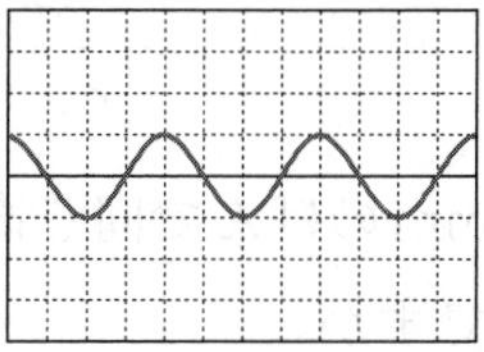

エ

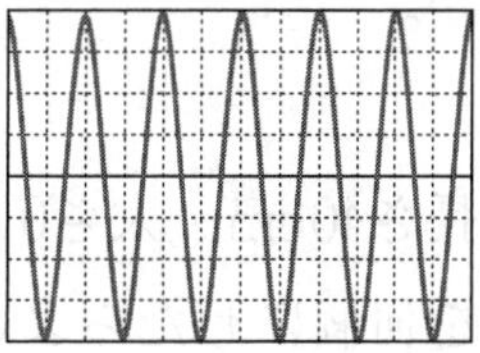

(2) (1)で最も低い音を表すものを，**ア**～**エ**から１つ選び，記号で答えなさい。

(3) 下の図１の装置を用いて，長さや太さの異なるげん**a**～**e**の先端《たん》に同じ重さのおもりを１つずつつるし，ことじの間を指ではじくことで音を鳴らします。また，下の表１は，げん**a**～**e**の長さ(ことじとことじの間の長さ)とげんの太さを表しています。**a**～**e**の中で，最も高い音を出すげんはどれですか。１つ選び，記号で答えなさい。

図１

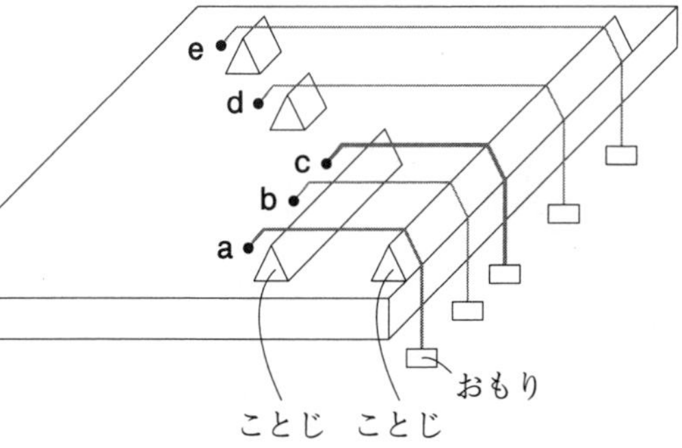

表１

げん	長さ	太さ
a	20cm	0.2mm
b	20cm	0.1mm
c	20cm	0.3mm
d	40cm	0.1mm
e	60cm	0.1mm

次に図１と同じげんａ～ｅにつるすおもりの個数を変えたところ，すべて同じ高さの音が出ました。その結果を右の表２にまとめました。

表２

げん	長さ	太さ	おもりの数
a	20cm	0.2mm	4個
b	20cm	0.1mm	1個
c	20cm	0.3mm	9個
d	40cm	0.1mm	4個
e	60cm	0.1mm	9個

(4) げんの太さが同じとき，げんの長さを３倍にしても同じ高さの音を出すためには，おもりの個数を何倍にしたらよいですか。

(5) 長さ40cm，太さ0.2mmのげんで同じ高さの音を出すためには，つるすおもりの数を何個にしたらよいですか。

3　二酸化炭素に関係することがらについて，次の問いに答えなさい。

(1)　二酸化炭素は何と何が結びついてできていますか。次の**ア～エ**から１つ選び，記号で答えなさい。

ア　酸素と水素　　　**イ**　炭素と酸素

ウ　水素と炭素　　　**エ**　酸素と塩素

(2)　二酸化炭素やその水溶《よう》液の性質を調べたとき，色の変化が見られないものはどれですか。次の**ア～エ**から１つ選び，記号で答えなさい。

ア　赤色リトマス紙　　　**イ**　青色リトマス紙

ウ　BTB溶液　　　**エ**　石灰水

オレンジジュースが入っているペットボトルに，細かくしたドライアイスを入れ，冷えた炭酸入りジュースをつくろうとしました。ペットボトルにドライアイスを入れたところ，お父さんが「そのままふたをすると危険だよ」と教えてくれました。

(3)　ドライアイスがとけるとき，氷とは違《ちが》うとけ方(状態の変化)をします。どのようなとけ方ですか。簡単に説明しなさい。

(4)　ドライアイスを入れたときに見られた白い煙《けむり》のようなものは，どのような物質と考えられますか。最も適当なものを次の**ア～エ**から１つ選び，記号で答えなさい。

ア　水　　**イ**　二酸化炭素　　**ウ**　酸素　　**エ**　窒素

(5)　下線部について，どのような危険なことが起こると考えられますか。簡単に説明しなさい。

4　オナモミについて，次の問いに答えなさい。

(1)　右の写真はオナモミの実をうつしたものです。実がこのような形をしていることで，どのような利点がありますか。簡単に答えなさい。

(2)　オナモミは8月から10月の秋のはじめごろに花を咲《さ》かせ，実を結びます。これは夏から徐々《じょじょ》に昼の長さが短くなることが影響《えいきょう》しています。18時間光を当て続け，6時間光を当てない操作を操作A，14時間光を当て続け，10時間光を当てない操作を操作Bとします。この操作を下の図のように，さまざまな条件でオナモミに行いました。その結果は下の表に示したようになりました。

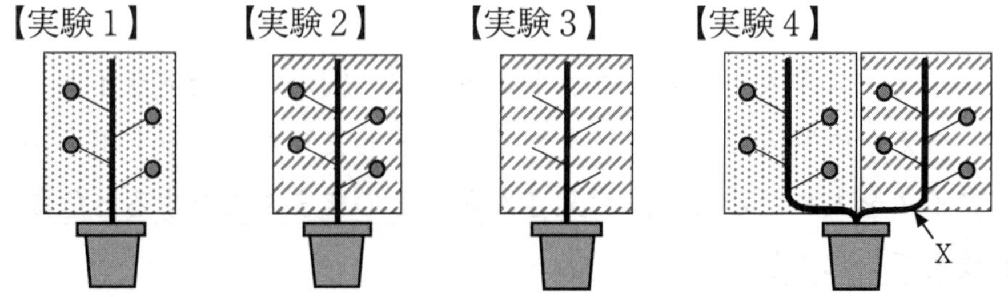

●は葉を，[点の模様]は操作A，[斜線の模様]は操作Bを行った範囲《はんい》を示しています。

実験	1	2	3	4—左	4—右
結果	花が咲かない	花が咲いた	花が咲かない	花が咲いた	花が咲いた

①　オナモミは，光をどこで感じ取っていると考えられますか。葉，茎《くき》，根から選びなさい。

②　①の根拠《きょ》となる実験はどれとどれですか。実験の番号で答えなさい。

③　条件を満たした環《かん》境に置かれた場合，①の部分でフロリゲンという物質がつくられます。この物質はつくられたあと，からだ全体に運ばれてつぼみができるように作用します。それがわかる実験はどれですか。実験の番号で答えなさい。

④　フロリゲンは道管または師管を通って運ばれると考えられます。どちらの管を通って運ばれるのかを確認するには，図の【実験4】のXの位置でどのような操作をしたらよいですか。「形成層」という言葉を用いて答えなさい。オナモミが双《そう》子葉類であることをもとに考えてください。

5 下の図はある地震《しん》におけるａ地点とｂ地点のゆれの記録を表したグラフです。ａ地点とｂ地点のそれぞれで，小さなゆれとそのあとにくる大きなゆれを観測しました。図の●は地震が発生した時刻を示しています。あとの問いに答えなさい。

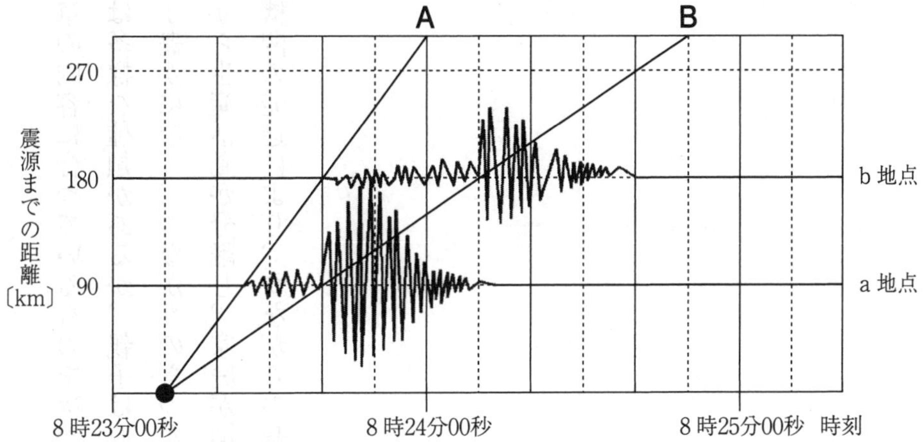

(1) 図において，地震が発生した時刻は何時何分何秒か答えなさい。

(2) 地震は２つの波が関係しています。ゆれが伝わる速さが速い波をＰ波，おそい波をＳ波といいます。図でＰ波の到《とう》達時刻を表しているグラフは**A**，**B**のどちらですか。

(3) 図の地震において，Ｐ波の進む速さは秒速何 kmですか。

(4) Ｐ波とＳ波の到達時刻の差はａ地点とｂ地点で異なります。ｂ地点での到達時刻の差は，ａ地点の何倍ですか。

(5) きん急地震速報とは，震源地付近にある地震計が観測したゆれのデータを解析《せき》し，各地点にＳ波が到達する時刻を知らせるシステムです。

図の地震において，震源から60kmの地点にある地震計がはじめにＰ波のゆれを観測してから，６秒後にきん急地震速報を発表しました。ｂ地点では，きん急地震速報の発表から何秒後にＳ波が到達しますか。

問八　――⑦「専門家集団の登場」とありますが、専門家集団にあてはまらないものを次から一つ選び、記号で答えなさい。

ア　外食産業　　**イ**　学校　　**ウ**　政治家　　**エ**　家族

問九　この文章の内容に合っているものを次から一つ選び、記号で答えなさい。

ア　縁には多様な種類があるが、親子は血縁と地縁でのみつながっており、強固なものであった。

イ　時代が豊かになり、つながりのきっかけが拡散した結果、家族の定義があいまいになった。

ウ　家庭から生産活動が分離し、家庭が消費の場になったことにより、外食産業がおとろえた。

エ　交通機関の発達により、つながりの基礎であった地縁が広く拡散するようになった。

問三 ――②「指します」の主語を文章中からぬき出して答えなさい。

問四 ――③「必要な協力関係」とありますが、協力関係をつくる必要があったのはどうしてですか。適切なものを次から一つ選び、記号で答えなさい。

ア 力や技術の面で今よりも貧しく、食糧を確保するためには仲間と協力しなければならなかったから。
イ 同じ地域に住んでいることで、食糧を確保するためには仲間と協力しなければならなかったから。
ウ 力や技術の面で今よりも貧しく、経済的格差をうめるためには仲間と協力しなければならなかったから。
エ 医療が現代よりも発達しておらず、生き残った数少ない仲間と協力しなければならなかったから。

問五 ――④「生産」と熟語の組み立てが同じものを次から一つ選び、記号で答えなさい。

ア 国語　**イ** 満足　**ウ** 増減　**エ** 未来

問六 ――⑤「親が想像もしなかった相手と子がつながって起こす事件も珍しくありません」とありますが、どのようなことが原因ですか。それを説明した次の文の［1］～［3］にあてはまる言葉を、文章中からそれぞれ指定の字数でぬき出して答えなさい。

・通信網やメディアの発達によって、つながりの範囲が［1（六字）］に限定されていた時代とは違い、［2（五字）］を縁としてネット上で［3（七字）］がつくられること。

問七 ――⑥「グローバル化」とありますが、ここではどのようなことを言っていますか。「ネット」という言葉を使って具体的に説明しなさい。

縁を拡散させる要因として忘れてはならないのが、⑦専門家集団の登場です。たとえば、自営業などをのぞき、ほとんどの人は、家から仕事場へ出かけます。生産活動を専門におこなう場が家庭から分離し、家庭は消費の場となりました。いや、外食産業の隆盛《りゅうせい》をみると、消費も家庭外の場でおこなわれています。また、教育の担《にな》い手も、家庭から、教育の専門家がいる学校へ移行しています。「政治への無関心」という決まり文句が象徴するように、政治も、ふだんは政治家と呼ばれる専門家集団に任せ、選挙のときにかかわる程度です。家族・親族メンバーのあいだで、支持する政党が異なり、信仰《しんこう》する宗教もバラバラということさえあります。貧しい時代には、血縁・地縁とともに、家族・親族メンバー同士のつながりをつくっていた経済縁・宗教縁・政治縁・教育縁は、家族・親族集団外の専門家たちとのつながりをつくる縁となっています。

このように現在は、縁が大規模に拡散しているのです。

（森真一《もりしんいち》『友だちは永遠じゃない　社会学でつながりを考える』による）

問一　――①「家族」とありますが、この文章では家族をどのように形成しているとしていますか。次の□にあてはまる言葉を文章中から三字でぬき出して答えなさい。

・血の□を縁として形成している。

問二　Ⅰ～Ⅳにあてはまる言葉の組み合わせとして適切なものを次から一つ選び、記号で答えなさい。

ア　Ⅰ　そして　Ⅱ　また　Ⅲ　つまり　Ⅳ　しかし

イ　Ⅰ　そして　Ⅱ　つまり　Ⅲ　しかし　Ⅳ　また

ウ　Ⅰ　しかし　Ⅱ　また　Ⅲ　つまり　Ⅳ　そして

エ　Ⅰ　しかし　Ⅱ　そして　Ⅲ　また　Ⅳ　つまり

ば、教育的集団でもあります。経済・宗教・政治・教育もまた縁の役割を果たします。[Ⅲ]、貧しい時代には、同じメンバー同士のつながりが、血縁・地縁・経済縁・宗教縁・政治縁・教育縁をきっかけに形成されていた、ということになります。同じ仲間集団に属する一人ひとりの人間のあいだのつながりは、お互《たが》いに、六種類の縁というひも（紐帯の紐は、ひもを意味します）でぐるぐる巻きにされていた、わけです。たとえば親子というつながりは、これら六つの縁によって結びつけられていたため、かなり強固な関係だったと考えられます。

それぐらい強く結束することで、きびしい環境《かんきょう》のなか、貧しくとも、なんとか人類は生き延びてきたのでした。

しかし、時代が豊かになってくると、つながりのきっかけにも変化が起きてきます。交通機関が発達し、人はひんぱんに移動しはじめ、その移動の距離《きょり》も大きくなります。[Ⅳ]、さまざまなところから人が都市へと集まってきます。それまで出会うことのなかったタイプの人とも出会う機会が増えました。

人間自身が移動しなくても、通信網《もう》やメディアの発達によって、会ったこともない人同士を遠くに離《はな》れたままつなぎあわせてくれるようになりました。それを象徴《しょうちょう》するのがインターネットと携帯《けいたい》電話です。このツールの登場で、親は子がどんな人とどんなつながりをつくっているのか、ほとんどわからなくなりました。⑤親が想像もしなかった相手と子がつながって起こす事件も珍《めずら》しくありません。

ネットというツールが日本で定着した一九九〇年代半ば以前までは、せいぜい日本の領土内につながりの範囲《はんい》が限定されていたように思います。そんな限定は、現在、軽々と乗り越《こ》えられています。お金を稼《かせ》ぎたい、暇《ひま》をつぶしたい、調べものをしたい、趣味《しゅみ》を満たしたい、などなど、多様な欲求が縁となって、ネット上では無数のつながりがつくられています。

「日本社会」ということばを聞くと、日本国の領土のうえになりたっている社会のようにイメージしますが、そのような「日本社会」が存在しているかどうかも、よくわからなくなってきました。日本国の領土内にいたとしても、つながっている相手は外国にいたり、海外からの情報をもとにして日本国内で行動したりするのが、通常の状態です。どこからどこまでが「日本社会」なのか、だれも答えることはできないでしょう。いわゆる⑥グローバル化です。

［三］ 次の文章を読んで、あとの問いに答えなさい。字数制限のある解答については、特別の指示がないかぎり、句読点や符号《ふごう》も一字として数えます。

縁《えん》が「つながりができるきっかけ・事情」だとすると、血縁関係とは、共通の親から生まれるということをきっかけにしてつくられる関係となります。ですから、親子、兄弟姉妹のつながりが基本です。夫婦《ふうふ》関係は血縁関係ではありません。［Ⅰ］、家族ではあります。子どもを中心にし、子どもとの血のつながりが男親にも女親にもあると見立てて、それをきっかけにしてできあがっている集団が①家族なのです。［Ⅱ］、養子の場合のように、だれとも血がつながっていると考えられなくても、親子・兄弟関係が認められることがあります。このように考えると、かなり複雑になりますので、ここでは、親の共通性を「血」の共通性とみなし、それを縁として人々は家族を形成している、ということにしておきます。

地縁は、同じ地域に住むということがつながりのきっかけになっている場合を②指します。社縁ということばもありますが、これは、同じ会社に勤めることが、つながりのきっかけになっているという意味です。

血縁と地縁は、人類が生き延びていくために③必要な協力関係をつくるきっかけとして、重要な役割を果たしてきました。今ほど食糧《しょくりょう》の生産力も、科学技術も、医療《いりょう》も、交通機関も発達していない時代、とりわけ食糧を確保しないことには、人類は全滅《ぜんめつ》です。農耕にしろ、狩猟《しゅりょう》採集にしろ、仲間と協力して田畑を耕したり、チームワークによって動物を狩《か》ったりすることによって食糧を確保し、生き延びてきました。貧しい時代をサバイバルするために、仲間集団をつくらなければならなかったわけです。

このつながりの基礎《きそ》となったのが、血縁と地縁でした。ただし、それはほかにもさまざまな選択肢《せんたくし》があって、これらふたつの紐帯《ちゅうたい》を選んだというわけではありません。血縁と地縁以外に、仲間集団を形成するきっかけはなかったのです。

血縁・地縁にもとづく集団は、食糧をはじめ、さまざまなものを④生産し、手に入れたものを分配・消費する経済的集団でもあります。また、同じ神を信じる宗教的集団でもあり、集団をどのようにまとめていくかを意思決定する政治的集団でもありました。子どもが一人前になるまで育てたり、文化を次世代に伝えたりすることを広い意味での教育と考えれ

問四 ――⑤「今までよりも色あざやかに映るブルーのハードコート」とありますが、このように見えたのはどうしてですか。適切なものを次から一つ選び、記号で答えなさい。

ア 百花の声によっていつもの自分に戻り、テニスプレイヤーとして何をすべきかがわかったから。

イ 百花のたび重なる呼びかけにいら立ちをおぼえ、相手に立ち向かう気持ちも強まったから。

ウ 百花とみちるを頭からふりはらって集中するために、テニスコートにあえて意識を向けたから。

エ 百花の思いを知って心が落ち着き、すがすがしい気持ちでテニスを始めようと思えたから。

問五 ――⑥「圧倒的な相手」とありますが、どのような相手ですか。たとえを用いて表現された部分を「～相手」につながるように、文章中から二十五字以内でぬき出し、最初と最後の五字を答えなさい。

問六 ――⑦「自分に恥じない自分」とありますが、宝良は今の自分がどのような人であるべきだと気づきましたか。「守り」「全力」という言葉を使って説明しなさい。

問七 ――⑧「志摩のアドバイスで～今ありありと感じた」とありますが、このことが宝良の実感として具体的に書かれている一文を文章中から探し、最初の五字をぬき出して答えなさい。

問八 宝良はどのような人物ですか。適切なものを次から二つ選び、記号で答えなさい。

ア 他人にはきびしいが、自分の弱みからは目をそむけてしまう人物。

イ 自分の力に自信を持ち、何があってもくじけることがない人物。

ウ 冷静で、他人の感情に動かされることなくふるまうことができる人物。

エ 自分をきびしく見つめ、それを力に変えていくことができる人物。

オ 目標に向かって、おしみなく努力を積み重ねる強さを持っている人物。

＊バックレスト…背もたれ。
＊虚空…大空。

問一 [①]・[③] にあてはまる言葉を次からそれぞれ一つずつ選び、記号で答えなさい。

ア するっと　**イ** ずぶずぶと　**ウ** ぎょっと　**エ** まじまじと　**オ** ほっと

問二 ――②「限界までこわばっていた肩から、一転、ふっと力が抜けるのがわかった」とありますが、これはどのようなことですか。次の文の [1]・[2] にあてはまる言葉を、文章中からそれぞれ指定の字数でぬき出し、[3] にあてはまる言葉を二字で考えて答えなさい。

・七條選手の強さに [1（五字）] 宝良は、どうしてよいかわからなくなっていたが、数分後には [2（三字）] のだから、あとは最後までベストを尽くせばよい、初めて準決勝まで進んでこられたのだからもう [3（二字）] だと考えることで [1（五字）] 気持ちが引いて少し気が楽になった。

問三 ――④「なんて顔してるのよ」とありますが、このとき百花はどのような顔をしていたと考えられますか。適切なものを次から一つ選び、記号で答えなさい。

ア 宝良のプレーのひどさにがっかりしている、悲しい顔。
イ 宝良を見るうれしさでにやけた、だらしのない顔。
ウ 宝良を何とかふるい立たせようとはげます、必死な顔。
エ 宝良に自分の声が届いているかわからないという、不安な顔。

だから何も持たないこの手で、ただ全力でこの一球を打て。

上昇《じょうしょう》から下降に転じた球を、上半身だけではなく下半身にまだわずかに息づく筋肉からも力を汲《く》み上げるイメージで打ち下ろした。放たれた球の軌道《きどう》も、着弾点も、鮮明《せんめい》に予知できる手ごたえが腕《うで》から全身を駆《か》け抜けた。

渾身の最速直球は狙《ねら》いどおり七條玲側のサービスライン上に突き刺《さ》さり、リターンに動き出した七條玲の左わきを抜き去った。

「15—0《フィフティーン・ラブ》」

どよめきが起こり、拍手が降った。宝良は左サイドのサービスポジションへ移動しながら深く呼吸をした。⑧志摩《しま》のアドバイスで重点的に行ってきたフィジカル強化や運動連鎖《れんさ》のトレーニング成果を、今ありありと感じた。思うように結果を出せず、焦《あせ》り惑《まど》っていた三カ月は、＊虚空《こくう》に消えたわけではない。この肉体にちゃんと宿っている。

（阿部暁子《あべあきこ》『パラ・スター〈Ｓｉｄｅ　宝良〉』による）

＊ゲームポイント…あと一ポイントを取ればそのゲームの勝ちになるという状態。
＊ブレーク…相手がサーブするゲームに勝つこと。
＊渾身…全身。
＊フォアハンド…ラケットを持つ手の側に来たボールを打つこと。
＊インターバル…休けい時間。
＊車いすユーザー…車いすを利用している人。
＊辟易…うんざりすること。
＊ハンドリム…車いすを動かすハンドル。
＊ハードコート…テニスコートのこと。アスファルトなどのかたい素材を土台としたもの。
＊矜持…自分へのほこり。プライド。
＊ボールパーソン…試合中に、選手にボールを渡《わた》す人。

手を見つめた。一日に何時間も＊ハンドリムで摩擦《まさつ》されて、皮膚《ひふ》が硬《かた》く厚くガサガサになった手。車いすテニスばかりをしてきた手。

その両手で思いきり頰《ほお》を打った。痛みが脳天に突《つ》き抜けて、次に目を開けると、⑤今までよりも色あざやかに映るブルーの＊ハードコートが見えた。

「十五秒経過《フィフティーン・セカンズ》」

警告がコールされ、ラケットを握《にぎ》ってコートに移動する。すでにネットの向こうでは七條玲が待っていた。感情を見せない、冴《さ》えわたった女王のまなざしで。

残りのゲームを、ベストを尽くして戦う。当たり前のことだ。だがさっき、自分は、敗北する結末に向かってベストを尽くそうと考えてはいなかったか？

そんな馬鹿な話はない。どんなに力の差を見せつけられようと、ひとたびコートに立った以上、最後の最後まで勝利をつかむために死力を尽くす。それがテニスプレイヤーの＊矜持《きょうじ》であるはずだ。

それなのに、いつしか⑥圧倒《あっとう》的な相手に恐れをなして、後ろへ後ろへと下がっていた。守りに入っていた。守るほどのものなど、まだ何ひとつ持っていないくせに。

＊ボールパーソンからもらった球を一球だけ残して＊バックレスト裏のネットに入れ、握ったボールをいつも通り、三度バウンドさせる。観戦席にも、コートを囲むフェンスの外にも大勢の人々がいるのに、とても静かだ。平和な小鳥の声が聞こえる。

空を仰《あお》ぐと、あいにくの曇天《どんてん》。だがテニスをするにはこれくらいがちょうどいい。

灰色の空にあざやかに映《は》える、黄色の球を高く投げる。

『テニスっていうのはうまくなることだけが重要なんじゃない。⑦自分に恥《は》じない自分を育てていくことも大事なんだよ。勝つことよりも、そっちのほうがずっと大事だ』

恥ずべきことは、敗北することではなく、逃げることだ。

まだ道の半ばにすら来ていない自分には、失うものなど何もない。

ちの武器を探そうとしても、必死にのぞき込《こ》むトランクの中にはもう何もない。もう、何もない。

②限界までこわばっていた肩《かた》から、一転、ふっと力が抜《ぬ》けるのがわかった。

あと2ゲームを取られれば敗《ま》ける。きっと、それが数分後に待つ結末なのだろう。

であれば、あとは悔《く》いの残らないよう最後までベストを尽《つ》くそう。よく考えれば悪くはなかった。初めて準決勝まで進み、相手はあの女王。ここまで来られたならもう――

「たーちゃん、がんばれ!!」

突然《とつぜん》響《ひび》きわたったすさまじい声に、宝良は［③］顔を上げた。

コートを挟《はさ》んだ向こう側にあるひな壇《だん》状の観戦席。ほぼ満杯《まんぱい》に席を埋《う》めた大勢の人々の中から、今自分の名を呼んだ人間は一瞬《いっしゅん》で見つけられた。

「たーちゃん、がんばれ!!」

＊車いすユーザーのために設けられた最下段の席に、みちると並んで百花は座《すわ》っていた。あいつは、何をやってる。仕事はどうした。修理班に見習いとして同行させてもらえるんだと、あんなに喜んでいたのに。

「たーちゃん、がんばれ!!」

なんて声。隣《となり》のおばさんはびっくりしてるし、後ろのおじさんなんかちょっとおびえて引いてるじゃないか。――でも、ああ、そうだった。一緒に入った高校のテニス部であんたは「生体拡声器モモカ」なんてあだ名をつけられてた。試合をしてると、めちゃくちゃな大声で名前を連呼されるから、＊辟易《へきえき》してふり返ると、あんたはなんだかうれしそうにニンマリしてた。

「たーちゃん、がんばれ!!」

④なんて顔してるのよ。

私は、そんな顔をさせるようなプレーをしてた？　勝負を途中《とちゅう》で投げて逃《に》げ出しそうに、あんたには見えていた？

「タイム」

主審《しゅしん》が六十秒経過のコールをした。すみやかにコートへ戻らなければ警告を受ける。けれど宝良は動かずに、自分の両

二　次の文章を読んで、あとの問いに答えなさい。字数制限のある解答については、特別の指示がないかぎり、句読点や符号《ふごう》も一字として数えます。

> 宝良《たから》は車いすテニスプレイヤーで、ジャパンオープンという大会の準決勝で、女王・七條玲《しちじょうれい》と対戦している。百花《ももか》は、宝良の親友であり、競技用の車いすの技師をしている。仕事で知り合った車いすの少女、みちると一緒《いっしょ》に宝良の試合を観戦している。

「40—0《フォーティ・ラブ》」
相手の*ゲームポイント。ここでも*ブレークできなければ、とり返しがつかなくなる。
七條玲の左サイドからのサーブ。センターに着弾《ちゃくだん》した球を、*渾身《こんしん》の*フォアハンドで右サイドのコーナーめがけてリターンした。これで決まれと全身の力を注いだ。
けれど、スイングを終えて球の行方《ゆくえ》を追った時、すでにテイクバックに入る七條玲の姿が見えた。
いつの間にそこに——
パァン、と高らかな打球音とともに黄色の球が宝良の左わきをかすめ飛んでいった。
「ゲーム七條　七條リード　4—1《フォー・トゥー・ワン》」
第5ゲーム終了で、次はコートチェンジを行ってからのゲーム開始になる。その間、選手には九十秒だけ*インターバルが与《あた》えられる。宝良はベンチに戻《もど》り、渇《かわ》き切った喉《のど》にドリンクを流しこんだが、ボトルを持つ自分の手が小さく震《ふる》えているのを感じた。
胸が冷える。息が浅くなる。［①］深い沼《ぬま》に沈《しず》みこんでいくようだ。
怖気《おじけ》づいた精神に引っ張られ、肉体が恐《おそ》れに屈《くっ》し始めている。
どんな球を打とうとも予言者のように待ちかまえるあんな相手と、どうやって戦えばいい？　あと何ができる？　手持

二〇二二年度　八雲学園中学校

【国　語】〈第二回試験〉（五〇分）〈満点：一〇〇点〉

一　次の各問いに答えなさい。

問一　次の――線の漢字の読みをひらがなで答えなさい。

① 武者ぶるいをする。

② 洗顔料を使う。

③ 絵画を好む。

④ 俵をかつぐ。

⑤ 失敗を認める。

問二　次の――線のカタカナを漢字に直しなさい。

① マグロはクロシオに乗ってやってくる。

② ケンバイ機で切符を買う。

③ コウリツよく仕事を進める。

④ タンジュンな考え。

⑤ 名所をタズねて歩く。

2022年度

八雲学園中学校 ▶解説と解答

算　数　＜第２回試験＞（50分）＜満点：100点＞

解　答

[1] (1) 32　(2) 8　(3) 2022　(4) 1230　(5) $\frac{1}{2}$　[2] (1) 60円　(2) 112度　(3) １人　(4) 27個　(5) 350円　(6) 28.56cm^2　(7) ３％　(8) 毎分300m　(9) 28cm^2　[3] (1) １分後　(2) 280m　[4] (1) 5　(2) 3　[5] (1) 50　(2) 25

解　説

[1] 四則計算，計算のくふう，逆算

(1)　$60-42\div(17-7\times2)-14=60-42\div(17-14)-14=60-42\div3-14=60-14-14=46-14=32$

(2)　$4\frac{1}{3}\div\left\{\frac{2}{3}-\left(0.25+\frac{1}{8}\right)\div3\right\}=\frac{13}{3}\div\left\{\frac{2}{3}-\left(\frac{2}{8}+\frac{1}{8}\right)\times\frac{1}{3}\right\}=\frac{13}{3}\div\left(\frac{2}{3}-\frac{3}{8}\times\frac{1}{3}\right)=\frac{13}{3}\div\left(\frac{16}{24}-\frac{3}{24}\right)=\frac{13}{3}\div\frac{13}{24}=\frac{13}{3}\times\frac{24}{13}=8$

(3)　$11\times23\times\{58-(13+21)\}\div3-4\div\{(5+5+8)\div9\}=253\times(58-34)\times\frac{1}{3}-4\div(18\div9)=253\times24\times\frac{1}{3}-4\div2=2024-2=2022$

(4)　$A\times B+A\times C=A\times(B+C)$となることを利用すると，$1.23\times33.3+12.3\times5.67+123\times9.1=123\times\frac{1}{100}\times33.3+123\times\frac{1}{10}\times5.67+123\times9.1=123\times0.333+123\times0.567+123\times9.1=123\times(0.333+0.567+9.1)=123\times(0.9+9.1)=123\times10=1230$

(5)　$\left(1\frac{1}{2}\times\square\div\frac{3}{4}+1\right)\times\frac{1}{2}=1$より，$1\frac{1}{2}\times\square\div\frac{3}{4}+1=1\div\frac{1}{2}=1\times\frac{2}{1}=2$，$1\frac{1}{2}\times\square\div\frac{3}{4}=2-1=1$，$1\frac{1}{2}\times\square=1\times\frac{3}{4}=\frac{3}{4}$　よって，$\square=\frac{3}{4}\div1\frac{1}{2}=\frac{3}{4}\div\frac{3}{2}=\frac{3}{4}\times\frac{2}{3}=\frac{1}{2}$

[2] 消去算，角度，集まり，整数の性質，割合，面積，濃度《のうど》，旅人算

(1)　チョコレートの値段を[チ]，グミの値段を[グ]として式に表すと，下の図１のア，イのようになる。アの式を３倍，イの式を２倍すると図１のようになり，これらの式の差を求めると，[チ]×10−[チ]×９＝[チ]×(10−９)＝[チ]×１にあたる値段が，1080−1020＝60(円)とわかる。よって，チョコレート１個の値段は，60÷１＝60(円)と求められる。

図１

[チ]×３＋[グ]×２＝340(円)…ア
[チ]×５＋[グ]×３＝540(円)…イ
⬇
[チ]×９＋[グ]×６＝1020(円)…ア×３
[チ]×10＋[グ]×６＝1080(円)…イ×２

図２

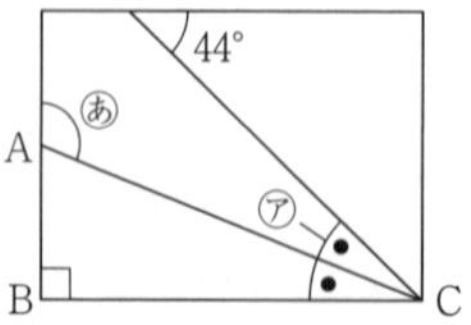

図３

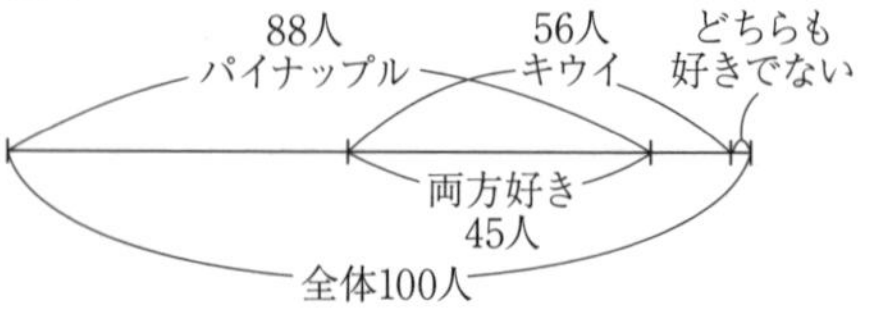

(2)　上の図２で，平行線の錯角《さっかく》は等しいから，角アの大きさは44度となり，●印の角の大きさは，

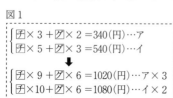

44÷２＝22(度)となる。三角形ABCについて，１つの外角はとなり合わない２つの内角の和に等しいので，角㋐の大きさは，90＋22＝112(度)になる。

(3)　上の図３で，パイナップルとキウイの少なくとも一方が好きな子どもは，88＋56－45＝99(人)だから，パイナップルもキウイも好きではない子どもは，100－99＝１(人)である。

(4)　33で割ると商と余りが同じになる数をA，このときの商と余りをBとすると，$A=33\times B+B=(33+1)\times B=34\times B$である。よって，999÷34＝29余り13，99÷34＝２余り31より，このような３桁《けた》の数Aは，29－２＝27(個)ある。

(5)　ショートケーキ１個の税込《こ》みの値段は，400×(１＋0.1)＝440(円)である。また，ガトーショコラ４個の税込みの値段は，450×４×(１＋0.08)＝1944(円)である。よって，ミルクティー１杯《ぱい》の税込みの値段は，2769－440－1944＝385(円)とわかるので，ミルクティー１杯の税抜《ぬ》きの値段は，385÷(１＋0.1)＝350(円)と求められる。

(6)　下の図４で，アの部分のおうぎ形は，半径が，８÷２＝４(cm)だから，面積は，$4\times4\times3.14\times\frac{1}{4}=12.56$($cm^2$)である。また，イとウの部分の三角形は，底辺も高さも４cmなので，面積はそれぞれ，４×４÷２＝８(cm^2)である。よって，かげをつけた部分の面積は，12.56＋８×２＝28.56(cm^2)となる。

(7)　A100gとB100gを混ぜ合わせた５％の食塩水にふくまれる食塩の重さは，(100＋100)×0.05＝10(g)である。また，A300gとB100gを混ぜ合わせた４％の食塩水にふくまれる食塩の重さは，(300＋100)×0.04＝16(g)である。よって，食塩水A，300－100＝200(g)にふくまれる食塩の重さは，16－10＝６(g)とわかるから，食塩水Aの濃度は，６÷200×100＝３(％)と求められる。

(8)　太郎くんと次郎くんが３回目にすれ違《ちが》うまでに，２人合わせて湖の周りを３周する。また，このとき２人はそれぞれ湖の周りをちょうど何周かしており，次郎くんのほうが速いから，太郎くんが１周，次郎くんが２周したことがわかる。よって，次郎くんは太郎くんの２倍の速さとなるので，次郎くんの速さは毎分，150×２＝300(m)になる。

(9)　下の図５と図７のように，●印の部分を矢印の部分に移動すると，図６と図８のようになる。よって，図６の三角形の面積は，(２×４)×(２×２)÷２＝16(cm^2)，図８の長方形の面積は，(２×３)×２＝12(cm^2)だから，かげをつけた部分の面積の和は，16＋12＝28(cm^2)と求められる。

図４
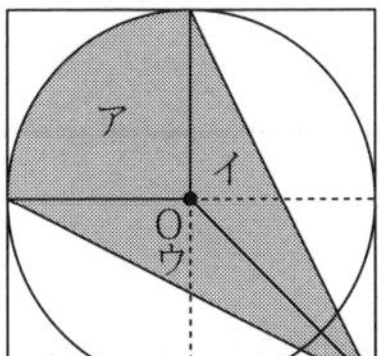

図５
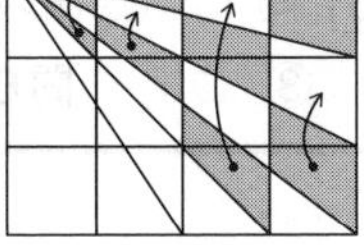

図６
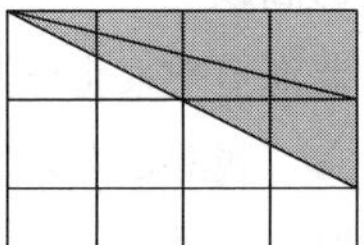

図７
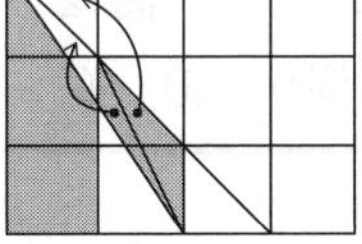

図８
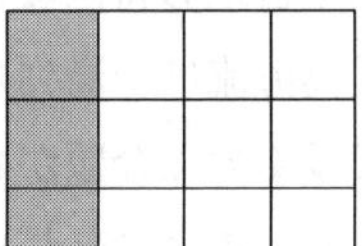

3　旅人算

(1)　はじめに太郎くんと花子さんは１分間で，200＋160＝360(m)ずつ近づくので，２人が初めてすれ違うのは，360÷360＝１(分後)である。

(2)　２人が初めてすれ違った後の太郎くんと花子さんの速さはそれぞれ毎分，200÷２＝100(m)，160÷２＝80(m)である。すると，２人が１回目にすれ違ってから２回目にすれ違うまでに進んだ道のりの和は，360×２＝720(m)だから，１回目から２回目までにかかる時間は，720÷(100＋80)＝４(分)となる。また，２人が２回目にすれ違った後もお互《たが》いの進む速さが半分になるので，３回目にすれ違うのにかかる時間は２倍の，４×２＝８(分)とわかる。よって，太郎くんが進んだ道のりは，200×１＋100×４＋(100÷２)×８＝1000(m)だから，1000÷360＝２余り280より，３回目にすれ違うとき，２人は地点Aから280m離《はな》れているとわかる。

４　約束記号

(1)　８＋９＋６＋０＝23，２＋３＝５より，〈8960〉＝５となる。

(2)　１＋２＋３＋…＋2022＝(１＋2022)×2022÷２＝2045253になる。よって，２＋０＋４＋５＋２＋５＋３＝21，２＋１＝３より，〈１＋２＋３＋…＋2022〉＝〈2045253〉＝３とわかる。

５　水の深さと体積

(1)　大きい水そうと小さい水そうの底面積の比は，(５×５×3.14)：(２×２×3.14)＝25：４なので，グラフのイの高さまでの容積の比も25：４となり，イの高さまで水を入れるのにかかる時間の比も25：４になる。よって，アに当てはまる数は，$8\times\frac{25}{4}=50$(分)とわかる。

(2)　大きい水そうに水を入れるとき，イの高さまで50分，40cmの高さまで80分かかるから，小さい水そうと大きい水そうの高さの比は，50：80＝５：８である。よって，イに当てはまる数は，$40\times\frac{5}{8}=25$(cm)と求められる。

社　会　＜第２回試験＞（理科と合わせて60分）＜満点：50点＞

解　答

１　**問１**　①　千島(海流)　②　ウ　**問２**　①　ウ　②　３　**問３**　輪島　**問４**　①　ウ　②　(例)　地域経済が活性化する。　**問５**　エ　**問６**　ウ　**問７**　①　エ　②　イ　③　ア　④　ウ　**問８**　ア　**問９**　ウ　**問10**　魚付林　**２**　**問１**　ウ　**問２**　エ　**問３**　①　ア　②　ウ　**問４**　エ　**問５**　源実朝　**問６**　イ　**問７**　ウ　**問８**　①　ア　②　イ　③　ウ　**問９**　富国強兵　**問10**　①　ウ→ア→イ　②　切符(制)　**問11**　ウ　**問12**　イ　**３**　**問１**　(憲法の)番人　**問２**　国民審査　**問３**　エ　**問４**　イ　**問５**　①　イ　②　イ　③　ア　**問６**　イ

解　説

１　日本の自然や各地の特色などについての問題

問１　①　千島海流は千島列島方面から北海道や東北地方の太平洋側を南下する寒流で，プランクトンに富んで多くの魚介《ぎょかい》類が育つことから，親潮ともよばれる。　②　釧路《くしろ》(北海道)の日照時間が札幌(北海道)と東京より長い月は，２月，３月，４月，10月，11月，12月の６カ月である。

問２　①　茨城県は，新鮮な作物を安く大都市に出荷できることなどから近郊農業がさかんで，メロン・ピーマン・日本なし・くりの生産量が全国第１位，はくさい・レタスの生産量が全国第２位などとなっている。また，南部の利根川流域は水郷《すいごう》地帯とよばれ，台風の被害をさけるために時期

を早めてつくる早場米の産地として知られている。なお，アは千葉県，イは群馬県，エは栃木県の農業の説明。統計資料は『日本国勢図会』2021／22年版による(以下同じ)。　②　兼六園《けんろくえん》は石川県金沢市にある日本庭園で，江戸時代に加賀藩(石川県・富山県)を治めた前田氏が何代にもわたり，長い年月をかけてつくりあげた。なお，日本三名園の後楽園は岡山県岡山市にある。

問３　能登《のと》半島北部に位置する石川県輪島市では，高温多湿な気候や，地元でとれる漆《うるし》・木材などの材料をいかし，輪島塗《ぬり》とよばれる漆器《しっき》づくりが受けつがれてきた。また，輪島市は，日本海でとれた新鮮な魚介類をはじめ，野菜・工芸民芸品・衣料雑貨品などがならぶ朝市でも知られている。

問４　①　遠洋漁業は1970年ごろには日本の総漁獲《ぎょかく》量で最も大きな割合を占《し》めていたが，石油危機(オイルショック)による燃料代の上昇や，各国による漁業専管水域(排他的経済水域)の設定などによって漁獲量が大きく減った。その後は，沖合漁業が最も大きな割合を占めるようになっている。
②　地域通貨は特定の地域でしか通用しないため，利用者はその地域での買い物に地域通貨を利用することになる。これによって，地域経済の活性化が期待できる。

問５　天竜《てんりゅう》川は，長野県中部の諏訪《すわ》湖を水源として長野県・静岡県(途中で愛知県との県境を形成)をおおむね南へと流れ，静岡県西部で遠州灘《なだ》(太平洋)に注ぐ。浜名湖は静岡県西部に位置する湖で，遠州灘とつながっている。また，静岡県の太平洋側には東海道本線と東海道新幹線が走っており，橋で浜名湖を横切る。なお，黒部川は富山県東部を流れる川，北陸本線は石川県・福井県・滋賀県を通って金沢駅と米原駅(滋賀県)を結ぶ路線。

問６　安積疏水《あさかそすい》は，福島県中部に広がる郡山盆地やその周辺地域をかんがいするため，猪苗代《いなわしろ》湖の水をひいてつくられた。なお，北上盆地は岩手県にある。

問７　①　表中で面積が最も小さいウは，全国の都道府県の中で最も面積が小さい香川県だとわかる。また，表中で人口・工業出荷額が最も多いアには，中国・四国地方の中心である広島県があてはまる。イとエのうち，化学工業出荷額の多いイは，沿岸部に複数の石油化学コンビナートがある山口県で，残ったエが愛媛県となる。　②　人口密度は，(人口)÷(面積)で求められ，面積が大きく，人口が少ない地域ほど人口密度が低くなる。面積が最も小さいウの香川県は，イの山口県の７割ほどの人口だが，面積は３分の１以下なので，山口県よりも人口密度が高いとわかる。また，アの広島県は山口県に比べて人口が２倍以上あるが，面積は２倍に満たないので，広島県のほうが人口密度が高いことになる。エの愛媛県は，人口は山口県と大差ないが，面積が山口県よりも小さいため，人口密度は高いと判断できる。　③　Ｘの香川県高松市は瀬戸内海沿岸に位置し，冬の季節風が中国山地に，夏の季節風が四国山地にさえぎられるため，一年を通して降水量が少ない。また，冬でも比較《ひかく》的平均気温が高い。なお，イは高知市，ウは鳥取市の雨温図。　④　吉野川は愛媛県，徳島県を東へと流れ，徳島市で紀伊水道に注ぐ。藍《あい》は染料をとるために栽培される植物で，中世以降，商品としての生産がさかんになり，江戸時代には徳島藩で生産される「阿波《あわ》藍」(「阿波」は徳島県の旧国名)が全国に広まった。なお，紅花の産地としては，山形県の最上川流域が知られる。また，茶は一般に，染料をとるためではなく飲用に栽培される。

問８　スキー場が最も多く，海水浴場がないＸは，山々に囲まれ，雪にもめぐまれる長野県だとわかる。スキー場がまったくないＹには，ほとんど雪の降らない沖縄県があてはまる。

問９　屋久島(鹿児島県)は，九州最高峰《ほう》の宮之浦岳《みやのうらだけ》がそびえ，多様な生態系が育まれていることや，樹齢数千年といわれる縄文スギをふくむスギの原生林が広がっていることなどから，1993年にユネスコ(国連教育科学文化機関)の世界自然遺産に登録された。

問10　海岸・川岸・湖岸などにつくられた，魚の生育によい影響をもたらす森林を魚付林という。森林にふくまれる栄養分が海に流れこむため，魚のえさが豊富になるほか，敵をさける場所となる，風や波を防ぐといった役割もはたす。

2　各時代の歴史的なことがらについての問題

問１　三内丸山遺跡は，青森県青森市にある縄文時代の大規模集落の遺跡で，建物や植物の栽培の跡，土器など，さまざまな物が出土している。2021年には，北海道と青森・秋田・岩手の３県にまたがる「北海道・北東北の縄文遺跡群」の１つとして，世界文化遺産に登録された。なお，アは静岡県，イは佐賀県にある弥生時代の遺跡。

問２　ア　稲作は，縄文時代末期に大陸から九州地方へ伝わったのち，東へと広がったと考えられている。　イ　稲作が広がると収穫量による貧富の差が生まれ，収穫物や水などをめぐって集落どうしの争いが起こるようになった。　ウ　縄文時代以降奈良時代ごろまで，人々の一般的な家は竪穴《たてあな》住居であった。　エ　弥生時代の稲作について正しく説明している。

問３　①　東大寺の正倉院はＡに見える建物で，断面が三角形の木材を組んで壁とする校倉《あぜくら》造が用いられている。なお，Ｂは法隆寺金堂である。また，書院造は室町時代に広まった建築様式で，銀閣(慈照寺《じしょうじ》)などに用いられている。　②　奈良時代には律令制度にもとづいた政治が行われ，農民には，収穫量の約３％の稲を納める租，都で10日間働く代わりに朝廷に布を納める庸《よう》，各地の特産物を朝廷に納める調といった税のほか，兵役・労役の義務も課された。

問４　ア　遣唐使は，７世紀前半の630年から派遣が始まった。仏教や儒教《じゅきょう》が日本に伝わったのは６世紀以前のことである。　イ　遣唐使の航路は，初めは朝鮮半島を経由する北路がとられていたが，朝鮮半島の新羅《しらぎ》との関係が悪化したため，８世紀後半になると東シナ海を横断する危険な南路がとられるようになった。　ウ　小野妹子は607年と608年，遣隋使として隋(中国)に渡った。　エ　894年，菅原道真の提案をきっかけとして遣唐使が廃止されたので，正しい。

問５　源実朝《さねとも》は鎌倉幕府の第３代将軍になったが，1219年においに暗殺され，源氏の正系として最後の将軍になった。『金槐《きんかい》和歌集』をつくるなどすぐれた歌人としても知られ，臨済宗の開祖で，茶の栽培を広めたことでも知られる栄西は，実朝に薬としての茶の効用を説いた『喫茶養生記《きっさようじょうき》』を献上《けんじょう》した。

問６　1543年，ポルトガル人を乗せた中国船が種子島(鹿児島県)に漂着《ひょうちゃく》し，彼らによって鉄砲が日本にもたらされた。なお，スペイン人やポルトガル人は南から船でやってきたため，南蛮《なんばん》人とよばれた。

問７　1591年，豊臣秀吉は身分統制令を出し，武士に仕える者が町人になったり，百姓《ひゃくしょう》(農民)が耕作をやめて商売を行ったりすることなどを厳しく禁止した。身分統制令や刀狩令，太閤検地などにより，武士や百姓などの身分がはっきり区別され，兵農分離が進んだ。

問８　①　十返舎一九《じっぺんしゃいっく》は江戸時代後半，江戸の町人を中心に栄えた化政文化を代表する読本作家で，『東海道中膝栗毛《ひざくりげ》』はその代表作として知られる。なお，イは滝沢馬琴《ばきん》，ウは近松門左衛門《もんざえもん》の作品。　②　伊勢神宮(三重県)は，天皇の祖先とされる天照《あまてらす》大神をまつる内宮と，農業などをつかさどる豊受《とゆけの》大神をまつる外宮からなる。江戸時代には庶民《しょみん》の間で，「おかげ参り」とよばれる伊勢神宮への参拝旅行が流行した。なお，アは島根県，ウは広島県，エは栃木県にある神社。
③　化政期(1804～30年)のころには，日本沿岸にたびたび外国船が接近し，外国人による事件も発生するようになっていた。そこで1825年，江戸幕府は鎖国体制を維持するため，オランダ・清(中国)以外の外国船の撃退《げきたい》を命じる異国船打ち払い令を出した。なお，アは18世紀前半，イは18世紀後半，エは17世紀後半のできごと。

問９　明治政府は，近代化をすすめて西洋諸国に追いつくため，経済を発展させて国を豊かにし，強力な軍隊を組織するという「富国強兵」をスローガンにかかげ，地租改正や徴兵《ちょうへい》令などさまざまな政策を実行していった。

問10　①　アは1933年，イは1937年，ウは1931年のできごとなので，年代の古い順にウ→ア→イとなる。　②　1937年に日中戦争が始まり，これに続けて1941年から太平洋戦争が始まると，戦争の長期化にともなって日本国内では生活必需《ひつじゅ》品が不足するようになった。そこで政府は，あらかじめ切符を各家庭に配布し，これと砂糖・マッチ・衣料を交換する切符制を導入した。

問11　東海道新幹線は，東京オリンピックが開幕する直前の1964年10月１日に開業し，東京駅－新大阪駅間を４時間(翌年には３時間10分に短縮)で結んだ。なお，アは1971年，イは1970年，エは1972年のできごと。

問12　端午の節句は５月５日(現在の「こどもの日」)に行われる年中行事で，邪気《じゃき》を払うために菖蒲《しょうぶ》湯に入ったり，ちまきや柏餅《かしわもち》を食べたりする風習が残っている。現在は男の子の節句としてよろいかぶとの人形を飾ったり，鯉《こい》のぼりをあげたりして，その健やかな成長を祝う。

3　裁判についての問題

問１　すべての裁判所は，法律や行政処分などが憲法に違反していないかどうかを，具体的な裁判を通して判断する権限である違憲立法審査権を持っている。最高裁判所はその最終的な判断を下す決定権を持っていることから，「憲法の番人」とよばれる。

問２　国民審査《しんさ》は，最高裁判所のすべての裁判官が適任かどうかを審査するしくみで，任命後に初めて行われる衆議院議員総選挙のときと，その後10年を経過して初めて行われる衆議院議員総選挙のたびに審査され，不適任とする票がそれ以外の票より多い場合，その裁判官はやめさせられる。

問３　日本国憲法は，1946年11月３日に公布され，1947年５月３日に施行された。現在，公布日の11月３日は文化の日，施行日の５月３日は憲法記念日という国民の祝日になっている。

問４　ア　裁判員裁判は，地方裁判所で行われる重大な刑事裁判の第一審で適用される。　イ　裁判員の選び方について正しく説明している。ただし、2023年からは18歳以上の有権者の中から選ばれることになる。　ウ　選任された６名の裁判員は，３名の裁判官と合議で裁判をすすめ，有罪か無罪かの判断だけでなく，有罪の場合には刑の重さも決める。

問５　①　日本国憲法第38条は刑事裁判の被告人に対し，自分の不利になることは話さなくてもよいという権利(黙秘《もくひ》権)を認め，自白を強要されないことを保障している。　②　検察官は，罪をおかした疑いのある人(被疑者)について裁く刑事裁判において，被疑者を取り調べたり証拠を集めたりして，起訴《きそ》か不起訴かの判断を行う。起訴した場合には裁判所に証拠《しょうこ》を提出して被告人が有罪であることを証明し，事実や刑罰についての意見を述べる。　③　日本では，裁判を慎重《しんちょう》に行って公正をはかるため，３回まで裁判を受けることができるという三審制が導入されている。第一審の判決に不服で，上級の裁判所に訴《うった》えを起こすことを控訴，第二審の判決に不服で，さらに上級の裁判所に訴えを起こすことを上告という。

問６　文芸・音楽・美術・コンピュータープログラムなどの創作者に生じる権利を著作権といい，著作物を創作者以外の人が利用する場合には，原則として創作者の許可が必要とされている。そのため，テレビ番組を勝手にアップロードすることは，著作権の侵害《しんがい》になる。

理　科　＜第２回試験＞（社会と合わせて60分）＜満点：50点＞

解　答

[1] (1) ウ　(2) イ　(3) ア　(4) イ　(5) エ　[2] (1) エ　(2) イ　(3) b　(4) 9倍　(5) 16個　[3] (1) イ　(2) ア　(3) （例）液体にならずに気体に変化する。　(4) ア　(5) （例）ペットボトルがはれつする。　[4] (1) （例）衣服や動物について，遠くへ運ばれる。　(2) ① 葉　② 2と3　③ 4　④ （例）師管は形成層の外側にあるので，形成層の外側をはぎ取る。　[5] (1) 8時23分10秒　(2) A　(3) 秒速6 km　(4) 2倍　(5) 44秒後

解　説

[1] 小問集合

(1)　氷は1 cm^{3}あたりの重さが水より小さく，油より大きい。したがって，ウのように，氷は水と油の境界面付近で静止する。

(2)　グラフより，60℃の水100 gに溶《と》かすことができる最大量が最も大きいものは，80 g以上溶ける硝酸《しょうさん》カリウムである。

(3)　植物などが光のエネルギーを利用して，水と二酸化炭素から養分(でんぷんなど)と酸素をつくり出すはたらきを光合成という。ミドリムシは葉緑体を持っており，光合成を行う。

(4)　おおいぬ座のシリウス，こいぬ座のプロキオン，オリオン座のベテルギウスを結んでできる三角形を冬の大三角という。

(5)　水素と酸素の化学反応によって電気を取り出す装置を燃料電池という。この反応後にできる物質は水だけで，二酸化炭素が排出《はいしゅつ》されないことから，次世代の発電装置として期待されている。

[2] 音の性質についての問題

(1)　振動《しんどう》のはばが大きいほど，大きな音が出ていることを表す。よって，エが最も大きな音を表している。

(2)　決まった時間に振動する回数が多いほど，高い音が出ていることを表す。したがって，イが表す音が最も低い。

(3)　ここでは，げんの材質はすべて同じであるとする。げんを張る力(げんにつるしたおもりの重さ)が同じとき，げんの振動する部分の長さが短く，げんの太さが細いものほど高い音を出す。よって，表1より，最も高い音を出すげんは，げんbである。

(4)　表2で，げんbとげんeが同じ高さの音を出すことから，げんの太さが同じとき，げんの長さを，60÷20＝3(倍)にして同じ高さの音を出すためには，つるすおもりの数を，9÷1＝9(倍)にすればよいとわかる。

(5)　げんｂとげんｄを比べると，同じ太さのげんの長さを，40÷20＝２(倍)にした場合，おもりの数を，４÷１＝４(倍)にすると，同じ高さの音が出る。したがって，げんの太さが同じでげんの長さが半分のげんａをもとに，同じ高さの音を出すのに必要なおもりの数を求めると，４×４＝16(個)となる。なお，げんａとげんｂを比べ，同じ長さのげんの太さを，0.2÷0.1＝２(倍)にした場合，おもりの数が，４÷１＝４(倍)になることから，げんｄをもとに，４×４＝16(個)と求めることもできる。

3　二酸化炭素についての問題

(1)　炭素を燃やすと二酸化炭素ができることからもわかるように，二酸化炭素は炭素と酸素が結びついてできている。

(2)　二酸化炭素を石灰水に通すと，石灰水が白くにごる。また，二酸化炭素の水溶液《すいようえき》(炭酸水)は酸性である。そのため，炭酸水はBTB溶液の色を緑色から黄色に変え，青色のリトマス紙を赤色に変える。しかし，赤色のリトマス紙につけても，その色は変化しない。

(3)　氷を部屋に置いておくと液体の水になるが，ドライアイスを部屋に置いておくと液体にはならず，直接気体に変化する。このような状態変化を昇《しょう》華《か》という。

(4)　気体の二酸化炭素や酸素，窒素《ちっそ》は無色透明《とうめい》で，目で見ることができない。白い煙《けむり》のようなものは，オレンジジュースに入れたドライアイスによって冷やされた，水や氷のつぶである。

(5)　固体のドライアイスが気体の二酸化炭素に変化すると，体積が非常に大きくなる。したがって，ドライアイスを入れたままふたをすると，ペットボトルがはれつするおそれがあり，大変危険である。

4　花を咲《さ》かせる条件についての問題

(1)　オナモミの実の表面には多くのとげのようなものが出ている。このとげのようなものにより，オナモミは実がヒトの衣服や動物のからだにくっついて遠くに運ばれることで，生息域を広げることができる。

(2)　①，②　同じ操作Ｂを行った実験２では花が咲き，実験３では花が咲かなかったことから，オナモミは葉で光を感じ取っていると考えられる。　③　実験４—左では，実験１と同じ操作Ａであるにもかかわらず，花が咲いている。これは，実験４—右の葉でつくられたフロリゲンがからだ全体に運ばれたためと考えられる。　④　双《そう》子葉類の場合，形成層の外側に師管，内側に道管があるので，Ｘの位置で形成層の外側をはぎ取ることで，フロリゲンが師管を通って運ばれる場合には実験４—左の花が咲かなくなり，道管を通って運ばれる場合には実験４—左の花が咲くと考えられる。

5　地震《じしん》についての問題

(1)　図の●は地震が発生した時刻なので，その時刻は８時23分10秒と読み取れる。

(2)　震源では，Ｐ波とＳ波が同時に発生する。そして，ａ地点やｂ地点には，ゆれが伝わる速さが速いＰ波が先に到達《とうたつ》し，その後ゆれが伝わる速さがおそいＳ波が到達する。よって，ＡがＰ波，ＢがＳ波である。

(3)　Ｐ波は180km進むのに30秒かかっているので，進む速さは秒速，180÷30＝６(km)となる。なお，Ｓ波の進む速さは秒速，180÷60＝３(km)と求められる。

(4)　Ｐ波とＳ波の到達時刻の差は，ａ地点では，90÷３－90÷６＝15(秒)，ｂ地点では，180÷３

−180÷６＝30(秒)である。したがって，ｂ地点での到達時刻の差は，ａ地点の，30÷15＝２(倍)とわかる。

⑸　震源から60kmの地点にある地震計がＰ波のゆれをはじめに観測するのは，地震が発生してから，60÷６＝10(秒)後で，その６秒後にきん急地震速報が発表される。つまり，きん急地震速報は地震が発生してから，10＋６＝16(秒)後に発表されるとわかる。ｂ地点では地震が発生してから60秒後にＳ波が到達するため，ｂ地点ではきん急地震速報の発表から，60−16＝44(秒)後にＳ波が到達する。

国　語　＜第２回試験＞（50分）＜満点：100点＞

解　答

一　**問１**　①　むしゃ　②　せんがん　③　かいが　④　たわら　⑤　しっぱい　**問２**　下記を参照のこと。　二　**問１**　①　イ　③　ウ　**問２**　**１**　怖気づいた　**２**　敗ける　**３**　（例）　満足，十分　**問３**　ウ　**問４**　ア　**問５**　どんな球を〜ちかまえる（相手）　**問６**　（例）　勝敗にとらわれて守りに入ることなく，何も持たない自分の手でただ全力を尽くして目の前の一球を打とうとする人。　**問７**　放たれた球　**問８**　エ，オ

三　**問１**　共通性　**問２**　ウ　**問３**　地縁は　**問４**　ア　**問５**　イ　**問６**　**１**　日本の領土内　**２**　多様な欲求　**３**　無数のつながり　**問７**　（例）　ネットというツールが定着したことにより，日本国の領土内にいたとしても海外の人や情報とつながることができるようになり，どこからどこまでが日本社会なのかわからなくなっていること。　**問８**　エ　**問９**　エ

●漢字の書き取り

一　**問２**　①　黒潮　②　券売　③　効率　④　単純　⑤　訪(ねて)

解　説

一　漢字の読み書き

問１　①「武者ぶるい」は，重大な局面を前に興奮して，体がふるえること。　②　顔を洗うこと。　③　絵。　④　藁《わら》などを編んでつくった袋《ふくろ》で，穀物や芋，炭などを入れる。　⑤　計画して実行したものごとがうまくいかないこと。

問２　①　日本の太平洋側を北上する暖流。　②「券売機」は，切符《きっぷ》や券を売る機械。　③　労力に対して，得られる成果の割合。　④　複雑でないこと。　⑤　足を運ぶこと。音読みは「ホウ」で，「訪問」などの熟語がある。

二　出典は阿部暁子《あべあきこ》の『パラ・スター〈Side 宝良《たから》〉』による。車いすテニスの試合で，七條玲《しちじょうれい》と対戦している宝良が，その圧倒《あっとう》的な力を前にくじけそうになる気持ちを奮い立たせて，反撃《はんげき》に転じる場面。

問１　①　沈《しず》みこんでいくようすを表すのは，「ずぶずぶと」である。　③　突然響《とつぜんひび》いた大きな声におどろくようすを表すのは，「ぎょっと」である。

問２　宝良は，七條玲に立ち向かう方法が見つからず，「怖気《おじけ》づい」てしまっていた。しかし，「あ

と２ゲームを取られれば敗《ま》ける」ところまで追いこまれたときに，自分が初めて準決勝まで進むことができたことを「ここまで来られたならもう――」と満足しようとしており，「悔《く》いの残らないよう最後までベストを尽《つ》くそう」と，肩《かた》の力が抜《ぬ》けたのである。

問３　「勝負を途中《とちゅう》で投げて逃《に》げ出しそうに，あんたには見えていた？」とあることから，百花《ももか》は，弱気になっている宝良を必死で奮い立たせようとして，声をかけているのだとわかる。

問４　百花の必死の応援《おうえん》で，自分が「敗北する結末に向かってベストを尽くそう」と考えていたことに気づかされて気合を入れ直し，あらためて，「最後の最後まで勝利をつかむために死力を尽くす」と決意したのである。

問５　「怖気づい」ていた宝良は，どんな球も打ち返してくる七條玲のことを，「予言者のように待ちかまえるあんな相手」と思っている。

問６　宝良は，「失うものなど何もない」のに，「守りに入っていた」ことを反省し，どんなに力の差を見せつけられても，「最後の最後まで勝利をつかむために死力を尽くす」ことを誓《ちか》っている。

問７　志摩《しま》のアドバイスの通りに，「フィジカル強化や運動連鎖《れんさ》のトレーニング」をした成果は，「放たれた球の軌道《きどう》も，着弾《ちゃくだん》点も，鮮明《せんめい》に予知できる手ごたえ」となって，宝良の「腕《うで》から全身を駆《か》け抜《ぬ》け」て行ったのである。

問８　敗北を受け入れてしまいそうになっている自分を冷静に見つめ，勝利への思いを奮い立たせているので，エが選べる。また，志摩のアドバイスに従って，地道に練習を積み重ねているので，オも正しい。

三　**出典は森真一《もりしんいち》の『友だちは永遠じゃない　社会学でつながりを考える』による。**現代の社会では，血縁《けつえん》関係と地縁関係にもとづく昔ながらのつながり方が変化し，ネットなどの新しいつながりが生まれていることを説明している。

問１　第一段落に，「親の共通性を『血』の共通性とみなし，それを縁として人々は家族を形成している」と述べている。

問２　Ⅰ　夫婦は，血縁関係ではないものの，家族ではあるという関係なので，前のことがらを受けて，それに反する内容を述べるときに用いる「しかし」があてはまる。　Ⅱ　「家族」と見なされる関係として，「子どもとの血のつながり」をきっかけにしている集団と並べて，血がつながっていない「養子の場合」をあげているので，あることがらに別のことがらを並べる働きの「また」が合う。　Ⅲ　ここまでに書かれたさまざまな「縁」について，まとめ直しているので，前に述べた内容を“要するに”とまとめて言いかえるときに用いる「つまり」が合う。　Ⅳ　交通機関の発達した影響《えいきょう》として，人の移動距離《きょり》が増えるにつれて，人が都市へと集まることを加えているので，前のことがらを受けて，さらに次のことがらが起こる意味を表す「そして」があてはまる。

問３　主語とは，「～は」「～が」「～も」にあたる部分である。

問４　今ほど食糧《しょくりょう》の生産力も技術力も高くなかったので，「食糧を確保」するためには，協力関係が必要だったのである。よって，アが合う。

問５　「生産」は，似た意味の漢字を並べた熟語なので，「満ちる」と「足りる」という似た意味の漢字を並べた「満足」と同じ組み立てである。

問６　以前は，「日本の領土内につながりの範囲《はんい》が限定されていた」のだが，ネットというツールの定着により，「多様な欲求」が縁となって，「無数のつながり」がつくられるようになったのである。

問７　グローバル化とは，ネットというツールの定着により，日本の領国内のつながりを軽々と乗り越《こ》えて，日本国の領土内にいながら，外国の人や海外からの情報とつながれるようになったため，どこまでが「日本社会」なのか，だれも答えることができなくなったことを表している。

問８　専門家とは，ひとつの仕事だけを行う人のことである。よって，さまざまな仕事を協力して行う「家族」が，専門家にあてはまらない。

問９　アは，親子の関係は「六つの縁」によって強く結びつけられているとあるので，誤りである。イは，筆者は「日本社会」の定義があいまいになったと述べているので，誤りである。ウは，「消費も家庭外の場でおこなわれています」とあるので，誤りである。エは，交通機関の発達で，移動が活発になり，地縁的なつながりにとらわれなくなったので，正しい。

Memo

Memo

2025年度用

中学スーパー過去問

■編集人 声の教育社・編集部
■発行所 株式会社 声の教育社
〒162-0814 東京都新宿区新小川町8-15
☎03-5261-5061(代) FAX03-5261-5062
https://www.koenokyoikusha.co.jp

※本書の内容についての一切の責任は当社にあります。内容・解説・解答・その他は当社ホームページよりお問い合わせ下さい。

ストリーミング配信による入試問題の解説動画

2025年度用web過去問　ラインナップ

■ 男子・女子・共学（全動画） 見放題
36,080円（税込）

■ 男子・共学　見放題
29,480円（税込）

■ 女子・共学　見放題
28,490円（税込）

● 中学受験「声教web過去問（過去問プラス・過去問ライブ）」（算数・社会・理科・国語）

3〜5年間 **24校**

過去問プラス

麻布中学校	桜蔭中学校	開成中学校	慶應義塾中等部	渋谷教育学園渋谷中学校
女子学院中学校	筑波大学附属駒場中学校	豊島岡女子学園中学校	広尾学園中学校	三田国際学園中学校
早稲田中学校	浅野中学校	慶應義塾普通部	聖光学院中学校	市川中学校
渋谷教育学園幕張中学校	栄東中学校			

過去問ライブ

栄光学園中学校	サレジオ学院中学校	中央大学附属横浜中学校	桐蔭学園中等教育学校	東京都市大学付属中学校
フェリス女学院中学校	法政大学第二中学校			

● 中学受験「オンライン過去問塾」（算数・社会・理科）

3〜5年間 **50校以上**

	青山学院中等部		国学院大学久我山中学校		明治大学付属明治中学校		芝浦工業大学柏中学校		栄東中学校
	麻布中学校		渋谷教育学園渋谷中学校		早稲田中学校		渋谷教育学園幕張中学校		淑徳与野中学校
	跡見学園中学校		城北中学校	東京	都立中高一貫校 共同作成問題		昭和学院秀英中学校	埼玉	西武学園文理中学校
	江戸川女子中学校		女子学院中学校		都立大泉高校附属中学校		専修大学松戸中学校		獨協埼玉中学校
	桜蔭中学校		巣鴨中学校		都立白鷗高校附属中学校	千葉	東邦大学付属東邦中学校		立教新座中学校
東京	鷗友学園女子中学校	東京	桐朋中学校		都立両国高校附属中学校		千葉日本大学第一中学校		江戸川学園取手中学校
	大妻中学校		豊島岡女子学園中学校		神奈川大学附属中学校		東海大学付属浦安中等部	茨城	土浦日本大学中等教育学校
	海城中学校		日本大学第三中学校	神奈川	桐光学園中学校		麗澤中学校		茗渓学園中学校
	開成中学校		雙葉中学校		県立相模原・平塚中等教育学校		県立千葉・東葛飾中学校		
	開智日本橋中学校		本郷中学校		市立南高校附属中学校		市立稲毛国際中等教育学校		
	吉祥女子中学校		三輪田学園中学校	千葉	市川中学校	埼玉	浦和明の星女子中学校		
	共立女子中学校		武蔵中学校		国府台女子学院中学部		開智中学校		

web過去問 Q&A

過去問が動画化！
声の教育社の編集者や中高受験のプロ講師など、
過去問を知りつくしたスタッフが動画で解説します。

Q　**どこで購入できますか？**
A　声の教育社のHPでお買い求めいただけます。

Q　**受講にあたり、テキストは必要ですか？**
A　基本的には過去問題集がお手元にあることを前提としたコンテンツとなっております。

Q　**全問解説ですか？**
A　「オンライン過去問塾」シリーズは基本的に全問解説ですが、国語の解説はございません。「声教web過去問」シリーズは合格のカギとなる問題をピックアップして解説するもので、全問解説ではございません。なお、「声教web過去問」と「オンライン過去問塾」のいずれでも取り上げられている学校がありますが、授業は別の講師によるもので、同一のコンテンツではございません。

Q　**動画はいつまで視聴できますか？**
A　ご購入年度２月末までご視聴いただけます。
複数年視聴するためには年度が変わるたびに購入が必要となります。

よくある解答用紙のご質問

01

実物のサイズにできない

拡大率にしたがってコピーすると，「解答欄」が実物大になります。配点などを含むため，用紙は実物よりも大きくなることがあります。

02

A3用紙に収まらない

拡大率164％以上の解答用紙は実物のサイズ（「出題傾向＆対策」をご覧ください）が大きいために，Ａ３に収まらない場合があります。

03

拡大率が書かれていない

複数ページにわたる解答用紙は，いずれかのページに拡大率を記載しています。どこにも表記がない場合は，正確な拡大率が不明です。

04

１ページに２つある

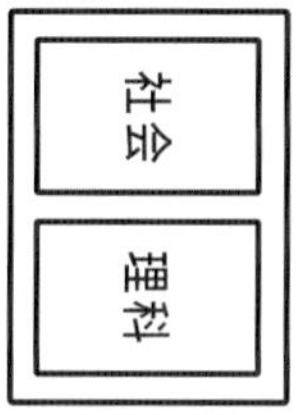

１ページに２つ解答用紙が掲載されている場合は，正確な拡大率が不明です。ほかの試験回の同じ教科をご参考になさってください。

八雲学園中学校

【別冊】入試問題解答用紙編

禁無断転載

解答用紙は本体からていねいに抜きとり、別冊としてご使用ください。

※　実際の解答欄の大きさで練習するには、指定の倍率で拡大コピーしてください。なお、ページの上下に小社作成の見出しや配点を記載しているため、コピー後の用紙サイズが実物の解答用紙と異なる場合があります。

●入試結果表

— は非公表

年度	回	項目		国語	算数	社会	理科	2科合計	4科合計	2科合格	4科合格
2024	第1回	配点(満点)		100	100	50	50	200	300	最高点	最高点
		合格者平均点	2科	57	57			114		146	214
			4科	59	50	26	31		166	最低点	最低点
		受験者平均点		—	—	—	—	—	—	90	135
		キミの得点									
	第2回	配点(満点)		100	100	50	50	200	300	最高点	最高点
		合格者平均点	2科	72	43			115		159	246
			4科	73	47	27	30		177	最低点	最低点
		受験者平均点		—	—	—	—	—	—	90	135
		キミの得点									
2023	第1回	配点(満点)		100	100	50	50	200	300	最高点	最高点
		合格者平均点	2科	68	39			107		129	242
			4科	77	45	30	21		173	最低点	最低点
		受験者平均点		—	—	—	—	—	—	96	144
		キミの得点									
	第2回	配点(満点)		100	100	50	50	200	300	最高点	最高点
		合格者平均点	2科	66	49			115		159	250
			4科	68	52	31	31		182	最低点	最低点
		受験者平均点		—	—	—	—	—	—	95	142
		キミの得点									
2022	第1回	配点(満点)		100	100	50	50	200	300	最高点	最高点
		合格者平均点	2科	79	43			122		139	256
			4科	81	45	26	24		176	最低点	最低点
		受験者平均点		—	—	—	—	—	—	99	149
		キミの得点									
	第2回	配点(満点)		100	100	50	50	200	300	最高点	最高点
		合格者平均点	2科	66	51			117		159	269
			4科	67	59	30	29		185	最低点	最低点
		受験者平均点		—	—	—	—	—	—	98	147
		キミの得点									

※　表中のデータは学校公表のものです。ただし、２科合計・４科合計は各教科の平均点を合計したものなので、目安としてご覧ください。

声の教育社

２０２４年度　　八雲学園中学校

算数解答用紙　第１回

番号		氏名		評点	／100

1	(1)		2	(6)	
	(2)			(7)	cm^2
	(3)			(8)	度
	(4)			(9)	
	(5)		3	(1)	
2	(1)	分　秒		(2)	通り
	(2)	円	4	(1)	cm
	(3)	点		(2)	cm^2
	(4)		5	(1)	ア　イ
	(5)	cm^3		(2)	ウ　エ

(注) この解答用紙は実物大です。

〔算　数〕100点(学校配点)

1～5　各5点×20<3の(1)は完答，5は各々完答>

２０２４年度　八雲学園中学校

社会解答用紙　第１回

番号　　氏名　　評点　／50

（注）この解答用紙は実物を縮小してあります。B５→A３（163％）に拡大コピーすると、ほぼ実物大の解答欄になります。

1

問１	
問２	
問３	
問４	①　②
問５	①　②　③
問６	
問７	①　県　②
問８	①　②
問９	
問10	運動
問11	

2

問１	
問２	
問３	①　②　③
問４	①　②
問５	①　②-i　②-ii
問６	
問７	①　②
問８	①　②
問９	食品

3

問１	
問２	①　②
問３	
問４	
問５	
問６	
問７	

〔社　会〕50点（学校配点）

1 問１～問６　各１点×９　問７　①　２点　②　１点　問８　①　２点　②　１点　問９　１点　問10，問11　各２点×２＜問11は完答＞　2 問１，問２　各１点×２　問３　①　１点　②　２点　③　１点　問４，問５　各１点×５　問６　２点　問７　各１点×２　問８　①　２点　②　１点　問９　２点　3 問１　２点　問２～問６　各１点×６　問７　２点

２０２４年度　八雲学園中学校

理科解答用紙　第１回

番号		氏名		評点	／50

1	(1)		(2)		(3)		(4)		(5)	

2	(1)		(2)		(3)	
	(4)		(5)			

3	(1)				(2)	加熱前　加熱後 ：		
	(3)	g	(4)		(5)	g		

4	(1)		(2)		(3)	
	(4)		(5)			

5	(1)		(2)							
	(3)		(4)		(5)					

(注) この解答用紙は実物大です。

〔理　科〕50点(学校配点)

1～5　各2点×25＜4の(4)，(5)は完答＞

２０２４年度　八雲学園中学校

国語解答用紙　第一回

番号　　氏名　　評点　/100

一

問一　①　う　②　③　④　⑤

問二　①　む　②　③　④　⑤　れ

二

問一　A　B

問二　1　2　3

問三　最初　最後　こと。

問四

問五　(1)　(2)

問六

問七

三

問一

問二　ネットやＳＮＳの普及前は、

問三　問四　問五　問六

問七　1　2　3

問八　問九

（注）この解答用紙は実物を縮小してあります。Ｂ５→Ａ３（163％）に拡大コピーすると、ほぼ実物大の解答欄になります。

〔国　語〕100点（学校配点）

一　各２点×10　二　問１　各４点×２　問２　各２点×３　問３～問５　各４点×４　問６　６点　問７　４点　三　問１　４点　問２　６点　問３～問６　各４点×４　問７　各２点×３　問８，問９　各４点×２

2024年度　　八雲学園中学校

算数解答用紙　第２回

番号		氏名		評点	／100

1	(1)		2	(6)	個
	(2)			(7)	秒間
	(3)			(8)	cm^2
	(4)			(9)	分
	(5)		3	(1)	毎時　　km
2	(1)	g		(2)	時間
	(2)	年後	4	(1)	
	(3)	個		(2)	
	(4)	cm^2	5	(1)	ア　　イ
	(5)	時　　分		(2)	月　　日

（注）この解答用紙は実物大です。

〔算　数〕100点(学校配点)

1～5　各５点×20＜5の(1)は完答＞

２０２４年度　八雲学園中学校

社会解答用紙　第２回

番号		氏名		評点	/50

1

問1 ①　②
問2 ①　②　③-i　③-ii　③-iii　③-iv
問3
問4 ①　②
問5
問6 ①　②　③　④　⑤
問7 ①　②　→　→
問8 ①　→　→　②　③
問9　県
問10 ①　②
問11
問12
問13 ①　②　③

2

問1
問2
問3
問4
問5
問6 ①　②　議席
問7

（注）この解答用紙は実物を縮小してあります。182%拡大コピーをすると、ほぼ実物大の解答欄になります。

〔社　会〕50点(学校配点)

1 問1　①　1点　②　2点　問2　①，②　各1点×2　③　i，ii　各2点×2　iii，iv　各1点×2　問3　1点　問4　①　2点　②　1点　問5　2点　問6　各1点×5　問7　各2点×2<②は完答>　問8　①　2点<完答>　②，③　各1点×2　問9　2点　問10～問12　各1点×4　問13　①　1点　②　2点　③　1点　2　問1～問3　各1点×3　問4　2点　問5　1点　問6　①　1点　②　2点　問7　1点

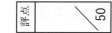

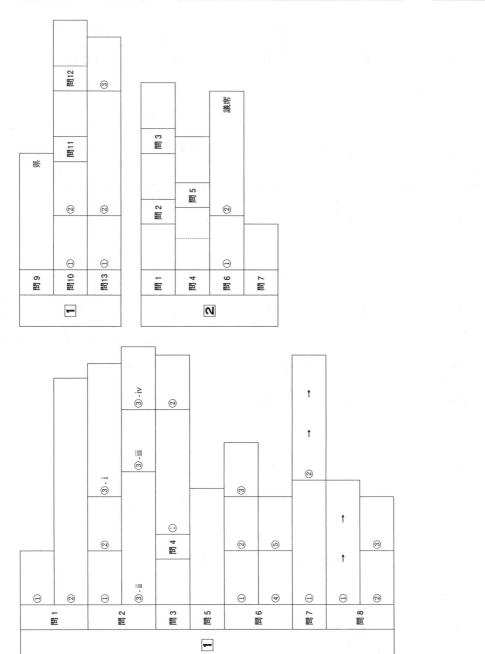

２０２４年度　八雲学園中学校

理科解答用紙　第２回

番号		氏名		評点	／50

1	(1)		(2)		(3)		(4)		(5)	

2	(1)	g	(2)	cm	(3)	g
	(4)	cm	(5)	g		

3	(1)		(2)		(3)		(4)		(5)	

4	(1)		(2)		(3)		(4)	
	(5)	X		Y				

5	(1)	等星	(2)		(3)	
	(4)		(5)			

（注）この解答用紙は実物大です。

〔理　科〕50点(学校配点)

1～3　各２点×15　4　(1)～(4)　各２点×4　(5)　各１点×2　5　各２点×5

２０２４年度　八雲学園中学校

国語解答用紙　第二回

番号		氏名		評点	/100

一

問一　①　②　③　④ちに　⑤

問二　①　②　③　④　⑤

二

問一

問二　（20）（35）

問三　問四　問五　問六

問七　1　2

問八　問九

三

問一　1　2　3

問二

問三　問四

問五　(1)　(2)

問六　問七　問八

（注）この解答用紙は実物を縮小してあります。Ｂ５→Ａ３（163％）に拡大コピーすると、ほぼ実物大の解答欄になります。

〔国　語〕100点(学校配点)

一 各２点×10　二 問１　４点　問２　６点　問３～問６　各４点×４　問７　各３点×２　問８，問９　各４点×２　三 問１　各２点×３　問２　６点　問３～問８　各４点×７

２０２３年度　八雲学園中学校

算数解答用紙　第１回

番号		氏名		評点	／100

1	(1)		2	(6)	度
	(2)			(7)	個
	(3)			(8)	cm
	(4)			(9)	番目
	(5)		3	(1)	cm
2	(1)	分後		(2)	秒後
	(2)	g	4	(1)	毎時　km
	(3)	個		(2)	毎時　km
	(4)	cm	5	(1)	通り
	(5)	9月　日		(2)	通り

（注）この解答用紙は実物大です。

〔算　数〕100点(学校配点)

1～5　各５点×20

２０２３年度　　八雲学園中学校

社会解答用紙　第１回

番号		氏名		評点	/50

（注）この解答用紙は実物を縮小してあります。B５→A３（163％）に拡大コピーすると、ほぼ実物大の解答欄になります。

1

問１	問２	問３	問４	問５	問６	問７	問８	問９	問10	問11	問12	問13
①　②			①　②	①　②					①　②			

2

問１	問２	問３	問４	問５	問６	問７	問８	問９	問10	問11
①　②			①　②	①　→　→　②		①　②			①　②	

3

問１	問２	問３	問４	問５	問６
①　②			①　②		

〔社　会〕50点(学校配点)

1　問1，問2　各1点×3　問3　2点　問4〜問10　各1点×10　問11，問12　各2点×2　問13　1点　**2**　問1〜問3　各1点×4　問4　①　1点　②　2点　問5　①　2点＜完答＞　②　1点　問6　2点　問7〜問9　各1点×4　問10　①　2点　②　1点　問11　1点　**3**　問1〜問3　各1点×4　問4　①　2点　②　1点　問5　2点　問6　1点

２０２３年度　八雲学園中学校

理科解答用紙　第１回

番号		氏名		評点	／50

1	(1)		(2)		(3)		(4)		(5)	

2	(1)	cm	(2)	g	(3)	
	(4)	①	cm	②	g	

3	(1)		(2)	
	(3)			
	(4)	g	(5)	

4	(1)		(2)		(3)		(4)	
							(5)	

5	(1)		(2)			
	(3)		(4)		(5)	度

(注) この解答用紙は実物大です。

〔理　科〕50点(学校配点)

1～5　各２点×25＜2の(3)は完答＞

二〇二三年度　八雲学園中学校

国語解答用紙　第一回

番号		氏名		評点	/100

一

問一	①	②	える	③		④		⑤	めて
問二	①	めて	②		③		④	⑤	

二

問一		問二		問三	
問四					
問五	20	40	60		
問六	1		2		
問七		問八		問九	

三

問一				
問二	(1)			
	(2)	1	2	
問三		問四		
問五				
問六				
問七		問八		

（注）この解答用紙は実物を縮小してあります。Ｂ５→Ａ３（163%）に拡大コピーすると、ほぼ実物大の解答欄になります。

〔国　語〕100点(学校配点)

一　各２点×10　二　問１～問４　各４点×４　問５　６点　問６　各３点×２　問７～問９　各４点×３　三　問１　４点　問２　(1)　４点　(2)　各３点×２　問３～問５　各４点×３　問６　６点　問７，問８　各４点×２

２０２３年度　八雲学園中学校

算数解答用紙　第２回

番号		氏名		評点	／100

大問	小問	解答	大問	小問	解答
1	(1)		2	(6)	cm
	(2)			(7)	円
	(3)			(8)	cm^2
	(4)			(9)	
	(5)		3	(1)	
2	(1)	人		(2)	
	(2)	度	4	(1)	個ずつ
	(3)	人　　積		(2)	種類
	(4)	度	5	(1)	
	(5)	m		(2)	

（注）この解答用紙は実物大です。

〔算　数〕100点(学校配点)

1～5　各５点×20<2の(3)は完答，5は各々完答>

２０２３年度　八雲学園中学校

社会解答用紙　第２回

番号		氏名	

評点	/50

（注）この解答用紙は実物を縮小してあります。B５→A３（163%）に拡大コピーすると、ほぼ実物大の解答欄になります。

1

問１　①　②　③　④　⑤　⑥　⑦　⑧　⑨

問２　①　→　→　②　③　④　⑤　⑥

2

問１　問２　問３　問４　①　②　問５　①　②　③

問６　問７　問８　問９　問10　問11　問12　①　②

3

問１　①　制　②

問２　①　②　問３　問４　問５　①　②

〔社　会〕50点（学校配点）

1　問１　①～③　各１点×３　④　２点　⑤～⑧　各１点×４　⑨　２点　問２　①　２点＜完答＞　②，③　各１点×２　④，⑤　各２点×２　⑥　１点　**2**　問１～問４　各１点×５　問５　①　２点　②　１点　③　２点　問６　１点　問７　２点　問８，問９　各１点×２　問10　２点　問11，問12　各１点×３　**3**　問１　①　２点　②　１点　問２～問４　各１点×４　問５　①　１点　②　２点

２０２３年度　八雲学園中学校

理科解答用紙　第２回

番号		氏名		評点	／50

1	(1)		(2)		(3)		(4)		(5)	

2	(1)	g	(2)	g				
	(3)	①	cm^3	②	cm^3	(4)	g	

3	(1)		(2)		(3)		(4)	mL
	(5)	mL						

4	(1)	性	(2)		(3)	
	(4)			(5)		

5	(1)		(2)		(3)		(4)	
	(5)							

（注）この解答用紙は実物大です。

〔理　科〕50点(学校配点)

1～3　各２点×15　4　(1)～(3)　各２点×３　(4)　各１点×２　(5)　２点　5　各２点×５

二〇二三年度　八雲学園中学校

国語解答用紙　第一回

番号		氏名		評点	/100

一

問一	①	②	③	④　む	⑤
問二	①　る	②	③	④　く	⑤

二

問一　問二　問三　問四　問五

問六　1　2

問七　20　40　45

問八　問九

三

問一　という違い。

問二　問三　問四　最初　最後　存在。

問五　問六　1　2　3

問七　問八　問九

（注）この解答用紙は実物を縮小してあります。B5→A3（163%）に拡大コピーすると、ほぼ実物大の解答欄になります。

〔国　語〕100点(学校配点)

一　各2点×10　二　問1〜問3　各4点×3　問4　各2点×2　問5　4点　問6　各3点×2　問7　6点　問8, 問9　各4点×2　三　問1　6点　問2〜問5　各4点×4　問6　各2点×3　問7〜問9　各4点×3

2022年度　八雲学園中学校

算数解答用紙　第1回

番号		氏名		評点	／100

1	(1)		2	(6)	度
	(2)			(7)	枚
	(3)			(8)	A　B　C　D
	(4)			(9)	指
	(5)		3	(1)	m
2	(1)	個		(2)	m
	(2)	分	4	(1)	色　個
	(3)			(2)	回目
	(4)	cm^2	5	(1)	ア　イ
	(5)	m		(2)	

(注) この解答用紙は実物大です。

〔算　数〕100点(学校配点)

1～5　各5点×20＜2の(8)，4の(1)，5の(1)は完答＞

２０２２年度　八雲学園中学校

社会解答用紙　第１回

番号		氏名		評点	/50

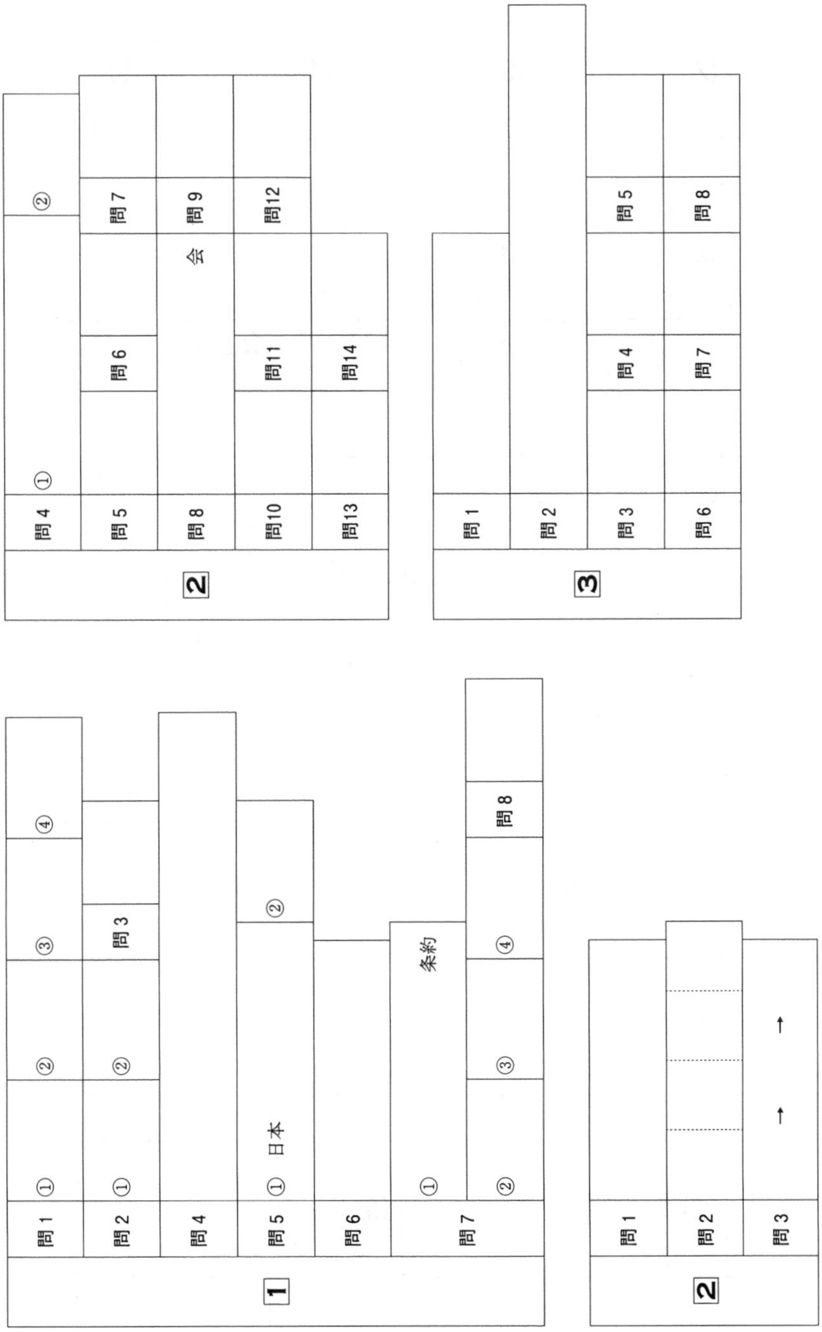

（注）この解答用紙は実物を縮小してあります。Ｂ５→Ａ３（163%）に拡大コピーすると、ほぼ実物大の解答欄になります。

〔社　会〕50点（学校配点）

1 問1～問3　各1点×7　問4　2点　問5　①　2点　②　1点　問6　2点　問7　①　2点　②～④各1点×3　問8　1点　2 問1～問3　各2点×3＜問3は完答＞　問4　①　2点　②　1点　問5～問7　各1点×3　問8　2点　問9～問14　各1点×6　3 問1，問2　各2点×2　問3～問8　各1点×6

２０２２年度　八雲学園中学校

理科解答用紙　第１回

番号		氏名		評点	／50

1	(1)		(2)		(3)		(4)		(5)	

2	(1)		(2)		(3)		
	(4)	①	倍	②	本数　本	つなぎ方	

3	(1)		(2)	mL	(3)	
	(4)	g	(5)	倍		

4	(1)		(2)		(3)	
	(4)		(5)			

5	(1)		(2)		(3)	
	(4)		(5)			

（注）この解答用紙は実物大です。

〔理　科〕50点(学校配点)

1　各２点×５　2　(1)～(3)　各２点×３　(4)　①　２点　②　各１点×２　3～5　各２点×15＜4の(1)～(3)はそれぞれ完答＞

二〇二二年度　八雲学園中学校

国語解答用紙　第一回

番号		氏名		評点	/100

一

問一	①		②	びる	③		④		⑤	
問二	①		②		③		④		⑤	

二

問一		問二		問三	
問四	20 / 40 / 60				
問五		問六			
問七	1		2		
問八		問九			

三

問一					
問二	(1) 1	2	3		
	(2)				
問三					
問四	20 / 40 / 60				
問五	1	2	3		
問六		問七		問八	

（注）この解答用紙は実物を縮小してあります。Ｂ５→Ａ３（163％）に拡大コピーすると、ほぼ実物大の解答欄になります。

〔国　語〕100点(学校配点)

一　各２点×10　二　問１〜問３　各４点×３　問４　６点　問５，問６　各４点×２　問７　各３点×２　問８，問９　各４点×２　三　問１　４点＜完答＞　問２　(1)　各２点×３　(2)　４点　問３　４点　問４　６点　問５　各２点×３　問６，問７　各４点×２　問８　２点

２０２２年度　八雲学園中学校

算数解答用紙　第２回

番号		氏名		評点	／100

大問	小問	解答	大問	小問	解答
1	(1)		2	(6)	cm^2
1	(2)		2	(7)	%
1	(3)		2	(8)	毎分　m
1	(4)		2	(9)	cm^2
1	(5)		3	(1)	分後
2	(1)	円	3	(2)	m
2	(2)	度	4	(1)	
2	(3)	人	4	(2)	
2	(4)	個	5	(1)	
2	(5)	円	5	(2)	

（注）この解答用紙は実物大です。

〔算　数〕100点(学校配点)

1～5　各５点×20

２０２２年度　八雲学園中学校

社会解答用紙　第２回

番号		氏名		評点	／50

1

問１	① 海流	②					
問２	①	②	問３				
問４	①						
	②						
問５		問６		問７	①	②	
問７	③	④		問８		問９	
問10							

2

問１		問２		問３	①	②	
問４		問５					
問６		問７					
問８	①	②	③				
問９							
問10	① → →	② 制					
問11		問12					

3

問１	憲法の				
問２		問３		問４	
問５	①	②	③		
問６					

〔社　会〕50点（学校配点）

1 問１　①　２点　②　１点　問２　各１点×２　問３　２点　問４　①　１点　②　２点　問５～問９　各１点×８　問10　２点　2 問１～問４　各１点×５　問５　２点　問６～問８　各１点×５　問９，問10　各２点×３＜問10の①は完答＞　問11，問12　各１点×２　3 問１，問２　各２点×２　問３～問６　各１点×６

２０２２年度　八雲学園中学校

理科解答用紙　第２回

番号		氏名		評点	／50

1

(1)		(2)		(3)		(4)		(5)	

2

(1)		(2)		(3)	
(4)	倍	(5)	個		

3

(1)		(2)	
(3)		(4)	
(5)			

4

(1)						
(2)	①		②	と	③	
	④					

5

(1)	時　分　秒	(2)			
(3)	秒速　km	(4)	倍	(5)	秒後

〔理　科〕50点（学校配点）

1～5　各２点×25

二〇二二年度　八雲学園中学校

国語解答用紙　第二回

番号　　氏名　　評点　／100

一

問一　①　②　③　④　⑤

問二　①　②　③　④　⑤　ねて

二

問一　①　③

問二　1　2　3

問三　問四

問五　最初　最後　相手

問六

問七

問八

三

問一

問二　問三　問四　問五

問六　1　2　3

問七

問八　問九

（注）この解答用紙は実物を縮小してあります。B5→A3(163%)に拡大コピーすると、ほぼ実物大の解答欄になります。

〔国　語〕100点(学校配点)

一　各2点×10　二　問1　各4点×2　問2　各2点×3　問3～問5　各4点×3　問6　6点　問7，問8　各4点×2<問8は完答>　三　問1～問5　各4点×5　問6　各2点×3　問7　6点　問8，問9　各4点×2

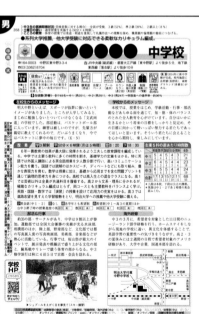

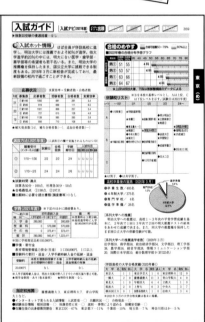